L'ÉTAT ET LE CINÉMA EN FRANCE

Le moment de l'exception culturelle

Logiques politiques
Collection dirigée par Yves Surel

Créée en 1991 par Pierre Muller, la collection « Logiques politiques » a pour vocation principale de publier des ouvrages de science politique, ainsi que des livres traitant de thématiques politiques avec un autre angle disciplinaire (anthropologie, économie, philosophie, sociologie). Elle rassemble des recherches originales, tirées notamment de travaux de doctorat, ainsi que des ouvrages collectifs sur des problématiques contemporaines. Des séries thématiques sont également en cours de développement, l'une d'entre elles visant à publier des ouvrages de synthèse sur les systèmes politiques des États-membres de l'Union européenne.

Dernières parutions

Stephan MARTENS, *L'Europe prochaine*, 2008.
S. PREZIOSO, J.-F. FAYET, G. HAVER (Sous la direction de), *Le totalitarisme en question*, 2008.
Christian GONZALES LAPORTE, *Genèse et développement des régulateurs sectoriels français*, 2007.
Nadia HILAL, *L'eurosyndicalisme par l'action. Cheminots et routiers en Europe*, 2007.
A. FAURE, J.-P. LERESCHE, P. MULLER et S. NAHRATH (sous la dir.), *Action publique et changements d'échelles : les nouvelles focales du politique*, 2007.
Christian LEQUESNE et Monika MacDONAGH-PAJEROVA, *La citoyenneté démocratique dans l'Europe des vingt-sept*, 2007.
Christine COUVRAT, *La montée en Occident d'une culture politique « démocrate-radicale »*, 2007.
Vincent HOFFMANN-MARTINOT, *Le gouvernement des villes. Une comparaison internationale*, 2007.
Jean-Baptiste HARGUINDÉGUY, *La frontière en Europe : un territoire ? Coopération transfrontalière franco-espagnole*, 2007.
Catherine NEVEU (sous la dir.), *Cultures et pratiques participatives. Perspectives comparatives*, 2007.
Bruno PALIER, Yves SUREL *et al.*, *L'Europe en action : l'européanisation dans une perspective comparée*, 2007.

Frédéric Depétris

L'ÉTAT ET LE CINÉMA EN FRANCE

Le moment de l'exception culturelle

L'Harmattan

© L'Harmattan, 2008
5-7, rue de l'Ecole polytechnique ; 75005 Paris

http://www.librairieharmattan.com
diffusion.harmattan@wanadoo.fr
harmattan1@wanadoo.fr

ISBN : 978-2-296-05611-4
EAN : 9782296056114

Introduction

« La culture française se porte bien pourvu qu'on la sauve ». Ainsi s'exprime, à travers cette invitation à la mobilisation et à l'action, la position des professionnels français de la culture tout au long des ultimes négociations commerciales de l'Accord général sur les tarifs douaniers et le commerce, le GATT[1], qui s'achèvent en 1993. Initié en 1986, ce dernier cycle de négociations se conclut sur une nouvelle avancée du processus de libéralisation des échanges internationaux et de baisse des droits de douane. Objet d'intenses tractations entre les Etats-Unis et l'Europe, l'audiovisuel n'est cependant pas inclus dans l'accord : les pays qui le souhaitent peuvent maintenir les systèmes d'aides à leurs industries cinématographiques et audiovisuelles. Dérogeant à la règle de libéralisation des échanges internationaux, ce compromis a été dénommé « exception culturelle ».

Depuis près de quinze ans, la notion d'exception culturelle structure l'ensemble de la politique cinématographique et audiovisuelle française et inspire, dans une moindre mesure, la politique de nombreux autres pays en Europe, ainsi que celle de la Commission européenne. Sa défense fait l'objet d'un large consensus politique en France et l'opinion publique y demeure également très favorable. Cependant, cette politique est l'objet de remises en cause récurrentes, non seulement de la part des groupes d'intérêt américains et d'organisations internationales telles que l'OMC, soucieux de parvenir à une plus grande libéralisation du commerce des biens cinématographiques et audiovisuels, mais aussi de certaines directions générales de la Commission européenne. Ces dernières, ayant pour objectif l'approfondissement du grand marché européen et la limitation des entraves à la concurrence, en viennent à défendre l'idée d'un démantèlement des deux principaux instruments de cette politique, la possibilité pour les Etats d'instaurer des quotas de diffusion de films et de subventionner leur industrie cinématographique. Ainsi, pour certains, la conjoncture actuelle témoigne d'un essoufflement du concept d'exception culturelle, tant à l'échelle internationale que nationale. Au niveau

---

[1] *General Agreement on Tariffs and Trade*. L'Organisation mondiale du commerce (OMC), s'est substituée au GATT en 1995.

international cependant, les autorités françaises et canadiennes sont parvenues à inclure la notion de « diversité culturelle » parmi les grands principes qui orientent les décisions de l'UNESCO, d'abord par l'adoption en 2001 d'une déclaration puis, en octobre 2005, d'une convention sur la diversité culturelle. Mais, tant le changement de dénomination que son inscription sur l'agenda politique d'une institution internationale telle que l'UNESCO n'accréditent-ils pas l'idée d'un recul du concept « d'exception culturelle » au profit d'un glissement sémantique et institutionnel, annonçant sa disparition prochaine ?

I] Le cinéma, objet d'études des sciences sociales

A cet égard, les transformations récentes des politiques du cinéma, au-delà des aspects spécifiques à leurs caractéristiques « sectorielles » reflètent à la fois la façon dont les politiques publiques françaises retraduisent les normes dominantes de la régulation par le marché et s'adaptent au processus de mondialisation. De ce double point de vue, l'analyse des politiques du cinéma fournit un terrain de recherche particulièrement riche. En effet, le cinéma, très rapidement appréhendé à la fois comme un art et une industrie est depuis longtemps au cœur des tensions entre une régulation par le marché et des formes de régulation alternatives, liées par exemple à la valeur esthétique ou culturelle des formes de création. De plus, le cinéma est un élément clé des aspects culturels du processus de mondialisation dont il est devenu l'un des symboles, en raison notamment de la domination mondiale des films américains depuis l'après-guerre. Dès lors, il est intéressant de voir comment les acteurs des politiques du cinéma, pris dans ce double mouvement d'extension des modes de régulation par le marché et de mondialisation tentent de trouver des solutions singulières, à la fois pratiques et théoriques, mais peut-être limitées dans le temps, aux contraintes nouvelles nées de ce double mouvement. Ainsi, l'observation des transformations de ces politiques, à travers le prisme des relations entre l'Etat et les professionnels, fournit un point de vue privilégié pour tenter de saisir, à l'aide des outils et des méthodes de la science politique, certaines des mutations les plus profondes de notre société.

Pour tenter d'analyser ces politiques, il a semblé utile d'entreprendre une recherche généalogique sur la relation, aujourd'hui séculaire, entre l'Etat et le cinéma. Cette démarche est nécessairement sélective et n'a pas pour but d'inventorier, de manière exhaustive, l'ensemble des éléments constitutifs de cette relation. Elle s'attache seulement à analyser ceux d'entre eux qui permettent de mieux comprendre la politique actuelle du cinéma en France, matrice de l'exception culturelle. En ce sens, elle donne à la fois des éléments d'interprétation des transformations du cinéma en tant qu'art et pratique culturelle et des éléments d'interprétation des transformations des politiques du cinéma en tant que mode d'action publique. Le travail de recherche qui a précédé la rédaction de ce livre s'inscrit dans une dynamique plus vaste d'intérêt croissant pour le cinéma qui, d'un point de vue universitaire, fait en effet l'objet d'un investissement sans précédent : de nombreuses filières, scolaires et universitaires ainsi que des groupes d'études se sont constitués autour de cet objet de recherche. Cependant, peu nombreuses sont les études qui ont accordé à la dimension politique et administrative la place suffisante pour comprendre à la fois les transformations du cinéma et des politiques auxquelles il donne lieu. Dans ce livre, nous avons souhaité lier ces deux aspects en privilégiant l'approche particulière des relations entre l'Etat et les professionnels du cinéma, jusqu'à présent négligées[2].

Qu'est-ce que le cinéma ?

Comme la photographie, la cinématographie, en tant que production d'une machine, n'est pas considérée à ses débuts comme un art[3]. Il s'agit tout au plus d'un spectacle de foire, d'un loisir de masse auquel toute prétention artistique est déniée. Ce sont les producteurs, à la recherche d'un élargissement du public en direction d'une clientèle aisée qui donnent la possibilité à des artistes, notamment à travers l'adaptation d'œuvres théâtrales et littéraires, de conférer au cinéma une dimension artistique. Le cinéma a rendu le spectacle accessible, à la fois par la mise à disposition du public d'un réseau de diffusion de proximité, et par un rapport au spectacle qui n'exigeait pas le même niveau de capital social et culturel que les autres spectacles vivants. Comme le note Laurent Creton, le cinéma crée une « *dynamique spectacle-public-productivité [qui] creuse un fossé avec les arts du spectacle traditionnels [...] Pour les spectacles vivants, une telle dynamique est inaccessible, le vecteur productivité étant absent* »[4]. Les spectacles vivants (théâtre, danse, concert, opéra, etc.) se trouvent confrontés à l'impossibilité de gains de productivité, ce que l'on appelle la *loi de Baumol*. Pour l'industrie cinématographique, ces gains de productivité ne sont pas obtenus dans le processus de production et de réalisation, généralement soumis à cette fameuse loi, mais dans la diffusion et la commercialisation du film. La production de films, comme en témoigne la multitude de sociétés de production relève encore de modèles artisanaux. On parle ainsi « d'industrie de prototypes » à propos du cinéma. Cependant, le film accède à un premier stade industriel par sa diffusion simultanée dans de multiples salles grâce à des copies. Mais il s'agit encore d'une production de petite série. C'est véritablement le support télévisuel, par la diffusion de masse

---

[2] Ce livre est issu d'un travail de recherche qui a fait l'objet d'une soutenance de thèse en science politique à l'école doctorale de Sciences Po, *cf.* [Depétris F., 2006].
[3] On peut souligner la dépendance du cinéma par rapport à la technique et à la machine et les interrogations ainsi suscitées quant à sa dimension artistique. Pour Walter Benjamin, « *on s'était dépensé en vaines subtilités pour décider si la photographie était ou non un art, mais on ne s'était pas demandé d'abord si cette invention même ne transformait pas le caractère général de l'art ; les théoriciens du cinéma devaient succomber à la même erreur.* » [Liandrat-Guignes S., Leutrat J-L., 2001 : 18].
[4] [Creton L., 1994 : 13].

et les multiples possibilités de rediffusion qu'il autorise qui insère le cinéma dans une logique de grande industrie[5].

Les travaux de Howard S. Becker, concernant ce qu'il nomme les *« mondes de l'art »*, apportent un éclairage sur les modes de production de l'œuvre d'art[6]. Pour lui, ces mondes sont à la fois les lieux de production des œuvres et les lieux où ils se voient attribuer une valeur esthétique. Selon cette acception, les œuvres d'art sont le fruit du travail collectif de ceux qui appartiennent à ce monde : un film est ainsi une chaîne de coopération qui suppose différents collaborateurs, du cameraman au producteur. Le *« monde de l'art »* désigne alors ceux qui participent couramment à la production d'œuvres d'art. La définition et la désignation des œuvres d'art ne peuvent pas être séparées de l'activité de tous ceux qui donnent un sens aux œuvres ainsi produites, historiens de l'art, administrateurs de centres culturels ou de musées, collectionneurs et en particulier pour le cinéma, critiques et gestionnaires des fonds d'aides au cinéma : les œuvres d'art ne sont reconnues en tant que telles qu'en vertu de l'interprétation esthétique qui en est faite. Cette approche sociologique de l'œuvre d'art permet de rompre avec les définitions « substantialistes » de l'art, issues de la philosophie, et d'accorder toute sa place à ceux qui sont porteurs de représentations quant à la culture légitime et qui tentent de la communiquer ou de la défendre à travers leurs prises de position[7]. Ainsi, l'entreprise critique des *Cahiers du cinéma* a permis de consacrer comme œuvres d'art certains types de films, donnant au cinéma une reconnaissance esthétique qu'il n'avait pas. De plus, si les qualités esthétiques d'une œuvre lui permettent d'obtenir des aides dites « culturelles », c'est inversement l'attribution de ces aides qui « labellise » certaines œuvres comme « culturelles ». Dès lors, pour analyser le processus qui conduit à l'intervention de l'Etat dans le cinéma, il est nécessaire de penser à la fois la légitimation du cinéma comme art et la légitimation de l'intervention de l'Etat dans le domaine artistique. En outre, la définition de la culture, qui légitime la mise en œuvre de telle ou telle politique culturelle est aussi l'objet de débats politiques. Les définitions de la culture en France et aux Etats-Unis divergent sensiblement. Cette divergence est en grande partie responsable du contentieux politique profond révélé lors des négociations du GATT en 1993 et qui n'est toujours pas réglé aujourd'hui comme en témoignent les négociations les plus récentes au sein de l'OMC. De même, les décisions culturelles d'une administration ou

---

[5] Pour de plus grandes précisions sur l'aspect économique du cinéma, et notamment les rapports cinéma-télévision, *cf.* [Farchy J., 1992] et [Bonnell R., 1996].
[6] [Becker H. S., 1988].
[7] Emile Durkheim définit l'art comme un domaine qui résiste à toute forme « d'obligation » et l'apparente pour cette raison au « luxe » et à la « parure » dans [Durkheim E., 1978 : 14]. On voit bien comment dès lors, dans la perspective ouverte par Georg Simmel dans son travail sur la mode, « l'amour » de tel ou tel art, ou la « consommation » de tel ou tel produit culturel, plus ou moins « ostentatoire », sont étroitement corrélés au profit symbolique qu'en escomptent différents groupes sociaux dans leur stratégie de positionnement social et de distinction. [Veblen T., 1978] ; [Bourdieu P., 1979].

d'un gouvernement ne sont pas dissociables des représentations partagées par leurs membres quant à la culture légitime, quant au rôle ou à « la mission » de l'Etat en matière culturelle, et quant à la place respective de l'une par rapport à l'autre.

Intervention de l'Etat et activité cinématographique

L'intervention étatique ne va pas de soi et suscite par conséquent un certain nombre d'interrogations. En effet, les relations entre l'Etat et la profession cinématographique sont si étroites en France qu'elles sont au centre de la façon de « faire du cinéma », c'est-à-dire du processus de production du bien culturel. C'est dans cette perspective que nous nous proposons d'emprunter les voies de l'analyse des politiques publiques. En effet, l'étude de cet Etat « en interaction » avec les professionnels du cinéma constitue l'objet principal de notre recherche[8]. Il est vrai qu'en France, l'Etat est particulièrement présent dans l'espace cinématographique et intervient directement dans la structuration et la régulation de cet espace. Les lois votées concernant les secteurs du cinéma et de l'audiovisuel, les organismes qu'il contrôle ou qu'il finance tels que le Centre national de la Cinématographie (CNC), la Cinémathèque, la Bibliothèque du Film (BiFi) ou l'Ecole nationale supérieure des métiers de l'image et du son (la FEMIS), qui mettent en œuvre et appliquent sa politique (gestion des fonds de soutien, d'avance sur recettes, contrôle de l'application de sa politique réglementaire, diffusion culturelle, créations de filières cinéma et audiovisuel dans l'Education nationale...) témoignent de son omniprésence. Par ailleurs, de nombreuses négociations internationales mettent en évidence l'impact que peut avoir la politique d'exception culturelle sur des secteurs économiques connexes[9]. La question des droits de propriété intellectuelle, qui est devenue de toute première importance avec les développements des hautes technologies, des brevets et des logiciels et qui s'apparentent sur bien des points à la question des droits d'auteur dans le domaine artistique, bénéficie indirectement à ce titre de la mobilisation constante des professionnels du cinéma. L'Etat est donc au centre d'un système complexe de soutien à l'industrie du cinéma et de l'audiovisuel qui repose à la fois sur des aides à la création et à la production de films et sur des quotas très stricts de diffusion de films français et européens sur les chaînes de télévision.

---

[8] [Hassenteufel P., 1995 : 155-168] ; [Hassenteufel P., 1997].
[9] Dans le domaine de l'agriculture, les notions de « diversité alimentaire » ou de « souveraineté alimentaire » défendues par les syndicalistes agricoles engagés dans la dénonciation de la mondialisation sous sa forme libérale font écho aux notions de « diversité culturelle » ou de « souveraineté culturelle » qui ont été forgées au cours de la réflexion sur le mode de régulation de l'activité cinématographique, [Depétris F., dans Lefébure P. Haudegand N., 2000 : 88-92]. Voir également chapitre 4.

L'enjeu principal qui sous-tend la rédaction de ce livre est la volonté d'examiner la formation, l'évolution et le fonctionnement de cet espace de médiation et d'échanges qui s'est forgé peu à peu entre des acteurs politico-administratifs et les professionnels du cinéma. Nous appelons cet espace de relations : « politiques du cinéma ». Il s'agit d'en préciser la nature, la singularité historique ainsi que les principales implications, tant pour les acteurs de l'espace professionnel considéré que pour le rôle de l'Etat et des institutions européennes, puisque celles-ci ont été amenées progressivement, à partir des années 1980, à intervenir de façon significative dans ce domaine, au point de peser dans la définition et l'évolution des politiques nationales.

L'autonomie relative de l'espace cinématographique par rapport à l'Etat semble ainsi osciller, sur une longue période, de la censure, c'est-à-dire le pouvoir régalien par excellence, celui du maintien de l'ordre au risque de l'absence de spectateurs, au pouvoir du marché qui conduit à faire des films qui se « vendent » bien, c'est-à-dire conformes aux exigences du marché. Le processus historique semble donc conduire du premier pôle de dépendance au second, l'ironie de l'histoire (et l'évolution des moeurs) voulant que l'on passe d'un cinéma bridé, épuré en matière de sexualité et de violence du fait de la censure, à un cinéma commercial ayant recours aux recettes classiques du genre, sexe, violence et aventure, que Malraux dénonçait en parlant des « *machines de rêves* », corruptrices de la « vraie » culture supposée élever l'homme.

II] Une perspective de recherche ouverte pour analyser les relations entre l'Etat et le cinéma

Afin de mieux appréhender les multiples dimensions de cette relation entre l'Etat et le cinéma, ce livre se propose d'emprunter trois axes principaux d'analyse : l'étude de l'institutionnalisation des politiques du cinéma ; l'analyse cognitive des politiques publiques et les transformations de l'espace cinématographique sous l'influence de la libéralisation de l'audiovisuel ; l'étude des conséquences de la construction européenne sur la politique française. Notre étude de l'institutionnalisation et de l'évolution des principales mesures élaborées et mises en œuvre par l'Etat depuis 1946, articulée autour de la thématique de l'exception culturelle, peut être conduite notamment à partir des outils d'analyse des politiques publiques. Cependant, il nous a semblé opportun de revendiquer le caractère transdisciplinaire de notre travail en empruntant à l'histoire, à l'économie et à la sociologie, certains de leurs outils, de leurs méthodes ou de leurs résultats de recherche[10].

---

[10] L'étude des politiques publiques s'est considérablement enrichie au cours des vingt dernières années, s'appuyant sur les avancées théoriques et les études empiriques d'autres disciplines, en particulier la sociologie [Muller P., avril 2000 : 189-208].

A] L'apport de l'analyse socio-historique à l'étude de l'institutionnalisation des politiques du cinéma

En premier lieu, cette recherche s'inscrit dans une perspective d'« *historicisation de l'action publique* » qui, selon Pascale Laborier, « *s'est développé[e] ces dix dernières années à partir d'interrogations portant sur l'institutionnalisation des champs d'interventions publiques et du projet de rendre leur construction historique visible [...]* »[11]. Rassemblant un ensemble de plus en plus conséquent de travaux de science politique que l'on réunit sous le qualificatif de « socio-histoire » ou de sociologie historique du politique[12], cette entreprise d'historicisation présente l'intérêt de « *montre[r] en particulier comment des* catégories sont construites dans l'histoire *et combien les activités contemporaines sont* contraintes *par un processus de fabrication dont les effets sont répétés mais dont les ressorts demeurent le plus souvent cachés* »[13].

En effet, la question qui a suscité et accompagné ce travail de recherche a été de savoir pourquoi la France, plus que tout autre pays, a été le théâtre de la formulation et de la défense constante de cette exception culturelle. Au-delà de l'analyse de la façon dont l'exception culturelle a été construite et défendue au moment des négociations du GATT, il apparaît utile de s'interroger sur les raisons « profondes » pour lesquelles cette politique trouve en France un tel écho, tant auprès de l'administration et du pouvoir politique que de l'opinion publique. En effet, les configurations sociales et politiques du passé conditionnent en partie les pratiques et les enjeux actuels, sans que cela soit nécessairement explicité[14]. Dès lors, la seule analyse, même dûment circonstanciée, de la défense de ses intérêts par une profession ayant tout à perdre des négociations en cours n'est guère suffisante pour prendre la juste mesure des raisons et de la « résonance » d'une telle prise de position politique[15]. Comprendre ce qui se joue lors de ces négociations nécessite par conséquent une analyse généalogique de l'institutionnalisation des relations entre la profession cinématographique et l'Etat et l'étude de la « trajectoire historique » de cette relation. Ce « *détour par le passé* » nous conduit ainsi à nous interroger sur les transformations d'une instance comme le CNC, où s'expriment, justement, l'état de cette relation. Il nous permet de poser des questions nouvelles à notre objet de recherche. Par exemple, en quoi le mode d'émergence et d'institutionnalisation des relations entre l'Etat et les professionnels du cinéma des années 1930 aux années 1960 conditionnent-ils

---

[11] [Laborier P., 2003 : 432].
[12] *Cf.* notamment, [Noiriel G., Offerlé M., 1999] ; [Offerlé M., dans Deloye Y., Voutat B., 2002 : 255-264] ; [Buton F., 2002] ; [Payre R., Pollet G., 2005 : 133-144].
[13] [Laborier P., 2003 : 432]. Les passages sont soulignés par l'auteur.
[14] *Cf.* [Offerlé M., dans Favre P., Legavre J-B., 1998] et [Dobry M., 1989].
[15] Selon le mot de Marc Bloch, « *l'ignorance du passé nuit à la compréhension du présent* », [Bloch M., 1974 : 61].

ces mêmes relations aujourd'hui ? Dans quelle mesure la reconnaissance du réalisateur comme auteur au moment de la Nouvelle Vague oriente-t-elle aujourd'hui une partie des négociations commerciales sur l'échange des « biens audiovisuels » entre l'Europe et les Etats-Unis ? Les éléments historiques sont ici utilisés pour questionner les politiques les plus récentes du cinéma, c'est-à-dire ce *« possible, qui entre tous les autres, s'est trouvé réalisé »*[16]. Ils sont non seulement mobilisés pour rendre compte de l'émergence et de la « formalisation »[17] des politiques du cinéma mais servent aussi de contrepoints, d'éléments de comparaison utiles à une meilleure distinction des spécificités des politiques actuelles. C'est la raison pour laquelle, en complément des entretiens semi-directifs avec des acteurs des politiques du cinéma, notre travail de recherche s'appuie sur de nombreux éléments d'archives qui ont pu être utilisés avec profit pour lui donner une assise historique. Il a paru ainsi pertinent non seulement de dépouiller précisément la presse, généraliste et spécialisée, mais surtout de recourir aux archives du CNC et des cabinets des ministères successifs en charge de la Culture. Cependant, cet ouvrage s'efforce également de « relier les logiques de constitution » dégagées par l'investigation socio-historique « à une analyse des politiques publiques contemporaines »[18]. Notre objectif est bien, par le recours à cette démarche socio-génétique, de donner sens à l'analyse des pratiques d'acteurs et des politiques publiques contemporaines.

B] *Saisir la dynamique des relations entre l'Etat et le cinéma : les outils de l'analyse cognitive des politiques publiques*

Ce travail s'appuie sur un usage critique du modèle du référentiel élaboré par Pierre Muller et Bruno Jobert et propose certains « amendements », utiles à la construction de notre propre démarche de recherche. A ce titre, nous discutons en particulier certains concepts du modèle, notamment les notions de *référentiel global*, de *secteur* et de *médiateur*.

Discussion du modèle du référentiel

La notion de référentiel peut être interprétée comme une tentative de rendre compte des phénomènes de connaissance et de mise en sens de l'action publique dans un domaine particulier. Selon la définition qu'en donne Pierre

---

[16] *« Il n'est sans doute pas d'instrument de rupture plus puissant que la reconstruction de la genèse : en faisant resurgir les conflits et les confrontations des premiers commencements et, du même coup, les possibles écartés, elle réactualise la possibilité qu'il en ait été (...) autrement et, à travers cette utopie pratique remet en question le possible qui, entre tous les autres, s'est trouvé réalisé »*, [Bourdieu P., 1994 : 107].
[17] La « formalisation » de la politique du cinéma peut être entendue comme un *« effet des processus établissant la figure de l'institution et conférant du sens aux pratiques qui en relèvent »*, [Lacroix B., Lagroye J., 1992 : 12].
[18] [Laborier P., 2003 : 433].

Muller, « *le référentiel correspond d'abord à une certaine conception de la place et du rôle du domaine concerné dans la société* »[19]. Le référentiel rassemble ainsi les processus de catégorisation et de définition qui permettent à un « secteur » donné de se situer dans une société globale et de se doter de fonctions sociales précises ; par ailleurs, le référentiel suppose également la mise à jour de normes d'action qui vont déterminer et encadrer les politiques publiques. Le passage à un nouvel état du secteur est réalisé par l'adaptation du référentiel sectoriel au référentiel global, ce dernier s'imposant à chacun des secteurs. Or cette vision univoque du changement du référentiel sectoriel, le référentiel global déterminant l'adaptation des référentiels sectoriels, n'est pas sans poser question. En premier lieu, elle met en avant l'importance du référentiel global, or celui-ci ne fait pas souvent l'objet de recherche *stricto sensu* et est donc souvent présenté comme une donnée. En effet, même si la tendance actuelle est de prendre en considération les processus de diffusion et d'imposition de normes communes au niveau international, la plupart des recherches portent sur des « secteurs » ou des espaces de politiques publiques, au sein desquels les chercheurs tentent d'expliquer les changements constatés par l'ajustement du mode d'action publique de leur objet d'étude au référentiel global. A cet égard, notre travail n'échappe pas, *a priori*, à cette restriction de l'objet d'études à un sous-espace d'action publique, mais nous avons essayé d'expliquer, à plusieurs moments clés de l'analyse, comment naissent et se diffusent les normes d'action internationales et comment elles interagissent avec les normes existantes de l'espace cinématographique. Cependant, les recherches portant explicitement sur la formation, l'évolution et la diffusion d'un référentiel global de marché demeurent à ce jour relativement restreintes. On comprend mieux dès lors le reproche qui a pu être fait aux recherches en terme de politique publique qui laissent le global comme « impensé »[20]. Il est donc particulièrement important non seulement de mieux appréhender la notion de référentiel global mais aussi de porter une attention particulière aux liens réciproques entre référentiel global et référentiel sectoriel. Par ailleurs, on peut s'accorder avec Yves Surel à voir dans le contenu que donnent Luc Boltanski et Eve Chiappelo à la notion « d'idéologie dominante », une définition possible du référentiel de marché comme référentiel global. Cette acception du terme « idéologie dominante » consiste à « *renoncer à n'y voir qu'un subterfuge des dominants pour s'assurer le consentement des dominés, et de reconnaître qu'une majorité des parties prenantes, les forts comme les faibles, prennent appui sur les mêmes schèmes pour se figurer les fonctionnements, les avantages, et les servitudes de l'ordre dans lequel ils se trouvent plongés* »[21]. Mais ce concept de référentiel ne prend toute sa dimension qu'en l'associant

---

[19] [Muller P., dans Boussaguet L., Jacquot S., Ravinet P., 2004 : 370-376].
[20] [Hassenteufel P., Smith A, 2002].
[21] [Boltanski L., Chiapello E., 1999 : 46].

aux acteurs « dominants » que sont les médiateurs. Ceux-ci représentent en effet *« les agents qui élaborent le référentiel des politiques publiques »*[22]. En réalité, cette fonction est double car elle consiste, d'une part, à décoder le rapport entre les référentiels global et sectoriel (RGS), c'est-à-dire à le rendre intelligible aux acteurs en présence et d'autre part, *« à recoder ce RGS en des termes susceptibles d'agir sur le réel, c'est-à-dire en normes et en critères d'intervention politiques »*[23]. Reste cependant en suspens un certain nombre de questions : comment se décline le référentiel global selon les espaces politiques auxquels il s'impose ? N'y a-t-il pas de référentiel global concurrent, susceptible de se substituer au référentiel de marché ou susceptible par son existence même, de pousser celui-ci à évoluer ? Finalement, comment ce référentiel global peut-il changer ? Par ailleurs, dans leur analyse de l'Etat en action, Pierre Muller et Bruno Jobert mettent en évidence des processus de sectorisation de l'espace social qui ont partie liée avec le développement des politiques publiques. Or la délimitation de ces secteurs est en grande partie fixée par l'Etat dans son propre processus de définition et de rationalisation de son action. Bien sûr, l'utilisation du terme « secteur » par les politistes ne correspond pas nécessairement au découpage administratif de l'espace social et incorpore une dimension sociologique forte, peu présente dans ce dernier. Ainsi, Pierre Muller définit le secteur comme *« une structuration verticale des rôles sociaux (en général professionnels) qui définit ses règles de fonctionnement, de sélection des élites, d'élaboration de normes et de valeurs spécifiques, de fixation de ses frontières,* etc. *»*[24]

Il faut noter cependant que dans le cas des politiques du cinéma, l'utilisation du terme « secteur » ne poserait pas problème, *a priori*, puisqu'il s'agit d'un espace de politique publique fortement différencié, structuré selon une logique corporatiste et dont les relations avec l'Etat sont stables et étroites. La recherche pourrait emprunter les voies plus classiques des analyses corporatistes ou néo-corporatistes[25]. Par ailleurs, si le concept de secteur paraît délicat à utiliser comme outil d'analyse d'une politique, il faut cependant rappeler que l'action de l'Etat continue d'être structurée, le plus souvent, selon une logique sectorielle et que, par conséquent, la politique sectorielle de l'Etat constitue une donnée à prendre en compte. De plus, comme le souligne Pierre Lascoumes, la politique sectorielle de l'Etat constitue une contrainte forte pour les formes émergentes d'action publique : *« [les enjeux émergents] se confrontent aux représentations et aux systèmes d'action concrets routinisés. Et [...] les décisions gouvernementales qui prétendent agir sur eux ne peuvent*

---

[22] [Muller P., Jobert B., 1987 : 71].
[23] *Ibid.*, p. 71.
[24] [Muller P., 1990 : 11].
[25] Pour une discussion de ces types d'analyse, [Hassenteufel P., 1995 : 155-168].

être opérationnalisées qu'au travers des logiques préexistantes et non pas sans elles ou contre elles »[26].

Cependant, s'il est utile d'étudier la logique sectorielle de l'action étatique, l'utilisation de la notion de secteur comme concept d'analyse fait courir le risque de reprendre à son compte une catégorie indigène, définie par l'Etat pour ses besoins pratiques. En effet, si l'analyse en termes de référentiel présuppose l'existence d'un secteur et d'une politique publique mise en œuvre par l'Etat et appliquée à ce secteur, elle se prive alors de la possibilité d'étudier certaines formes d'action publique. Par exemple, les actions publiques préexistantes à la mise en forme cohérente d'une action étatique, de même que les débats et les luttes qui précèdent ou accompagnent les premières formes d'intervention politique, les politiques réglementaires[27] ou les politiques « transectorielles », comme par exemple les politiques de l'environnement, ne sont pas ou peu prises en compte. Ainsi, si la catégorie « politique culturelle » parvient à rendre compte des politiques de la culture et du fonctionnement du ministère de la Culture en France, elle ne peut s'appliquer au cas allemand ou au cas italien pour lesquels il existe bien des actions publiques dans le domaine culturel mais qui ne relèvent pas d'une politique culturelle comme on la définit habituellement en France[28]. C'est pourquoi nous préférons utiliser le concept d'espace cinématographique plutôt que celui de secteur cinématographique. Cette approche permet d'appréhender les configurations[29] d'acteurs de l'espace cinématographique et de comprendre le cadre cognitif et normatif dans lequel se produisent les échanges entre l'Etat et le cinéma, et le référentiel (*que nous supposons être une déclinaison spécifique du référentiel global de marché*) qui oriente ces échanges.

L'approche cognitive et la dynamique de l'action publique

Cette approche conceptuelle met notamment l'accent sur les articulations entre les valeurs, les idées et les intérêts portés par les différents acteurs, parties prenantes du processus d'élaboration et de mise en œuvre d'une politique publique[30]. Cependant, comme le souligne Yves Surel, les approches cognitives apparaissent « *directement orientées par les présupposés et les*

---

[26] [Lascoumes P., 1996 : 332 et suivantes].
[27] [Lascoumes P., 1994].
[28] [Laborier P, 1996] ; [Alcaud D., 2003].
[29] Nous entendons ici la notion de « configuration » telle qu'elle a été définie et utilisée par Norbert Elias, *cf.* [Elias N., 1991 : 154-161]. Cette notion permet notamment de mettre en évidence que l'objectivation de règles, qui est une manifestation importante des processus d'institutionnalisation, s'accompagne de polarisation d'acteurs et de groupes d'acteurs, tissant entre eux des relations, stables mais ajustables dans le temps et dans l'espace. Nous utiliserons ainsi le terme de configuration d'acteurs pour parler de ces relations d'interdépendance existant entre les acteurs des politiques du cinéma.
[30] *Cf. infra*, les travaux de référence de Peter Hall. On peut se reporter notamment à [Hall P., 1989] ; [Hall P., 1993 : 275-296]. Sur l'articulation entre les idées, les intérêts et les institutions, [Hall P., in Lichbach M., Zuckerman A., 1997 : 174-207] et [Surel Y., 1998 : 161-178].

perspectives qu'implique l'importance accordée aux valeurs, aux idées et aux représentations dans l'étude des politiques publiques »[31]. En ce sens, elle permet de rendre compte des conflits symboliques, notamment dans la production des perceptions et des modes de légitimation de l'Etat. Or l'analyse d'une politique publique est généralement confrontée à la question du changement. Comment, dès lors, expliquer la transformation d'une politique publique ? On peut, dans un premier temps, isoler un ensemble de travaux qui, dans la perspective tracée par Peter Hall, mettent l'accent sur les changements « radicaux » de politique publique, procédant d'une rupture majeure dans « la vision du monde » dominante au sein de cet espace de politique publique. Dans son modèle classique des « ordres de changement », Peter Hall distingue ainsi entre les modes de changement lents et incrémentaux, relevant de processus d'apprentissage et les changements « radicaux » conduisant à la substitution d'un paradigmatique par un autre. Peter Hall distingue ainsi trois niveaux de changement. Tandis que les deux premiers relèvent de la sphère de l'apprentissage et consistent donc en des ajustements limités, le troisième ordre de changement correspond à un « saut paradigmatique ». Les changements non-incrémentaux de politiques publiques, que s'attachent à analyser tout particulièrement les approches cognitives de politiques publiques se produisent ainsi lors de « crises politiques »[32], c'est-à-dire *« lorsque les matrices cognitives et normatives légitimes et/ou la configuration institutionnelle et/ou les rapports de forces éprouvés, se trouvent remis en cause par l'accumulation d'anomalies dans le sous-système de politique publique considéré »*[33]. Ainsi, la déstabilisation et les facteurs de crise du sous-système génèrent un désajustement entre les problèmes à traiter et les modes d'action publique. Dans ce cas, le changement ne semble pouvoir provenir que d'un changement normatif, une transformation de la vision du monde d'un certain groupe d'acteurs, suffisamment puissant pour faire partager cette vision, au moins partiellement, aux autres acteurs. Cependant, la reconfiguration de l'action publique provient non seulement des transformations de la matrice normative légitime mais aussi de *« conditions proprement politiques du changement »*[34], c'est-à-dire de l'ouverture de fenêtres d'opportunité politique, au sens de John W. Kingdon[35]. Les approches cognitives mobilisent ainsi trois facteurs principaux d'explication du changement : une structure d'opportunité favorable sur le plan institutionnel, à travers la notion de fenêtre d'opportunité politique ; une évolution de la configuration d'acteurs et des rapports de force au sein d'un espace de politique publique à travers les notions de mobilisation des groupes d'intérêts, de coalition de cause ou d'entrepreneurs politiques ; enfin,

---

[31] [Surel Y., 1998 : 162].
[32] [Muller P., Surel Y., 1996].
[33] [Muller P., Surel Y., 1996 : 138].
[34] [Muller P., Surel Y., 1996 : 97].
[35] [Kingdon J. W., 1984].

une évolution de la perception et de la définition des problèmes. Cependant, le changement structurel d'une politique publique ne passe pas nécessairement par un changement simultané de toutes ses composantes[36].

Par ailleurs, nous n'ignorons pas certaines remarques ou critiques qui ont pu être formulées à l'égard de ce type d'analyses[37]. En premier lieu, il nous semble effectivement nécessaire d'intégrer un questionnement « politique », dans l'acception de « compétition pour l'exercice du pouvoir politique » que l'on peut donner à ce terme. Or il ne s'agit pas seulement, en ce qui concerne les politiques du cinéma, de rechercher les variables politiques susceptibles d'expliquer telle ou telle inflexion de politique publique (par exemple, le retour du général de Gaulle au pouvoir en 1958 et la nomination de Malraux au ministère des Affaires culturelles, ou l'arrivée de la gauche au pouvoir en 1981) mais aussi d'évaluer le poids que les politiques du cinéma ont pu avoir sur la compétition politique, notamment la rhétorique de « l'exception culturelle » au moment du référendum de Maastricht en 1992 et surtout des négociations du GATT en 1993 et de l'élection présidentielle de 1995. Cependant, il ne s'agira pas tant d'isoler et d'évaluer une variable dite « politique », par ailleurs bien difficile à isoler[38] que d'attirer l'attention sur des « moments de conjonctions politiques » où les configurations de politiques partisanes, de politiques publiques et de mobilisations des intérêts et des acteurs « intéressés » revêtent des dimensions spécifiques, parfois exceptionnelles mais qui ne relèvent pas du simple hasard. Par ailleurs, il paraît important de s'interroger sur le lien entre politiques publiques et légitimation politique, c'est-à-dire de s'intéresser à la façon dont la définition et la mise en œuvre d'une politique publique participent à la légitimation ou à la délégitimation du pouvoir politique[39].

Ainsi, l'interrogation qui sous-tend notre recherche est suscitée par des travaux consacrés à l'avènement d'un référentiel de marché comme référentiel dominant au sein des politiques publiques. Le « problème » principal qu'aborde cette thèse est donc de savoir si les politiques du cinéma, qui sont parfois considérées comme éloignées des logiques du marché ne sont pas, elles aussi, dominées par ce référentiel.

L'objectif de cette recherche est ainsi double : d'une part, interroger le concept de référentiel de marché et tester sa validité par rapport aux politiques

---

[36] Voir notamment, [Jobert B., 1994 : 16-17] ; [Palier B., dans Favre P., Hayward J., Schemeil Y., 2003 : 167] ; [Pierson P., 1993 : 595-628] ; [Pierson P, 2000 : 251-267]. Par ailleurs, pour une présentation globale des trois écoles néo-institutionnalistes [Hall P. A., Taylor R., 1997 : 469-496].
[37] [Hassenteufel P., Smith A, 2002 : 53-73]. En premier lieu, comme nous y invitent Patrick Hassenteufel et Andy Smith, il est important *« d'effectuer une sociologie fine des acteurs à partir de leurs trajectoires sociales et professionnelles, afin d'appréhender leur socialisation »*.
[38] [Hassenteufel P., Smith A, 2002 : 64-67].
[39] Jacques Lagroye définit la notion de légitimation comme un processus d'acquisition, de création et d'établissement de légitimité. [Lagroye J., dans Leca J., Grawitz M., 1984 : 397-398].

du cinéma, d'autre part, à travers cette interrogation, esquisser la dynamique de l'espace cinématographique et des politiques auxquels il donne lieu. En outre, une politique publique affecte un certain nombre d'individus, de groupes ou d'institutions. L'objectif de ce livre est donc aussi d'évaluer comment leur nombre, leurs statuts, leurs actions, leurs analyses se trouvent modifiés par la politique menée par les autorités publiques.

Saisir la dynamique d'action des configurations d'acteurs

Afin de rendre compte du processus de construction du « problème » du cinéma français et de mobilisation des acteurs de l'espace cinématographique lors des négociations du GATT de 1993, il a paru utile d'emprunter au modèle d'analyse des mobilisations et des alliances d'acteurs de Michel Callon et Bruno Latour certains outils théoriques inspirés de la sociologie et de l'épistémologie des sciences[40]. Plus précisément, nous utilisons le concept de traduction, tel qu'il a été défini et appliqué par Michel Callon.

Comme nous l'avons souligné précédemment, le cinéma, est pris entre « l'art et l'argent », entre une logique de marché qui en fait une industrie culturelle et une logique purement artistique. Les acteurs de l'espace cinématographique sont ainsi confrontés à ces deux logiques contradictoires, bien sûr à des degrés divers en fonction de la position occupée au sein de cet espace. Ils sont ainsi soumis à une double contrainte cognitive (ou « *double-bind* ») qu'il est particulièrement intéressant d'étudier en ce qu'elle met en évidence les processus d'ajustement de l'action publique au référentiel global dominant. Dans cette perspective, le travail de « traduction » que nous venons d'évoquer s'inscrit dans la façon dont les différents acteurs vont penser et surtout *formuler* le problème. Ce recours privilégié à l'étude des prises de position politiques et médiatiques des acteurs s'explique par la volonté d'accorder une importance particulière à la façon dont ceux-ci donnent un sens à leur action, les justifient et utilisent cette justification, souvent très médiatisée, comme une ressource stratégique pour faire avancer leurs revendications. Ainsi, la « traduction » d'enjeux économiques en enjeux culturels et réciproquement d'argumentations culturelles en argumentations économiques a-t-elle permis, en jouant sur les deux tableaux, de mobiliser les ressources spécifiques de chacune de ces deux logiques[41] et de ces deux systèmes d'acteurs. Elle a pour conséquence l'obtention d'une plus grande « surface d'action » et donc la mise en œuvre d'une politique tentant de concilier les dimensions économiques et culturelles. L'utilisation de ces outils

---

[40] [Callon M. et Latour B., 1991].
[41] L'opinion publique et les « intellectuels » dans la logique culturelle ; les groupes de pression, l'expertise économique de l'administration et des entreprises dans la logique économique, par exemple, au cours des négociations du GATT.

théoriques permet ainsi de saisir les dynamiques d'acteurs au plus près de « l'action en train de se faire ».

C] L'européanisation des politiques du cinéma

Les politiques françaises du cinéma subissent de plus en plus fortement les conséquences de la construction européenne et l'influence des politiques communautaires du cinéma et de l'audiovisuel. Afin de comprendre leurs évolutions, il est donc nécessaire de prendre en compte et d'analyser cette influence.

Les transformations de l'espace cinématographique au regard du processus d'intégration européenne

Le processus de libéralisation des échanges dans le secteur du cinéma, de l'audiovisuel et de la communication au sens large est un processus ancien, antérieur à la création d'institutions européennes et au processus d'européanisation. On trouve dès les années 1950 dans les organisations internationales telles que celles de l'OECE (puis OCDE)[42] ou du GATT (puis OMC), la volonté, sous l'impulsion américaine, de considérer le cinéma comme un service et donc de l'inclure dans une dynamique de libéralisation des échanges. Mais, la prise en charge par l'Europe de ces questions modifie leurs modes de traitement international et national et c'est pourquoi dans ce domaine, l'action de l'Union européenne a des conséquences qu'il convient d'évaluer. En effet, aux origines de la construction communautaire, la culture n'est pas un secteur dans lequel les instances européennes souhaitent développer une activité réglementaire soutenue. L'enjeu économique ne paraît pas suffisant et il n'est pas encore question de bâtir une Union intégrée, sous-tendue par une citoyenneté européenne, dans laquelle la culture serait appelée à jouer un rôle important. Par ailleurs, le cadre du Traité de Rome, qui ne prévoit pas de compétences spécifiques pour les institutions communautaires en matière culturelle limite l'action de la Commission dans ses tentatives de régulation. Cependant, les années 1980 voient la relance du processus d'intégration européenne selon une logique supranationale avec la signature de l'Acte unique en 1986[43]. De plus, cette période se caractérise par la montée en puissance économique du secteur audiovisuel : la question des industries culturelles posée, à la fois, comme un problème économique et culturel, est

---

[42] L'Organisation Européenne de Coopération Economique (OECE) est créée en 1948 pour distribuer l'aide du plan Marshall et renforcer les économies européennes. Elle est remplacée par l'Organisation de Coopération et de Développement Economique (OCDE) en 1960 dont l'objectif est de promouvoir l'économie de marché.
[43] Pour une présentation de cette phase du processus de construction européenne voir [Drake H., 2002].

alors inscrite sur l'agenda européen[44]. Pour la première fois, le Traité de Maastricht introduit expressément la culture dans les compétences communautaires. Cette innovation concerne expressément le domaine audiovisuel, cité dans l'article 128 (Titre IX « culture »)[45]. Alors que, tout au long des années 1980, la construction d'une politique européenne de l'audiovisuel se fait essentiellement à partir d'une approche économique de la télévision, le Traité de Maastricht montre que désormais, la Commission européenne entend également s'intéresser à cet espace d'un point de vue culturel. Par ailleurs, le Traité de Maastricht étend aux industries culturelles la portée de l'article 92 § 3 du Traité de Rome qui autorise certaines formes d'aide gouvernementale aux industries culturelles (dont le cinéma) à condition qu'elles soient transparentes, mesurables et non discriminatoires à l'égard des autres pays membres[46]. De plus, à la suite des négociations du GATT sur l'exception culturelle et de la Conférence européenne de l'audiovisuel tenue à Bruxelles du 29 juin au 1er juillet 1994, de nombreux débats ont eu lieu autour de ce qu'est, ou devrait être, une industrie du film en Europe. Ces débats ont révélé des questions sous-jacentes, en particulier sur la politique à mener en la matière (aides publiques nationales et/ou européennes, régulation du marché, rôle des réseaux télévisuels par exemple), et sur la volonté affichée d'une défense culturelle identitaire, souvent en contradiction avec les lois du marché. En vertu du principe de subsidiarité et sans doute pour rassurer les Etats membres déjà inquiets de la perte de certaines de leurs prérogatives, la Commission ne prévoit d'intervenir que de manière subsidiaire dans la culture : « *le rôle de l'Union est conçu comme un simple complément. Les compétences en matière culturelle restent en propre celles des Etats et des régions* »[47]. Enfin, la directive « Télévision sans frontières » élaborée en 1989 est elle-même traversée par une double logique. Elle est destinée à l'origine à fixer des quotas de diffusion d'œuvres européennes sur les réseaux télévisuels. Cependant, des formules incluses au sein même des rédactions successives de la directive permettent aux pays signataires d'en contourner complètement le sens. Ces deux exemples illustrent les tensions toujours visibles au niveau européen entre la généralisation d'un « référentiel de marché » et la permanence d'autres logiques d'action telles que la défense d'intérêts

---

[44] Il faut ici rappeler la dualité intrinsèque du cinéma, à la fois art et industrie, qui, en raison de cette spécificité, est susceptible de marquer une étape importante dans l'évolution des politiques européennes passant d'une logique spécifiquement économique à une logique à la fois économique et culturelle.
[45] « *L'action de la Communauté vise à encourager la coopération entre les Etats membres et, si nécessaire, à appuyer et compléter leur action dans les domaines de l'amélioration de la connaissance et de la diffusion de la culture, du patrimoine culturel, des échanges culturels non commerciaux, de la création artistique et littéraire, y compris dans le secteur de l'audiovisuel* », article 128 § 2 du Traité de Maastricht (TCE). C'est aujourd'hui l'article 151 TCE.
[46] Cette extension de l'article 92 § 3 n'a cependant pas mis fin aux procédures contentieuses récurrentes engagées par la Commission contre les aides d'Etat.
[47] « Conférences intergouvernementales, contributions de la Commission », *Bulletin de la Commission des Communautés européennes*, supplément février 1991, p. 146.

strictement européens ou la valorisation d'une thématique spécifique comme celle de l'exception culturelle, articulée autour de la sauvegarde des identités culturelles nationales. Par conséquent, il est nécessaire, à l'instar de nombreux travaux de science politique, de s'intéresser au processus d'européanisation[48]. Ainsi, la prise en compte de la dimension européenne des politiques du cinéma peut s'opérer selon plusieurs axes : d'une part, l'étude des interactions existant entre les politiques européennes et les politiques nationales, et de l'éventuel processus de convergence qu'elles entraînent ; d'autre part, l'étude des modes d'action collective et de représentation des intérêts des professionnels français du cinéma ; enfin, l'étude de l'émergence de politiques spécifiquement européennes dans le domaine cinématographique. Ces différents axes de travail permettent d'aborder de nombreuses questions, non seulement d'évaluer l'influence des politiques européennes sur les modes de représentation des intérêts des professionnels français mais aussi d'interroger le processus d'intégration européenne à travers le prisme spécifique de l'analyse des dynamiques de l'espace cinématographique. Il est vrai que les années 1980 et 1990 ont vu l'émergence et l'institutionnalisation d'une politique européenne du cinéma avec la création d'un bureau spécifique au sein de la direction générale (DG) en charge de la Culture, d'un ensemble d'acteurs, d'instruments et de moyens spécifiques. Ces éléments sont présents dans notre travail mais ne constituent pas le cœur de la réflexion présente. En effet, la construction de notre objet de recherche nous a conduit à porter notre attention sur les évolutions de la politique nationale et la reconfiguration du système d'acteurs qu'elles entraînent. Cela nous paraît par ailleurs justifié par le fait qu'en matière cinématographique, les acteurs et les instruments nationaux demeurent dominants, bien qu'affectés par le processus de construction européenne[49]. C'est pourquoi, la plupart des outils théoriques mobilisés pour cette partie de la recherche concernent prioritairement les deux premiers axes du processus d'européanisation. De plus, ces outils ne sont pas fondamentalement différents des outils classiques de l'analyse des politiques publiques. Nous souscrivons en effet à la remarque de Claudio Radaelli selon laquelle les études européennes ne constituent pas une nouvelle théorie, mais seulement un espace d'investigation nouveau pour le politiste qui peut travailler avec les outils classiques de la science politique[50]. En ce sens, la posture de recherche de Claudio Radaelli corrobore celle adoptée par Patrick Hassenteufel et Yves

---

[48] « *'Europeanization' consists of processes of (a) construction (b) diffusion and (c) institutionalization of formal and informal rules, procedures, policy paradigms, styles, 'ways of doing things', and shared beliefs and norms which are first defined and consolidated in the EU policy process and then incorporated in the logic of domestic (national and subnational) discourse, political structures, and public policies* », [Featherstone K., Radaelli C. M., 2003 : 17].
[49] Pour une approche plus spécifique du rôle de la Commission européenne en matière audiovisuelle, voir notamment [Polo J-F., 2000].
[50] [Featherstone K., Radaelli C., 2003 : 340].

Surel dans leur approche du processus d'intégration européenne[51]. En effet, ces auteurs critiquent la tentation de créer une multiplicité d'outils *ad hoc* afin d'analyser les politiques européennes et les processus d'européanisation des politiques nationales alors même que les transformations qu'elles engendrent ne diffèrent pas de celles des politiques nationales que l'on continue d'appréhender grâce aux outils classiques de l'analyse des politiques publiques. Cela ne constitue pas, bien sûr, un éloge de la paresse conceptuelle, mais un souci de renforcer la pertinence scientifique des analyses des processus d'européanisation en leur évitant d'une part, le risque d'enfermement conceptuel et de « solipsisme » par rapport aux recherches menées dans les cadres nationaux et d'autre part, l'absence de comparabilité et d'échanges avec les autres approches politiques de l'européanisation. Pour ces auteurs, les « *politiques publiques européennes apparaissent [...] comme un champ d'expérimentation des transformations concernant l'ensemble des politiques publiques* »[52]. Il apparaît dès lors non seulement possible mais souhaitable d'appréhender les politiques européennes avec les mêmes outils que les politiques publiques nationales afin de préserver une « *cumulativité mutuelle* » entre les différents terrains d'une même approche en terme de politiques publiques.

L'influence de l'intégration européenne sur les politiques nationales

Le processus d'européanisation a des conséquences politiques empiriquement vérifiables tant sur les politiques nationales que sur les politiques communautaires[53]. En premier lieu, on peut considérer que l'émergence et le développement des instances européennes modifient le fonctionnement des structures nationales (« *domestic structures* ») dont l'élément principal est composé des institutions définies par March et Olsen comme des systèmes de règles à la fois formelles et informelles[54]. Le terme d'institution est pris ici dans une acception large qui englobe à la fois les institutions formelles que sont les organisations sociales ou administratives et les institutions informelles, moins codifiées, telles que les communautés épistémiques. Ainsi, différentes recherches montrent que les exigences pesant sur les institutions politiques nationales des pays participant à la construction européenne conduisent à une redéfinition des fonctions traditionnelles de certains acteurs et à un réajustement des relations interinstitutionnelles[55]. Aujourd'hui, de nombreux chercheurs s'accordent sur le fait que le processus d'européanisation des politiques publiques a, selon les pays, des conséquences différentes sur les politiques nationales, les institutions politiques et les acteurs

---

[51] [Hassenteufel P., Surel Y., 2000 : 8-24].
[52] *Ibid.*, p. 10.
[53] [Lequesne C., Surel Y., 2004].
[54] [Risse T., Green Cowles M. and Caporaso J., 2001 : 1-20].
[55] [Kassim H., Peters G., Wright V., 2000 : 236].

impliqués dans ces politiques[56]. En ce sens, on pourrait dire que la politique internationale est passée du statut de variable dépendante, expliquée par les évolutions des politiques nationales, au statut de variable indépendante, capable d'informer les analyses des transformations de l'action publique au niveau national.

Par ailleurs, depuis plusieurs années, la remise en cause des modes de régulation traditionnels centrés autour de l'Etat est analysée dans le cadre des débats sur la gouvernance[57]. En ce qui concerne les politiques publiques du cinéma, le processus d'intégration européenne et les changements de gouvernance qu'il entraîne nous amène à nous poser les questions suivantes : dans quelle mesure cette politique communautaire affecte-t-elle le fonctionnement des institutions « formelles » (ministère de la Culture, CNC, syndicats professionnels de l'industrie cinématographique) et « informelles » (relations entre professionnels et administration, entre professionnels et personnel politique) ? La mise en œuvre de cette politique européenne est-elle susceptible d'engendrer une convergence des politiques cinématographiques menées par les pays d'Europe ? Dès lors, la représentation des intérêts au niveau européen revêt une importance particulière. Quels modes d'européanisation les groupes d'intérêts représentant le cinéma empruntent-ils ? Peut-on distinguer un mode dominant d'européanisation de ces groupes ou bien combinent-ils différents types d'adaptation possibles ? La contribution à l'étude du processus d'européanisation développée dans notre recherche est ainsi centrée sur l'analyse des transformations de la politique française du cinéma.

---

[56] [Kohler-Koch B. et Eising R., 1999].
[57] « *On retrouve dans la gouvernance des idées de conduite, de pilotage, de direction, mais sans le primat accordé à l'Etat souverain. Poser la question de la gouvernance suggère de comprendre l'articulation des différents types de régulation sur un territoire, à la fois en termes d'intégration politique et sociale et en termes de capacités d'action. [...] poser cette question revient à réexaminer les interrelations entre société civile, Etat, marché et les recompositions entre ces différentes sphères dont les frontières se brouillent* ». [Le Galès P., dans Commaille J. et Jobert B., 1998 : 225].

III] Les axes de l'analyse des politiques du cinéma

Trois séries d'interrogations sont donc abordées dans ce livre et composent ses principales articulations :

1) Tout d'abord les questions relatives à l'analyse de la politique du cinéma comme exemple de l'institutionnalisation d'une politique culturelle.

Comment, historiquement, ont été inscrites sur l'agenda politique gouvernemental les nécessités d'intervenir dans le secteur cinématographique afin de le contrôler juridiquement, de le réguler économiquement et enfin, de le soutenir culturellement ? Quels modes d'intervention étatique ont été retenus ? Quelle est la configuration institutionnelle à laquelle aboutissent ces transformations successives et qui constitue le cadre de référence des acteurs politiques, administratifs et professionnels ?

L'hypothèse formulée est celle d'une institutionnalisation, à l'instar d'autres politiques sectorielles de la culture, d'une politique cohérente du cinéma. Cette institutionnalisation s'opère historiquement en liaison avec l'évolution des représentations et des pratiques, d'une part, de la société « globale » et de son mode de gouvernement, et d'autre part de la profession, appréhendée comme un groupe social distinct, partageant un certain nombre de croyances et de pratiques liées à leur activité professionnelle.

Il s'agit de rendre compte de l'institutionnalisation d'une politique culturelle, c'est-à-dire d'une part d'apporter une contribution « sectorielle » à l'histoire des politiques culturelles en France, et, d'autre part, à travers ce prisme spécifique, d'apporter un éclairage, même modeste, sur l'évolution de cet « Etat en action » qui ne cesse de poser question ; de donner les raisons essentielles, c'est-à-dire celles qui sont socialement efficaces, pour lesquelles le cinéma a acquis le statut convoité d'art, ainsi que le cinéaste celui d'auteur, statuts qui jouent un grand rôle dans l'argumentation rhétorique de l'exception culturelle.

2) La deuxième série d'interrogations concerne la place du cinéma dans le monde de l'image et de la communication d'aujourd'hui.

En effet, rendre compte de la politique d'exception culturelle, c'est aussi préciser les positionnements respectifs (et les conflits d'intérêts liés à ces positions) du cinéma et des autres vecteurs d'images, principalement la télévision. Le cinéma peut-il conserver sa singularité et l'autonomie difficilement acquise à la fin des années 1950 et son statut de septième art face à la montée en puissance de la télévision ? Quelles sont finalement, les conséquences de la recomposition des rapports cinéma-télévision engendrée par la libéralisation de l'audiovisuel au cours des années 1980 ?

L'hypothèse formulée est ici une perte de l'autonomie relative de l'espace cinématographique en raison de la montée en puissance de la télévision dont le mode régulation est clairement orienté par des impératifs de rentabilité.

3) La troisième série d'interrogations a trait à la thématique de l'exception culturelle telle qu'elle a été développée au moment des négociations du GATT.

L'exception culturelle marque-t-elle une forme de résistance à la mondialisation des activités cinématographiques ? Marque-t-elle la nième « incapacité de la France à se réformer », rhétorique habituelle de ceux qui déplorent la lenteur de la « normalisation néo-libérale » française au sein des économies occidentales ou bien une déclinaison originale, une retraduction française de la norme internationale dominante qu'est le néo-libéralisme, via l'Union européenne ? Peut-on établir une « matrice » des différents facteurs susceptibles d'expliquer, même de façon partielle, les raisons pour lesquelles la thématique de l'exception culturelle a trouvé un terrain si favorable en France ?

L'hypothèse formulée est ici que le processus de retraduction des normes néo-libérales internationales est un processus bivalent qui conduit à la fois à une inflexion et à une hybridation des politiques françaises mais aussi, par un processus d'apprentissage, à un changement des politiques européennes.

Dans ce cadre « d'européanisation » des politiques du cinéma, le « modèle » français aurait en quelque sorte donné le ton des politiques européennes en la matière, mais serait en retour infléchi dans le sens de préoccupations plus économiques. Le postulat est aussi que les politiques du cinéma forment un prisme particulièrement intéressant qui donne à voir les transformations de l'action de l'Etat au cours du processus de construction européenne et offre ainsi une lecture de la dynamique d'européanisation des politiques françaises.

Ainsi, **le premier chapitre** de ce livre analyse les conditions historiques d'émergence de l'espace cinématographique et sa structuration corporatiste. Il souligne notamment la rupture opérée par la Nouvelle Vague qui légitime la conception du cinéma comme art. Cette rupture trouve un écho politique avec l'avènement de la Vème République et l'affirmation d'un volontarisme d'Etat, également présent d'un point de vue culturel sous l'impulsion ministérielle d'André Malraux. En ce sens, ce chapitre, tente de lier les évolutions esthétiques, politiques et sociales en montrant l'interpénétration entre des espaces sociaux apparemment très éloignés. **Le deuxième chapitre** montre comment le cinéma, soumis à des crises récurrentes, se trouve gravement menacé, au début des années 1980, par la multiplication de chaînes de télévision privées, soumises aux impératifs publicitaires. **Le troisième chapitre** témoigne des tentatives infructueuses de la Commission européenne de créer un vaste marché du cinéma sur le modèle du marché unique, et de sa stratégie de mener à bien la libéralisation de l'audiovisuel. Ainsi les chapitres 2 et 3 s'attachent à comprendre les transformations de l'espace cinématographique au regard de la généralisation d'une régulation des espaces sociaux par les règles du marché. Les chapitres 4 et 5 proposent une étude du processus de négociation de l'exception culturelle. **Le quatrième chapitre** explique ainsi la façon dont les professionnels du cinéma, arguant du fait que *le cinéma n'est pas une marchandise comme les autres* réussissent à imposer une exception culturelle au cours des négociations du GATT, et comment celle-ci parvient à donner une cohérence et un sens à la politique cinématographique. Enfin, **le cinquième chapitre** traite des tentatives de contournement de l'exception culturelle, dans un processus de mondialisation économique et culturelle dont cette politique d'« exception », comme un « autre regard » porté sur cette évolution du monde, souligne les aspects normatifs et contingents.

Chapitre 1 / Légitimation du cinéma et institutionnalisation de la politique des auteurs

Introduction

L'étude du processus d'institutionnalisation de la politique du cinéma doit accorder une importance particulière à une innovation politique majeure : la création du ministère des Affaires culturelles au sein du premier gouvernement de la Vème République. Ainsi, il a semblé opportun d'analyser d'une part, l'avènement de la Vème République et la création du ministère des Affaires culturelles et d'autre part, le lien entre cette double innovation politique et administrative et les transformations de l'espace cinématographique. En effet, à la fin des années 1950, alors que l'orientation de la politique cinématographique s'infléchit en faveur d'une aide à la création culturelle, la Nouvelle Vague connaît un succès critique et esthétique. Peut-on dès lors établir une relation entre ces innovations politiques et les transformations de l'espace cinématographique ? Comment le changement de référentiel de l'action publique en matière de cinéma peut-il être appréhendé, non seulement au regard des transformations institutionnelles mais aussi au regard des pratiques des acteurs concernés, notamment des réalisateurs et des producteurs de films ? Afin de répondre à ces questions, il est nécessaire au préalable de caractériser le mode de fonctionnement de l'espace cinématographique contre lequel s'est construit la Nouvelle Vague.

I] Du spectacle forain au statut de septième art : la révolution symbolique de la Nouvelle Vague

La rupture qui s'opère en 1958 dans l'ordre politique avec l'avènement du régime gaulliste et la création du Ministère des Affaires culturelles n'est pas sans interagir avec la rupture esthétique qui intervient au même moment dans le monde cinématographique et que l'on peut qualifier de « Révolution symbolique de la Nouvelle Vague »[58]. Il serait vain de rechercher les causes de l'une dans l'épanouissement de l'autre ; sans doute est-il plus fécond de tenter de saisir la singularité historique de cette période qui connaît à la fois une innovation institutionnelle quant à la définition et à la mise en œuvre de l'intervention publique en matière culturelle, et une rupture symbolique forte dans l'objet même de cette politique, c'est-à-dire dans la façon de concevoir, de faire et de percevoir un film. C'est pourquoi la compréhension des changements

---

[58] [Mary P., 2002].

intervenus au sein du champ cinématographique constitue une étape non négligeable dans la compréhension de l'évolution du cinéma et donc de l'évolution des politiques du cinéma. En effet, l'arrivée de la Nouvelle Vague a entraîné la redéfinition des fondements de la légitimité de la critique cinématographique, la remise en cause des manières d'écrire des scénarios, des façons de filmer et de monter des films. Notamment, elle a redéfini les rapports entre l'art et la technique, l'importance accordée aux décors et aux ressources techniques et remis en cause la place même des vedettes. *« Ecrire, c'est écrire contre »* pourrait être la devise des jeunes promoteurs de la Nouvelle Vague. En effet, la Nouvelle Vague, comme toute révolution symbolique est en premier lieu une contestation radicale de la génération précédente, du système créatif qu'elle a mis en place et qu'elle occupe, et finalement des films qu'elle produit. Il s'agit du cinéma des années 1940 et 1950, celui des studios et des vedettes, celui qu'on appelle alors, pour le meilleur de ce qu'il propose, le cinéma de *« la Qualité »*. Ce cinéma n'est cependant pas né de la rupture de l'après-guerre. Il est le prolongement direct, bien que dans un autre contexte social et politique, du système de production et de réalisation de films qui s'est progressivement imposé en France à partir des années 1930. Pour prendre toute la mesure de la rupture politique et symbolique qui est celle de la Nouvelle Vague et de l'instauration d'un ministère des affaires culturelles, il est nécessaire au préalable de caractériser le système corporatiste hérité des années 1930.

A] L'Etat et l'encadrement d'un spectacle forain

Le cinéma connaît une première phase qui suit immédiatement son invention, au cours de laquelle il n'est qu'une curiosité scientifique et où ses promoteurs sont avant tout ses inventeurs, les frères Lumière. Très rapidement, vers 1897, le cinéma devient « spectacle de curiosité »[59] selon les classifications officielles, c'est-à-dire qu'il devient un spectacle forain, divertissement populaire et méprisé comme tel par l'élite bourgeoise et cultivée de l'époque. Malgré sa « mauvaise réputation », le succès du cinématographe est rapide, comme le note Jean Epstein : « *Il débuta comme jouet scientifique, comme amusette de laboratoire. Puis, il fut un phénomène de foire, perfectionnement de la lanterne magique et il avait déjà mauvaise réputation : on lui reprochait d'abîmer la vue. Néanmoins et bientôt, il s'installa en permanence dans les villes pour servir d'amusement aux enfants et aux bonnes.* »[60]

---

[59] C'est la catégorie dans laquelle le cinéma est classé, ce qui autorise notamment toute censure à son encontre à l'inverse du théâtre, mieux protégé à l'égard des interventions étatiques. Ce statut est abrogé en 1928 par le Décret Herriot.
[60] [Epstein J., 1974 : 344].

De l'invention du cinéma en 1895 à l'avènement du parlant à l'orée des années 1930, plusieurs phases auxquelles correspondent différents statuts juridiques et sociaux du cinéma ainsi que différentes formes d'organisation économique peuvent être distinguées[61]. L'intervention de l'Etat demeure quant à elle relativement constante. Inspirées par une attitude de méfiance et de mépris à l'égard de ce nouveau divertissement populaire, les réglementations concernant le cinéma visent essentiellement à le « circonvenir » c'est-à-dire à le sécuriser, à le contrôler et à utiliser son succès populaire comme source de financement par la création d'un système de taxes particulièrement contraignant. L'intervention de l'Etat dans le cinéma devient beaucoup plus sensible à partir des années 1930. Par ailleurs, pour les historiens du cinéma, la période des années 1930 apparaît comme une époque charnière : celle du passage problématique du cinéma muet au cinéma parlant, du cinéma des artisans à celui des studios. Or cette césure n'est pas seulement intéressante du point de vue de l'histoire de l'art, elle l'est aussi des points de vue socio-économique et politique. Le secteur cinématographique est alors sous la tutelle administrative du ministère de l'Intérieur et l'intervention de l'Etat se caractérise surtout par les décrets qu'il édicte afin qu'il ne soit pas porté atteinte « aux bonnes mœurs » et à la « morale publique ». Les premières mesures concernent la sécurité des projections et le contrôle du contenu des films par l'instauration d'une censure. Autrement dit, le premier souci de l'Etat est de contrôler le développement de cette activité et d'éviter tout trouble à l'ordre public : le cinéma, objet d'une certaine méfiance voire d'un véritable mépris, doit être surveillé. Cependant, les préoccupations économiques deviennent très présentes avec la crise liée à l'avènement du cinéma parlant. Dès le début des années 1930, la production de films sonorisés supplante celle de films muets dont la production disparaît complètement en quelques années et avec lui un grand nombre de sociétés, de réalisateurs et d'acteurs incapables de s'adapter aux nouvelles exigences de ce cinéma. Cependant, l'innovation technique du parlant ne s'impose pas brutalement comme le mode dominant de diffusion cinématographique. Ainsi en juin 1935, six ans après les premières productions françaises de cinéma sonore, l'Etat recense en France 3023 salles équipées en cinéma sonore sur un total de 7609 salles. Cela montre qu'en dépit de l'enthousiasme du public pour le son synchronisé, les formes d'expression muettes et sonores restent un temps concurrentes, non seulement parce qu'une partie du public reste attachée au cinéma muet, qui a acquis une certaine reconnaissance, mais aussi parce que les coûts du nouveau matériel de diffusion demeurent trop élevés pour de nombreux exploitants.

---

[61] [Depétris, 2006].

B] L'affirmation d'un « référentiel de métier » dans le cinéma

1) La sonorisation des films et l'émergence du système des studios

1.1 L'innovation technique

Les exigences techniques du cinéma parlant sont multiples : le système d'enregistrement des sons et des voix est en lui-même contraignant mais ce sont, *de facto*, toutes les méthodes de tournage qui sont remises en cause. En particulier, le parlant systématise le tournage en studio, nécessitant et créant par là même les compétences techniques de ceux qui vont prendre un rôle de plus en plus déterminant dans le processus de création du film. En effet, les caméras, bruyantes, doivent être isolées dans des caissons qui rendent difficile leur manipulation en extérieur. De plus, seuls des studios parfaitement insonorisés permettent à des matériels d'enregistrement encore défaillants d'assurer une prise de son de qualité suffisante. Enfin, les tournages de films sonores nécessitent des projecteurs beaucoup plus puissants car le cinéma parlant défile à 24 images par seconde contre 16 pour le cinéma muet, ce qui augmente de 50 % le métrage de pellicule utilisé et diminue d'autant sa sensibilité. L'avènement du cinéma parlant engendre non seulement une réduction provisoire de la zone de diffusion des films à des bassins linguistiques distincts et limités, mais aussi une redéfinition du processus de réalisation d'un film, de la conception au montage. Pour ces deux raisons, le cinéma français marque un nouveau recul, en terme de production, notamment vis-à-vis du cinéma américain. Sur le plan économique, l'avènement du cinéma parlant se traduit donc par une forme de « crise des ciseaux » : l'augmentation des coûts de production, pouvant aller jusqu'à 300 %, a des conséquences d'autant plus dommageables que les recettes diminuent en raison de la restriction du marché aux seuls spectateurs francophones, là où les films muets pouvaient prétendre au marché mondial[62]. Dès lors les producteurs, confrontés à la hausse des coûts et à la restriction des marchés pour leurs films, tentent d'imposer des contraintes budgétaires aux réalisateurs.

Ces derniers se voient donc incités d'une part, à réaliser des films susceptibles d'attirer un large public national et donc le plus souvent, construits à partir d'histoires populaires et conventionnelles, d'autre part, à utiliser au mieux le matériel existant au sein d'un studio aux potentialités techniques définies à l'avance et avec une équipe technique qui leur est imposée. C'est pourquoi l'arrivée du parlant se traduit pour les réalisateurs de films, par une perte de l'autonomie relative acquise dans le cinéma muet, tant sur les plans

---

[62] Le rapport Petsche (1935) fait état d'un marché de 75 millions de spectateurs francophones à travers le monde. Dans le même temps, les films anglo-saxons peuvent prétendre à un marché de 225 millions de spectateurs. [Courtade F., 1978 : 117].

artistique, économique que technique, au profit des « équipes », des « studios », des « circuits de production et de distribution » desquels n'émerge que très exceptionnellement la figure d'un « auteur » de films. Cela ne signifie pas que les grands réalisateurs n'existent pas, mais leurs réalisations ne mettent pas en avant ce qui fera plus tard la « politique des auteurs » à savoir l'expression de leur personnalité artistique, l'utilisation du film comme d'un mode d'expression personnelle. En outre, l'unification nationale du marché du cinéma et les transformations qu'elle implique créent de fait les conditions pour que les problèmes et les enjeux du cinéma deviennent une question publique nationale, c'est-à-dire une question posée à la collectivité nationale et dont, désormais, l'Etat ne peut se désintéresser. La place et l'importance accordées à la technique et au savoir-faire se traduisent ainsi dans l'organisation des différentes professions qui composent ces équipes techniques et il apparaît clairement que cette organisation est de type corporatiste. Ce corporatisme s'enracine dans la mise en place d'une réglementation très stricte concernant l'accès aux différentes professions et corps de métiers dès les années 1930.

1.2 Le réalisateur aux prises avec le corporatisme

Le phénomène du corporatisme se trouve renforcé par l'action conjuguée, bien que la plupart du temps non coordonnée, de l'Etat et des syndicats de travailleurs et de techniciens, apparus au début des années 1930. Le protectionnisme syndical se développe en s'appuyant sur l'instauration pour les différents corps de métiers (décorateurs, accessoiristes, monteurs, directeurs de la photographie, *etc.*) des conditions réglementaires qui leur assurent des garanties de formations, de salaires et d'emplois, et donc tend à instaurer des normes de sélection et de reproduction des compétences techniques afin de renforcer le contrôle exercé sur le recrutement de nouveaux personnels. Le recrutement de chaque technicien se fait par cooptation et sa formation, caractéristique du mode de reproduction des compétences artisanales, consiste en un lent et contraignant processus d'acculturation technique et idéologique, fondé sur l'apprentissage et la répétition des mêmes gestes par lequel le référentiel professionnel (on pourrait parler d'*ethos* professionnel) s'inscrit dans les esprits et les corps des professionnels. L'incorporation de cet *habitus* professionnel, c'est-à-dire des dispositions durables à la reproduction des gestes et des pensées propres au corps de métier, constitue le socle sur lequel s'appuie ce que l'on peut appeler le « *référentiel de métier* » du cinéma français. Ce « *référentiel de métier* » semble en effet dominer la période des années 1930 aux années 1960, tant dans la représentation qu'a d'elle-même la profession que dans celle qu'elle donne à l'extérieur et qui n'est pas sans influencer l'action de l'Etat en matière de réglementation cinématographique. Les syndicats, tant patronaux que salariés, ont joué un grand rôle dans l'émergence et le renforcement de la logique corporatiste, des années 1930 au début des années

1950, s'érigeant en « médiateurs » de la nouvelle configuration de l'espace cinématographique apparue avec le parlant. En effet, ils mettent en avant, dans une période marquée par la crise, la montée du chômage et la résurgence du nationalisme, la « nécessaire » défense des emplois induits par l'activité cinématographique (et notamment des emplois d'ouvriers et de techniciens) face aux réalisations et à la main d'œuvre étrangères. Il n'est dès lors guère étonnant de voir que « l'esprit du corporatisme » porté par les syndicats et encouragé par l'Etat, conjugue la défense du cinéma *français* à un discours empreint de xénophobie et d'antisémitisme[63].

Par ailleurs, afin de devenir les maîtres d'œuvre de leurs films, et encore avec l'autonomie toute relative que leur accordent les équipes techniciennes et les producteurs, les metteurs en scène doivent suivre un long et exigeant parcours initiatique, véritable *cursum honorum*. Les producteurs ne confient la mise en scène d'un film qu'à ceux qui, au préalable, ont été assistants réalisateurs de plusieurs films. Il est alors pratiquement impossible d'être à la fois metteur en scène et scénariste. Ce long et laborieux apprentissage illustre la logique corporatiste et artisanale d'un métier qui ne s'apprend alors que « sur le tas » : il contraint le metteur en scène à inscrire sa « carrière » au sein d'un espace cinématographique au corporatisme puissant et à n'obtenir de reconnaissance en tant que tel que par la reconnaissance des hiérarchies professionnelles existantes, et ce jusqu'aux années 1950. Paradoxalement, il y a eu davantage de premiers longs métrages pendant la guerre qu'entre 1948 et 1958[64]. « *Une des plaies des années 50 est certainement la protection de la profession organisée par les syndicats désireux d'assurer le plein emploi aux travailleurs déjà en place en barrant systématiquement la route aux jeunes auxquels sont imposés de véritables parcours du combattant. (…) les plus chanceux et les plus roublards gagnent enfin le droit à quarante ans de tourner un petit polar de série B sur un scénario qu'ils n'ont pas écrit, entourés de techniciens confirmés et aux normes, avec les mêmes acteurs que tous les autres films du même genre. Aseptisé, standardisé, devenu le rouage modeste d'une vaste entreprise dont la maîtrise lui échappe, le « nouveau » réalisateur est alors accueilli dans le cénacle des professionnels, passant d'un seul coup de l'inexistence à l'embauchement prématuré. (…) alors que tout devrait commencer, l'étape décisive du premier long métrage constitue donc généralement une fin, le triomphe de l'immobilisme conservateur* »[65].

Ainsi les réalisateurs du cinéma dit de la « qualité » sont tous relativement âgés au moment de tourner leur premier film et surtout déjà très expérimentés, illustrant en ce sens la nécessité pratique, à cette époque, de franchir avec

---

[63] [Garçon F., 1984] ; [Singer C., 2001] ; [Aron R., 1975].
[64] Chiffres cités dans *Cinéma 64*, n° 88, juillet-août 1964. Le faible nombre de premiers films était déjà une caractéristique du cinéma d'avant-guerre.
[65] [Prédal J., 1996 : 179].

succès les différentes étapes du « *cursus honorum* » du « métier » de réalisateur[66]. Des années 1930 aux années 1950 domine ce que l'on peut appeler un « *cinéma de techniciens* », c'est-à-dire un cinéma artisanal organisé sur le mode du corporatisme[67]. On peut par ailleurs penser que, arrivé au terme d'un parcours professionnel jalonné d'étapes et d'épreuves initiatiques successives nécessitant une parfaite connaissance et reconnaissance des impératifs techniques, le réalisateur-chef d'équipe n'est pas dans des dispositions favorables à la remise en cause de ce « référentiel de métier » qui, désormais, conforte sa nouvelle légitimité. De plus, il n'est pas rare que les metteurs en scène du cinéma dit de « la qualité » aient aussi (et avant tout) une formation technique, leur accession au poste de réalisateur venant alors couronner une ascension professionnelle garante d'une parfaite maîtrise technique. Leurs réalisations témoignent alors à titres divers de cette « maîtrise », non seulement selon la manière dont ils s'en sont servi, mais aussi selon la façon qu'ils ont eu de « questionner », au moins partiellement, leur « socialisation technique » initiale et d'autonomiser leur travail par rapport aux exigences de l'emprise technique des corps de métiers présents au sein des studios. Pris dans un ensemble complexe et contraignant de relations sociales et professionnelles, le réalisateur ne parvient pas à se faire reconnaître comme créateur autonome au sein de l'ensemble des professionnels qui concourent à la réalisation du film. Dans ces conditions, la figure de l'auteur peine à émerger au sein du cinéma de métiers. Les années 1940 et surtout 1950 marquent ainsi l'apogée de ce système. Les studios rassemblent l'ensemble des métiers nécessaires à la réalisation d'un film, de l'électricien à la maquilleuse. Que ce soit au sein du studio ou en dehors, en ayant recours à des entreprises indépendantes et spécialisées, le poids des techniciens reste important jusqu'aux années 1950. De plus, la plupart des commentateurs de la presse spécialisée mais aussi les techniciens et les metteurs en scène eux-mêmes accordent une attention toute particulière à la « qualité » des décors, de l'éclairage, à « l'astuce » ou à la maîtrise technique dont le film n'est souvent que le témoin.

La légitimité contestée du cinéma des studios

Le cinéma des studios gagne à la fois une certaine reconnaissance de la critique et le succès auprès du public. Il est perçu comme un cinéma de prestige comme en témoignent les termes de « tradition » et de « qualité » qui soulignent que ce cinéma incarne la continuité de ce qui se faisait de mieux dans le monde de l'excellence artisanale et du « cinéma de métier ». De fait, le cinéma français acquiert une renommée internationale. Si l'on se réfère aux prix attribués par les trois grands festivals de cinéma de Cannes, Venise et Berlin, de 1946 (date du

---

[66] Ainsi par exemple, Marcel Carné, lorsqu'il tourne *Thérèse Raquin* en 1953, est âgé de 44 ans et il a déjà travaillé sur 11 films. Claude Autant-Lara travaille d'abord comme décorateur. Il a 46 ans pour *le Diable au corps* en 1947 et a participé à 10 films.
[67] [Darré Y., 2000].

premier festival de Cannes) à 1959 (date à laquelle *Les 400 coups* de François Truffaut obtiennent la palme d'or) les cinéastes français les plus primés appartiennent à la « tradition de la Qualité ». Il s'agit de René Clément et Henri-Georges Clouzot (6 prix), André Cayatte (4 prix), Jean Delannoy (3 prix), Christian-Jaque et Robert Bresson (2 prix), Marcel Carné, Jean-Paul Le Chanois, Jacques-Yves Cousteau (1 prix)[68]. La reconnaissance internationale accordée à ces films ainsi que le soutien d'un certain nombre de critiques laissent supposer que le cinéma est parvenu à s'imposer dans l'espace culturel comme un bien légitime. En réalité, si l'on consent parfois à lui accorder le titre « d'art populaire », ce n'est que pour souligner davantage la distance qui le sépare des formes d'art les plus légitimes, en particulier la musique, la peinture ou la littérature. Le cinéma entretient des rapports particuliers à l'égard de la littérature qui témoigne d'une forme de délégitimation à la fois par rapport à la figure de l'écrivain comme artiste et par rapport au livre comme œuvre d'art. En effet, nombre de films de l'époque reconnus comme des films de « qualité » sont des adaptations d'œuvres littéraires classiques, témoignant de la nécessité d'importer dans l'espace cinématographique la légitimité des grands noms de la littérature française pour accéder à une forme de reconnaissance. Cependant, le développement de la cinéphilie à partir de la fin des années 1940 va contribuer à l'autonomisation de l'espace cinématographique par rapport aux autres espaces de création artistique, et ainsi, rendre possible la reconnaissance du cinéma comme art.

2) Le développement de la cinéphilie

Le développement de la cinéphilie est un des éléments de fond sur lesquels s'est appuyé le mouvement critique structuré autour des *Cahiers du cinéma*, qui, par sa contestation aussi bien esthétique, technique, économique que politique du cinéma des années 1950, a permis d'imposer une nouvelle définition du cinéma[69]. Cette nouvelle façon de concevoir (et bientôt de faire) du cinéma repose sur la défense de la notion « d'auteur » de films et de la singularité de l'acte créatif. Or il est clair, sans que l'on puisse établir un lien de causalité direct entre les deux, que la rupture esthétique et « intellectuelle » établie par les Cahiers du cinéma à la fin des années 1950 a fortement contribué à légitimer les politiques mises en place par le ministère Malraux de 1959. Ces politiques se proposent d'incarner un engagement en faveur de la culture et le souhait de rupture avec la politique des Beaux-Arts de la IVème République. Elles visent en ce sens à promouvoir « l'artiste », « le créateur » qui prend le risque de proposer une œuvre singulière et donc potentiellement « difficile », par le biais de l'avance sur recettes. On peut ainsi considérer que la rupture esthétique et

---

[68] D'après *La cinématographie française*, 1946-1959.
[69] *Cf.* [de Baecque A., 2003].

l'entreprise de légitimation initiée par le mouvement cinéphilique que justifie et prolonge la Nouvelle Vague, participe du processus d'institutionnalisation des politiques du cinéma. Les contextes socio-politique et culturel de la Libération forment un support favorable au développement de la cinéphilie. Après la pénurie et la censure endurées pendant la guerre, le désir de redécouvrir des œuvres censurées, telles que *La règle du jeu* de Renoir, *l'Atalante* de Vigo ou les films américains jamais diffusés en France occupée, ainsi que la volonté de suivre les développements récents du néo-réalisme italien et les nouveautés françaises de l'après-guerre, drainent un public nombreux, jeune et passionné dans les salles de cinéma, essentiellement parisiennes. Paris compte plus de 400 salles et les salles d'exclusivité de la Pagode, des Ursulines, du Vendôme, des Reflets et du Broadway où est pour la première fois projeté le *Citizen Kane* d'Orson Welles en 1946 deviennent dans les années 1940 et 1950 les lieux de rendez-vous privilégiés des cinéphiles. Il en va de même des ciné-clubs et de la Cinémathèque Française dont l'activité est relancée en 1948 par Henri Langlois. Les films et leur esthétique, les auteurs et leur « écriture cinématographique » donnent lieu à des débats passionnés et à des analyses érudites, sous formes d'articles ou de filmographies documentées qui alimentent les revues dites « sérieuses » de l'après-guerre, *L'Ecran français*, *Cinémonde*, *La revue du cinéma* puis *les Cahiers du cinéma* à partir de 1951 et *Positif* à partir de 1952[70].

La revue du cinéma apparaît à bien des égards, avant la naissance des *Cahiers du Cinéma* comme la revue qui adopte la posture la plus « intellectualisante » en matière de critique cinématographique et ce afin d'affirmer la légitimité culturelle du cinéma. De nombreux artistes et intellectuels de renom tels que Sartre, Cocteau, Leenhardt, Welles, Eisenstein, *etc.* collaborent régulièrement à cette publication. Contrairement aux revues populaires, qui ont contribué au succès du système des studios par la valorisation des vedettes et du romanesque des scénarios, cette revue cherche à construire un *corpus* critique fondé sur une réflexion philosophique et historique. La revue publie ainsi des articles donnant au cinéma une légitimation artistique forte par la mise en exergue du rôle central du réalisateur en tant que créateur. On aurait tort cependant d'hypostasier l'importance de la revue sans doute la plus en pointe de la lutte pour la légitimation du cinéma au sein d'un espace intellectuel dominé, dans le contexte naissant de la guerre froide, par les prises de position politique de nombreux intellectuels qui empêchent encore la critique d'accéder à l'autonomie nécessaire à sa crédibilité.

L' Ecran Français (1943-1953) est créé dans la clandestinité en 1943, d'abord sous la forme d'une rubrique insérée dans la publication des *Lettres Françaises* de Jacques Decour, puis en juillet 1945 en tant qu'hebdomadaire. *L'Ecran Français* se distingue nettement des publications populaires et

---

[70] *Cf.* [de Baecque A., 1998].

commerciales en proposant des articles de fond écrits par des critiques partageant une même vision du cinéma comme art tels que Jean-George Auriol, Georges Sadoul, André Bazin, Jacques Leenhardt ou Alexandre Astruc. *L'Ecran Français* publie par exemple le célèbre article de Merleau-Ponty « Cinéma et psychologie » en 1945. La première phrase de l'article de Merleau-Ponty, désormais célèbre, nous éclaire à cet égard sur la ligne éditoriale de la revue : « *Autrefois, le cinéma était une distraction. On le considère aujourd'hui comme un art* »[71].Cette revue publie également l'article d'Alexandre Astruc, « Naissance d'une nouvelle avant-garde : la caméra stylo » en 1948 qui s'inscrit lui aussi dans une démarche légitimante visant à faire du cinéma un art à part entière. Alexandre Astruc écrit ainsi :

« *Le cinéma est en train de devenir tout simplement un moyen d'expression, ce qu'ont été tous les autres arts avant lui, ce qu'ont été en particulier la peinture et le roman. Après avoir été successivement une attraction foraine, un divertissement analogue au théâtre de boulevard, ou un moyen de conserver les images de l'époque, il devient peu à peu un langage. Un langage, c'est-à-dire une forme dans laquelle et par laquelle un artiste peut exprimer sa pensée, aussi abstraite soit-elle, ou traduire ses obsessions exactement comme il en est ainsi de l'essai ou du roman. C'est pourquoi j'appelle ce nouvel âge du cinéma celui de la Caméra Stylo*»[72].

Par ailleurs, ce n'est pas un hasard si *L'Ecran Français* accueille régulièrement les contributions des intellectuels les plus en vue de l'époque tels que Jean-Paul Sartre, Albert Camus ou Maurice Merleau-Ponty. Comme *La revue du cinéma*, *L'Ecran Français* participe donc activement au processus d'autonomisation de l'espace de la critique et de légitimation du cinéma. De plus, par les commentaires thématiques ou stylistiques des œuvres identifiées par leurs titres et le nom de leurs réalisateurs, elles participent aussi à l'émergence de la figure de l'auteur, élément décisif de la reconnaissance du cinéma comme art[73]. Cependant, à l'approche esthétique incarnée par *La revue du cinéma* et une partie de la rédaction et des collaborateurs ponctuels de *L'Ecran Français* s'oppose une critique politique, progressivement majoritaire au sein de *L'Ecran Français* qui, par ses jugements politiques de ce qui ne devrait attirer qu'une analyse esthétique, notamment à l'égard du cinéma américain, freine cette autonomie et cette légitimation tant recherchées par les rédacteurs de *La Revue du cinéma*.

---

[71] [Merleau-Ponty M., 1945, cité dans Barrot O., 1979 : 62].
[72] [Astruc A., 1948].
[73] On peut préciser que l'E*cran Français* sera à l'origine de la création de l'*Association française de la critique de cinéma*, structure préfigurant le *Syndicat français de la critique de cinéma* créé en 1981 et constituant un élément institutionnel important dans l'émancipation de la critique vis-à-vis des pouvoirs économiques et politiques. Le débat sur le rôle et l'autonomie de la critique est récurrent, comme en témoigne la résurgence de cette polémique à l'automne 1999, *cf.* par exemple, l'article de Robert Guédiguian « Cinéastes, faut-il critiquer la critique ? » paru dans *L'Humanité* du 13 novembre 1999.

C'est André Bazin qui incontestablement, dans le monde de la critique, va jouer un rôle déterminant dans l'avènement des conditions de possibilité d'expression de la Nouvelle Vague et avant elle, de la nouvelle conception de la critique et de l'art cinématographique qui en sont la matrice. André Bazin, normalien, cherche à importer la légitimité intellectuelle de la philosophie dans l'espace de la critique cinématographique, puisant à des sources d'inspiration diverses, notamment chrétiennes et s'appuyant sur trois références majeures : le personnalisme de Mounier, l'existentialisme de Sartre et la philosophie de l'art d'André Malraux. Son recueil d'articles critiques *Qu'est-ce que le cinéma ?* qui paraît en 1958 et fait référence au *Qu'est-ce que la littérature ?* de Sartre[74] témoigne de sa volonté de faire accepter le cinéma comme un art à part entière, avec ses propres codes et sa propre « écriture ». Ainsi, la construction d'un discours critique autonome est pour lui une condition nécessaire à la défense d'un cinéma perçu comme un art : « *Si la critique est la conscience du cinéma, le cinéma lui doit d'avoir pris conscience de lui-même* »[75]. De ce fait, la posture adoptée par André Bazin dès les années 1940 préfigure le « coup de force » critique opéré par les *Cahiers du cinéma* (dont il est l'un des fondateurs) qui constitue le creuset, à la fois intellectuel et humain, de la Nouvelle Vague.

3) Le rôle majeur des Cahiers du cinéma

En avril 1951 Jacques Doniol-Valcroze fonde les *Cahiers du cinéma*. De nombreux rédacteurs issus des autres publications cinématographiques participent à la création des *Cahiers* et proposent régulièrement des contributions, comme Georges Sadoul, Pierre Kast et surtout André Bazin qui, d'emblée, confère à la revue une exigence intellectuelle et critique dont elle ne se départira pas. Cependant, l'importance de la Nouvelle Vague vient essentiellement de la rupture symbolique forte opérée par un groupe de jeunes critiques qui prennent progressivement position au sein des *Cahiers du cinéma* et finissent par imposer leur point de vue comme la ligne critique dominante de la revue. Il s'agit notamment de ceux qui deviendront plus tard les réalisateurs les plus importants de la Nouvelle Vague : François Truffaut, Eric Rohmer, Jacques Rivette, Jean-Luc Godard et Claude Chabrol. Ce sont ces « jeunes turcs » des *Cahiers du cinéma*, qui forment en quelque sorte une « avant-garde » critique selon l'expression de Pierre Bourdieu, qui vont donner un nouveau ton à la revue et susciter une nouvelle conception de la façon de faire du cinéma. Ils opèrent en ce sens la véritable rupture symbolique après laquelle le film et surtout le réalisateur du film ne seront plus perçus de la même manière. Ils s'engagent en effet en faveur d'une « *politique des auteurs* » qui fait du réalisateur un auteur, un créateur au même titre que le peintre ou

---

[74] [Sartre J-P., 1951].
[75] [Bazin A., recueil d'articles réunis par Narboni J., 1983].

l'écrivain, après le célèbre article iconoclaste de François Truffaut publié en janvier 1954[76]. Cet article, un des premiers qu'il publie, conteste violemment tout un pan du cinéma français, celui qu'il désigne par la formule d'*« une certaine tendance du cinéma français (...) dite du "réalisme psychologique" et qui est représentée, chaque année, par "dix ou douze films" qui s'inscrivent dans ce que l'on a joliment appelé "la Tradition de la Qualité"*[77]. Les cinéastes que François Truffaut rattache à la tradition de la qualité sont notamment Claude Autant-Lara, Jean Delannoy, René Clément et Yves Allégret. Il distingue ce cinéma de l'œuvre de réalisateurs qui méritent selon lui la qualification d'« auteurs », car ils expriment une vision du monde qui leur est propre et qui non seulement les différencie de tous les professionnels concourant à la réalisation d'un film mais les distingue aussi les uns des autres, comme autant d'auteurs différents par leur style d'écriture. Dans un autre article paru dans *Arts*, François Truffaut précisera sa position : *« Je ne crois pas aux bons ou aux mauvais films, je crois aux bons ou aux mauvais metteurs en scène. Il est possible qu'un cinéaste médiocre ou très moyen réussisse un film de temps à autre, mais cette réussite ne compte pas. Elle a moins d'importance qu'un ratage de Renoir, si tant est que Renoir puisse rater un film. (...) Un metteur en scène possède un style que l'on retrouve dans tous ses films, et ceci vaut pour les pires cinéastes et leurs pires films. (...) Je suis donc partisan de juger, lorsqu'il s'agit de juger, non des films mais des cinéastes »*[78].

Comme toute avant-garde, la politique des auteurs se construit *contre* le cinéma dominant de l'époque, contre le cinéma de la qualité et vise à légitimer le cinéma à partir d'autres critères d'excellence que ceux présents jusqu'alors. Par là même, elle déstabilise ceux qui ont bâti leur carrière sur ces anciens critères. Mais la révolution critique de ces « jeunes turcs » réside avant tout dans l'attention nouvelle portée à l'aspect formel du film, à la mise en scène et donc au metteur en scène. André Bazin, lorsqu'il analyse l'entreprise critique de ses jeunes confrères, emploie ces mots :

« Ils regardent à ce point la mise en scène parce qu'ils y voient, dans une large mesure, la matière même du film, une organisation des êtres et des choses qui est à elle-même son sens, aussi bien moral qu'esthétique »[79].

L'importance accordée à la forme et à la mise en scène fonde le socle de la révolution critique de la Nouvelle Vague : la pensée d'un auteur de films prend forme cinématographique par la mise en scène ou, selon l'heureuse formule de Jean-Luc Godard, elle devient *« une pensée qui prend forme/forme qui pense »*. Dès lors, cette révolution symbolique s'accompagne d'un ensemble de

---

[76] [Truffaut F., 1954 : 15-29].
[77] *Ibid.*, p. 15.
[78] [Truffaut F., *Arts*, 15 mai 1957].
[79] [Bazin A., *Cahiers du Cinéma*, n°44, février 1955 : 60].

« *sacralisations* » et d'une série de « *sacrilèges* » comme le souligne Philippe Mary dans ses travaux. Ainsi, affirmer en 1955 qu'Alfred Hitchcock est un grand cinéaste tient de la provocation. La critique établie de l'époque, au nom du contenu dérisoire de ses films (suspense, meurtre, espionnage) juge avec un certain mépris celui qu'elle considère tout juste comme un habile artisan de la grande « usine à rêve » hollywoodienne. En ce sens, elle conforte la vision commune du cinéma et traduit le fait que ce dernier n'est pas encore considéré comme un art puisqu'on confond la « représentation d'une belle chose » et la « belle représentation d'une chose ». Il est évident qu'en littérature, au théâtre ou en peinture c'est désormais davantage la représentation (ou le style) de l'objet représenté qui importe plus que l'objet lui-même. La représentation des crimes, des passions ou des vices humains est acceptée en littérature ou au théâtre, comme la nudité en peinture, alors qu'elle est l'objet d'une censure sévère au cinéma. Ces cinéastes apprécient dans les films d'Hitchcock un style et une écriture particulière, une projection de l'auteur, à la fois fictive et bien réelle : le réalisateur américain apparaît dans chacun de ses films, « signant » ainsi ses œuvres. Ce procédé sera imité, au moins une fois, par tous les cinéastes de la Nouvelle Vague, certains n'hésitant pas à jouer dans leurs propres films. Pour eux, la légitimité cinématographique s'ancre dans un apprentissage critique par la critique puis par la confrontation des approches et l'imitation créative des uns par les autres. Cette invention d'une nouvelle façon de concevoir puis de faire du cinéma, ce que l'on a appelé « la politique des auteurs », semble atteindre son but, à la fin des années 1950, c'est-à-dire, « donner sa place au cinéma dans l'histoire de l'art », ce que souligne avec force Jean-Luc Godard dans un article publié dans l'hebdomadaire *Arts* en 1959 :

« *Si on dit aujourd'hui : un film de Christian-Jaque ou de Verneuil comme on dit : un film de Griffith, de Vigo ou de Preminger, c'est grâce à nous (...). Nous avons gagné en faisant admettre le principe qu'un film de Hitchcock, par exemple, est aussi important qu'un livre d'Aragon. Les auteurs de films, grâce à nous, sont entrés définitivement dans l'histoire de l'art* »[80].

B] *La Nouvelle Vague ou l'affirmation du cinéma « d'auteur »*

Les quatre cent coups de François Truffaut, palme d'or au festival de Cannes en 1959, marque la reconnaissance publique d'un mouvement qui s'impose en un temps très court (1959-1960). En effet, trois des quatre films fondateurs de la Nouvelle Vague sortent à Paris en quelques semaines : *Les cousins* de Chabrol en mars 1959, Les quatre cents coups au début du mois de juin et *Hiroshima mon amour* mi-juin. S'ajoute à ce trio de films *A bout de souffle* de Jean-Luc Godard en mars 1960.

---

[80] [Godard J-L., *Arts*, 22 avril 1959]. Pour une analyse du rôle de Godard dans l'entreprise de reconnaissance symbolique du cinéma comme art voir [Heinich N., dans Delavaud G., Esquenazi J-P., Grange M-F., 2001].

Alors que *Les cousins* donne un portrait stylisé et désinvolte de la jeunesse bourgeoise de la fin des années 1950, celle qui forme l'essentiel du public d'une Nouvelle Vague qui entend être son miroir, *Les quatre cent coups*, par son récit autobiographique, marque l'arrivée d'une écriture cinématographique à la première personne, celle où « l'auteur » de film se confond ou se révèle avec son sujet, affirmant sa maîtrise sur l'ensemble du processus de réalisation, de l'écriture du scénario jusqu'au montage. Enfin, les films de Resnais et de Godard apparaissent comme le double manifeste de la Nouvelle Vague, mettant en avant les principaux points de rupture esthétique de ce nouveau cinéma qui entend redéfinir l'ensemble des codes d'écriture et de construction des films. La fragmentation du récit et sa construction autour de réminiscences, empruntées au nouveau roman, sur des dialogues écrits par Marguerite Duras, donnent au film d'Alain Resnais une identité très forte. Quant au film de Jean-Luc Godard, il transforme contraintes économiques et techniques en innovations esthétiques de premier ordre, révolutionnant jusqu'aux principes les plus établis de la mise en scène et s'inscrivant en cela comme une étape majeure dans l'évolution historique de l'art cinématographique.

1) La fin de l'équipe technicienne comme pivot de la réalisation

Si la Nouvelle Vague est une révolution symbolique, c'est aussi une révolution technique. En ce sens elle est une remise en cause radicale des codes, des méthodes et des instruments du cinéma traditionnel. Or, remettre en question le système des studios et le corporatisme du « référentiel de métier », fût-ce par nécessité, n'est pas sans conséquence tant sur l'organisation de la profession et l'économie du secteur, que sur l'intérêt et l'investissement des autorités publiques à l'égard du cinéma. Cette nouvelle façon de faire du cinéma, qui va donner à la Nouvelle Vague une identité et un prestige si grands, tant à l'étranger qu'en France, dessine ainsi une rupture radicale dont les trois dimensions, économique, technique et esthétique, sont très étroitement liées.

1.1 Une nouvelle économie du cinéma

Le système économique de la Nouvelle Vague est avant tout une systématisation de l'économie dans la façon de faire des films. Effectivement, les films de la Nouvelle Vague sont des films à petits budgets : *Le beau Serge* a coûté 37 millions d'anciens francs, *Les quatre cents coups* 32 millions, *A bout de souffle* 45 millions alors même qu'en 1959, le prix de revient moyen d'un film est de près de 100 millions[81]. Les jeunes cinéastes décident donc de tourner avec peu de moyens, ce qui leur impose un certain nombre de contraintes techniques qu'ils vont renverser et revendiquer en choix esthétique et technique.

---

[81] Cités dans [Courtade F., 1978 : 273].

Les films seront ainsi tournés rapidement, en décor naturel (c'est-à-dire le plus souvent dans la rue), sans vedettes, et caméra à l'épaule. De plus, en raison de leur faible coût, de l'engouement d'une partie du public et surtout de l'esprit polémique qui entoure la sortie de chacun d'eux, les premiers films de la Nouvelle Vague sont rentables et séduisent donc certains producteurs. *Hiroshima mon amour* attire près de 350 000 spectateurs, *Les Cousins* 416 000, *Les Quatre cents coups* 450 000 et *A bout de souffle* 380 000[82]. *Le beau Serge* sera entièrement remboursé par la prime à la qualité et la seule première diffusion en exclusivité rapportera plus que le film n'a coûté. *Les cousins,* ayant reçu la même prime (45 millions), et fait plus de 90 millions de recettes, sera largement bénéficiaire ; *Les Quatre cents coups* le sera plus encore.

Les producteurs Pierre Braunberger (directeur des studios de Billancourt avant la guerre et producteur notamment des films de Jean Renoir), Georges de Beauregard et, dans une moindre mesure, Anatole Dauman sont les premiers à s'intéresser à ces jeunes cinéastes, et vont financer de nombreux films qui s'inscriront dans la mouvance de la Nouvelle Vague. Pierre Braunberger est, à bien des égards, celui qui « suit » le mieux et depuis longtemps le groupe des *Cahiers* puisque sa maison de production, *Les Films de la Pléiade,* possède, dès 1957, des films d'Agnès Varda, Alain Resnais, Chris Marker, François Reichenbach, François Truffaut, Jean Rouch, Jacques Doniol-Valcroze ou Jacques Rivette. Il convient cependant de nuancer quelque peu la facilité apparente avec laquelle les premiers films de la Nouvelle Vague accèdent à la rentabilité financière. En premier lieu, il faut noter que la fortune personnelle des réalisateurs ou de leur famille est souvent mise à contribution pour réaliser ces premiers films[83]. Par ailleurs, Pierre Braunberger précise que l'accès aux aides des Commissions d'art et d'essai n'est pas aisé mais qu'un petit nombre de producteurs soutient ces jeunes réalisateurs[84]. Ainsi, contrairement à ce qui a parfois été affirmé un peu rapidement, la Nouvelle Vague n'a jamais manifesté d'hostilité à l'égard des producteurs en tant que groupe professionnel et a su, au contraire, tisser des relations avec certains d'entre eux, établissant par là même une relation inédite entre metteur en scène et producteur qui neutralise, autant que faire se peut, les relations de dépendance économique qui prévalaient jusqu'alors, et donne au metteur en scène un statut qu'il n'avait que très rarement eu. Ainsi, la rupture opérée par la Nouvelle Vague est une rupture économique. Mais elle est aussi, et indissociablement, une rupture technique qui

---

[82] [de Baecque A., 1991 : 7].
[83] Claude Chabrol a pu commencer le tournage du *Beau Serge* grâce à un héritage et François Truffaut, pour le tournage des *Quatre cents coups,* a bénéficié de l'appui financier de son beau-père, producteur. Par ailleurs, avant de rencontrer un certain succès avec leurs premiers longs métrages, des cinéastes comme A. Varda, A. Resnais, J. Rivette ou J-L. Godard avaient fait leur apprentissage cinématographique grâce à des courts métrages, financés déjà par Pierre Braunberger.
[84] [Braunberger P., 1987 : 168].

se traduit à la fois par l'abandon des studios et le recours à de nouvelles techniques cinématographiques.

1.2 La Nouvelle Vague ou la fin des studios

En 1951, en raison de difficultés économiques, les studios de Billancourt, bientôt suivis par de nombreux autres studios français, décident de se séparer de leurs équipes de construction jusqu'alors engagées à l'année. Les ouvriers et les techniciens ne sont donc plus recrutés que ponctuellement pour des périodes courtes, ce qui crée une vive concurrence entre eux et modifie radicalement l'économie d'un système professionnel traditionnellement articulé autour de la reproduction catégorielle des compétences. Cependant, grâce à la reprise de la production suite à la loi d'aide de 1948 et à l'augmentation de la fréquentation, le travail est abondant et, pour une décennie, masque l'évolution décisive que constitue le déclin des studios et du corporatisme de la profession. En effet, dès 1948, le néo-réalisme italien privilégie le décor naturel comme dans *Voyage en Italie* de Rossellini. Or, si ce courant cinématographique influence les critiques des *Cahiers du cinéma,* il n'a que peu d'impact sur les films de la qualité, pour lesquels les décorateurs français tels que Max Douy, Alexandre Trauner ou René Renoux reconstituent des décors somptueux. Dans les années 1950, 80 % du temps de tournage d'un long métrage a lieu en studio et le reste en décors naturels, ce qui confère un rôle déterminant au chef-opérateur et conditionne d'autant le travail du réalisateur. Or les jeunes cinéastes de la Nouvelle Vague qui souhaitent réaliser rapidement leurs premiers films ne font pas partie du système des studios et n'ont pas suivi le parcours classique qui mène de la technique à la réalisation après plusieurs années d'assistanat. Mais il s'agit aussi pour eux de refuser le principe corporatiste imposant une carte professionnelle qui, tout en renforçant la protection et la garantie des compétences des techniciens, agit comme une forte barrière à l'entrée et renforce la logique de cooptation et de reproduction, celle que stigmatise Jean-Luc Godard lorsqu'il parle des « professionnels de la profession ». Par ailleurs, d'autres facteurs extérieurs à la Nouvelle Vague peuvent expliquer le déclin des studios. Il s'agit en particulier de la chute de la fréquentation (enregistrée dès 1957 mais qui s'accentue au cours de la décennie 1960) qui pèse sur toute la chaîne de production cinématographique Ainsi, alors que 80 % du film est réalisé en studio dans les années 1950, ce chiffre tombe à 40 % en 1964. Il n'en reste pas moins que la Nouvelle Vague joue un rôle décisif, notamment d'un point de vue symbolique et esthétique, dans le démantèlement de ce système. Elle montre que l'on peut faire un film en affirmant une prétention artistique sans recourir aux studios.

2) La reconnaissance du réalisateur comme auteur

2.1 Une révolution technique et esthétique

Les conditions budgétaires, qui impliquent des moyens matériels limités et un tournage rapide, ainsi que la volonté et la nécessité de tourner en décors naturels, supposent l'utilisation de techniques adaptées à ce type de films. La Nouvelle Vague, c'est donc aussi une nouvelle caméra, une nouvelle pellicule, un nouveau montage et indissociablement, une nouvelle façon de filmer les corps, de les éclairer ou de saisir leur mouvement. On ne saurait cependant souscrire à l'illusion causaliste, trop souvent entretenue par différents commentateurs, qui revient à accréditer l'idée d'un lien direct de détermination entre l'évolution des techniques et l'évolution esthétique. En effet, l'étude de l'évolution des techniques cinématographiques et celle des conditions d'émergence de la Nouvelle Vague font apparaître des relations plus complexes. Tout d'abord, d'un strict point de vue chronologique, un décalage parfois important existe entre l'emploi de certaines innovations techniques caractéristiques de la Nouvelle Vague et leur généralisation dans le milieu cinématographique. Ainsi la caméra portable est utilisée dès 1947 et est d'un usage assez fréquent dans le domaine du film documentaire. De même, les objectifs grand angle, qui permettent de filmer sans trop de recul, dans des appartements par exemple, ont déjà été brillamment mis à contribution par certains cinéastes, notamment Orson Welles dès 1942 dans *La splendeur des Amberson*. *A contrario*, les fameuses pellicules sensibles telles que l'Ilford HPS ou la Tri X, qu'emploient certains de ces jeunes cinéastes, ne feront réellement leur apparition dans le panel des solutions techniques offertes aux réalisateurs qu'après avoir été utilisées avec succès par la Nouvelle Vague. La Nouvelle Vague pourrait ainsi apparaître tantôt comme « le produit » d'innovations techniques, tantôt comme le précurseur de ces mutations, ce qui invite davantage à considérer l'hypothèse d'un « moment Nouvelle Vague », apparaissant au cœur d'un ensemble de mutations, à la fois socio-économiques, politiques, esthétiques *et* techniques. On ne peut cependant sous-estimer l'importance de ces évolutions et notamment de leurs conséquences économiques qui ont tout simplement permis à cette génération de cinéastes de réaliser leurs films.

Pour des raisons tant économiques qu'esthétiques, les cinéastes de la Nouvelle Vague filment donc en décors naturels. On ne sera donc pas surpris de voir que Paris devient le décor privilégié de ce cinéma descendu dans la rue pour y filmer un mode de vie, de pensée et d'expression qui est en train de changer au rythme des nouvelles générations d'après-guerre. *Cléo de 5 à 7, Les cousins, Le bel âge, Les quatre cent coups, Le signe du lion, Mon Oncle, A bout de souffle, Paris nous appartient* ou *Paris vu par…*sont autant de films qui montrent la vie des différents quartiers d'une capitale en mouvement, filmée de jour comme de nuit, dans la rue, les hôtels ou les restaurants, bien loin de l'ambiance parfois triste et nostalgique du réalisme poétique du début des années 1950. Nouvelle géographie du cinéma mais aussi nouvelle temporalité. Les temps de tournage sont considérablement raccourcis : on filme le présent dans son immédiateté, immédiatement. Neuf semaines de tournage pour *Le beau Serge*, sept pour *Le signe du lion*, quatre seulement pour *A bout de souffle*, qui met en évidence le sens de l'improvisation de Jean-Luc Godard, que ce dernier érige d'ailleurs en manifeste esthétique.

Mais la Nouvelle Vague est aussi affaire de technique de réalisation : l'écriture filmique traditionnelle est remise en cause tant au moment du découpage des plans et des séquences qu'au moment du montage. Le matériel et les prises de vue changent radicalement, de même que l'éclairage et la prise de son. Claude Chabrol rompt ainsi avec le découpage traditionnel des films de l'époque en abandonnant le classique « champ-contrechamp » pour lui substituer des plans longs et des plans séquences comme dans *Le Beau Serge*. Mais *A bout de souffle* est sans doute le film qui s'oppose le plus radicalement au cinéma des studios et qui comporte *de facto*, en raison du « choix » de l'improvisation et de l'absence de découpage préalable, le plus d'innovations techniques et esthétiques. Les cinéastes utilisent des caméras légères utilisées par une équipe technique réduite au minimum et dans des conditions inhabituelles (*travelling* à partir d'un fauteuil roulant dans *A bout de souffle*), plus proches du reportage que du cinéma traditionnel. Mais le choix de la pellicule et le tournage en noir et blanc sont aussi des signatures artistiques caractéristiques. La pellicule qu'utilise Raoul Coutard, l'opérateur de *A bout de souffle*, est particulièrement sensible. Ainsi, pour Pierre Braunberger, « *la Nouvelle Vague est d'abord née d'une préoccupation technique. Elle n'aurait jamais existé sans cette pellicule très sensible qui a rendu possible le tournage en décors naturels avec peu de lumière. Cette découverte va avoir des conséquences économiques : la baisse des prix de revient des films* »[85].

Les propriétés offertes par ces pellicules vont non seulement permettre de tourner en extérieur et donc de réaliser de substantielles économies, mais aussi de promouvoir une nouvelle technique de l'image avec une plus grande simplicité d'éclairage, la suppression des projecteurs centrés sur les acteurs afin de détacher leurs visages du fond qui caractérisaient l'esthétique de « la belle image » héritée des studios. Par ailleurs, les cinéastes de la Nouvelle Vague plébiscitent les « grands formats » de tournage apparus au milieu des années 1950, et notamment le Cinémascope (1954), tenu par Truffaut pour la plus grande révolution technique depuis l'invention du cinéma parlant. A l'exception de Godard et de Rohmer, tous les cinéastes de la Nouvelle Vague vont tourner leur premier film en Cinémascope qui s'accorde si bien à la volonté de cette

---

[85] Cité dans *Les Cahiers du cinéma*, n° hors-série, 1998 : 52.

génération de faire du cinéma « en grand ». Enfin, en ce qui concerne le son, les cinéastes de la Nouvelle Vague sont tributaires de l'insuffisante évolution technique de leur caméra 35 mm, qui, trop bruyante, leur interdit toute prise de son directe. Tous les premiers films de la Nouvelle Vague sont donc tournés avec pour seule prise de son celle d'un son-témoin, non synchrone, qui servira de guide pour la post-synchronisation. C'est dès lors une nouvelle « grammaire » du cinéma qui est inventée, tissée à partir de ces multiples contraintes et choix techniques, esthétiques et économiques. *A bout de souffle* et *Hiroshima mon amour* sont considérés comme les films les plus innovants et constituent en ce sens le manifeste esthétique de la Nouvelle Vague. Jean-Luc Godard supprime toute transition (pas de « fondu enchaîné » entre deux images ou de « fondu au noir » entre deux plans), tourne en plan fixe, suit ses personnages caméra à l'épaule dans la rue, coupe le film au milieu de séquences, crée parfois des décalages entre la bande son et l'image (la postsynchronisation signifiant souvent désynchronisation)… autant d'éléments de mise en scène et de construction filmique qui formeront ce que d'aucuns essaieront de saisir sous le vocable générique du « style Nouvelle Vague ». Bien sûr, ce film, comme la plupart des films de la Nouvelle Vague, suscite de violentes polémiques, les défenseurs du cinéma de la qualité y voyant au mieux, une provocation de la part de cinéastes iconoclastes, au pire un aveu d'incompétence. En effet, si certains considèrent Godard comme quelqu'un qui excelle dans l'art d'improviser et d'inventer au jour le jour de nouvelles façons de réaliser un film, d'autres appréhendent davantage son travail comme la marque d'une cruelle absence de maîtrise technique.[86]

2.2 Le cinéma est un art : la Nouvelle Vague et l'imposition d'un système de croyance

Même si les critiques des *Cahiers du cinéma* refusent de voir dans les premiers films des cinéastes de la Nouvelle Vague l'expression d'une nouvelle école de pensée, ils leur reconnaissent cependant comme dénominateur commun l'expression d'un rapport nouveau du cinéaste à sa création, traduction d'une transformation radicale du statut de réalisateur. Pierre Kast analyse ainsi cette transformation :

« Je ne crois pas à l'existence d'une « nouvelle école ». […] Mais ces jeunes ou moins jeunes réalisateurs ont en commun une attitude : […] ils se considèrent comme des auteurs ayant avec leur film les mêmes rapports qu'un écrivain, par exemple, avec son livre, et non ceux d'un fabricant avec l'objet

---

[86] Autant-Lara C., cité dans *Les Cahiers du cinéma*, n° hors-série, 1998 : 52.

qu'il fabrique. [...] Il existe donc aujourd'hui en France un cinéma d'expression personnelle »[87].

Comment expliquer que la notion d'auteur de films se soit imposée dans les années 1960, après avoir connu un reflux conséquent au cours des trois décennies précédentes, à l'époque du « cinéma de métier » ? Comment expliquer que la Nouvelle Vague ait réussi à obtenir en quelques années une reconnaissance professionnelle et critique suffisante, malgré la résistance de ceux qui avaient le plus à perdre dans ce renversement des critères esthétiques du film, pour transformer radicalement la pensée et la pratique du cinéma ?

Il faut tout d'abord noter que le succès de la notion d'auteur au cinéma, construite par les critiques des *Cahiers* sur une homologie entre réalisateur et écrivain, tend à devenir la vision dominante de l'analyse cinématographique dans les années 1960 et 1970 au moment même où, dans le monde littéraire, la notion d'auteur est critiquée. En effet, des mouvements littéraires comme le Nouveau Roman ainsi que des intellectuels tels que Barthes puis plus tard Foucault contestent ou relativisent la place de l'auteur en littérature[88]. Dès lors, on ne peut rendre compte du succès de cette notion si l'on s'en tient aux seuls débats des critiques cinématographiques de l'époque[89]. Il est nécessaire de s'intéresser aux conditions de réception d'une telle entreprise de bouleversement des critères traditionnels de jugement et de réalisation d'un film, notamment de la part de ceux qui le font, les ouvriers et les techniciens du cinéma, et qui avaient, au sein de la profession, le plus à perdre, en ce qui concerne leur statut social et leur prestige, de la réussite de cette révolution symbolique. Ces techniciens vont être les premiers à accepter et à diffuser les normes techniques et artistiques qui découlent de la notion d'auteur mais vont aussi collaborer aux premiers tournages des films de la Nouvelle Vague et donc permettre aux jeunes réalisateurs « d'incarner » leurs idées. Il apparaît assez nettement que le succès de la notion d'auteur est la conséquence de la combinaison de plusieurs facteurs, de long et de court terme, qui ont permis à la Nouvelle Vague d'apparaître. Nous avons déjà traité des deux premiers : d'une part, le lent et difficile travail de fond qui consiste à défendre la cause du *cinéma-comme-art* et ce depuis les années 1920, alternant phases de réussite et de déclin, grâce au développement des réseaux de ciné-clubs, au rayonnement de la cinémathèque et à l'audience restreinte mais fidèle des revues culturelles de cinéma ; d'autre part, la révolution symbolique opérée par les *Cahiers du cinéma* et leur défense de la politique des auteurs qui bientôt sera reprise par une large part de la critique. Le troisième facteur du succès de la Nouvelle Vague réside dans l'opérationnalisation réussie des préceptes de cette politique

---
[87] Kast P., *Cahiers du cinéma*, n° 96, juin 1959 : 52-53.
[88] *Cf.* [Barthes R., 1984 : 63-69] ; [Foucault M., 1994].
[89] Sur la notion d'auteur au cinéma voir notamment, [Jeancolas J-P., Meusy J-J.et Pinel V., 1996] ; [Esquenazi J-P., 2002].

et donc des changements des conditions de tournage, acceptés et conduits par les techniciens eux-mêmes, qui rend la révolution symbolique de la Nouvelle Vague socialement efficace, c'est-à-dire lui donne une traduction pratique. En ce sens, on peut dire que le changement de la représentation de ce qu'est un film, de ce qu'est le cinéma et, un peu plus tard, des politiques qu'il nécessite ne sont pas seulement des changements de « vision du monde » mais aussi des transformations sociales profondes. Celles-ci modifient les pratiques des acteurs, nous invitant à garder à l'esprit que les changements de référentiel, comporte toujours une transformation sociale des pratiques.

3) La reconnaissance par les techniciens du statut d'auteur de films

3.1 La transformation des rapports sociaux entre les réalisateurs et les techniciens

Il s'agit, d'une « *nouvelle division du travail* » c'est-à-dire d'une redéfinition des rôles et de leur hiérarchie sur le tournage du film[90]. Celle-ci repose sur trois éléments. Tout d'abord, le réalisateur, autoproclamé « auteur » de films, s'attribue de nouvelles fonctions. De ce fait, il est de plus en plus tenu d'écrire lui-même son scénario (le scénariste était alors le principal rival du réalisateur pour la détention et l'usage du titre d'auteur du film, *cf. supra*) et de centraliser le plus possible les différentes opérations techniques afin de garder une mainmise quasi-absolue sur son œuvre. Ce désir de maîtrise de l'ensemble du processus de création du film s'étend jusqu'au montage, opération considérée de plus en plus comme un acte d'écriture filmique à part entière que l'auteur ne saurait déléguer complètement. Ensuite, l'innovation apportée aux conditions de tournage implique une redéfinition des tâches. Comme nous l'avons montré, le tournage, souvent simplifié à l'extrême, conduit à la disparition de certains postes, notamment ceux liés aux conditions de tournage en studio, c'est-à-dire principalement les décorateurs mais aussi le chef opérateur « *qui cesse d'être un "sculpteur de lumière" pour devenir celui qui enregistre du mieux qu'il peut [...] une image sur laquelle il n'a guère de prise* »[91]. Enfin, l'auteur revendique une forme de distinction, acceptée par les techniciens, qui découle pratiquement des deux changements précédents. Celle-ci consacre un réalisateur démiurge contrôlant son univers de l'écriture au montage, et l'abaissement corrélatif de certaines fonctions clés du tournage, mais n'existe symboliquement que par la croyance en l'existence d'une frontière qui séparerait radicalement le sacré du profane, l'acte de création de son exécution, l'art de la technique. Le réalisateur cesse alors d'être « *"le chef d'équipe", un technicien au pouvoir plus étendu que les autres mais partie*

---

[90] [Darré Y., 1986 : 214].
[91] *Ibid.*, p. 215.

malgré tout de l'équipe, pour devenir celui (le seul) qui a le projet créateur, celui qui ne s'autorise que de lui-même et de son inspiration »[92]. Or c'est en raison de ce travail de distinction du réalisateur du reste de l'équipe technique et de la croyance en cette distinction par les techniciens, que se joue l'essentiel de la réussite d'un changement profond des critères de légitimité du cinéma. Sur quoi repose donc la croyance de ces nouveaux techniciens en ce statut d'auteur de films ?

3.2 Les mécanismes de diffusion de la croyance dans le statut d'auteur de films

Pour étudier les mécanismes de la diffusion de cette croyance en la figure du réalisateur comme auteur, le travail de Yann Darré sur les techniciens est précieux : il permet de mettre en évidence les facteurs clés qui peuvent expliquer l'acceptation de cette croyance. Il s'agit en premier lieu de « *nouveaux techniciens* », c'est-à-dire d'une nouvelle génération qui bénéficie pour beaucoup d'une formation initiale poussée. En effet, ils ont une origine sociale plus élevée que leurs aînés et sont nombreux à être diplômés de l'Institut Des Hautes Etudes Cinématographiques (IDHEC), école qui n'existait pas avant-guerre. La formation initiale reçue à l'IDHEC leur a donné une approche théorique et intellectuelle du cinéma et les a par ailleurs familiarisés avec les différentes approches critiques et notamment celle développée par les *Cahiers du cinéma* alors que la génération précédente de techniciens, celle des studios, a été formée « sur le tas », par l'apprentissage des techniques traditionnelles qui formaient l'excellence artisanale caractéristique de ce « cinéma de métier ». L'IDHEC est une école d'Etat qui, même si elle accorde une large place aux professionnels, respecte des critères universitaires en incorporant dans ses programmes d'enseignement les avancées théoriques et critiques sur le cinéma, donnant à ce type de connaissance une place inédite dans l'histoire de la formation des professionnels du cinéma. En ce sens elle change radicalement la perception qu'ont d'eux-mêmes les jeunes en formation, plus enclins à se penser comme artistes que comme artisans, de même qu'elle remet en cause le pouvoir de sélection et de contrôle qu'ont les différentes corporations sur leurs membres. L'école de cinéma introduit donc un biais dans le processus de production et de reproduction des compétences professionnelles des différents corps de métier, favorisant le déclin du « cinéma de métier ».

Il y a en outre une redistribution des rôles sociaux et professionnels au sein de l'équipe de tournage qui modifie la répartition du pouvoir. De fait, les nouveaux techniciens perdent le pouvoir acquis antérieurement par la maîtrise exclusive de certaines techniques. Dans la mesure où le réalisateur cesse d'être

---

[92] *Ibid.*, p. 215.

un technicien comme les autres, ses consignes et souhaits cessent d'être des ordres techniques pour devenir des choix artistiques. Ils changent par là même de nature et ne peuvent plus être discutés sous leurs aspects techniques mais seulement esthétiques, ce qui déposède les techniciens d'une grande partie de leur influence. Le technicien qui dès lors s'inscrit le mieux dans cette nouvelle répartition des rôles est *« celui qui va "au devant du désir" du réalisateur, réalisant la parfaite empathie qui sera décrite par les uns et les autres comme une forme d'osmose créatrice : "On se comprend sans parler" »*[93].

Or cette collaboration active à la remise en cause de l'excellence technicienne qui fondait leur prestige n'est pas sans brouiller durablement et profondément leur identité sociale, car si ces nouveaux techniciens revendiquent les critères artistiques comme unique critère de légitimité du cinéma, empruntant même au registre des auteurs les qualificatifs censés caractériser le mieux leur travail, se présentant comme des *« créateurs »* et parlant de *« don »* et *« d'inspiration »*, ils n'en demeurent pas moins, le plus souvent, cantonnés aux tâches que définit pour eux le réalisateur. Ils cherchent en quelque sorte à préserver une part de leur prestige social en important une partie de la légitimité artistique acquise par les cinéastes mais ne parviennent pas pour autant à résoudre le conflit qui se joue autour de leur identité professionnelle[94]. La révolution symbolique de la Nouvelle Vague est donc aussi une révolution professionnelle. Mais pour lui donner toute son ampleur, pour permettre aux différents changements d'être socialement efficaces, il faut aussi, concomitamment, un changement dans l'ordre politique, c'est-à-dire un changement dans la politique publique du cinéma.

II] L'invention de la politique culturelle et l'institutionnalisation de la politique des auteurs

A] *La création du ministère des affaires culturelles : révolution politique, révolution symbolique*

1) La Vème République et la création du ministère des Affaires culturelles

La création du ministère des Affaires culturelles peut être analysée comme une innovation politique majeure (*path-shifting*) en forme de « coup politique » (selon la terminologie et l'analyse de Michel Dobry[95]) qui fait que ce qui n'est au départ qu'un « bricolage politico-administratif », faible et parcellaire au dire

---

[93] *Ibid.*, p. 218.
[94] Voir [Darré Y., 1982].
[95] *Cf.* [Dobry M., 1986].

même de ses défenseurs, s'inscrit durablement au sein de l'appareil administratif et contribue à renouveler significativement les relations entre l'Etat et les différents espaces culturels. En effet, une politique culturelle émerge en 1959 qui s'incarne dans des institutions comme les maisons de la Culture, s'affirme dans et par la création de rôles et de postes administratifs et politiques (un ministre, des administrateurs de la Culture), et s'appuie sur une valorisation symbolique forte à travers de multiples discours (texte du décret de création du ministère, discours d'André Malraux à l'Assemblée nationale, rapports administratifs…). Cette politique, dès ses premières manifestations, apparaît comme une rupture dans la façon de concevoir et d'administrer la culture. On ne peut cependant pas réduire l'émergence de cette politique et par voie de conséquence, l'inflexion culturelle de la politique du cinéma, à une réponse institutionnelle à un « problème » sectoriel particulier. Il ne s'agit pas non plus de la réponse à une « demande sociale » nouvelle, ni de la mise en œuvre d'une « volonté politique » esquissée dans un programme d'action politique. Dans le cas de la politique culturelle, comme dans la plupart des politiques publiques, le lien causal établi par un point de vue rationaliste *a posteriori,* entre un problème latent et préexistant et la mise en œuvre d'une politique publique, n'est pas opératoire[96]. Il apparaît plus pertinent d'étudier le contexte social et politique de l'époque qui rend possible, à défaut d'en être la « cause » directe, la création du ministère des Affaires culturelles. Car il convient de mettre l'accent sur ces transformations « globales » qui, en l'absence de revendications ou de mobilisations « sectorielles », créent des conditions favorables à une telle innovation politique.

On pourrait mettre en avant, sur le plan social, l'élargissement de la population scolarisée et l'allongement de la durée d'études qui, dès les années 1950, créent des conditions de réception favorables à une révolution symbolique dans certains domaines culturels tels que le cinéma. Ces changements sociaux, qui ne se résument pas bien sûr au seul développement de la scolarité, contribuent à ce que certains analystes ont appelé la « montée des classes moyennes ». La naissance de la politique culturelle pourrait également être analysée comme « la manifestation parmi d'autres de la forte augmentation de l'intervention étatique après la seconde guerre mondiale, et plus précisément de la place peu à peu prépondérante occupée par l'Etat dans la "gestion du symbolique" »[97]. De fait elle ne peut être dissociée de ces transformations globales qui affectent la définition et la mise en œuvre de l'ensemble des politiques publiques[98]. Mais surtout, il est nécessaire de rendre compte de cette conjoncture particulière née de la crise politique de 1958, qui, amenant un « ordre nouveau » dans le domaine politique, crée les conditions de l'émergence

---

[96] Voir à ce propos [Mény Y. et Thoenig J-C., 1989].
[97] [Dubois V., 1999 : 150].
[98] Sur ces évolutions globales, voir les analyses de [Neveu E., 1994 : 133 et suivantes].

d'un « ordre culturel nouveau » au sein duquel l'Etat occupe une place centrale. Il s'agit de faire reconnaître l'Etat comme un acteur légitime dans le monde de la culture, c'est-à-dire de faire admettre que certains aspects de la culture relèvent d'une intervention administrative centralisée, nationale et spécialisée, se distinguant des autres départements ministériels qui jusque là avaient des prétentions ou des actions culturelles, comme le ministère de l'Education nationale, de la Jeunesse et des Sports, du Commerce et de l'Industrie (dont dépend le CNC), ou avec moins de succès, le ministère des Affaires étrangères.

1.1 La rupture par rapport à la politique des Beaux-Arts

Il apparaît assez clairement que l'institutionnalisation et la formalisation de la politique culturelle sont très fortement liées au contexte politique « global », c'est-à-dire à la « conjoncture critique » qui voit naître le régime gaulliste[99]. L'ajustement du référentiel sectoriel de la culture sur le référentiel global national ou, pour parler autrement, l'homologie entre l'évolution des institutions politiques et la création d'un ministère des Affaires culturelles, peut être mis en évidence sur plusieurs points. On sait que les institutions de la Vème République ont été construites contre celles de la IVème République, contre le régime des partis, réputé couper le peuple de ses dirigeants et dévoyer la démocratie. Dans le monde culturel, la volonté de rupture est aussi très marquée, dès lors que la possibilité de la création d'une nouvelle entité administrative est envisagée et mise en œuvre. Ainsi, une note collective d'une cinquantaine de pages, rédigée en 1966 et intitulée « Réforme du Ministère des Affaires Culturelles » porte un témoignage très précieux sur « l'idéologie culturelle » propre au ministère d'André Malraux. Cette note est divisée en trois parties : « la politique des Beaux-Arts (I), la politique de la Culture (II), les moyens nécessaires pour une politique de la Culture (III) ».

1.2 La Vème République : ordre politique nouveau, nouvelle politique culturelle

La nouvelle République a pour ambition de restaurer un lien direct entre le peuple et les élites. De même dans la politique culturelle proposée par Malraux, il s'agit de rétablir un lien entre le peuple et la culture c'est-à-dire de démocratiser l'accès à la culture. *« En ne s'adressant qu'à quelques-uns, la politique des beaux-arts ignore les aspirations de millions d'êtres. Pourtant, pour la première fois, la possibilité s'offre d'élever cette masse à la culture »*[100].

---

[99] Sur les notions d'institutionnalisation, de formalisation et de conjoncture critique, voir [Lacroix B. et Lagroye J. (dir.), 1992]. Voir également [Dobry M., 1986].
[100] *Ibid.*

Le développement de ce thème met en évidence la volonté de promouvoir une union nationale par la « communion nationale », dans et par la culture. On a souvent souligné la relation à la France, quasi mystique, du général de Gaulle, qui emprunte un ton lyrique pour parler de l'histoire de France, à l'image de Michelet, vantant le « destin » ou « la personnalité » de la France. Malraux, dont les commentateurs de l'époque soulignent souvent « la hauteur de vue », entretient un rapport à l'art largement empreint de mysticisme. Il conçoit l'art comme la seule production humaine susceptible « d'échapper à la mort », voire comme une nouvelle religion. Or ce rapport à l'art n'est pas sans remplir une fonction politique, celle de rétablir l'union (« évitez la guerre civile ») par la « communion nationale » dans les grandes œuvres du « génie humain ». Les deux attitudes, politique et culturelle, nécessitent une « conversion », au sens religieux du terme, l'une au gaullisme, l'autre à la « religion culturelle », Malraux parlant lui-même de « *nouvelles cathédrales* » à propos des Maisons de la Culture.

La deuxième partie de cette note du ministère, « la politique de la Culture », développe le projet essentiel du ministère Malraux, c'est-à-dire *« rendre accessible au plus grand nombre, grâce à tous les moyens de diffusion, l'héritage culturel et la création contemporaine »*. En ce qui concerne plus directement le cinéma, il s'agit *« d'empêcher que les grands moyens de diffusion ne contribuent à l'avilissement de l'homme »*[101]. Le style rédactionnel et le vocabulaire employés illustrent clairement l'idéologie propre à la « mission culturelle » que s'est assignée le groupe d'administrateurs et d'artistes constitué autour d'André Malraux au ministère des Affaires culturelles. Ce « lyrisme culturel » emprunte volontiers ses mots d'ordre au registre religieux, exaltant par là même le caractère sacré de la culture et le rôle majeur de ceux qui la servent. Le thème de l'inspiration divine de l'artiste, de l'enthousiasme au sens étymologique du terme, qui est un thème récurrent en histoire de l'art, se décline ici sous le schème de la conversion des foules et de la diffusion de la « bonne nouvelle » culturelle. L'idée que l'on ne peut approcher la Culture, comme Dieu, que par « l'amour », ou l'*agapè* selon les termes de Boltanski, les termes « d'œuvres de l'esprit », de « communion », de « témoignage » de « foi », ou bien encore le caractère « universel » du message culturel sont autant d'expression qui soulignent les traits dominants du discours culturel de l'époque comme une nouvelle transcendance. Par ailleurs, cet ordre politique nouveau entend rationaliser l'action de l'Etat, rendre efficace et édifiant un Etat dont le prestige aurait été restauré. Ce thème apparaît clairement dans toutes les manifestations de l'intervention de l'Etat gaullien, du parlementarisme rationalisé au plan Calcul. Ainsi, à compter de la préparation du IVème Plan, en 1961, la planification française prend en charge les questions culturelles. Ce

---

[101] *Ibid.*, p. 16.

rôle est d'autant plus important que les ressources du ministère des Affaires culturelles sont limitées et que l'insertion de projets culturels dans les programmes du Plan permet à ceux-ci de trouver un financement ainsi qu'un soutien, administratif et politique[102]. Enfin, tant sur le plan politique que sur le plan culturel, il s'agit de redonner à la France le prestige qui était le sien lors d'époques antérieures, de lui redonner son rang, « le premier ». Les prétentions universalistes propres au champ culturel, comme universalisation des œuvres du génie humain, se conjuguent ici à l'universalisme politique du général de Gaulle, qui entend utiliser le « rayonnement culturel » de la France comme un facteur de puissance politique sur la scène internationale. Par ailleurs, on ne peut oublier le positionnement traditionnellement universaliste des intellectuels français, né de l'époque des Lumières et de la Révolution française, et utilisé notamment au nom de l'entreprise coloniale au XIXème siècle. Ce n'est pas non plus un hasard si la période du gaullisme et le retour de prétentions universalistes, sur les plans politique et culturel, correspondent à une période de regain de l'anti-américanisme en France alors même que la période la plus tendue de la guerre froide semble passée[103]. En ce sens, les prétentions universalistes des « auteurs-cinéastes » de la Nouvelle Vague, trouvent un écho ou une « traduction » politique dans les postures et les interventions malruciennes ou gaulliennes. Leur volonté d'inscrire dans l'histoire de l'art le cinéma français, alors considéré comme un mode d'expression mineur, passe aussi par des prises de position universalistes. Rohmer, exprime ainsi le point de vue des cinéastes :

« Les plus beaux films américains qu'il m'a été donné de voir ont (...) excité en moi une violente envie, éveillé ce regret que la France ait renoncé à poursuivre une prétention à l'universalité qu'elle affirma, jadis et naguère, avec tant de force, qu'elle ait laissé le flambeau d'une certaine idée de l'homme s'éteindre pour se rallumer au-delà des mers, bref, qu'elle doive s'avouer battue sur un terrain dont elle est la légitime propriétaire. »[104]

2) André Malraux et le ministère des Affaires culturelles

La création du ministère paraît être surtout le résultat d'un contexte politique et social favorable, la création de la Vème République, ainsi que du hasard et de la nécessité de trouver un poste ministériel susceptible de convenir à la personnalité d'André Malraux. Malraux est présent au gouvernement dès le retour du général de Gaulle au pouvoir, le 1er juin 1958, comme ministre délégué à la présidence du Conseil, chargé de l'Information, poste qu'il a déjà

---

[102] Pour une approche de la planification culturelle comme vecteur d'objectivation et de légitimation de la politique culturelle, voir [Dubois V., 1999 : 189-231].
[103] [Kuisel R., 1996].
[104] [Rohmer E., 1955 : 11].

occupé en 1945, dans le gouvernement provisoire de la Libération, Malraux se voyant également chargé, toujours au cours de 1958, de l'expansion et du rayonnement de la culture française[105]. La personnalité d'André Malraux ainsi que sa trajectoire sociale confèrent à son « personnage public » des propriétés exceptionnelles et particulièrement utiles dans le contexte singulier de l'avènement et de la légitimation de la Vème République. Sa trajectoire d'intellectuel engagé dans la lutte antifasciste lui accorde la bienveillance d'une grande partie de l'opposition de l'époque tandis qu'il bénéficie d'une position forte dans l'espace culturel, construite tant autour de sa consécration comme « grand écrivain » (prix Goncourt 1933 pour *La Condition humaine*) que comme critique d'art[106]. Il est de plus un « gaulliste historique », héros de la Résistance sous le nom de colonel Berger, compagnon de la Libération et il participe à la fondation du RPF dont il organise et dirige l'action de propagande. Malraux est perçu (et se perçoit) comme le chantre du régime charismatique gaulliste[107]. En effet, l'analyse de la création de ce ministère et de ses conséquences sur les politiques du cinéma ne peut se faire sans lien direct avec l'avènement du nouveau régime gaulliste. Il est nécessaire d'éclairer, par une analyse des structures, des moyens et des procédés de justification, le caractère foisonnant et hétéroclite du nouvel ensemble administratif alors constitué. Sont ainsi transférées à André Malraux les attributions précédemment dévolues au ministère de l'Industrie et du Commerce en matière cinématographique, c'est-à-dire la tutelle du CNC, celles dévolues au ministère de l'Education Nationale en ce qui concerne la direction générale des Arts et Lettres, les directions de l'Architecture et des Archives de France, enfin les services du Haut Commissariat à la Jeunesse et au Sport chargés des activités culturelles[108]. « *En ignorant la création de son temps ainsi que les nouveaux modes d'expression et de diffusion de la pensée pour se confiner dans un culte suranné du passé, la politique des beaux-arts stérilise, sclérose, au lieu de vivifier, la culture dont elle se prétend la gardienne [...]* »[109]. En ce qui concerne plus directement le cinéma, il s'agit d'« *empêcher que les grands moyens de diffusion ne contribuent à l'avilissement de l'homme* »[110]. Cependant, l'ambition de Malraux et de ce nouveau ministère se heurtent dans

---

[105] J.O., 27 Juillet 1958. Malraux aurait été déçu de cette attribution, espérant un poste plus important, notamment selon Mauriac, celui de l'Intérieur afin de « couper court à la guerre civile ». *Cf.*, [Lacouture J., 1973 : 369].
[106] En effet, dès les années 1930, Malraux publie des critiques d'art, qui donneront notamment naissance à *La psychologie de l'art* (1947-1949) et à celle du *Musée imaginaire* (1952-54).
[107] Comme le souligne Vincent Dubois « *[...] le charisme prêté à André Malraux ne vient pas seulement appuyer celui du général de Gaulle ; il seconde plus généralement dans l'instauration de nouveaux rapports politiques qui spécifient l'ordre politique qui émerge en 1958* ». [Dubois V., 1999].
[108] Depuis la IIIème République, les services chargés des « beaux-arts » sont intégrés au ministère de l'Instruction publique puis de l'Education nationale.
[109] « Réforme du Ministère des Affaires Culturelles », 1966, CAC, 900289, art. 52, p. 9.
[110] *Ibid.*, p. 16.

un premier temps aux limites imposées par les logiques et les routines administratives existantes et par la faiblesse des moyens dévolus au ministère.

3) L'affirmation du ministère des Affaires culturelles vis-à-vis des autres ministères

A cet égard, la troisième partie de cette note programmatique, « des moyens nécessaires pour une politique de la Culture », tente de démontrer, toujours sur le ton du lyrisme culturel et de la « mission » à remplir pour apporter la « bonne parole » culturelle à tous les hommes, la nécessité de la création d'un ministère des Affaires culturelles distinct et aux moyens renforcés.

« Avec quelques décrets et quelques millions de plus par an, plus un peu de foi et d'imagination la France peut donner au monde l'image préfigurative de ce que tous seront amenés à faire quand les hommes des sociétés industrielles se révolteront contre la condition qui leur aura été faite par l'aveugle conjugaison de l'argent et de la technique ». [...] La charge d'une politique de la culture devient trop lourde pour être ajoutée à la charge écrasante par elle-même de l'instruction publique. Surtout, la culture ne peut se confondre avec la connaissance. [...]On ne peut pas davantage songer à un Ministère qui se placerait sous le signe de l'organisation des loisirs. [...] Il n'y a pas de commune mesure entre le sport, la promenade, l'émission de variétés ou l'artisanat-chez-soi, c'est-à-dire les activités de détente, et la culture, si ce n'est d'être pris sur le temps de loisirs »[111].

Les auteurs de la note, s'ils concèdent *« qu'un grand progrès a été accompli [...] avec la création en 1959 du Ministère des Affaires Culturelles »*, plaident en faveur de l'extension de ses attributions et de ses fonds[112]. Leurs remarques valent notamment pour ce que l'on appelle à l'époque les moyens de communication de masse.

« Au premier rang de ces attribution nouvelles [qui lui sont nécessaires] figurent sans nul doute la télévision et la radio. C'est de très loin l'instrument le plus important d'une politique de la culture [...] Il n'y a aucune raison pour que le théâtre, le cinéma, le spectacle cessent de relever des affaires culturelles parce qu'ils sont retransmis par l'ORTF »[113].

Le ministère des Affaires culturelles se voit donc reconnaître une compétence, parfois encore partagée dans certains secteurs avec d'autres ministères, dans différents domaines culturels. Le ministère reçoit certains des

---

[111] *Ibid.*, pp. 23-24.
[112] En 1966, la dotation du ministère des Affaires culturelles est de 236 millions de francs, c'est-à-dire 0,3 % du budget de fonctionnement de l'Etat.
[113] *Ibid.*, p. 39.

services ordinairement rattachés au secrétariat d'Etat aux Beaux-Arts, lui-même généralement rattaché au ministère de l'Instruction Publique. Essentiellement, la direction des Arts et Lettres, la direction des Musées de France, la direction de l'Architecture, la direction des Archives de France. A ces services sont ajoutés une direction de l'Administration Générale, devenue indispensable avec la constitution d'un ministère, et le Centre National de la Cinématographie, transféré depuis le ministère de l'Industrie dont il relevait traditionnellement. D'autre part, à l'intérieur de ces anciennes directions sont constitués de nouveaux services pour développer les actions auxquelles on s'attache désormais dans la perspective d'une politique de la culture : création à l'intérieur de la direction générale des Arts et des Lettres d'une direction du Théâtre, de la Musique et de l'Action Culturelle, en vue de mettre en œuvre la politique des maisons de la culture, mise en place d'un Service de la Création Artistique, dénomination attribuée à la cellule de la même direction générale qui s'occupe de la création et des artistes par exemple. Malgré la résistance des ministères anciennement dépositaires de l'autorité de tutelle sur ces directions ou sur les organismes publics en charge d'une mission culturelle, le nouveau ministère a su habilement imposer son autorité, notamment en associant à son administration des représentants des différents ministères, du moins formellement. Cependant des pans entiers d'une éventuelle action culturelle lui sont contestés, notamment l'action culturelle à l'étranger par le Ministère des Affaires Etrangères, et l'intervention en matière de radio-télévision dont le contrôle est exercé par le Ministère de l'Information[114]. Ce dernier point est intéressant, notamment en ce qui concerne la genèse des rapports cinéma-télévision en France qui pèseront par la suite de façon non négligeable sur la position relative de ces deux secteurs, tant dans leur dimension économique que culturelle, et dont l'évolution contribuera à la redéfinition des politiques du cinéma. Alors qu'à l'époque, l'ORTF dispose d'un monopole d'Etat en radio et en télévision, la question se pose du transfert de sa tutelle d'un ministère « politique » celui de l'Information au ministère des Affaires culturelles. Il apparaît en effet qu'en dehors de la tutelle, il n'existe pas de moyen véritablement efficace pour un ministère d'exercer une influence sur une institution telle qu'un établissement public. Dans le cas précis de l'ORTF, ni la présence d'un représentant du ministère des Affaires culturelles au conseil d'administration, ni sa représentation au comité des programmes, ne lui ont permis jusqu'en 1965 de jouer le moindre rôle dans la politique générale de l'établissement. De ce point de vue, on peut reconnaître là l'une des dynamiques principales isolées par Philippe Urfalino dans ses études générales sur les politiques culturelles, pour qui la constitution d'une offre publique, en l'occurrence le caractère visible et généraliste de l'action culturelle de l'Etat,

---

[114] *Cf.* également [Foulon C-L., 2004].

reste très directement dépendant de la configuration des clientèles visées, les professions artistiques[115].

Dans le cas du ministère des Affaires culturelles, la structure de l'offre publique dépend non seulement des modes de fonctionnement des différents services hérités d'autres ministères en 1959, mais également de la manière dont le ministère lui-même s'organise progressivement, moins par adjonction de services que par le renouvellement des fonctionnaires et leur besoin de trouver une place et une légitimité au sein du ministère, mais aussi vis-à-vis des autres ministères et des « bénéficiaires potentiels » de la politique culturelle que sont les artistes et les professionnels du monde culturel. Les revendications du monde culturel s'exercent de fait, au travers de la segmentation des intérêts et des secteurs, autant d'éléments constitutifs de clientèles distinctes vers lesquelles le ministère des Affaires culturelles doit nécessairement se tourner. En raison des incertitudes quant à l'orientation de la politique culturelle inhérentes à la période de définition et d'institutionnalisation de celle-ci, les administrations en quête d'identité et de légitimité s'appuient en premier lieu sur des acteurs déjà fortement implantés ce qui, dans le cas du cinéma, profite à l'établissement préexistant, le CNC, pourvoyeur de subventions et de réglementations, et principale objectivation de l'échange de biens symboliques et matériels organisé dans l'espace de relations entre l'Etat et le monde culturel.

De fait, tout au long des années 1960, la politique culturelle est entravée par des moyens matériels limités, qui constituent une contrainte permanente pour l'action et qui infligent à la rhétorique volontariste et abstraite d'André Malraux telle qu'elle se donne à voir dans le décret constitutif du ministère, le démenti partiel des contingences politiques, administratives et financières du moment. Il n'en demeure pas moins que le « coup de force » politique que constituent d'une part la création du ministère des Affaires culturelles et d'autre part, le transfert du CNC du ministère du Commerce et de l'Industrie vers le nouveau ministère, participe de la révolution symbolique du monde cinématographique lui-même que le nouveau ministère appelle de ses voeux et favorise en même temps qu'il est conforté et légitimé par elle. Même s'il se trouve rattaché à la rue de Valois, et si ses moyens sont considérablement augmentés, le CNC demeure une structure relativement stable et indépendante, où domine le mécanisme de soutien automatique qui renforce le *modus operandi* dominant du cinéma de l'époque. En effet, le soutien automatique a eu d'indéniables effets positifs en stimulant une production nationale menacée par l'insolvabilité. Il a par ailleurs assaini la situation financière du cinéma et

---

[115] En effet, « *En premier lieu, l'émergence d'une source centralisée de financement entraîne à la fois concurrence et concertation entre les bénéficiaires potentiels en vue d'une maximisation de leur chance d'accès aux subventions. [...] En second lieu, la structure de l'offre culturelle, (...) leur degré variable de légitimité ou d'institutionnalisation comme leurs hiérarchies internes influent sur les modalités de l'intervention publique* », [Urfalino P., 1989 : 90-91].

institué *de facto* une forme de contrôle relativement efficace en ce qui concerne la validité économique des projets présentés. Cependant, un gros succès commercial engendre d'importants droits à subventions, ce qui tend à favoriser les films à gros budgets et aux canevas faciles et éprouvés. De plus, les premières œuvres ne peuvent accéder à cette forme de soutien. Enfin, en raison de la baisse de la fréquentation à la fin des années 1950, les producteurs sont moins enclins à s'engager dans le financement de films ambitieux à l'amortissement très aléatoire. Toutes ces raisons, dans un contexte où foisonnent les idées et les innovations en matière de politique culturelle, ainsi que l'engagement personnel d'André Malraux en faveur de la création artistique, plaident en faveur de l'instauration d'une aide sélective.

B] L'avènement de la logique culturelle d'Etat contre la logique industrielle professionnelle

1) Création du CNC et mise en œuvre du soutien automatique

1.1 L'étatisation progressive des politiques du cinéma

Le CNC, créé le 25 octobre 1946, est un établissement public administratif dont certaines attributions pourraient être celles de l'administration centrale, mais dont les principales activités se rattachent aux missions traditionnelles d'un organisme professionnel. L'article 2 du code de l'industrie cinématographique précise les missions du CNC : « *étudier tout texte (loi, décret, arrêté) intéressant le cinéma ; prendre, par voie réglementaire, toute mesure de nature à assurer la coordination et la rationalisation des diverses activités cinématographiques ; aider la diffusion des films documentaires et le développement du secteur non commercial ; organiser la formation professionnelle et technique ; coordonner les oeuvres sociales, voire en assurer la gestion.* »[116]

Les différentes corporations sont représentées, au sein du CNC, dans de nombreux conseils et commissions. Le principe est qu'aucune entreprise appartenant à l'une des branches de l'industrie cinématographique ne peut exercer son activité sans l'obtention d'une autorisation délivrée par le directeur du CNC. L'autorisation est révocable et peut être limitée à une durée déterminée. Il existe par exemple une procédure d'autorisation de production, qui sera bientôt remplacée par celle de l'agrément, qui constitue encore aujourd'hui une des principales attributions du CNC. De plus, pour assainir le marché et aider le cinéma français, le CNC prend en charge dès 1947, le

---

[116] C'est la loi n° 58-346 du 3 avril 1958 qui, en reprenant un certain nombre de dispositions antérieures, a institué le code de l'industrie cinématographique.

contrôle des recettes de l'exploitation cinématographique, garantissant ainsi la répartition de leur produit auprès des ayant droits. En outre, la loi du 23 septembre 1948 crée un mécanisme qui sera le coeur du système de financement : la taxe de sortie des films alimente un compte spécial d'aide temporaire qui devient, en 1953, le Fonds de développement de l'industrie cinématographique (FDIC). 1948 marque également une rupture dans le mode de régulation du cinéma. En effet, après avoir été pris en charge successivement par les ministères des Beaux-Arts et de l'Information, le cinéma, au cours d'un des nombreux changements de ministères de la IVème République, fut rattaché au ministère de l'Industrie et du Commerce dirigé alors par Robert Lacoste, à la grande satisfaction des professionnels. Avec la création de ce compte de soutien et, en 1949, d'un fonds d'aide à la diffusion du cinéma français à l'étranger subventionné par le CNC, qui deviendra *Unifrance Film International*, les politiques du cinéma s'orientent clairement vers la régulation économique du secteur. En effet, si 1947 connaît un niveau exceptionnellement élevé de fréquentation des salles de cinéma, les producteurs connaissent des difficultés pour financer leurs films, aggravées par l'arrivée sur le marché français de productions américaines. La recette principale qui alimente le compte est fournie par la Taxe Spéciale Additionnelle (TSA) prélevée sur le billet payé par le spectateur et cogérée à l'origine par la profession (progressivement fiscalisée, elle est aujourd'hui autorisée tous les ans par la loi de finances). Le fonds de soutien remplit ainsi un triple rôle : il s'agit tout d'abord d'une *épargne forcée*. Obligation est faite au producteur de *réinvestir* dans la production d'un nouveau film (ou de rembourser les dettes du précédent) avec les sommes que lui alloue le compte de soutien automatique au *prorata* des recettes du film qu'il présente en salles à ce moment là. Le compte de soutien assure également *une fonction de transfert* des recettes des films étrangers vers les films français : la taxe est prélevée sur l'ensemble des films distribués alors que le soutien financier à la production ne s'applique qu'aux films français. Enfin, le compte de soutien constitue une *garantie* pour les industries techniques et les salariés de l'industrie cinématographique qui sont payés prioritairement sur celui-ci.

Ainsi, face à la concurrence étrangère et aux difficultés inhérentes à l'espace cinématographique, l'Etat cherche à reconstruire la filière cinématographique, affectée comme les autres par la guerre, à partir d'un mode de régulation principalement économique. Il agit par l'intermédiaire du CNC et en partenariat avec la profession, qui est cependant progressivement dessaisie d'une partie de ses attributions au sein du système d'aide. Ce système est en lui-même un mécanisme de reproduction des productions à succès, puisque le producteur perçoit d'autant plus d'argent de ce fonds que son précédent film a eu du succès auprès du public. Il s'inscrit en ce sens dans la continuité de la régulation corporatiste de l'espace cinématographique et autorise la sauvegarde à la fois d'un niveau relativement élevé de production et de la logique de « corps de métier » ou d'excellence artisanale que ce niveau permet de poursuivre. Ainsi, contre la suprématie américaine, crainte et dénoncée par la majorité des membres de la profession, il est l'instrument de la défense des « intérêts français », justifiée pour des raisons très diverses par les différents acteurs du moment. Les communistes notamment, dominants sur le plan politique et au sein des différents corps de métier à travers la Confédération Générale du Travail (CGT), y voient non seulement un moyen de lutter contre « l'hégémonie » américaine, en phase avec leur discours officiel, mais aussi un moyen de maintenir leurs positions dominantes sur le plan syndical en contrôlant l'accès à la profession et le déroulement des carrières, prérogatives héritées du système d'avant-guerre.

Malgré l'importance de l'intervention de l'Etat dès 1946, les considérations d'ordre pratique finissent par l'emporter sur les considérations politiques. Les contraintes budgétaires liées à la création d'une nouvelle direction administrative confortent ainsi indirectement l'originalité du système qui, depuis les années 1940, accorde une place non négligeable aux professionnels. De fait, certaines caractéristiques spécifiques à ce secteur, et notamment celles qui concernent le fonctionnement du CNC, dérogent significativement à la tradition administrative française. Il en est ainsi des attributions du Directeur général du CNC, souvent qualifiées dans les travaux de la Commission de Réforme administrative « *d'exorbitantes* ».

« Ce dernier possède en effet un pouvoir réglementaire et le droit de prononcer des sanctions pour assurer le respect de ses décisions. Il ne semble pas possible de donner un privilège aussi exorbitant à un directeur général d'administration centrale et les décisions réglementaires seront remplacées par des décrets, des arrêtés ou des décisions ministériels »[117].

Ainsi, la réintégration du secteur cinématographique dans un régime de régulation administrative passe par la redéfinition du rôle et des pouvoirs du directeur du CNC, fonction essentielle de gestion d'un organisme qui concentre les tensions, les contradictions mais aussi les liens entre les espaces administratifs et professionnels et joue par là même un rôle central dans les politiques publiques du cinéma. A partir de 1959, l'influence du CNC se trouve quelque peu affaiblie par l'affirmation d'un pouvoir ministériel fort, sous l'égide d'André Malraux, qui, en dépit de la faiblesse des moyens matériels, parvient à faire évoluer la politique cinématographique. En témoigne également la volonté de retrouver une influence sur des organisations indépendantes éloignées de l'administration et qui concourent cependant à l'éducation et à la sensibilisation du public à la cinématographie, et notamment à la dimension culturelle de celle-ci.

---

[117] Commission de réforme administrative 1959, CAC, 900289, Art. 35, fiche 14, p. 3.

« Pour rendre à l'Etat son autorité sur des établissements qui sont chargés d'une mission d'intérêt général, il a semblé opportun de prévoir l'inscription au budget du Ministère des Affaires Culturelles des subventions à certaines associations. Dans une étape ultérieure, la réforme devra être poursuivie afin que ces associations qui constituent des démembrements de la puissance publique deviennent des services d'Etat de type traditionnel. A ce titre, devraient être inscrits au budget de l'Etat les crédits de fonctionnement de la Cinémathèque, de l'Institut des Hautes Etudes Cinématographiques, de la Commission Supérieure Technique, de l'Institut du cinéma scientifique, de l'Institut du film ethnographique, ainsi que certaines subventions à des fédérations de ciné-clubs agréés »[118].

1.2 Le cinéma et le GATT dans l'après-guerre

Le GATT, accord multilatéral fixant les règles du commerce international et ayant pour objectif une baisse des droits de douane et un démantèlement des entraves au libre-échange entre en vigueur le 1er janvier 1948. Cet accord incorpore un article IV traitant spécifiquement des films cinématographiques[119]. Cet article, dérogatoire au principe de la nation la plus favorisée, permet aux Etats contractant de prendre ou de maintenir des mesures de protection de leur cinéma national sur les écrans en salle. En effet, l'autorisation des contingents à l'écran pour une période limitée dans le temps, constitue de fait une restriction quantitative aux échanges. Ces mesures restrictives par rapport à la teneur générale de l'accord de libre-échange du GATT, et spécifiques aux activités cinématographiques, sont corroborées par d'autres mesures de restriction, prises à l'initiative des Etats-Unis, dans d'autres enceintes de négociations internationales, en particulier celle de l'Unesco. En effet, un « accord pour l'importation d'objets de caractère éducatif, scientifique ou culturel » dit « Accord de Florence » est signé en 1950 et entre en vigueur en 1952[120]. Or, il est important de souligner que les Etats-Unis ont tenu à ajouter à l'accord une réserve les autorisant explicitement, et par là même l'ensemble des pays contractants, à prendre des mesures de protection au cas où l'accord facilitant l'importation de films à caractère éducatif ou culturel viendrait à pénaliser leur industrie nationale. Ainsi les Etats-Unis obtiennent l'ajout d'une réserve qui traduit leur préoccupation de voir leur industrie du cinéma affectée par la multiplication des accords de libre-échange qu'ils promeuvent pourtant comme un instrument d'unification et de consolidation du « monde libre »[121].

---

[118] *Ibid.*, p. 3.
[119] http://www.diplomatie.gouv.fr/actual/dossiers/OMC/juridique/gatt47, texte de l'article IV du GATT, consulté 31/10/2005.
[120] http://www.unesco.org/culture/laws/florence/html_fr/page2.shtml#Historique, texte de l'accord adopté à Florence en juillet 1950, consulté le 31/10/2005. Il sera complété en 1976 par le protocole de Nairobi.
[121] Texte de la réserve, *Ibid.*

2) La création de l'avance sur recettes (1958-1960) et la politique des auteurs

2.1 Le précédent de la prime à la qualité

La réforme du 3 septembre 1953 a déjà introduit des mesures en faveur de la création sous le vocable de « prime à la qualité », mais celle-ci est réservée aux courts métrages. Cette nouvelle loi attribue l'aide sous forme de primes réparties par un jury qui juge les films *sur leur qualité*. Ces films sont choisis chaque année *« sous la responsabilité des organisations professionnelles des producteurs de courts métrages »* dit la loi. Du vague de cet énoncé découlent toutes les difficultés de la mise en place de cette nouvelle mesure au cours des années 1950, difficultés dont la presse de l'époque se fait l'écho. En 1955 est réuni le jury chargé d'attribuer les primes, représentant cette année-là 140 millions à répartir entre 80 films au maximum. Cependant, suite à des protestations de producteurs n'étant pas représentés dans le jury, l'attribution est suspendue par une lettre du ministre de l'Industrie et du Commerce, l'affaire devant être soumise au Conseil d'Etat. La crainte est alors, dans les milieux cinématographiques, que l'attribution de l'aide ne donne lieu chaque année à une nouvelle dissidence composée de ceux qui ont été refusés, ou craignent de l'être. On retrouve ici les coups d'éclat d'une profession prompte à se mobiliser et à intervenir auprès du pouvoir politique comme en témoigne la lettre adressée par le Groupe des Trente (dont Georges Rouquier, Fred Orain, Pierre Kast, Alain Resnais, Yannick Bellon, Roger Leenhardt, Jean Painlevé, Albert Lamorisse, Franju, Alexandre Astruc, Paul Paviot) :

« *Fidèle à sa vocation, le Groupe des Trente vous dit, Monsieur le Ministre de l'Industrie et du Commerce : le court métrage est de nouveau en danger. Il est gravement menacé par les manoeuvres de quelques affairistes qui ont fait leur cette suprême devise "Pour le rétablissement de la prime à la médiocrité"*». En mettant en échec l'application de la nouvelle loi d'aide dite prime à la qualité, *cette coalition de médiocrité espère revenir aux beaux jours de la confection en série des plus mauvais documentaires-prétextes dont ils ont seuls, il faut bien le reconnaître, le secret de fabrication. Nous ne permettrons pas que la confusion dure plus longtemps. Nous ne permettrons pas, que mal informé, vous preniez des décisions qui ruineraient le court métrage français de qualité.* »[122]

Mais les réalisateurs et producteurs les plus en pointe du combat pour la réforme de la prime à la Qualité soupçonnent également d'autres producteurs de vouloir prouver que la loi est inapplicable en empêchant son application. Cette

---

[122] Lettre adressée au ministre des Affaires culturelles, CAC, 950514, art. 16.

prime est finalement mise en œuvre pour le court métrage et préfigure la réforme majeure de l'avance sur recettes qui a lieu à la fin des années 1950.

2.2 La création de l'avance sur recettes et l'orientation culturelle des politiques du cinéma

Avec l'appui des professionnels, une aide sélective est créée en 1959, différente selon qu'il s'agit d'un long métrage ou d'un court métrage. Pour les longs métrages, le soutien sélectif est accordé sous la forme d'avances sur recettes. Tout producteur, réalisateur ou auteur peut adresser un projet de film à la commission d'avances sur recettes nommée par le ministre chargé du cinéma et composée de professionnels et d'artistes. Cette instance propose, s'il y a lieu, au ministre qui en décide, l'octroi d'une avance sur les recettes futures du film. Ces aides peuvent comporter une allocation destinée à l'écriture du scénario et des autres textes liés à la réalisation du film. Elles sont attribuées généralement avant la réalisation du film en fonction de l'originalité du sujet, des caractéristiques et de la qualité de l'œuvre cinématographique proposée. Les avances sont remboursables sur les recettes du film considéré. La prime à la qualité a ainsi joué un rôle notable dans le renouvellement du cinéma français, annonçant en cela le mécanisme de l'avance sur recettes qui, à partir de 1958, accompagnera financièrement le développement des films de la Nouvelle Vague. En effet, la prime à la qualité a par exemple permis le tournage de films tels qu'*Un condamné à mort s'est échappé* de Bresson (1956) ou *Montparnasse 19* de Becker (1957) qui sont des films d'auteurs au sens où l'entendent les « jeunes turcs » des *Cahiers* et qui, à ce titre, mobilisent leur intérêt critique. La prime à la qualité peut ainsi être envisagée comme une source potentielle de financement, au moins partielle, par des cinéastes qui, refusant le système des studios et son « *cursus honorum* » aussi aléatoire qu'usant et contraignant, se savent exclus des circuits traditionnels de financement. Ainsi Alain Resnais, dont le film *Hiroshima mon amour* (1959) est au cœur même de la révolution esthétique de la Nouvelle Vague, souligne l'importance de la prime à la qualité dans l'apparition d'une nouvelle génération de cinéastes à la fin des années 1950 : « *La prime à la qualité ...a eu une influence capitale. S'il y a eu des nouveaux réalisateurs qui commencent à travailler, c'est grâce à la prime à la qualité* »[123].

Il est clair que l'éclosion de la Nouvelle Vague va ainsi légitimer l'intervention de l'Etat en faveur des films « exigeants », « personnels » et par ailleurs bénéficier largement de l'extension de cette intervention, dans un sens encore plus favorable à ceux qui parviennent à se présenter et à se faire reconnaître comme des créateurs à part entière. L'avance sur recettes créée par

---

[123] *Le Monde*, 11 août 1959.

le ministère Malraux, et qui repose sur des critères artistiques et des contraintes de production qui sont celles de la Nouvelle Vague, devient un puissant relais financier de la politique des auteurs. Cette conjonction entre une mesure administrative et un mouvement en plein essor se traduit concrètement par une progression quantitative des premiers films de long métrage produits chaque année en France.

1954	1955	1956	1957	1958	1959	1960	1961	1962	1963
2	2	5	11	14	24	43	86	20	13

Même si la production de premiers films semble marquer le pas au début des années 1960 avec la retombée du phénomène Nouvelle Vague, elle devient significativement et durablement plus élevée qu'elle ne l'a jamais été. En effet, de 1960 à 1976 de 30 à 40 films par an en moyenne ont été attributaires d'une avance sur recettes, soit le quart de la production annuelle à majorité française. Il faut ainsi noter que le mécanisme d'avances sur recettes a permis à de nombreux cinéastes comme François Truffaut ou Alain Resnais, de réaliser leurs premiers films. La baisse du coût du film est conséquente et intéresse à ce titre les producteurs dont le nombre ne cesse de croître au cours de la décennie 1950, aidé en cela par une politique conciliante d'autorisation de produire menée par le CNC : alors qu'ils étaient 240 en 1947, ils sont 698 en 1964[124]. Il convient cependant de nuancer quelque peu l'importance que l'on a parfois accordée à l'avance sur recettes. En effet, s'il s'agit d'une orientation claire des politiques du cinéma en faveur de la création, nombreux sont les premiers films de la Nouvelle Vague qui se font sans cette aide, la fortune personnelle des réalisateurs ou de leur famille étant souvent mise à contribution pour réaliser ces premiers films. Par ailleurs, les réalisateurs de la Nouvelle Vague eux-mêmes ne sont pas dupes de l'emploi opportun que peut faire le pouvoir de cette nouvelle génération de films et de cinéastes pour accréditer l'idée d'un renouveau de l'Etat et de l'action étatique. Ainsi pour Claude Chabrol, « *Si la grande presse a tant parlé de nous, c'est qu'on voulait imposer l'équation : de Gaulle = renouveau. Le Général arrive, la République change, la France renaît. Regardez cette floraison de talents. Les intellectuels s'épanouissent à l'ombre de la croix de Lorraine...Nous avons été promus comme une marque de savonnettes* »[125].

Au cours des années 1960, le CNC développe de nouvelles actions spécifiques tout en confortant ses missions initiales. La branche de la distribution est prise en compte et bénéficie d'un soutien financier automatique. De multiples accords internationaux de coproduction sont élaborés et signés. Par ailleurs, un secteur art et essai est créé afin de soutenir cette branche

---

[124] Cités dans *Les Cahiers du cinéma*, n° hors-série, décembre 1998 : 52.
[125] Cité dans [Frodon J-M., 1995 : 40].

particulièrement fragile du cinéma. Enfin, chargé en 1969 d'assurer la conservation des films qui lui sont confiés en dépôt ou dont il a acquis la propriété, le CNC crée le Service des Archives du Film qui est à l'heure actuelle l'un des plus grands centres d'archives cinématographiques du monde. André Malraux, critiqué pour ses initiatives, n'hésite pas à afficher publiquement son soutien à la Nouvelle Vague. Ainsi, lors de la discussion budgétaire à l'Assemblée Nationale, il défend, le 14 octobre 1965, le *« cinéma français qui compte,* [c'est-à-dire] *un très petit nombre de films, qui sont presque toujours des œuvres de jeunes* […] *une sorte de cinéma d'amateur d'une certaine génération* [à laquelle] *nous devons absolument donner tous les moyens »*[126].

3) La reconnaissance par la loi de l'auteur de films

On a montré précédemment comment les rédacteurs des *Cahiers du cinéma*, par leur entreprise critique mais aussi par leur façon même de concevoir leur travail de journaliste, ont contribué au succès de la notion d'auteur. Toutefois cette analyse de la reconnaissance de l'auteur qui, sur le plan esthétique, achève de consacrer le cinéma comme un art à part entière, resterait incomplète si l'on négligeait d'étudier les transformations qui, dans l'espace des politiques publiques, accompagnent et confortent cette révolution symbolique. Il en est ainsi de la loi du 11 mars 1957 relative au droit d'auteur qui parachève, en même temps qu'elle l'inscrit dans les textes, la reconnaissance du cinéaste comme auteur[127]. L'efficacité sociale de cette reconnaissance se traduit par la généralisation de la notion d'auteur par la critique et par le lancement de collections et d'ouvrages s'inscrivant explicitement dans cette tendance comme par exemple la collection « Cinéma d'aujourd'hui » lancée en 1962 par les éditions Seghers qui proposent des monographies « d'auteurs » cinématographiques.

3.1 La genèse de la loi du 11 mars 1957

Les discussions sur le droit d'auteur s'intensifient dans l'entre-deux-guerres avec le projet de loi du 24 juin 1927 dit projet Herriot et les tentatives de Jean Zay sous le Front Populaire pour faire adopter un statut de « travailleur intellectuel », garantissant une plus grande protection aux auteurs[128]. Cependant, ces discussions et projets de loi n'aboutissent pas, faute notamment de proposer

---

[126] *Ibid.*, p. 153.
[127] Mais cette loi, qui intègre les dernières évolutions du monde de l'art en incluant les « industries culturelles » reconnaît également le rôle des acteurs de la médiation culturelle, c'est-à-dire des « marchands de culture » qui prendront une place considérable dans les années 1980 et 1990.
[128] Dans un article qui fait encore aujourd'hui référence, Jean Vilbois, alors Secrétaire perpétuel de l'Association Littéraire et Artistique Internationale, retrace l'historique de la loi sur le droit d'auteur en relevant les différents projets présentés et discutés devant le Parlement de 1927 à 1940, puis les étapes qui de 1942 à 1957, jalonnent le processus d'élaboration de la loi [Vilbois J., 1958].

des positions cohérentes et acceptables par les différents acteurs face aux changements techniques et économiques et à l'apparition de nouveaux supports artistiques tels que le phonographe, la radio, le cinéma et, après-guerre, la télévision. En effet, ce sont les « industries culturelles » qui posent problème et qui invitent à reformuler la question. *« Le monde moderne, tendant partout à mécaniser ses activités, et à substituer le collectif à l'individuel, fait subir à l'œuvre d'art une redoutable transformation. [...] L'industrialisation est partout. Elle se résume en deux mots : équipe et équipement. L'homme ne travaille plus seul mais en groupe, car les moyens de produire qu'il utilise dépassent désormais la taille du producteur individuel. Et pour les maîtriser, l'équipe humaine emploie un matériel de plus en plus considérable, de plus en plus mécanisé, de plus en plus coûteux »*[129].

Le cinéma, en raison du succès croissant qu'il rencontre, est au centre des nouveaux rapports qui se créent entre les différents acteurs des mondes de l'art, notamment entre auteurs et producteurs. Le développement des industries culturelles engendre une dépendance nouvelle à l'égard de la technique et indissociablement, de l'argent. L'après-guerre témoigne des préoccupations des acteurs concernant le statut de l'œuvre d'art dans le cadre des industries culturelles, ainsi que des enjeux économiques dont elles sont l'objet.

3.2 Le contenu de la loi et la reconnaissance du cinéaste comme auteur

L'intérêt principal de la loi est sans doute d'étendre aux nouveaux supports artistiques des industries culturelles, la notion et la protection du droit d'auteur telles qu'elles avaient été élaborées pour les arts les plus anciens et les plus reconnus. L'article 3 de la loi énumère les « œuvres de l'esprit » qui entrent dans son champ de compétence. L'œuvre cinématographique y est reconnue aux côtés du livre, de la pièce de théâtre ou de la composition musicale, ce qui la consacre comme une œuvre d'art. L'article 14 précise néanmoins que le réalisateur n'est pas le seul auteur du film : *« ont la qualité d'auteur d'une œuvre cinématographique le ou les personnes physiques qui réalisent la création intellectuelle de cette œuvre : 1) l'auteur du scénario ; 2) l'auteur de l'adaptation ; 3) l'auteur du texte parlé ; 4) l'auteur des compositions musicales avec ou sans paroles spécialement réalisées pour l'œuvre ; 5) le réalisateur »*[130]. Mais l'article 16 établit la prééminence du réalisateur qui dispose du droit de regard final (le *final cut*) sur son œuvre : *« l'œuvre cinématographique est réputée achevée lorsque la première 'copie standard' a été établie d'un commun accord entre le réalisateur et éventuellement les auteurs et le producteur »*.

---

[129] [Savatier R., 1953 : 31-32].
[130] Texte de la loi dans la *Revue internationale du droit d'auteur*, n° XIX, avril 1958.

Cet article fait ainsi du réalisateur un « *primus inter pares* », reconnaissant que l'œuvre cinématographique a ceci de particulier qu'elle comporte plusieurs auteurs mais qu'il en est un qui se distingue des autres, le réalisateur. Quant au rapport entre producteur et réalisateur, il est fixé selon une double modalité : d'une part, le producteur est « *cessionnaire* » des droits, c'est-à-dire qu'il peut « *faire exploiter et diffuser le film* » ; d'autre part, l'auteur est associé à la carrière commerciale du film puisque au terme de l'article 35, la cessation des droits « *doit comporter au profit de l'auteur la participation proportionnelle aux recettes provenant de la vente ou de l'exploitation* ». Ainsi, en contrepartie de la cession de son droit d'exploitation au producteur, l'auteur se voit octroyer le droit de percevoir un pourcentage des recettes du film considéré, la volonté du législateur étant de pacifier les rapports entre les auteurs et les producteurs. Le droit moral de l'auteur est enfin garanti par l'article premier de la loi : « *L'auteur d'une œuvre de l'esprit jouit sur cette œuvre, du seul fait de sa création, d'un droit de propriété incorporelle exclusif et opposable à tous. Ce droit comporte des attributs d'ordre intellectuel et moral, ainsi que des attributs d'ordre patrimonial* »[131].

Autrement dit, l'auteur cède le droit d'exploitation du film au producteur, qui s'occupe donc de la « carrière commerciale » du film, mais il garde un « droit moral » sur son œuvre, c'est-à-dire un droit de regard qui lui permet, le cas échéant, d'intervenir s'il juge que son œuvre est détériorée par l'acte même de sa diffusion. Dans les industries culturelles, la figure classique de l'auteur qui se confond avec l'acte individuel de création, se dissout : dans le cinéma en particulier, l'auteur est le plus souvent engagé par contrat et travaille, en équipe, à la réalisation et à la production d'œuvres standardisées ou reproductibles. Or paradoxalement, la loi d'adaptation du droit d'auteur aux industries culturelles, reconnaît, pour la plus importante d'entre elles, la figure d'un auteur à part entière, le réalisateur. On peut avancer deux explications possibles à cela. D'une part, comme on l'a déjà souligné, l'entreprise critique menée par les *Cahiers du cinéma* dans les années 1950, et qui gagne progressivement la majorité des critiques, influence les sphères artistiques et étatiques et modifie la façon dont on perçoit le cinéma et le réalisateur. D'autre part, la loi de 1957 ne constitue pas seulement un outil très solide de défense des droits des auteurs. Elle aménage aussi les relations entre les auteurs et les « intermédiaires culturels » (éditeurs, producteurs, diffuseurs, entrepreneurs de spectacles…) qui produisent, commercialisent, diffusent les œuvres d'art ou les produits culturels dans une société où ce type de « consommation » ne cesse d'augmenter. En effet, ces relations menaçaient de devenir conflictuelles, comme en témoigne l'accroissement du nombre de contentieux et de procès liés à la question du droit d'auteur. La loi vient donc organiser et pacifier les relations entre auteurs

---

[131] *Ibid.*

et « marchands d'art », permettant ainsi la poursuite du développement des industries culturelles. Dès lors, la concession faite aux auteurs ne serait que la contrepartie de leur acceptation d'un système au sein duquel les aspects industriels et mercantiles prennent une place croissante. Accordant un statut d'auteur à ceux qui sont au service des industries culturelles, la loi reconnaît et conforte le poids de l'industrie et le rôle du marché dans la production culturelle contemporaine. Essentiellement technique et orientée vers la régulation pratique des rapports entre les différents participants à l'entreprise de production d'un bien culturel, elle n'a pas suscité un vaste débat public et intellectuel alors même que les travaux parlementaires ont duré treize ans. Elle complète cependant la révolution critique opérée dans le monde cinématographique qui consacre le film comme œuvre d'art et son auteur comme un artiste, légitimant également la réorientation de la politique du cinéma dans un sens plus favorable à la création et à l'auteur, tout en ménageant pour l'avenir certaines possibilités d'adaptation aux transformations de l'économie de marché et du contexte global d'élaboration des politiques publiques.

Conclusion : Révolution esthétique et innovation politique

Dans ses premières décennies d'existence, le cinéma est progressivement passé du statut de spectacle forain, marginal et socialement peu valorisé, à celui de divertissement populaire au succès reconnu. Cependant, malgré certaines tentatives de metteurs en scène et d'artistes, notamment ceux liés au groupe des surréalistes, le cinéma n'acquiert pas durablement une reconnaissance en tant que forme d'art. En ce sens, il ne bénéficie pas d'un régime de censure clément comme la littérature, la peinture ou le théâtre. Les questions de censure et d'ordre public mis à part, l'Etat s'intéresse prioritairement au cinéma en tant qu'espace de production économique qui, dans Paris et la région parisienne principalement, fait vivre un nombre conséquent d'artisans, d'ouvriers et de créateurs. Le référentiel dominant de l'époque, tel qu'il se donne à voir tant dans les orientations politiques et l'organisation administrative du cinéma que dans les modes de sélection, de formation et de régulation de la profession par elle-même, peut être qualifié de référentiel de métiers. En effet, la profession cinématographique est organisée selon une logique artisanale, celle-là même qui, au cours du processus de production, sollicite de chaque corps de métier l'excellence de ses techniciens, mise au service de cette œuvre collective qu'est le film. Au sein de ce référentiel de métier, le réalisateur, pris dans une configuration complexe de relations sociales et professionnelles, ne parvient pas à se faire reconnaître comme créateur par rapport aux autres corps de métier qui participent à la réalisation du film. Il n'existe finalement que comme *primus inter pares* de l'équipe des techniciens du film, qui plus est, au terme d'une carrière laborieuse, menée selon les lourds critères hiérarchiques et statutaires de la profession. C'est pourquoi la figure de l'auteur, parfois défendue par l'avant-garde cinématographique de l'époque, n'est pas constitutive du référentiel de métiers. Par ailleurs, l'analyse de l'institutionnalisation de la politique du cinéma met en évidence le passage d'un encadrement réglementaire strict, articulé autour de la sécurité des projections et de la protection des « bonnes mœurs », à une intervention plus globale, à finalité économique, afin de maintenir les emplois créés par l'activité cinématographique. La rhétorique de la crise qui n'épargne pas le cinéma des années 1930 et qui est portée par les syndicats ouvriers et patronaux, incite les pouvoirs publics à prendre des mesures protectionnistes. L'Etat impose des contingentements aux films étrangers et autorise la profession à prendre des mesures de régulation de la main d'œuvre, instaurant à la fois un contrôle étroit de celle-ci et une barrière à l'entrée de travailleurs « concurrents », français ou étrangers. Au cours des années qui précèdent la seconde Guerre Mondiale, la défense du film français prend des accents nationalistes forts, puis véritablement racistes et antisémites, et ce, bien au-delà des critiques et journalistes d'extrême droite de l'époque. Enfin, si des députés et des professionnels du cinéma commencent à réclamer des aides de l'Etat pour des films « de qualité », il s'agit toujours d'une qualité indissociablement esthétique et morale, c'est-à-dire des films défendant une certaine conception de l'éducation, de la morale ou de l'intérêt national, mais en aucun cas d'une forme d'« art pour l'art ». Par ailleurs, la création d'organismes de tutelle, le COIC pendant l'Occupation, puis le CNC à la Libération, conforte l'orientation corporatiste et protectionniste du mode de régulation du cinéma. L'instauration du mécanisme de soutien automatique participe de cette logique d'autoadministration de la profession, d'autoreproduction des compétences et des succès commerciaux, des savoir-faire et des savoir-être, sous la protection tutélaire d'un Etat qui veille à sauvegarder les conditions de cette reproduction du cinéma sur lui-même. A cet égard, le CNC, qui tient à la fois de l'organisme professionnel et de la direction ministérielle, incarne institutionnellement ce corporatisme d'Etat en tant que lieu de régulation des relations, de coopération ou de conflit, existant au sein de l'espace cinématographique. Comme organisation centrale et centralisatrice, le CNC apparaît comme un élément essentiel et structurant de l'espace cinématographique. Le CNC contrôle l'accès à toutes les professions et les différentes corporations y sont représentées dans de nombreux conseils et commissions. Reprenant la distinction opérée par Douglass North, on peut dire que le processus d'institutionnalisation s'appuie à la fois sur la création d'institutions et d'organisations. En effet, alors que les organisations regroupent des personnes individuelles ou juridiques en leur sein, les institutions représentent des règles, formelles et informelles qui structurent les échanges entre acteurs[132]. Ainsi, le processus d'institutionnalisation analysé ici s'accompagne à la fois de la création d'organisations comme le CNC et d'institutions, telles que les règlements et les lois adoptés par l'Etat à un rythme plus soutenu à partir des années 1930, mais aussi de normes, de croyances et de figures « convenues » des relations institutionnelles, tel que le discours de la crise du cinéma, qui structurent les échanges entre la profession et l'Etat. La première phase de l'institutionnalisation des politiques du cinéma s'appuie sur une forme de légitimité par les résultats (*outputs*), c'est-à-dire une régulation de type corporatiste souhaités par les syndicats, patronaux et ouvriers. Ces derniers se satisfont de la continuité entre les structures corporatistes établies sous l'Occupation et le CNC de l'après-guerre, même si, ce type de légitimité est toujours soumis au risque de voir dénoncer l'orientation de la politique comme favorisant les intérêts de certains groupes ou lobbies influents[133]. Le processus d'institutionnalisation apparaît ainsi « comme un phénomène complexe, qui ne saurait être perçu comme un processus linéaire et global, mais qui s'inscrit dans une multiplicité d'actes instituants »[134]. Les règlements, les codes et les méthodes de travail des différentes professions cinématographiques, les rapports de hauts fonctionnaires, les discours de responsables politiques ou syndicaux,

---

[132] [North D., 1990 : 97].
[133] [Leca J., dans Arcy (d') F., Rouban L., 1996 : 343].
[134] [Nay O., 1997 : 313].

les créations d'organisations pendant la guerre, puis après-guerre, la structuration de circuits financiers permettant la remontée des recettes ou le financement de la production apparaissent dès lors comme autant d'actes instituants de ce processus. De plus, les institutions cinématographiques reflètent et contribuent à reproduire les rapports de force entre les groupes d'intérêts, notamment entre les syndicats ouvriers et patronaux pour le contrôle étroit des professions.

Si l'intervention de l'Etat s'inscrit donc dans une logique de structuration nationale de la corporation, elle prend également en compte une dimension internationale forte, dès l'entre-deux-guerres, avec l'instauration de quotas, d'accords internationaux dérogatoires aux règles commerciales généralement applicables. Par ailleurs en 1947, l'industrie cinématographique est la seule à faire l'objet d'un traitement particulier dans les accords du GATT dont l'article IV autorise des contingentements à l'écran par exception au principe du traitement national. De plus les Etats-Unis, à travers l'ajout d'une réserve à l'accord de Florence sur « l'importation d'objets de caractère éducatif, scientifique ou culturel » sont les premiers à imposer des restrictions à la généralisation du libre-échange et, de ce fait, à construire une spécificité du cinéma. Le recours à ces dispositions restrictives est cependant très dépendant des rapports de force bilatéraux qui existent entre les différents pays d'Europe et les Etats-Unis. De fait, initialement, les instruments juridiques de protection sont peu appliqués en Europe (à l'exception de l'Espagne franquiste) puisque l'aide américaine à la reconstruction est conditionnée à l'ouverture des marchés nationaux aux productions américaines, à l'image des accords Blum-Byrnes signés dès 1946 en France. Sur fond de guerre froide, et alors que le PCF est encore le premier parti de France, la dénonciation de ces accords suscite une intense mobilisation de la part des professionnels du cinéma, ainsi que des prises de position très virulentes à l'égard des Etats-Unis, accusés d'impérialisme culturel. Ainsi, l'intervention croissante de l'Etat, le rôle clé de l'institution corporatiste du CNC, la spécificité du cinéma au sein des politiques de libéralisation du commerce international, la mobilisation et l'organisation d'un groupe professionnel en France et la rhétorique anti-américaine constituent les éléments les plus saillants de la configuration de l'espace cinématographique français dans les années 1946-1948. Or, ces éléments fournissent d'intéressants points de comparaison à l'analyse de la politique d'exception culturelle qui a lieu près de 45 ans plus tard et au cours de laquelle on retrouve de tels accents anti-américains et des références constantes aux accords Blum-Byrnes. En effet, la mobilisation en faveur de l'exception culturelle emprunte nombre de ses traits à cette première expression de la question de l'existence d'un groupe professionnel et de son activité artistique et industrielle, à un moment où sa relation privilégiée à l'Etat ne permet plus à ce groupe d'assurer sa pérennité, notamment en raison d'un contexte international concurrentiel. Par ailleurs, l'analyse des transformations de l'espace cinématographique au tournant des années 1950-1960 met en évidence la fin d'un système, celui du cinéma des studios, issu du référentiel de métier des années 1930. En effet, le développement de la cinéphilie et l'œuvre critique et esthétique entreprise par le groupe des *Cahiers du cinéma* puis par la Nouvelle Vague ont engendré un double mouvement. D'une part, un processus de délégitimation du cinéma des studios, de ses codes et de ses modes de production. D'autre part, un processus de légitimation du cinéma d'auteur. En moins d'une décennie, la Nouvelle Vague parvient à promouvoir une nouvelle économie du cinéma et impose une révolution technique et esthétique. Or, celle-ci ne trouve sa pleine efficacité sociale qu'en raison du succès avec lequel la Nouvelle Vague réussit à imposer un nouveau système de croyances en la notion d'auteur de films. L'analyse des transformations des rapports sociaux entre les techniciens et les réalisateurs met en évidence le processus de diffusion et d'ancrage de cette croyance.

Dans le même temps au sein de l'espace politique, l'avènement de la Vème République et la création d'un ministère des Affaires culturelles, dirigé par André Malraux apparaissent comme des innovations politiques majeures, tant d'un point de vue administratif que politique. Les travaux de Michel Dobry donnent des éléments d'interprétation de ces moments particuliers que sont les crises politiques, telles que celle de la création de la Vème République[135]. Il distingue notamment entre conjonctures routinières et conjonctures critiques en prêtant une attention particulière aux jeux d'acteurs et à leurs pratiques de définition des enjeux et des problèmes ainsi qu'aux stratégies charismatiques. Par ailleurs, les transformations intervenues dans la définition et la mise en œuvre des politiques du cinéma peuvent être qualifiées, à la suite de Peter Hall, de « changements de troisième ordre », c'est-à-dire une modification radicale et simultanée, tant du niveau des instruments, des instruments eux-mêmes que des objectifs de la politique du cinéma[136]. En effet, la création du ministère des Affaires culturelles et l'arrivée d'André Malraux traduisent un engagement un peu plus important pour le cinéma, même si celui-ci ne se manifeste pas immédiatement en raison des résistances administratives des autres ministères, du regroupement de services parfois hétéroclites qu'il faut réorganiser et surtout du passage significatif du CNC sous le contrôle du ministère des Affaires culturelles. Surtout, les instruments et les objectifs de la politique changent. La politique cinématographique est marquée par l'institutionnalisation de la « politique des auteurs » qui vise explicitement à défendre la création et à soutenir les initiatives individuelles de ceux qui se pensent comme des auteurs de films, notamment par l'attribution d'aides sélectives à la réalisation de premiers films. Ainsi, la création de l'avance sur recettes en 1959, même si elle n'est pas directement responsable de l'avènement et du succès de la Nouvelle Vague et même si elle s'appuie sur le précédent de la prime à la qualité, apparaît

---

[135] [Dobry M., 1986].
[136] [Hall P., dans Steinmo S., Thelen K. et Longstreth F., 1992 : 90-113].

comme le symbole de ce changement politique. Pour autant les « professionnels de la profession » réagissent vivement à cette révolution symbolique, contestent les choix esthétiques opérés par la commission d'avance sur recettes qui tendent à marginaliser leurs films, et continuent de tenir des positions fortes au sein de l'espace cinématographique. « L'ordre cinématographique ancien », avec ses figures emblématiques et ses modes de production et de régulation propres ne disparaît pas brutalement. Par ailleurs, ce processus d'institutionnalisation de la politique des auteurs s'accompagne d'une étatisation progressive de la politique du cinéma. Le CNC perd un peu de son caractère corporatiste au profit de l'Etat dans la cogestion du système de régulation de l'industrie du cinéma. Enfin, la reconnaissance par la loi du 11 mars 1957 relative aux droits d'auteur, de la figure du cinéaste comme auteur de films, distinct en ce sens des autres « collaborateurs » du film qui n'ont le statut que de « co-auteur » ou de techniciens » vient conforter l'entreprise de légitimation menée par le groupe des *Cahiers du cinéma* en lui donnant une assise juridique.

Dès lors, cette réorientation profonde des politiques du cinéma, qui intervient à la fin des années 1950 peut être interprétée comme un changement de référentiel au sens que Pierre Muller donne à ce concept. L'ouverture de la « fenêtre d'opportunité politique »[137] que constitue l'avènement de la Vème République, apparaît déterminante pour rendre effectif un changement profond de la représentation légitime de l'action publique en matière cinématographique. Comme le soulignent Pierre Muller et Yves Surel, « [la crise de politiques] *nécessite dès lors la reformulation plus ou moins substantielle de la matrice cognitive et normative, ainsi que du système d'acteurs, qui structuraient jusque-là l'action publique et rendaient possible la régulation du secteur, afin de trouver d'autres solutions aux problèmes à traiter, eux-mêmes nouveaux ou redéfinis par des prismes cognitifs et normatifs différents* »[138]. Celle-ci entraîne un changement dans le mode de représentation des intérêts des acteurs cinématographiques avec l'évolution du CNC, ainsi qu'un changement des objectifs et instruments d'action publique avec la valorisation des jeunes cinéastes.

Le sens donné aux politiques du cinéma sous Malraux s'inscrit dans une volonté de doter l'action de l'Etat d'une cohérence forte. L'action du ministère des Affaires culturelles participe en effet du référentiel « modernisateur », constitutif de l'idéologie dominante de la Vème République durant les années 1960 et 1970. Cependant, on ne peut véritablement parler de désajustement du « rapport global-sectoriel » préalable au changement dans la mesure où

---

[137] La « fenêtre d'opportunité » définie par John W. Kingdon contribue à modifier la structure des opportunités politiques et peut s'ouvrir de façon prévisible (moment de renouvellement d'une législature) ou imprévisible (catastrophe naturelle, résultat imprévu d'une élection ou d'une politique, guerre ou crise politique majeure) et pour un temps limité, *cf.* [Kingdon J. W., 1984].
[138] [Muller P., Surel Y., 1996 : 93].

changent simultanément le référentiel global d'action publique et celui spécifique à l'espace cinématographique. Tant au niveau global que « sectoriel », il existe en effet des représentations concurrentes du mode de régulation de l'espace considéré qui réussissent à s'imposer à la représentation ancienne. A cet égard, la trajectoire et les caractéristiques personnelles d'André Malraux ne sont pas étrangères à la valorisation de l'acte créateur et à l'entreprise de reconnaissance et de « sacralisation » des réalisateurs en tant que créateurs. Il est dès lors intéressant de souligner les logiques convergentes entre l'ordre politique nouveau et la nouvelle politique culturelle d'une part, et entre la nouvelle politique culturelle et le nouveau référentiel de l'espace cinématographique français d'autre part. Cette convergence se fait autour des « valeurs » de rupture politique ou de révolution symbolique, de volontarisme politique ou de création artistique, de « sacralisation » de la figure individuelle de l'homme providentiel ou de celle de l'artiste démiurge, de celle enfin de l'unité nationale retrouvée ou de la communion fraternelle dans l'art. Elle s'opère aussi autour des figures charismatiques du général de Gaulle dans l'ordre politique, d'André Malraux dans celui de la politique culturelle, et de celle des *Cahiers du Cinéma* et des jeunes réalisateurs de la Nouvelle Vague dans celui de la création cinématographique, dont les trajectoires au sein de leurs espaces sociaux respectifs peuvent être rapprochées avec intérêt.

Chapitre 2 / La libéralisation de l'audiovisuel : le cinéma et la montée en puissance de la télévision

Introduction

En dépit de la mise en place d'un système d'aide complexe et d'une stabilisation des relations entre l'Etat et la profession grâce au rôle structurant du CNC, le cinéma connaît une chute importante de la fréquentation à la fin des années 1950. Celle-ci, malgré des périodes de stabilisation voire de brève reprise, continuera sa décroissance jusqu'aux années 1980. Les professionnels du cinéma s'inscrivent alors dans une relation ambiguë vis-à-vis de l'Etat construite autour d'un discours de « crise du cinéma » qui justifie l'appel à des mesures d'aide spécifiques. Mais la transformation de l'espace du cinéma est induite, indirectement, par celle de l'espace audiovisuel. Celui-ci s'affranchit progressivement de la tutelle de l'Etat puis connaît, au cours des années 1980, une vague de libéralisation. Cette dernière conduit à la multiplication des chaînes de télévision privées et à l'accroissement spectaculaire de leur poids économique et financier dans l'espace cinématographique.

On peut dès lors s'interroger sur le rôle de la télévision, concurrente mais aussi cliente, et bientôt premier financier du cinéma. Après avoir acquis une certaine reconnaissance en tant qu'art ainsi qu'un équilibre financier grâce au système d'aide mis en place par l'Etat, le cinéma n'est-il pas en train de perdre l'autonomie ainsi acquise en étant soumis, à nouveau, à une relation de dépendance vis-à-vis de la télévision ? L'orientation libérale des chaînes commerciales nouvellement créées et la recherche de la maximisation de l'audience qui caractérise leur modèle économique n'ont-ils pas de conséquences sur le type de films et la façon de faire des films de cinéma, amenés plus tard à être diffusés à la télévision ?

I] Crise du cinéma et remise en cause du rôle de l'Etat

La « rhétorique de la crise » n'est pas nouvelle puisqu'elle est constitutive de l'histoire du cinéma, industrie de prototype donc par définition risquée, régulièrement secouée par des « crises ». Celles-ci peuvent être issues de l'irruption brutale d'innovations techniques modifiant l'équilibre du secteur (passage du muet au parlant, invention du cinémascope puis du cinéma couleur par exemple), de modifications des conditions légales de l'exploitation cinématographique (régime des quotas et des aides, fiscalité, *etc.*) ou de transformations des modes de vie et de loisirs avec principalement les nouveaux types de « consommation d'images » tels que la télévision, puis plus tard, la vidéo et internet. Ainsi, depuis la mise en place du ministère Malraux, le cinéma fait l'objet de nombreux rapports et avis qui soulignent la nécessité et l'urgence d'une intervention de l'Etat en s'appuyant sur la présentation de séries statistiques (essentiellement celles de la fréquentation en salles et de la production) défavorables.

A] *Les difficultés économiques de l'industrie du cinéma*

1) Manifestations et analyses de la crise de l'industrie cinématographique

La construction d'un « discours de crise », alimenté par les professionnels du secteur et relayé par de nombreux hauts fonctionnaires s'appuie sur la présentation de statistiques qui concernent à la fois l'offre et la demande de cinéma. Leur utilisation, bien que reposant sur la « nécessaire objectivité » des chiffres n'est bien sûr pas neutre et reflète pour l'essentiel les préoccupations de certaines catégories de professionnels du cinéma qui militent en faveur de la libre fixation des prix des places, et d'une façon plus générale pour davantage de « liberté » dans un secteur qui, à bien des égards, apparaît encore assez réglementé. Nous montrerons dans un premier temps les transformations de la demande de cinéma, tant quantitative que qualitative, et dans un second temps, les transformations de l'offre cinématographique.

1.1 La transformation quantitative de la demande : la baisse de la fréquentation

Pour caractériser l'évolution de la fréquentation, de l'après-guerre jusqu'à la fin des années 1970, trois périodes peuvent être distinguées : de 1945 à 1957, une période que l'on qualifie « d'âge d'or » de la fréquentation puisque celle-ci se maintient en moyenne autour de 390 millions d'entrées ; de 1957 à 1969, une période de chute brutale, la fréquentation en salles passant de 411 millions d'entrées à 180 millions d'entrées ; enfin de 1970 à 1980, une phase de stagnation, la fréquentation restant à peu près stable.

Après la période d'Occupation, plutôt favorable à la fréquentation cinématographique (le cinéma est souvent le seul loisir disponible et le nombre d'entrées est en moyenne de 300 millions par an), la fréquentation atteint son apogée en 1947 avec 423 millions d'entrées. L'immédiat après-guerre présente une situation à bien des égards exceptionnelle, caractérisée à la fois par la pénurie de nombreux biens de consommation et de loisir et par l'abondance de l'offre de films, en particulier américains. La fréquentation au début des années 1950 est de l'ordre de 360 millions d'entrées. Sous l'effet de l'arrivée en France des écrans larges et du Cinémascope, lancé aux Etats-Unis afin de limiter la concurrence naissante de la télévision, elle connaît un regain sensible entre 1952 et 1957, année où la fréquentation enregistrée est de 411 millions d'entrées. Mais à partir de cette date, le déclin est brutal et le cinéma français perd plus de la moitié de ses spectateurs en salles en un peu plus d'une décennie (180 millions d'entrées en 1969). Cette chute se poursuit par un effritement régulier durant la décennie 1970, qui n'a de cesse d'alimenter la rhétorique de « la crise du cinéma » au cours de ces années.

Les causes de la baisse de la fréquentation ont été très longuement analysées[139]. Elle est due pour l'essentiel aux changements de mode de vie qui se sont produits en France dans ces années de forte croissance économique : les loisirs se développent mais évoluent sensiblement, le nombre de télévisions augmente ainsi que le parc automobile. Les Français ont tendance à délaisser le cinéma au profit des vacances et du petit écran. Le cinéma, loisir de masse, devient « loisir d'élite ». Cette évolution de la demande culturelle des Français influence la restructuration de l'exploitation cinématographique. De nombreuses petites salles ferment. En effet, la baisse de la demande a transféré le pouvoir vers l'aval de la filière cinématographique, c'est-à-dire vers la distribution et l'exploitation. Cette dernière cherche alors à maximiser ses ventes sur certains lieux de projection au détriment d'une diffusion équilibrée sur l'ensemble du territoire.

1.2 La concentration de l'industrie du cinéma, conséquence de la baisse de la fréquentation

La baisse de la fréquentation aggrave la concentration de l'industrie cinématographique tant en ce qui concerne la distribution que l'exploitation. Face à cette baisse, les exploitants indépendants ont essayé de s'unir afin de programmer harmonieusement leurs salles en évitant de se faire une concurrence trop sévère. Ils créent alors des ententes de programmation.

---

[139] [Bonnell R., 1978 : 259].

Cependant, les sociétés de distribution et les grands circuits de programmation sont des sociétés aux intérêts convergents, le plus souvent appuyées sur des très grosses sociétés, *Pathé, Gaumont, Union Générale Cinématographique (UGC)*. Les ententes formées par les petits exploitants pour essayer de faire face à la crise tombent sous le contrôle de ces grosses sociétés qui détiennent par ailleurs une part importante de la distribution des films. Or le jeu des aides automatiques ne fait que renforcer ces différentes concentrations. Comme on l'a vu, ce système tend à privilégier les films commercialement rentables au détriment d'un cinéma plus difficile. L'aide sélective à la production (l'avance sur recettes), instaurée pour corriger ce mécanisme, ne peut atteindre ce résultat car un film produit n'est pas nécessairement distribué et vu par un grand nombre de spectateurs. Il est vrai par ailleurs que la baisse de la fréquentation n'entraîne pas une diminution correspondante du chiffre d'affaires de l'industrie. Cela signifie en réalité qu'un public plus sélectif et surtout réduit de moitié continue de fréquenter les salles et de payer les films au prix fort. Le double effet d'un nombre de spectateurs restreint et d'un prix de place très élevé a provoqué une formidable dispersion des résultats selon les films, amplifiant les succès et creusant les échecs. Pour tenter d'apporter une réponse à ce problème, est instituée en 1976 une aide à la distribution spécifique aux films qui bénéficient de l'avance sur recettes, mais cette aide reste financièrement limitée. De même, en ce qui concerne les aides à l'exploitation, le mécanisme d'aide sélective institué en 1977 ne fait qu'avantager des sociétés qui possèdent un grand nombre de salles. La crise paraît donc s'aggraver dans les années 1970, alors que paradoxalement, l'Etat est davantage présent au cours de cette période, à travers la montée en charge du mécanisme d'avance sur recettes et la tutelle exercée par le ministère des Affaires culturelles.

2) La construction d'un discours de crise

Fort d'une légitimité culturelle nouvellement acquise et trouvant dans la création du ministère de la Culture et le renforcement du poids du CNC de nouvelles ressources symboliques, juridiques et matérielles, le secteur cinématographique défend ses intérêts. Il construit ainsi, bien sûr à partir de fondements objectifs tels que la baisse de la fréquentation ou celle de la part de marché des films français sur les écrans nationaux, un *discours de crise*. Ce discours est directement adressé à l'Etat qui exerce une influence très grande sur l'économie du secteur à travers les réglementations, les aides et la fiscalité. Mais il concerne aussi, de plus en plus souvent, à travers les demandes faites à l'Etat, les rapports avec la télévision.

2.1 Les réformes demandées à l'Etat

Ce discours de crise est ainsi une constante dans l'évolution des rapports entre l'Etat et le cinéma, plaçant ce dernier dans la position de perpétuel quémandeur d'une protection ou d'une aide de l'Etat au nom d'une fragilité présentée comme structurelle. La fiscalité qui pèse sur l'exploitation cinématographique est ainsi la question dominante des années 1960. Cette question fait l'objet de nombreux rapports de hauts fonctionnaires qui concluent tous à la nécessité d'une baisse de la charge fiscale pesant sur le cinéma[140]. Les services du CNC, dirigé à l'époque par André Holleaux, produisent alors régulièrement des notes alarmistes sur la situation du cinéma français et européen. Après avoir souligné la bonne tenue du cinéma italien (700 millions d'entrées en 1963 contre 290 millions pour le cinéma français), une note datée de 1964 s'inquiète de la situation des autres cinématographies européennes :

« *En Angleterre, en France et en Allemagne par contre, la crise du cinéma atteint un point critique : en Angleterre, les trois quarts des salles ont fermé depuis dix ans ; en Allemagne, la production nationale a pratiquement disparu ; quant au cinéma français, ayant perdu 25% de ses spectateurs entre 1958 et 1963, il n'équilibre plus qu'à peine ses recettes et ses dépenses. Le risque encouru est une mainmise des firmes américaines sur le réseau de distribution, et par voie de conséquence, une américanisation progressive des films passés sur les écrans français* »[141].

La note poursuit en soulignant la nécessité d'une évolution de la profession (qui devrait notamment aller dans le sens d'une plus grande concentration des structures de distribution) mais aussi la responsabilité des pouvoirs publics.

« *Mais dans plusieurs domaines (fiscalité, prix, aide au cinéma, collaboration entre le cinéma et la télévision) l'industrie cinématographique en France se trouve tributaire de décisions qui ne dépendent pas de la profession mais des pouvoirs publics. A titre d'exemple, on soulignera plus particulièrement que […] le prélèvement fiscal opéré aux guichets des salles de cinéma françaises est en moyenne deux fois plus élevé que celui que supportent les autres formes de loisirs*»[142].

Le rapport Reverdy de 1964 synthétise l'état d'esprit dominant de l'époque et notamment la préoccupation fiscale des professionnels du cinéma. Il est utilisé pour mettre sur l'agenda politique la question de la fiscalité du cinéma en

---

[140] Le fait qu'il s'agisse pour la plupart de rapports d'inspecteurs des finances est significatif de l'importance prise par les questions de fiscalité dans les rapports entre l'Etat et le cinéma. On fait référence aux rapports des inspecteurs des finances de Carmoy (1936), Besse (1951), Reverdy (1964) mais aussi au rapport de Errera (1963) et à celui du Conseil économique du secrétariat général du gouvernement (1956).
[141] Note dactylographiée (passages soulignés par l'auteur de la note), archives d'André Holleaux, directeur du CNC, CAC, 900289, art. 52.
[142] *Ibid.*

période de « crise ». En effet, le cinéma est l'objet d'une surimposition fiscale par suite de la tradition consistant à taxer fortement les spectacles et de la difficulté de diminuer les ressources des collectivités locales, principales destinataires de ces taxes[143]. En outre, le blocage des prix des places, effectif depuis le plan de stabilisation et de lutte contre l'inflation de 1959 empêche toute hausse des recettes. Par ailleurs, le projet de décret de juillet 1960, dont l'objectif est de porter de 16 à 18 ans l'âge minimum pour aller voir certains films, fait davantage craindre une nouvelle perte de recettes qu'un durcissement de la censure. En effet, cela pourrait faire perdre de 2 à 4 millions de spectateurs pour une industrie déjà en butte à la baisse de la fréquentation. Afin d'informer le gouvernement au nom du CNC, André Holleaux fait un bilan de la situation du cinéma en France et dans le monde en 1964 ainsi qu'un certain nombre de propositions connues sous le nom de « réforme Holleaux ». Le gouvernement est alors saisi de la question fiscale par le CNC et les réclamations récurrentes des professionnels.

« L'industrie du cinéma est dans une situation alarmante. Elle subit les effets conjugués d'une baisse de la fréquentation (-33 % en 6 ans) et une hausse des coûts de production (multipliés par deux sur la même période). Les professionnels s'avèrent incapables de faire face seuls à cette situation. Les producteurs et les distributeurs sont trop nombreux et manquent d'initiative. Les premiers jouent le rôle de promoteurs, se bornant à réunir les concours d'autrui, et n'ont de ce fait qu'une faible responsabilité. Les seconds ne font rien pour accroître leur audience. [...] Il en résulte une pénétration de plus en plus grande des intérêts américains dans ce secteur industriel. [...] Une reprise en main par l'Etat est nécessaire si l'on ne veut pas assister à son effondrement comme en Allemagne ou à sa subordination au cinéma américain comme en Angleterre »[144].

Dès cette époque sont posées les prémisses d'une problématique qui sera celle des années 1980 en France. Celle-ci consiste à voir dans la télévision une des causes de la polarisation de la production cinématographique autour des films « à grand spectacle » (industrie) d'une part, et des films d'auteur (culture) d'autre part.

« Les mécanismes actuels conduisent à la production d'un trop grand nombre de films, rapidement conçus, financés dans des conditions improvisées ou hasardeuses, sur la base de crédits multiples obtenus ici ou là. Ces films pèsent sur l'investissement global de l'industrie cinématographique et ont un rendement commercial déplorable. En renforçant l'aide dite sélective qui

---

[143] L'imposition globale représente ainsi 26,3 % de ce que paie le spectateur.
[144] Rapport du Conseiller économique du secrétariat général du Gouvernement, le 29/10/65, compte rendu des réunions interministérielles des 13 et 14 octobre 1965, présidées par Xavier Ortoli, directeur de Cabinet du Premier ministre, archives d'André Holleaux, CAC, 900289, art. 52.

consiste depuis 1959 à accorder des avances sur recettes aux films de qualité, il faut, sans diminuer la masse du soutien accordé à la production française, mieux reporter l'aide automatique de telle sorte que certaines catégories de films français soient avantagées »[145].

Le projet de réforme distingue alors deux catégories de films méritant d'être soutenus :

« *Les films dits* « à spectacle » *qui sont généralement des grandes productions chères et à grande diffusion. A cause de leur coût, ces films là, même s'ils sont nominalement français, sont surtout faits aujourd'hui par les Américains. Le film à spectacle est celui qui répond le mieux aux données cinématographiques nouvelles qui sont fonction du développement de la télévision. Les films dits d'auteur ou de recherche qui témoignent du tempérament d'un auteur ou d'un réalisateur et qui révèlent ce que peuvent faire les Français dans le domaine de la création artistique cinématographique. Ces films doivent aussi être avantagés, car ils représentent ce que la production française a de meilleur sur le plan des valeurs culturelles. Les films de la catégorie intermédiaire, c'est-à-dire ceux qui sont sans caractéristique propre et de* « *modèle courant* » *doivent être découragés dans l'ensemble car ils se confondent avec le spectacle habituel porté au domicile par la télévision* »[146].

Cependant, le plan de réforme n'est finalement pas adopté par l'Etat et la question du cinéma donne lieu à débat, notamment lors de la discussion du projet de loi de finance pour 1966. Les professionnels sont amers :

« *Le Gouvernement n'ayant pas jugé possible de diminuer l'Impôt sur les Spectacles (qui dérive de l'ancien droit des pauvres du Moyen-Age) pour l'année 1966, il en résulte que le Plan de réformes ne peut entrer en application, du moins pour la majeure partie de ses dispositions. C'est évidemment très regrettable puisque si le Cinéma français reste lourdement taxé, tous les pays étrangers qui connaissent la crise du cinéma, ont diminué sensiblement leurs impositions ou les ont même supprimées […] Si la France n'adopte pas très rapidement des mesures identiques, le Cinéma français, déjà moribond, s'enfoncera dans le néant* »[147].

La surimposition fiscale est notamment accusée de faire peser deux menaces sur le cinéma français. En premier lieu, la charge fiscale risque d'entraîner la fermeture de salles (et donc la perte d'une large partie du public qui ne se reporte pas sur d'autres salles, surtout en province) pour lesquelles l'équilibre financier est difficile à atteindre à cause de la baisse de la

---

[145] Projet de réforme du CNC, archives d'André Holleaux, CAC, 900289, art. 52.
[146] *Ibid.*
[147] Commission consultative du cinéma. Rapport relatif à la gestion du compte de soutien financier, archives d'André Holleaux, CAC, 900289, art. 52.

fréquentation. En second lieu, la fiscalité fragilise la position des producteurs et des distributeurs par rapport aux grandes entreprises américaines et à leurs filiales françaises, qui du fait même de leur taille et de leur positionnement sur les segments les plus rentables du marché sont plus à même de supporter les charges fiscales. La part prise par les sociétés américaines de distribution est ainsi devenue très importante au cours de la décennie 1960 dans toute l'Europe, et, chose peu habituelle, également en France. Cependant, si les professionnels du cinéma jugent la réforme de la fiscalité urgente, il n'en va pas de même des députés. Ces derniers sont réticents à l'égard des largesses fiscales réclamées par un « milieu cinématographique » qui continue d'avoir mauvaise presse. Beaucoup considèrent le cinéma comme une « danseuse de la République » et réclament la « moralisation » du secteur et notamment de la production : « *Si l'on tient à conserver une production nationale, il faut se résigner à l'aider. Produire des films de langue française est à l'heure actuelle un luxe que l'on peut estimer nécessaire mais il faut savoir que c'est un luxe* »[148].

2.2 La mise en cause de la télévision et le souhait d'un changement de politique télévisuelle

Dès 1964, une commission paritaire RTF/représentants du cinéma français se réunit pour mettre sur l'agenda les questions retenues par le Comité d'Etude et de Sauvegarde du Cinéma Français, notamment celle des rapports entre la télévision nationale et le cinéma. Le point de vue des représentants du cinéma est ainsi clairement exprimé :

« *La RTF paie actuellement aux producteurs un prix dérisoire la cession du droit de retransmission des films de long métrage, eu égard au prix moyen d'antenne que lui coûtent ses programmes et à l'importance de sa clientèle. [...] A ses débuts, la Télévision française n'a pu se développer que grâce aux films cinématographiques qui lui étaient cédés pour des sommes infimes. [...] étant donné l'accroissement considérable de ses ressources et de son audience, la Télévision devrait donc revaloriser ses prix de façon substantielle, et les Producteurs devraient exiger une indexation des rémunérations qui leur sont versées pour leurs films* »[149].

La question de l'échange inégal entre le cinéma et la télévision se pose avec d'autant plus d'acuité au cours de la décennie 1960 que la crise de la fréquentation (qui atteint son maximum en 1957 et se confirme au cours des années 1960 et 1970) commence à produire ses effets négatifs en privant les producteurs d'une part non négligeable des recettes. Le rapport de Jean Groux, maître des requêtes au Conseil d'Etat pointe à nouveau ce problème :

---

[148] Assemblée Nationale, Rapport pour avis, au nom de la Commission des Affaires familiales, culturelles et sociales par M. Ribadeau-Dumas, député, archives d'André Holleaux, CAC, 900289, art. 52.
[149] Commission paritaire RTF/représentants du cinéma, 1964, CAC, 900289, art. 53.

« Si, par conséquent, l'ORTF assure un certain niveau d'activité à diverses branches de l'industrie cinématographique, il se borne à empêcher ou à freiner le déclin de celles-ci, mais ne contribue pas, en tout état de cause, au développement économique de l'ensemble de cette industrie, puisque par ailleurs sa propre activité cinématographique contribue à lui retirer une partie importante de sa substance vitale : le public. »[150]

De fait, tout au long de la décennie 1960, les rapports entre le cinéma et la télévision deviennent de plus en plus conflictuels et les tentatives pour les résoudre se multiplient. C'est le cas par exemple avec la commission mixte paritaire de 1964 (dont le principal objectif est d'aboutir à une hausse du prix d'achat des films), ou les négociations de 1967 en vue d'une participation des chaînes à la production en échange de l'autorisation de diffusion des films à dix-huit mois. Cependant la tension reste forte entre deux « mondes » qui se vivent comme différents et se pensent de plus en plus comme concurrents : les procès des producteurs et des exploitants contre l'ORTF pour abus de position dominante et concurrence déloyale se multiplient dans les années 1960[151]. A la différence des exploitants, les producteurs trouveraient de nombreux avantages à une collaboration accrue avec la télévision et c'est pourquoi ils travaillent activement à l'établissement d'un compromis, négocié autour de la hausse régulière du prix d'achat des films.

« Le cinéma ne peut se passer de la télévision, pour assurer sa survie et son développement. Certes, la télévision à elle seule ne peut résoudre les problèmes du cinéma, mais sans le concours actif de la télévision, il n'y aura plus de cinéma français. L'exemple des Etats-Unis là aussi montre que le débouché économique de la télévision est vital pour le cinéma »[152].

Ces producteurs s'inquiètent par ailleurs des conséquences artistiques d'une montée en puissance de la télévision (c'est l'époque du passage à la télévision en couleur qui recourt en priorité au fort volume de films américains en couleur déjà disponibles) qui se ferait au détriment du cinéma.

« Il est un point qu'on soulève rarement dans l'analyse des rapports entre le cinéma et la télévision : celui du malthusianisme artistique que représente la diminution, voire la disparition de la création cinématographique. Certes, quelques réalisateurs, scénaristes et interprètes sont passés du cinéma à la télévision (…). Mais à faire disparaître le cinéma, la télévision contribuerait à

---

[150] Groux J., Rapport à la commission technique des ententes et positions dominantes, 1968, CAC, 900289, art. 53, pp. 61-62.
[151] A cet égard, l'échec du rapprochement entre cinéma et télévision initié par Jean Renoir pour son film *Le testament du docteur Cordelier*, est assez révélatrice des résistances corporatistes des gens de cinéma à l'égard de pratiques et de méthodes de production télévisuelles, jugées à la fois esthétiquement médiocres et économiquement déloyales parce que moins coûteuses. [Garçon F., dans Creton L., 2002 : 119-135].
[152] *Réforme du cinéma français*, Collège des Directeurs de production, mars 1969.

la fin d'une forme de la création artistique qu'elle ne saurait remplacer, ne serait-ce que pour des raisons de moyens et de mœurs »[153].

Ainsi, les professionnels du cinéma élargissent leurs revendications et souhaitent un changement des rapports entre le cinéma et la télévision mais c'est toujours l'Etat, tutelle de l'ORTF et pourvoyeur des aides, qui est l'objet d'interpellations et de sollicitations directes. Les « événements » de mai 1968 voient le monde du cinéma se regrouper au cours du festival de Cannes lors d'« Etats généraux » et adopter, tant dans le contenu des films que dans le contenu des revendications adressées à l'Etat un ton plus polémique voire agressif comme en témoignent les prises de position du Syndicat des Réalisateurs de Films (SRF) créé en 1968. Cependant, après la démission du général de Gaulle et d'André Malraux en 1969, la configuration politique change au sein du ministère de la Culture. En effet, alors que de 1959 à 1969, André Malraux occupe sans discontinuer le poste de ministre, ce dernier sera occupé par six personnalités fort différentes en moins de huit ans. Edmond Michelet le remplace après l'élection de Georges Pompidou avec le rang de ministre d'Etat mais sa santé déclinante limite son action. Lui succèdent Jacques Duhamel de septembre 1970 à mars 1973, Maurice Druon pendant un an, puis Alain Peyrefitte (ministre de la Culture et de l'Environnement) durant quelques mois de 1974 avant que l'élection de Valéry Giscard d'Estaing ne conduise à la nomination de Michel Guy, qui n'est que secrétaire d'Etat. Il est remplacé, en août 1976 par Françoise Giroud. Ainsi le ministère de la Culture, rétrogradé au rang de secrétariat d'Etat, est marqué durant toute la décennie 1970 du sceau de l'instabilité ministérielle. Dans ces conditions, tant en raison de cette instabilité que du manque de charisme ou de poids politique de ses occupants, le ministère de la Culture perd de son influence sur la vie culturelle française.

B] La remise en cause de la régulation étatique de l'audiovisuel : l'abolition du monopole

1) L'alternance politique de 1981 : entre promesses électorales et logiques de pouvoir

Avec l'affirmation de la télévision comme principal moyen d'information, dont l'objectivité est au demeurant toujours contestée, ainsi qu'en raison de l'importance qu'y ont pris les débats électoraux, singulièrement depuis les élections de 1974, la télévision est devenue un enjeu de premier plan dans les campagnes électorales. Paradoxalement cependant, elle n'occupe qu'une place modeste dans les programmes des différents candidats à l'élection présidentielle de 1981. Elle fait tout d'abord l'objet d'une contestation de la part de

---

[153] *Ibid.*, p. 3.

l'opposition, critique récurrente de l'inégalité d'accès aux médias et des avantages indus accordés au candidat « sortant », qui userait de son influence sur les dirigeants des chaînes, bénéficierait d'un traitement de faveur et notamment d'un temps d'antenne très important tandis que les autres candidats verraient leur message tronqué, ou mal diffusé. La dénonciation de la *« mainmise du pouvoir sur la radio-télévision »* devient alors, à la veille du premier tour de l'élection présidentielle, un élément de la rhétorique électorale de l'ensemble des partis politiques à l'exception bien sûr de celui du président-candidat. Mais si elle est surtout un des points de passage obligés des programmes des candidats qui doivent prendre position à l'égard d'un monopole d'Etat contesté, la télévision ne fait pas l'objet de projets très précis. Les prises de position des candidats reflètent en grande partie l'évolution de la conception du rôle de la télévision au cours des années 1970 et témoignent du clivage existant entre les partisans et les adversaires du monopole.

Alors qu'on aurait pu le croire favorable à la création de radios et de chaînes privées comme cela avait été évoqué en 1974, Valéry Giscard d'Estaing, confronté à la multiplication des radios libres, se prononce régulièrement en faveur du maintien du monopole. Georges Marchais défend lui aussi la tutelle de l'Etat qu'il voudrait voir transformée en véritable service public de la télévision préservé de l'influence des intérêts privés. A l'opposé, Jacques Chirac et François Mitterrand souhaitent un maintien du monopole de diffusion assorti de la suppression du monopole de programmation, avec cependant des nuances selon les candidats. François Mitterrand se prononce ainsi en faveur des radios « libres » à condition qu'il s'agisse de radios locales à but non lucratif. Alors qu'elle faisait l'objet d'un consensus assez large tout au long des années 1960 et au début des années 1970, la notion de monopole devient désormais synonyme d'archaïsme et de rigidité, et ses défenseurs, ou ceux qui souhaitent le voir partiellement maintenu, lui préfèrent la notion de « service public ». Afin de garantir le bon fonctionnement de ce service public, l'idée de la création d'une Haute autorité ou d'un Conseil de surveillance est avancée. Avec la défense des radios libres et la volonté de limiter le poids et les possibilités d'intervention de l'Etat sur la télévision, c'est désormais l'ensemble du système de régulation étatique de l'audiovisuel qui est remis en cause sans que soit posée une claire alternative au rôle dominant de l'Etat.

1.1 La campagne électorale de 1981 : faiblesse des projets pour l'audiovisuel

Alors que les communistes demeurent attachés au maintien du monopole d'Etat sur la télévision, les socialistes restent partagés sur cette question. Ainsi, dès 1972, Georges Fillioud, futur ministre de la Communication du gouvernement de Pierre Mauroy, se déclare *« personnellement assez hésitant sur le maintien du monopole de l'ORTF (...) cette position n'a été acquise dans nos instances qu'au sein de très longs débats* »[154].

En réalité, soucieux de ne pas se couper du mouvement des radios libres, le parti socialiste modifie sensiblement sa position à la fin de la décennie lors de l'actualisation du programme commun de la gauche. S'il soutient, depuis peu, les radios libres et lance même, à la fin des années 1970, *Radio-Riposte*, une radio pirate qui conteste l'information de la radio d'Etat, le parti socialiste n'entend pas remettre en cause le monopole d'Etat. Cependant, à l'approche des élections, le gouvernement de Raymond Barre saisit la radio et fait poursuivre en justice le premier secrétaire du PS pour infraction au monopole. Dès lors, le nouveau président de la République élu en 1981 devient le plus haut représentant de la cause des radios libres et ne peut repousser les mesures de libéralisation attendues. Dès le 26 mai 1981, Georges Fillioud, secrétaire d'Etat aux techniques de communication, annonce l'intention du gouvernement de procéder à une refonte d'ensemble de l'audiovisuel articulée autour de trois axes : l'abandon du monopole de programmation ; la décentralisation de la radio et de la télévision ; la création d'une autorité indépendante chargée de l'organisation et de la régulation de l'audiovisuel. En raison de la complexité des questions audiovisuelles et de la relative impréparation des élites socialistes à ces questions, l'élaboration de la loi est repoussée aux conclusions de la Commission présidée par Pierre Moinot, ancien directeur de cabinet d'André Malraux, qui se réunit à partir de juillet 1981. En attendant le compte rendu des travaux de la Commission, une loi du 9 novembre 1981 accorde aux radios libres le droit d'émettre.

1.2 L'Etat et les professionnels : la commission Moinot et la mise sur l'agenda politique d'une réforme de l'audiovisuel

1.2.1 Composition et orientation de la commission

La mise en place d'une commission ne constitue pas véritablement une innovation politique dans le cadre d'une Vème République qui voit s'accroître ce type de préalable technique à la décision politique, qu'elle soit composée de sorte à la différer, la rendre impossible ou au contraire à l'améliorer. En matière d'audiovisuel, d'autres l'ont précédée, notamment la commission Paye mandatée par Jacques Chaban-Delmas en 1969 dans le but d'étudier les modifications à apporter à la loi définissant le statut de l'ORTF, mais dont les conclusions ne furent jamais appliquées. Les objectifs assignés à la commission reprennent les grandes lignes évoquées en mai 1981 par Georges Fillioud. Trois grands principes doivent guider le travail de la commission :

---

[154] [Fillioud G., cité dans Mercillon H., 1974 : 99-114].

« La garantie d'une pleine autonomie des organismes chargés du service public de la radio et de la télévision à l'égard tant du pouvoir politique (...) que des puissances financières. La décentralisation de l'audiovisuel (...) ; Le développement des missions de culture, d'éducation et d'information des citoyens par les différents médias, dans le souci du pluralisme, de la qualité des programmes et de l'encouragement à la création. (...) en outre, tenant compte de l'accélération prévisible des innovations technologiques et de l'accroissement de la concurrence internationale, qui exigent la prise en considération réaliste des contraintes industrielles et économiques et l'adaptation permanente du service public à l'évolution technologique, elle devra examiner les conditions nécessaires à la mise en œuvre d'une politique dynamique de l'image »[155].

Il est intéressant de relever ces principes car ils traduisent (« trahissent » ?) assez bien le projet initial des nouvelles élites socialistes, construit autour d'un volontarisme politique fort, d'un « idéal » démocratique et culturel en matière d'audiovisuel, mais cependant intrinsèquement fragilisé par l'expression d'une volonté d'adaptation aux nouvelles technologies de communication et aux évolutions économiques. L'expression *« par la prise en considération réaliste des contraintes industrielles et économiques »* recèle en elle-même tout le potentiel de remises en cause et de changements radicaux d'orientation de la seconde partie du premier septennat de François Mitterrand. Par ailleurs, outre le fait de laisser au pouvoir le temps de s'organiser, l'établissement d'une telle commission répond aussi à la nécessité de trouver un équilibre au sein du gouvernement entre le secrétariat d'Etat à la Communication et le ministère de la Culture, tous deux soucieux de délimiter leurs aires d'influence respectives. Jack Lang réclame une *« double réforme du cinéma et de la télévision »* et propose au ministre de la Communication *« la constitution d'un groupe de travail unique et l'élaboration en commun de la future loi sur le cinéma et la télévision »*[156].

Cependant, par l'intermédiaire de son conseiller technique chargé des dossiers de la culture et de la communication, Jérôme Clément, les services du Premier ministre font savoir qu'ils souhaitent être associés au travail de cette commission et garder un droit de regard sur les dispositions qui seront finalement adoptées. Sont adjoints à la commission proprement dite des groupes de travail spécialisés, chargés, « en amont », de consulter les professionnels de l'audiovisuel public ainsi que des membres du secteur privé et des syndicats, et

---

[155] [Moinot P, 1981 : 3].
[156] Lettre de Jack Lang à Georges Fillioud, 27 mai 1981. A nouveau, dans une lettre datée du 1er juin, il essaie d'imposer son ministère comme partenaire incontournable de la réforme : *« les cinéastes et les professionnels du cinéma sont très inquiets de la séparation de nos deux ministères. Comme convenu, je te relance au sujet de la mise en chantier de la double réforme du cinéma et du système audiovisuel »*. Archives Fillioud, CAC, 920053, art. 1.

enfin, « en aval », de réaliser une synthèse à partir des conclusions du président de la Commission, des rapporteurs des groupes et d'un représentant du Premier ministre.

Ces différentes tractations au sein du gouvernement sont assez révélatrices des stratégies de pouvoir des différents acteurs en présence qui essaient d'exercer ou d'étendre leur influence en essayant de se placer au sein d'une commission dite « indépendante », mais sur les décisions « indépendantes » de laquelle ils souhaitent peser. La commission Moinot est finalement composée de 14 membres, issus de différentes professions du cinéma, de la télévision, du journalisme ou du barreau et choisis dans le milieu culturel de préférence à celui de la haute fonction publique[157]. Elle est d'emblée soumise à une double influence : celle des cinq groupes de travail qui ont finalement été constitués par le ministère de la Communication afin « d'associer » le plus largement possible les professionnels des différents secteurs aux recommandations finales et d'assurer ainsi l'efficacité sociale et politique de la future loi ; celle du groupe interministériel présidé par Jérôme Clément qui réunit Francis Beck, représentant du ministère de la Culture, Michel Berthod du ministère de la Communication, Bertrand Cousin pour le SJTI et Jean-Louis Bianco pour l'Elysée, et qui permet aux instances supérieures de l'Etat de superviser le travail de la commission. Celui-ci s'effectue sous la contrainte multiple formée des orientations strictes et des objectifs qui lui ont été assignés par le gouvernement mais aussi des clivages qui traversent la composition des groupes de travail, notamment entre ceux qui demeurent partisans d'un retour à un ORTF rénové, garant du service public, et ceux qui au contraire sont issus d'une mouvance plus libérale ou autogestionnaire, qui souhaiteraient aller plus loin dans le mouvement de décentralisation et de libéralisation de l'audiovisuel (pas encore au sens économique du terme). Ce travail est révélateur de l'inquiétude des créateurs, en particulier des milieux cinématographiques quant au poids grandissant de la télévision. Il reflète aussi l'intérêt de la gauche nouvellement arrivée au pouvoir pour la promotion de la culture et de la création, à l'image de Jack Lang, qui cherche à peser sur les débats sans toutefois parvenir à remettre

---

[157] On trouve, aux côtés de Pierre Moinot qui préside cette commission, la comédienne et productrice Danièle Delorme, présidente de la commission d'avance sur recettes du CNC, l'écrivain Françoise Mallet-Joris, par ailleurs administratrice de *TF1*, le journaliste Jean-Claude Héberlé, auteur d'un portrait de François Mitterrand, le réalisateur de cinéma Stellio Lorenzi qui est finalement remplacé par le réalisateur de télévision Maurice Failevic, la productrice Christine Gouze-Renal (sœur de Danielle Mitterrand), le réalisateur de télévision Serge Moati, réalisateur personnel de François Mitterrand durant la campagne présidentielle, le journaliste André Harris, le réalisateur Claude Santelli, l'homme de télévision Jean d'Arcy, qui a commencé sa carrière auprès du ministre de l'Information François Mitterrand puis est nommé directeur des programmes de la Télévision française en 1952, le diplomate Jacques Thibau, ancien directeur de cabinet d'Alain Peyrefitte, puis directeur adjoint de l'ORTF de 1965 à 1967, l'avocat Jean-Denis Bredin, ancien vice-président des radicaux de gauche, le Conseiller à la Cour des comptes Maurice Bernard, désigné comme rapporteur général, et enfin l'écrivain et producteur François-Régis Bastide, en charge des questions audiovisuelles au PS et vice-président de la Commission.

en cause la domination du ministère de la Communication et de Matignon sur la commission.

1.2.2 Conclusions de la commission et réception des propositions par les professionnels

Sans grande surprise, la commission a suivi les grandes lignes qui lui ont été assignées, la principale innovation contenue dans le rapport final, rendu public le 30 novembre 1981, concernant la création d'une haute autorité. Elle propose également une rénovation de la politique des programmes qui passe notamment par la régulation des rapports entre le cinéma et la télévision, estimant *« nécessaire de proposer un ensemble de mesures qui organisent une solidarité effective entre le cinéma et la télévision »* tout en laissant le soin *« à la Commission désignée spécialement par le ministre de la Culture [Commission Bredin] de déterminer les principes et les modalités d'une politique d'ensemble destinée à promouvoir l'industrie cinématographique. »*[158] Enfin, elle traite, mais de façon dispersée et limitée, des mutations en cours ou à venir de l'audiovisuel français liées aux nouvelles techniques, vidéo-cassettes et vidéo-disques, câble et satellite, témoignant à la fois de l'intérêt que suscitent ces innovations mais aussi et surtout de la crainte qu'elles inspirent. Pour la commission, *« il ne saurait être question de répondre à de tels défis par une extension continue du secteur public national à toutes les manifestations nouvelles de la communication audiovisuelle. Il y a place, en ce domaine, pour les entreprises privées (…) »*[159].

Cette crainte et cette fascination à l'égard des nouvelles technologies révèlent l'attitude des hauts fonctionnaires et des responsables de l'audiovisuel de l'époque, pour qui le service public ne serait pas capable de répondre à cette mutation technique. De plus, la formulation du problème contient en elle-même le principal mode de justification utilisé ultérieurement pour la privatisation du service public audiovisuel et la création de nouvelles chaînes privées. Remis dès le 6 octobre au gouvernement, le rapport ne suscite aucun commentaire de la part du gouvernement ou de la présidence de la République qui procèdent à différents arbitrages et n'entendent pas aller trop loin dans la délégation de pouvoir attribuée à la Haute Autorité. Rapidement diffusé dans la presse, le rapport fait l'objet d'un accueil mitigé de la part des professionnels de l'audiovisuel et des partis politiques. Parmi les syndicats, si la CFDT se déclare satisfaite du rapport, principalement en raison de l'importance des mesures de décentralisation qu'il préconise, la CGT s'inquiète quant à elle de l'établissement d'un service public dont la rentabilité serait le premier critère puisqu'il serait directement en compétition avec le secteur privé.

---

[158] [Moinot P., 1981 : 79].
[159] *Ibid.*, p. 36.

2) La loi du 29 juillet 1982 et la liberté de communication

L'article premier de la loi pose le principe de la liberté de communication audiovisuelle. Ce changement se limite dans un premier temps à la marge du service public avec le développement des radios locales privées, autorisées dès novembre 1981. Cependant, la remise en cause du monopole de programmation ouvre la voie à la libéralisation de l'audiovisuel et la privatisation de tout ou partie du service public de la télévision. En effet, la recherche de l'autonomie à l'égard du pouvoir politique ainsi que vis-à-vis des acteurs publics ou privés agissant dans le secteur technique conduit nécessairement à la recherche de l'autonomie financière, condition indispensable à une réelle autonomie. Elle rend donc nécessaire la recherche de financements nouveaux, essentiellement par le développement sans précédent de la publicité à la télévision. La nécessité d'attirer les annonceurs publicitaires renforce la course à l'audience et le recours à des émissions ou des programmes populaires, pas nécessairement de haute qualité. Enfin cette course à l'audience est défavorable aux chaînes du service public, qui ont un cahier des charges à respecter, notamment dans les domaines culturels ou éducatifs, et qui se trouvent ainsi fragilisées par rapport aux nouvelles chaînes. Les chaînes du service public sont donc partagées entre l'impératif de s'aligner sur le contenu des chaînes privées pour continuer d'attirer les publicitaires et être viables financièrement ou demeurer structurellement déficitaires…et donc susceptibles d'être à leur tour privatisées faute d'une rentabilité suffisante.

Ainsi, le secteur audiovisuel français se caractérise, jusqu'en 1982, par un mode de régulation et d'organisation qui est celui d'un monopole d'Etat. L'existence de ce dernier distingue l'approche européenne de la télévision de l'approche américaine et souligne la spécificité de l'organisation française de la radio-télévision. Alors que le système concurrentiel régit depuis les années 1940 l'audiovisuel américain, l'Etat, en France, s'est employé, pendant plus de cinquante ans, à maintenir la radio et la télévision sous son étroit contrôle et à combattre puis à différer tout projet de libéralisation de ces moyens de diffusion. Malgré certains infléchissements notables dans le milieu des années 1970, les lois se sont succédées jusqu'en 1982, qui ont consolidé ou sauvegardé les positions privilégiées acquises par la puissance publique. Cependant, au cours des années 1980, la « conversion » au marché des élites socialistes ainsi que les transformations économiques et technologiques du secteur audiovisuel vont changer la perception et la définition du rôle de l'Etat en matière audiovisuelle. Dès lors, la multiplication des chaînes de télévision et la libéralisation de l'audiovisuel transforment radicalement, d'une part, les rapports entre la télévision et le cinéma, et d'autre part, l'économie même de la filière cinématographique.

II] Politique de l'audiovisuel et référentiel de marché

A] *L'avènement d'une régulation par le marché : la création de nouvelles chaînes au nom de la liberté d'entreprendre*

Le plan câble mais aussi la télévision haute définition (TVHD) et la télédiffusion par satellite (TDF 1) sont autant de grands projets emblématiques de la volonté du gouvernement de donner l'image d'un pouvoir soucieux de promouvoir les nouvelles technologies. Leur échec est aussi caractéristique des limites de ces grands projets nationaux dans un contexte où s'affirment de plus en plus les logiques de régulation par le marché et les logiques propres à la structuration d'un espace économique européen[160]. Par ailleurs, la communication récente, au-delà du cercle restreint des ingénieurs de la DGT, de l'existence d'un canal hertzien non utilisé rendant immédiatement possible la diffusion d'une quatrième chaîne, suscite des convoitises.

1) Du projet de chaîne culturelle à Canal Plus : évolution de la pensée de la gauche au pouvoir en matière d'audiovisuel

Les débats autour de la création d'une quatrième chaîne de télévision entre 1982 et 1984 marquent un changement substantiel dans la façon de penser l'audiovisuel au sein du pouvoir socialiste. Le projet de création d'une quatrième chaîne, qui serait une chaîne privée et à péage, est assez ancien et a été étudié concurremment à la fin des années 1970 par une filiale commune d'*Havas* et *Hachette*, et Télédiffusion de France (TDF). Le passage de la diffusion en noir et blanc à la diffusion couleur de « la Une » a libéré un canal et tout un réseau d'émetteurs couvrant l'ensemble du territoire français. Ainsi en 1977, le personnel de TDF réfléchit à l'utilisation de ce réseau et élabore un projet de chaîne cryptée, gelé à l'approche de l'élection présidentielle. Cependant, dès l'été 1981, le projet est relancé et des discussions reprennent entre Gérard Eymery pour la société TDF et le Bureau de Liaison des Industries Cinématographiques (BLIC) qui rassemble les quatre filières de l'industrie cinématographique. Le rapport de TDF qui sert de base de discussion au projet de quatrième chaîne, souligne qu'un nombre suffisant de téléspectateurs est disposé à payer la somme de 110 à 120 F par mois pour avoir accès à la diffusion de films récents, qui constituent les programmes les plus regardés de la télévision. Diffusés dans la presse, les projet de quatrième chaîne ainsi que les rencontres entre le BLIC et TDF suscitent l'inquiétude, à la fois de certaines personnalités du monde cinématographique, soucieuses des conséquences de la diffusion rapprochée de films à la télévision sur l'économie du cinéma, mais aussi de groupes politiques et syndicaux notamment au sein du parti socialiste,

---

[160] *Cf.* l'exemple de la TVHD comme échec d'un grand projet national, [Bray F., 2000].

hostiles à l'idée d'une télévision payante réservée « aux riches ». Pour certains, dont Jack Lang ou les représentants du CERES (Centre d'Etudes, de Recherches et d'Education Socialiste) au sein du PS, il ne peut s'agir que d'une télévision élitiste et surtout, sur le fond, d'une remise en cause du principe de diffusion gratuite, c'est-à-dire d'une remise en cause du service public de l'audiovisuel.

Ainsi définie, cette chaîne payante réduit la télévision à n'être qu'un service commercial comme les autres, qu'« *une marchandise comme les autres* », élément en contradiction forte avec les principes au nom desquels la gauche a accédé au pouvoir et qui animent la lettre et l'esprit des premières mesures législatives de 1981. Dans la mesure où ni le financement par la publicité ni une extension du service public (et donc une forte augmentation de la redevance, déjà critiquée) ne sont envisagés, le financement du projet pose problème. D'octobre 1981 à mai 1982, le projet de quatrième chaîne est discuté au sein du PS et du gouvernement uniquement sous la forme d'une chaîne culturelle et éducative, qui serait éventuellement mise au service des citoyens comme un nouveau moyen d'expression et de communication : l'idée d'une chaîne à péage est unanimement rejetée. Cependant, la création de cette quatrième chaîne permettrait d'asseoir davantage l'image réformiste de la gauche en matière d'audiovisuel et constituerait une innovation certaine pour l'ensemble de la société. Mais une telle mesure coûte cher (le coût d'une chaîne supplémentaire est estimé à 1 milliard de francs par an) et le gouvernement socialiste se trouve dans une situation conjoncturelle particulièrement difficile, marquée par la hausse du chômage, le creusement des déficits publics et l'instabilité monétaire.

La fenêtre d'opportunité politique, ouverte par l'élection présidentielle de mai 1981, qui a permis la mise en œuvre d'un certain nombre de réformes, semble se refermer progressivement à partir de l'été 1982 avec la fin de ce que certains commentateurs appellent « *l'état de grâce* ». Mais François Mitterrand est attaché au projet et confirme lors d'une conférence de presse, le 9 juin 1982, qu'une quatrième chaîne sera bien créée : « *Cette chaîne se tournera davantage...vers des problèmes de culture* »[161] et confirme par ailleurs que la France lancera un satellite de télévision directe en juin 1985. Début juillet, la décision est prise, en conseil des ministres, de nommer un rapporteur chargé d'étudier la question, le polytechnicien Michel Dahan, qui bénéficie du soutien logistique du ministère de la Communication, et travaille avec une équipe restreinte de sociologues, de militants socialistes, de réalisateurs et de syndicalistes.

---

[161] *Le Monde* du 10 juin 1982.

La mission Dahan remet son rapport au ministre de la Communication et à son directeur de cabinet, Bernard Miyet, au début du mois d'octobre 1982. Le rapport est conforme aux aspirations socialistes telles qu'elles se donnent à voir à la fin des années 1970 et propose une télévision culturelle et éducative, financée de façon assez hasardeuse à la fois par le péage et le *sponsoring*, et dont la programmation semble assez hétéroclite, associant films d'auteur, documentaires, érotisme et sport. Le ministère de la Communication ne pense pas qu'un tel projet, avec une programmation aussi hétéroclite, soit viable. Son directeur de cabinet souhaiterait confier le projet à une société privée, qui assurerait sa viabilité financière. Or, parallèlement à la mission Dahan, une autre étude est menée au sein de la société *Havas* quant à la viabilité d'une chaîne à péage, sur le modèle des télévisions existant déjà aux Etats-Unis[162]. Léo Scheer et Jacques Driencourt, tous deux récemment entrés chez *Havas* sont les maîtres d'œuvre de cette étude. Léo Scheer, sociologue de formation, entré chez *Havas* comme chargé d'études sur les nouvelles technologies, est devenu en 1981 directeur de cabinet du président de la société, Pierre Nicolaÿ. Jacques Driencourt, entré également chez *Havas* au début des années 1980 au service du développement, connaît particulièrement bien les systèmes audiovisuels anglo-saxons pour avoir notamment séjourné comme coopérant audiovisuel à Los Angeles. Il a ainsi pu observer le développement de *Select TV* et *On TV*, les deux seules chaînes de télévision hertzienne payantes au monde, ainsi que le modèle économique du *pay per view*. Il suit par ailleurs la création de *Channel Four*, chaîne privée anglaise lancée en 1982[163]. Avec Léo Scheer et Frédéric Chapus, il se rend ainsi aux Etats-Unis pendant deux mois, en août et septembre 1982, pour étudier les modèles des chaînes privées et en particulier des télévisions payantes en Californie afin de transposer un tel modèle économique en France. Grâce à leurs relations dans le milieu audiovisuel américain, ils acquièrent une connaissance assez fine du modèle et de l'organisation d'une *pay TV*. En septembre 1982, ils soumettent leur projet au nouveau président d'*Havas*, André Rousselet, nommé à la tête de la société par François Mitterrand dont il était le directeur de cabinet[164]. Fort de l'expertise récemment acquise par cette équipe restreinte à propos des télévisions payantes, André Rousselet réussit à convaincre François Mitterrand de confier le projet de quatrième chaîne à *Havas*, seul groupe selon lui à pouvoir mener à bien le projet et à proposer pour cette chaîne une alternative crédible aux modèles des télévisions privées étrangères alimentées par les films et les programmes

---

[162] Pour une étude de la société *Havas* et de son rôle dans la transformation du paysage audiovisuel français dans les années 1980, [Lefebvre P., 1998].

[163] *Channel Four*, chaîne privée du réseau ITV, occupe une place à part dans le paysage audiovisuel britannique. Créée à l'initiative des pouvoirs publics, cette chaîne privée à jouer un rôle actif dans le renouveau du cinéma britannique à partir du milieu des années 1980, en produisant ou coproduisant de 15 à 20 films par an.

[164] Le projet présenté à André Rousselet prévoit, au bout de cinq ans, un chiffre d'affaires de 3 milliards de francs et un bénéfice de 500 millions de francs pour 1,5 millions d'abonnés. [Lefebvre P., 1998 : 191-192].

américains à bas prix. Malgré les prises de position du parti socialiste, toujours hostile à l'éventualité d'une chaîne à péage, ainsi que la mobilisation du ministère de la Culture et ses tentatives d'infléchissement du projet au nom de la défense des intérêts du cinéma français, le président de la République arbitre en faveur d'une chaîne à péage. Le projet de quatrième chaîne est ainsi définitivement et exclusivement confié à *Havas*. Dès lors, l'orientation du projet change radicalement : l'idée d'une chaîne éducative et culturelle ouverte à tous les groupes sociaux est abandonnée. L'étude préliminaire menée par *Havas* aux Etats-Unis conclut à la nécessité de construire une chaîne dont les programmes seraient quasi-exclusivement composés de films récents, d'événements sportifs ou musicaux populaires, et ce afin d'assurer sa rentabilité. Le projet ultime de quatrième chaîne tel qu'il est rendu public à l'été 1983 surprend et déçoit ceux qui au sein du PS défendent encore l'idée d'une chaîne éducative et culturelle comme Didier Motchane, membre du CERES, qui critique l'abandon de toute ambition culturelle pour la quatrième chaîne. Le débat qu'il engage avec André Rousselet dans les colonnes du journal *Le Monde* au mois d'août 1983 révèle le clivage qui existe désormais au sein de l'équipe gouvernante. La réponse d'André Rousselet souligne ainsi l'ampleur de l'*aggiornamento* gouvernemental et de la conversion au marché qui est en train de se produire.

« Le gouvernement a établi le cadre général : pas d'impôts, pas de publicité, seulement les abonnements ; c'est une situation de marché, et nous sommes forcés d'en accepter les règles »[165].

Afin de prévenir les critiques du PS, André Rousselet recrute l'écrivain et cinéaste Alain Sédouy, ancien membre de la commission Moinot, pour s'occuper des futurs programmes de *Canal Plus*. Il est cependant rapidement écarté de la définition des programmes de la future chaîne en raison d'un attachement trop grand à la conception d'une chaîne généraliste et insuffisamment axée sur les programmes les plus rentables. Le contrat de concession de la chaîne, établi par le SJTI et signé le 6 décembre 1983 par Georges Fillioud, André Rousselet, Jacques Delors et Henri Emmanuelli, est très favorable à la quatrième chaîne : les ressources de *Canal Plus* sont issues des abonnements (120 F par mois) ; la publicité n'est pas autorisée mais, pour la première fois, une chaîne de télévision peut utiliser le sponsoring ; un système de compensations financières par l'Etat est prévu au cas où l'exploitation de *Canal Plus* serait compromise ou en cas de bouleversement de l'environnement audiovisuel ; via les services de TDF, la chaîne dispose d'une couverture totale du territoire français ; surtout, *Canal Plus* dispose d'un accès privilégié à ce qui constitue la principale motivation des abonnés, la diffusion de films récents. *Canal Plus* commence à émettre le 4 novembre 1984. Première chaîne à échapper au monopole d'Etat, elle demeure cependant proche du pouvoir dans

---

[165] Rousselet A., *Le Monde*, 1er septembre 1983.

la mesure où *Havas*, entreprise publique, en est le principal actionnaire avec 45 % du capital. Malgré les déclarations gouvernementales qui précisent qu'il n'y aura pas de privatisations ou de chaînes privées avant plusieurs années, la création de *Canal Plus* apparaît pour beaucoup comme la première étape d'un processus en cours qui va rapidement conduire à la création de nouvelles chaînes et à la privatisation d'une partie du service public. Ainsi pour Pierre Desgraupes, alors P-DG d'Antenne 2 : « *L'avenir passe par la privatisation (…). La privatisation ce serait un esprit, une pratique, une souplesse. Ce que sera* Canal Plus. »[166]

Le 27 mars 1984, contre la position défendue depuis mai 1981 par le PS et le gouvernement, François Mitterrand se déclare favorable à la publicité sur les radios locales privées. Le Président suit en ce sens les recommandations de ceux, notamment Jacques Attali et Jacques Séguéla, qui soulignent déjà en 1981 que la viabilité des radios FM n'est pas assurée en l'absence de ressources suffisantes, ce qui en fait des proies faciles pour de grandes radios privées qui se constituent ainsi un réseau FM en attendant l'ouverture de celles-ci à la publicité. En outre, en mai 1984, l'opposition centriste rend public son programme de réforme pour l'audiovisuel en cas de victoire de la droite (très probable au vu des sondages) aux élections législatives de mars 1986. Celui-ci préconise un désengagement complet de l'Etat en ne conservant qu'une seule chaîne publique, et en ouvrant largement aux entrepreneurs privés le marché de l'audiovisuel. Les propositions du RPR sont également très proches et l'opposition dans son ensemble prépare un programme très libéral pour les prochaines échéances électorales. Il est notamment envisagé de privatiser le groupe de communication *Havas*, au sein duquel l'Etat détient encore une participation majoritaire. Or *Canal Plus* étant la propriété d'*Havas*, sa privatisation par la droite en 1986 aurait pour conséquence le remplacement d'André Rousselet et de l'équipe dirigeante de *Canal Plus*, ce que ne souhaitent ni François Mitterrand ni André Rousselet. Il est donc décidé, en février 1986 de restructurer le capital de *Canal Plus* en proposant une augmentation de capital à laquelle *Havas* ne participe pas, ce qui a pour conséquence de faire passer sa participation de 42 % à 37 % puis à 25 % en raison d'une nouvelle cession d'actions au profit d'autres actionnaires[167]. André Rousselet quitte ainsi la présidence d'*Havas* en mars 1986 tout en gardant la présidence de *Canal Plus*. Celle-ci a désormais atteint son seuil de rentabilité et ce, malgré l'annonce du lancement imminent de deux nouvelles chaînes gratuites qui, au début de l'année 1985, pèse fortement sur la souscription d'abonnements et fait craindre un échec économique de *Canal Plus*. En dépit de ses difficultés financières qui

---

[166] Desgraupes P., *Le Monde*, 22 février 1984.
[167] *Havas* détient désormais 25 % du capital de *Canal Plus* c'est-à-dire une part inférieure à celle de la minorité de blocage. Ainsi, *Canal Plus* se protège contre toute tentative de reprise en main par le pouvoir politique au lendemain des élections.

laissent à penser qu'elle laissera bientôt la place à une ou plusieurs chaînes privées, la chaîne « résiste » et bénéficie d'un dernier arbitrage favorable de François Mitterrand, qui, au regard des difficultés de la chaîne, aurait pu décider d'attribuer le quatrième réseau à une autre chaîne privée. Mais *Canal Plus* peut désormais compter sur le soutien de la profession cinématographique, en réalité essentiellement des producteurs, qui bénéficient de la manne financière apportée chaque année par *Canal Plus*. *Canal Plus* a par ailleurs renégocié son accord avec le BLIC dans un sens plus favorable à ses intérêts.

2) L'achèvement du processus de conversion de l'audiovisuel aux règles du marché : la création d'un secteur privé de l'audiovisuel

Le mercredi 16 janvier 1985, François Mitterrand annonce à la télévision l'ouverture de l'audiovisuel français aux chaînes privées. Deux jours seulement avant cette communication, une mission d'étude a été commandée à Jean-Denis Bredin sur « *l'opportunité d'ouvrir en France l'espace télévisuel à la télévision privée* ». Il lui est demandé « *d'examiner quelles conditions techniques, culturelles, financières, juridiques devraient être réunies dans cette perspective, compte tenu des objectifs déjà définis par les pouvoirs publics en matière de satellite et de câble* »[168]. Il semble donc que la décision de créer de nouvelles chaînes privées ait été déjà prise, sans concertation ni étude préalable par la présidence de la République, le rapport Bredin ne servant en quelque sorte qu'à légitimer *a posteriori* la position présidentielle. En dépit des prises de position de Georges Fillioud, de Jack Lang et d'André Rousselet, qui craignent que l'annonce de la création de chaînes privées n'incite les gens à différer ou annuler leur abonnement à *Canal Plus* et ne conduise la quatrième chaîne à la faillite, la puissante affirmation du secteur privé dans le domaine de l'audiovisuel semble désormais inéluctable. Remis en mai 1985, le rapport Bredin, contrairement à ce qui était attendu préconise la création de chaînes privées nationales, n'accordant qu'une place secondaire aux projets de chaînes locales. Fort de ces recommandations, qu'il avait largement suggérées, le pouvoir souhaite mener rapidement le processus de privatisation non seulement pour la télévision mais aussi pour la radio. Il convient ainsi de souligner l'accélération du mouvement de privatisation engagé par le gouvernement en 1985 en réponse notamment aux programmes électoraux de l'opposition.

Les conditions de la concession de *La Cinq* sont annoncées en novembre 1985. Elles sont particulièrement favorables aux bénéficiaires de la concession, la compagnie *Chargeurs* de Jérôme Seydoux, Christophe Riboud et la compagnie italienne *Fininvest* de Silvio Berlusconi. Pour 100 millions de francs, ils disposent d'une franchise de 18 ans pour la première chaîne

---

[168] [Bredin J-D., 1985].

commerciale française, dont l'audience potentielle est de 28 millions de personnes grâce à un accès privilégié aux transmetteurs au sol ainsi qu'un futur canal disponible sur le satellite *TDF1*. La chaîne bénéficie, pour les premières années de son existence, d'avantages importants en ce qui concerne son cahier des charges. Le processus d'attribution est par ailleurs très critiqué en raison de l'absence de mise en concurrence et de la présence de Silvio Berlusconi, propriétaire d'un puissant réseau de télévision en Italie et rendu responsable non seulement des difficultés et de la qualité déclinante de la télévision publique italienne mais aussi de l'effondrement sans précédent du cinéma italien depuis 1976. Enfin une sixième chaîne est prévue et c'est le projet *Publicis-Gaumont-NRJ* qui obtient la concession, dans des conditions très proches de celles accordées à *La Cinq*. *TV6* est autorisée à émettre dès le 1er mars 1986 mais dans une conjoncture politique devenue très délicate pour elle puisque la droite, donnée favorite aux élections législatives à venir, souhaite dans son programme dénoncer les concessions accordées aux deux réseaux par le pouvoir socialiste.

3) Alternance gouvernementale, continuité politique : la loi du 30 septembre 1986 et la privatisation de *TF1*

Les résultats des élections législatives du 16 mars 1986 marquent la très large victoire de la droite. Elle est élue sur un programme libéral, où dominent les projets de privatisation. Le nouveau ministre de la Culture et de la Communication, François Léotard, annonce en mai 1986 la privatisation de *TF1* et l'élaboration d'une nouvelle loi sur l'audiovisuel.

4.1 La loi du 30 septembre 1986 : affirmation du principe libéral en matière de communication

Cette loi, ainsi que celle du 27 novembre 1986, contribuent dans un contexte de généralisation des idées et des principes d'action libéraux, à étendre ces principes au domaine de la communication, parachevant l'évolution engagée en 1974 et surtout en 1982. En vertu de l'article 2, la liberté de communication s'étend « *à toute transmission, émission ou réception de signes, de signaux, d'écrits, d'images, de sons ou de messages de toute nature, par fil optique, radioélectricité ou autres systèmes électromagnétiques* »[169]. En mettant fin au monopole de la diffusion et en confirmant l'abrogation des monopoles de programmation et de production, la loi fait de l'audiovisuel un secteur désormais ouvert à la concurrence.

Le secteur privé regroupe désormais l'essentiel des chaînes de télévision et des radios puisque l'Etat poursuit le processus de privatisation des radios périphériques filiales de la Sofirad (*Sud radio*, *RMC*) et procède à la

---

[169] [Drouot G., 1988 : 42].

privatisation du groupe *Havas*. Dès lors, la loi du 30 septembre 1986 tente d'organiser les rapports entre le secteur public et le secteur privé : les concessions précédemment accordées à *La Cinq* et à *TV6* seront retirées (seule celle de *Canal Plus* est maintenue, sans doute à cause d'un compromis nécessaire dû à la cohabitation). Ainsi le processus de privatisation est, comme la plupart des réformes liées au processus de conversion au référentiel de marché, présenté comme « naturel » ou « inéluctable », découlant de manière nécessaire de la « loi du marché ». La télévision et la radio passent, en moins de six ans, du « tout Etat » à la privatisation. Mais, par un paradoxe qui n'est qu'apparent, l'Etat, ou plus exactement le pouvoir politique, n'a jamais été aussi interventionniste que pendant la période de privatisation de l'audiovisuel, essentiellement pour s'assurer de l'appui politique du futur repreneur mais aussi pour répondre aux sollicitations des dirigeants de grandes entreprises, proches du pouvoir, et soucieux de tirer bénéfice des processus en cours.

4.2 Privatisation de TF1 et continuité politique

La privatisation de *TF1* s'inscrit dans le double contexte du mouvement général de privatisations d'entreprises nationales et de la reconquête de l'audiovisuel lancée par le nouveau gouvernement. Les différents groupes candidats doivent défendre leur projet devant la CNCL et sont officiellement sélectionnés selon le principe du *« mieux-disant culturel »*. Malgré l'affirmation de ce dernier principe, le cahier des charges imposé à *TF1* chaîne privée, est bien moins contraignant que celui de *TF1* chaîne publique, notamment en matière de production de programmes originaux. Cependant, et c'est assez révélateur du poids relatif que conservent encore les professionnels du cinéma, la condition selon laquelle 60 % des films diffusés devaient provenir de pays appartenant à la Communauté européenne (dont 50 % en langue française) est maintenue et même étendue à toutes les productions audiovisuelles. Le prix est fixé le 6 février 1987 à 4,5 milliards de francs. Le groupe *Bouygues*, qui pourtant n'est pas donné favori, est finalement choisi pour reprendre *TF1*.

Dès son arrivée au ministère de la Culture, François Léotard prend une mesure spectaculaire dans le droit fil du programme libéral que la droite entend appliquer sur le modèle anglo-saxon : la suppression d'une subvention de 100 millions de francs au Compte de soutien de la production cinématographique. Cependant, cette mesure s'apparente davantage à un « réflexe idéologique » d'un jeune ministre qu'à un changement de politique cinématographique. En effet, le programme libéral de la droite ainsi que la réduction des crédits du ministère de la Culture devraient l'inciter à désengager l'Etat du secteur. De plus, le directeur-adjoint du cabinet du ministre, Jean-François Court, rédige un rapport sur l'état des lieux cinématographiques qui conclut notamment à la nécessité de laisser ce secteur concurrentiel à la concurrence, c'est-à-dire de laisser jouer les mécanismes de marché, en dehors de quelques interventions ponctuelles ou circonscrites au cinéma d'art et d'essai[170]. Or, pour l'essentiel, François Léotard poursuit la politique de Jack Lang. Il entérine les décisions prises par son prédécesseur, et ne remet en cause ni les structures d'aide au cinéma, ni le discours du rôle protecteur de l'Etat. De fait, l'essentiel de « l'ajustement libéral » des politiques du cinéma et de l'audiovisuel se fait dans le domaine audiovisuel. Cette continuité se retrouve au sein du CNC et sans doute même doit être analysée comme le prolongement de celle-ci. De même que Jack Lang n'avait pas procédé au remplacement de Pierre Viot, pourtant en poste depuis 1973, à la direction du CNC, François Léotard ne remet pas en cause la direction du socialiste Jérôme Clément qui lui a succédé en octobre 1984[171]. Il n'y a pas non plus de révolution de la politique menée par le CNC lors de la succession de Jérôme Clément en janvier 1989. Son successeur, Dominique Wallon, lui aussi énarque et socialiste, poursuit la politique antérieure. Il est même assez significatif que lors de l'alternance de 1993, Jacques Toubon, nouveau ministre de la Culture ait remplacé tous les directeurs d'administration de son ministère à l'exception du directeur du CNC.

B] L'ajustement problématique des politiques du cinéma au référentiel global de marché

1) La réinterprétation de la « crise du cinéma français » : de la mise en cause de l'Etat à celle des structures de marché

1.1 Le rapport Malécot : le cinéma et les structures de marché

Rendu public en janvier 1977, le rapport Malécot est le fruit des analyses d'un groupe de travail dirigé par Yves Malécot, président du *Crédit Hôtelier, Commercial et Industriel*, et réunissant des personnalités représentant l'industrie du cinéma, la haute administration et la banque. Ce rapport a la particularité de considérer le cinéma comme un secteur économique à part entière dont on souligne les spécificités et les écarts à la « norme du marché », analysant finalement le cinéma essentiellement sous sa dimension industrielle. Tout en n'apportant guère plus de nouveautés que les analyses et les rapports qui se sont succédés depuis 1936, il participe de la rhétorique de « la crise du cinéma » que l'un d'eux qualifiait de *« tristement familière »*[172]. Il est plutôt fraîchement accueilli par les professionnels. En effet, si la majorité d'entre eux partagent le principal constat dressé, à savoir un problème permanent de rentabilité, ils n'en

---

[170] [Court J-F., 1988].
[171] Jérôme Clément, énarque spécialiste des questions culturelles, est issu du cabinet de Pierre Mauroy lorsqu'il prend la direction du CNC. Lors de son départ en 1989, il prend la tête du directoire de la Sept-Arte dont il était déjà vice-président.
[172] Cité par Pierre Viot, Directeur du CNC dans, « Le cinéma français au présent », *Cinéma d'aujourd'hui*, printemps 1977 : 205.

partagent pas les recommandations qui les invitent à faire preuve de davantage de *« réalisme économique »* et à mieux tenir compte des règles du marché.

« [...] le malentendu sur la concurrence provient de ce que l'on confond facilement la concurrence et la liberté, la liberté et la licence. Qu'on ne s'y méprenne : le rétablissement des lois du marché dans le cinéma implique la définition d'un cadre réglementaire adapté qui garantit que la concurrence sera réelle et loyale. Il ne s'agit pas d'un désengagement de l'Etat, mais d'un réengagement exercé « dans le sens du marché » et non plus en porte à faux »[173].

Le rapport prône ainsi des mesures économiques visant notamment à maîtriser les coûts de production (qui augmentent de manière continue alors même que les recettes stagnent ou diminuent), à améliorer les modes de financement des films et enfin à élargir les débouchés en favorisant l'exportation. Il sacrifie cependant à ce qui est désormais une figure rhétorique inévitable de tout rapport sur le cinéma, à savoir la nécessité du rôle de l'Etat pour soutenir le cinéma. *« L'activité cinématographique ne peut être simplement soumise aux mécanismes du marché même si ceux-ci sont convenablement réglés. Le rôle de l'Etat dépasse celui d'un arbitre parce que le cinéma n'est pas une activité comme les autres »*[174].

L'analyse de l'économie du cinéma et de sa situation de crise récurrente se fait encore, à la fin des années 1970, par rapport à des déséquilibres internes, principalement entre les différentes branches, ces tensions et ces difficultés étant exacerbées par la baisse régulière de la fréquentation. La télévision représente ainsi moins de 10 % des recettes des films et si l'on déplore la faiblesse des rémunérations qu'elle accorde aux films qu'elle diffuse, elle n'est pas encore considérée comme le principal facteur de la crise. Les problèmes du cinéma français sont perçus comme relevant de profonds déséquilibres internes. En premier lieu, la production connaît une évolution paradoxale : alors que la fréquentation chute de moitié entre les années 1950 et les années 1970, le nombre de films produits double pratiquement, passant d'un peu plus de 100 à près de 200[175]. Cela conduit à une polarisation de la production entre des films à petit budget qui ne cessent d'augmenter mais dont la rentabilité est plus qu'aléatoire, et des films à gros budgets, ceux qui réalisent les recettes les plus importantes, sans être pour autant nécessairement les plus rentables. Activité risquée sur le plan financier et peu structurée, la production demeure l'apanage de petits entrepreneurs indépendants, ou, pour reprendre l'expression de Max Weber, une forme de *« capitalisme de paria »*. Par ailleurs, la production est de plus en plus soumise aux pressions économiques et financières de la distribution

---

[173] Rapport Malécot, cité dans *Cinéma d'aujourd'hui,* printemps 1977, p. 214.
[174] Rapport Malécot, *Ibid.*, p. 214, c'est nous qui soulignons.
[175] Chiffres d'après les données du CNC.

et de l'exploitation, dont la concentration aboutit à des structures oligopolistiques. En effet, alors que dans le rapport Reverdy de 1964, on déplorait la faiblesse et la dispersion des structures de distribution et d'exploitation, face notamment aux grandes sociétés américaines, la situation s'est inversée à la fin des années 1970. La distribution, qui ne bénéficie d'aucune aide financière de la part du fonds de soutien du CNC, demeure une activité importante dans la filière cinématographique et représente encore plus de 30 % du financement des films[176]. Elle est organisée autour de six sociétés distribuant essentiellement des films américains, et une dizaine de sociétés françaises. Quant à l'exploitation, elle a longtemps souffert de la vétusté et de la mauvaise répartition géographique du parc de salles. Ces efforts de modernisation et de réorganisation importants de la filière ont été engendrés par une concentration sans précédent de cette branche. Les acteurs historiques *Pathé* et *Gaumont* réunissent leurs moyens d'exploitation au sein d'un Groupement d'Intérêt Economique (GIE) en 1969, ce qui leur permet d'obtenir les bénéfices des économies d'échelle et du pouvoir de marché ainsi acquis tout en restant indépendantes. Le 13 novembre 1970, la privatisation de la société nationalisée *UGC* est annoncée officiellement à l'Assemblée nationale par le ministre des Finances, Valéry Giscard d'Estaing qui mène l'opération à un moment où il n'y a pas de ministre des Affaires culturelles : Edmond Michelet, malade, a quitté ses bureaux et son successeur n'est pas encore nommé. La société est reprise par un groupe d'exploitants indépendants et la direction est confiée à Jean-Charles Edeline, un proche du pouvoir. Enfin la société *Parafrance*, bien implantée sur Paris, s'est rapprochée d'un certains nombre d'exploitants de province. Il faut par ailleurs signaler que les salles dont la programmation est réellement indépendante sont très rares. En effet, la plupart se regroupent au sein d'ententes de programmation (trente salles au minimum). De plus, la dépendance à l'égard des trois grands circuits pour pouvoir bénéficier le plus rapidement possible des copies des « films à succès » est une stratégie de survie souvent nécessaire pour les salles de province. Ainsi dans les années 1970, plus de la moitié des salles de cinéma sont liées, de façon directe ou indirecte aux grands circuits de programmation.

Ainsi, le rapport Malécot témoigne du fait que l'essentiel des préoccupations des professionnels du cinéma est encore de réguler les rapports, souvent conflictuels entre les différentes branches de la filière. Aussi la profession fait-elle davantage état de ses divisions et de ses querelles, l'Etat jouant en quelque sorte le rôle d'arbitre et de médiateur entre les différents intérêts en jeu. Alors qu'elle représentait à peine plus de la moitié de l'aide distribuée au début des années 1960, l'aide automatique représente plus de 75 %

---

[176] Avec l'arrivée des télévisions privées et les sommes conséquentes qu'elles vont attribuer à la production, la part des distributeurs chute brutalement dans les années 1980 pour finalement devenir marginale dans le budget des films produits.

des fonds distribués à l'industrie cinématographique dans les années 1970. Cela signifie que la part relative de l'avance sur recette tend à diminuer et que l'Etat laisse jouer les forces du marché à travers le mécanisme de soutien automatique (l'argent est donné au producteur dont le film est un succès lorsqu'il refait un nouveau film). Livrée de plus en plus aux régulations du marché, l'industrie cinématographique suit donc une tendance « naturelle » à la concentration, ce que dénoncent les professionnels et certains groupes politiques.

1.2 Le plan Lang d'aide au cinéma de 1981

A la fin des années 1970, la gauche, qui se prépare à accéder au pouvoir, reproche au gouvernement cette tendance à la concentration des structures et des aides. Le plan Lang d'aide au cinéma de 1981 est donc un plan de lutte contre la concentration et d'aide à la production. Lors de sa prise de fonction en mai 1981, Jack Lang demande à une commission dirigée par Jean-Denis Bredin d'établir un rapport afin de mener une réforme globale de la politique cinématographique[177].

La première partie porte sur la politique du film[178]. Elle préconise une réforme de l'avance sur recettes, en abondant la dotation de celle-ci. Cette réforme devrait comporter un volet spécial pour les films de court-métrage. Afin d'aider la production, le rapport préconise la création d'un nouvel interlocuteur financier qui garantirait les prêts faits par les producteurs de manière appropriée. Enfin, cette première partie aborde la question des rapports du cinéma et de la télévision : cette dernière devra contribuer plus largement que par le passé au financement du cinéma et respecter certains principes de concurrence, notamment en ne jouant pas de ses prérogatives pour négocier l'achat d'un film. La deuxième partie porte sur la politique de lutte contre la concentration excessive du secteur. Il s'agit de prendre des mesures pour organiser la concurrence. C'est dans ce but que le rapport « Bredin » préconise la création d'un *« médiateur du cinéma »* afin de régler les litiges apparus à l'occasion de l'application du droit de la concurrence au secteur du cinéma[179]. Le rapport propose également d'aider à l'implantation de nouvelles salles en particulier dans les petites villes et propose pour cela la création d'une agence pour le développement régional qui tendrait à faciliter toutes les initiatives locales en matière de diffusion cinématographique. Il propose également certaines mesures d'aide au secteur culturel, c'est-à-dire aux salles art et essai.

---

[177] [Bredin J-D., 1981].

[178] Le rapport précise que *« le cinéma ne peut être approché ni du côté de l'économie, ni du côté de la culture, il faut agir à leur carrefour. La guerre entre Louis de Funès et Marguerite Duras n'aura pas lieu »*. [Bredin J-D., 1981 :.18].

[179] Cette institution est créée par la loi du 29 Juillet 1982. C'est une autorité administrative indépendante destinée à régler des litiges concernant la diffusion des films en salle qui ne relèvent pas des procédures professionnelles d'arbitrage.

La troisième partie porte sur l'effort collectif pour le cinéma. Le rapport suggère que soient directement inscrites au budget du ministère de la Culture les dépenses qui concernent le domaine strictement culturel du cinéma (archives, conservations de films, *etc.*) ainsi que la formation aux métiers du cinéma. S'inspirant largement de ce rapport, le ministère de la Culture va lancer dès 1982, toute une série de réformes, législatives et réglementaires. Cela se traduira d'abord au niveau budgétaire puisque la dotation globale pour le cinéma passera de 30 millions de francs en 1981 à 240 millions de francs en 1983.

La réforme Lang de 1981 a pour principal objectif de favoriser la création et de lutter contre la concentration de l'exploitation en prévoyant notamment la dissolution du GIE *Gaumont-Pathé*. Cette mesure volontairement spectaculaire, censée montrer l'engagement de l'Etat contre les logiques de marché n'a en réalité qu'un effet transitoire. Dès la fin de l'année 1982, *Gaumont*, qui contrôle directement 200 salles fédère une centaine d'écrans indépendants au sein d'une nouvelle structure plus souple, *Gaumont, Associés et Cie*. Pathé fait de même. De plus, la dissolution du GIE tend à renforcer les positions des petits circuits régionaux au détriment des exploitants et distributeurs indépendants qu'elle est supposée promouvoir. Cependant la lecture de ce rapport ne doit pas amener à la conclusion que les politiques du cinéma du premier ministère Lang se caractérisent simplement par un soutien accru aux premiers films et à la lutte contre la concentration dans le domaine de l'exploitation. L'arrivée de la Gauche au pouvoir en mai 1981 peut être lue comme l'ouverture d'une fenêtre politique au sens de Kingdon. Dans la plupart des espaces ou sous-espaces culturels (le cinéma, le livre, la musique, *etc.*) on assiste en effet à une convergence des trois courants identifiés par Kingdon, le courant des *problèmes*, celui des *policies* et celui des *politics*, qui donne lieu à une inflexion notable des politiques publiques menées alors dans ces différents domaines. Sommairement, on peut dire qu'il y a, en 1981, convergence du courant des problèmes (en particulier, baisse de la fréquentation, concentration du secteur et faillites des petits exploitants, stagnation du budget du ministère de la Culture depuis 1977), du courant des *policies* (émergence « d'alternatives » constituées par des propositions de quotas, de mesures d'aides aux salles indépendantes...) et du courant des *politics* (arrivée de la Gauche au pouvoir, première alternance depuis 1958)[180].

Cependant, le changement intervenu en 1981 participe à la fois d'une réactivation de la politique d'aide à la création déjà lancée par André Malraux

---

[180] On ne détaillera pas ici de manière spécifique ce moment précis des politiques du cinéma. En effet, même si 1981 entraîne de nombreuses innovations et une très nette augmentation du budget alloué au cinéma, cette date ne marque pas vraiment une rupture au sein des politiques publiques du cinéma mais plutôt une réactivation de la politique d'aide à la création d'André Malraux et qui complète plus qu'elle n'amende les systèmes d'aides mis en place en 1948 et 1959.

en 1959, et d'une nouvelle voie donnée aux politiques du cinéma. Nommé délégué national à la culture en 1979, Jack Lang semble renouer à partir de cette date avec les prises de position anti-américaines qui ponctuent régulièrement les discours des professionnels du cinéma depuis les accords Blum-Byrnes de 1946. Ces prises de position ne sont pas la simple reprise d'un anti-américanisme latent associé, trente-cinq ans plus tard, à des thèmes malruciens. Elles témoignent en effet d'une réactivation de l'aide à la culture, aux jeunes cinéastes, et donc à la création, (qui reprend en ce sens la perspective d'aide aux jeunes auteurs qui sous-tendait la mise en place de l'avance sur recettes), mais préparent en même temps une transfiguration de cette aide associée à une autre conception de la création culturelle. Elles sous-tendent un discours et une conception de l'action culturelle que Philippe Urfalino qualifie de *« vitalisme culturel »*, destiné à mobiliser les *« forces de la création »*. Cette lutte se veut résolument moderne, acceptant de penser ensemble économie et culture, empruntant ainsi à l'adversaire sa propre force, la force économique de ses industries culturelles. Dès 1982 et le fameux discours de Mexico, se trouve formulée l'idée d'adosser la culture à l'économie : c'est alors qu'est prononcé le slogan *« économie et culture, même combat »* et que sont rapprochés les termes de *« création, d'innovation artistique et scientifique »*[181]. Or le mois de juillet 1982, date du discours de Mexico, coïncide en France avec l'échec de la politique de relance face notamment au creusement des déficits extérieurs, aux problèmes monétaires et au revers subi par la Gauche aux élections cantonales, première étape vers une inflexion notable, au cours des années 1980, de la politique économique et sociale. Il est ainsi significatif que le discours sur les industries culturelles prononcé à l'Ecole Nationale de la Création Industrielle le 17 mai 1983, qui consacre définitivement dans le discours officiel l'union de l'économie et de la culture, corresponde à la décision de maintenir la France au sein du Système Monétaire Européen (SME) et, *ipso facto*, de mener une politique de rigueur monétaire et budgétaire[182]. Le premier ministère Lang consacre aussi l'élargissement des matières auxquelles on attribue le qualificatif de culturel. Il en est ainsi de la musique rock (avec des manifestations telles que le printemps de Bourges, les Etats généraux du Rock, les Transmusicales qui visent à reconnaître, et donc à légitimer, d'autres genres de musique aux côtés de la musique classique) puis, plus tard, du rap dans le domaine musical. Dans le domaine des spectacles vivants, le cirque est réhabilité et promu avec la création en 1984 d'un Centre national des Arts du Cirque. Ce sont aussi les tags ou encore la gastronomie. Ce sont surtout toutes les industries culturelles : aux côtés du cinéma, du disque et du livre, sont désormais désignées comme

---

[181] *Ibid.*, p. 321.
[182] *« Vous allez me dire : "Mais voilà un ministre de la Culture qui ne parle que d'industrie, de rendement, de productivité !". Mais nous le savons bien, aujourd'hui la substance même de la création est une et indivisible, quand bien même ses modalités diffèrent »*, Jack Lang, discours pour l'inauguration de l'Ecole nationale de la Création Industrielle, le 17 Mai 1983.

industries culturelles la haute couture, le *design* industriel, et surtout les industries de programmes, qui sont pour l'essentiel des programmes audiovisuels. Si l'on peut penser ensemble le cinéma, le livre, le *design* industriel et la haute couture par exemple, c'est qu'ils ont, pour les autorités publiques, un dénominateur commun : un potentiel d'exportation fort, source possible de rééquilibrage de la balance commerciale. Le cinéma, placé au premier rang de ces nouveaux supports industriels que sont les industries culturelles doit désormais être fort et structuré afin de résister aux *blockbusters* (super-productions) américains et reconquérir des parts de marché mondiales. Les objectifs qui prévalaient auparavant, démocratisation et développement culturels, sont associés, sinon soumis, aux objectifs de structuration économique du secteur et de rentabilité, c'est-à-dire aux contraintes du marché.

2) La construction sociale d'un problème : la télévision responsable de la crise de la fréquentation ?

2.1 Genèse d'un problème : la « crise » de la fréquentation en salles.

La mise sur l'agenda est la première étape dans l'étude des « *processus par lesquels les autorités politiques s'emparent d'une question pour construire un programme d'action* » et revêt en ce sens un intérêt tout particulier[183]. Pour Jean-Gustave Padioleau, un problème apparaît lorsque « *les acteurs perçoivent un écart entre ce qui est, ce qui pourrait être et ce qui devrait être* ». L'agenda politique est alors, selon lui, « *l'ensemble des problèmes perçus comme appelant un débat public, voire l'intervention des autorités publiques légitimes* »[184].

Comme on peut le constater, dans cette première étape du processus de changement de politique, l'accent est mis sur la *perception* du problème, c'est-à-dire sur la dimension cognitive et symbolique qui existe dans toute perception de phénomènes et dans la définition que donnent les acteurs de situation qu'ils vivent comme un problème. Or, en ce qui concerne le cinéma, la publication régulière des chiffres de la fréquentation en salles durant la période de forte baisse de la fréquentation de 1984 à 1989, que ce soit dans les *bilans* annuels du CNC ou les publications régulières de la presse spécialisée, notamment *Le Film français*, a joué un rôle non négligeable dans le « constat », bien sûr construit même s'il s'appuie sur des faits réels, d'une « crise du cinéma » français. En 1984, le nombre de spectateurs dans les salles françaises est de 190 millions. En 1989, la fréquentation chute à 125 millions. Dans le même intervalle de temps, la part du film français passe de 49 à 34 %, le film américain passant lui de 37 à 55,5 %.

---

[183] [Muller P., 1990 : p. 36].
[184] [Padioleau J-G., 1982 : 25].

Il s'agit donc :

« des années de crise de la fréquentation qui a touché d'abord le film français et non pas le film américain, donc qui avait un effet à la fois de réduction de la fréquentation en salles et en plus de réduction des recettes pour les producteurs français »[185].

Cette « crise » fait apparaître deux problèmes ou, plus exactement, affecte deux catégories d'acteurs de l'espace cinématographique : les exploitants de salles et les producteurs, dont les recettes diminuent. Bien sûr, ces acteurs prennent des positions différentes selon qu'ils appartiennent à l'une ou l'autre de ces catégories. Ainsi, pour certains, il est nécessaire de soutenir la fréquentation par tous les moyens, y compris la diffusion de films américains. Pour d'autres, essentiellement les producteurs, la chute des recettes des producteurs français risque d'entraîner, outre de nombreuses faillites de maisons de production, la chute de l'investissement dans de nouveaux films et donc l'accélération par un effet de spirale de la baisse de la fréquentation qui atteint principalement les films nationaux. Cependant, la concentration de l'industrie et la concurrence des films américains ne sont pas les seules raisons avancées par les acteurs de l'espace cinématographique pour expliquer la crise du cinéma. En effet, la télévision est de plus en plus souvent mise en cause.

2.2 Le cinéma, menacé par le succès de la télévision

La pénétration rapide de la télévision dans les foyers à partir des années 1960 a considérablement modifié les pratiques culturelles des Français. En particulier, la multiplication des postes de télévision et des programmes diffusés a pesé sur la fréquentation cinématographique, notamment en zones rurales. Or il est important de souligner que l'expansion de la télévision dans les années 1960 et 1970 correspond à une phase de déclin accéléré de la fréquentation en salles si bien que la télévision est très vite rendue responsable des problèmes du cinéma, d'autant plus qu'elle bénéficie, au cours des années 1980, de la multiplication des chaînes et de l'offre de programmes. Les difficultés du cinéma sont donc expliquées par des problèmes internes de structuration du marché français et de faiblesse face à la concurrence de la télévision. Dès lors, la thématique de l'impérialisme culturel américain responsable de la crise, telle qu'elle s'était développée au moment des accords Blum-Byrnes dans un contexte de guerre froide, est reléguée au second plan. Exploitants de salles et producteurs multiplient alors les prises de position vis-à-vis de la télévision, proposant une vision du secteur cinématographique (« *le cinéma est menacé par la montée en puissance de la télévision* ») susceptible de déclencher l'intervention des autorités publiques afin d'éviter la disparition du cinéma.

---

[185] Entretien avec un fonctionnaire du CNC, Juin 1998.

Dans cette perspective, le premier rapport Bredin, dont on avait essentiellement retenu, notamment à travers les mesures prises par le ministère Lang en 1982, la nécessité de relancer la politique d'aides sélectives et de lutter contre la concentration du secteur (« *politique anti-trust* », *cf. supra*), est « relu » et utilisé par les différents acteurs à la lumière de la nouvelle situation du cinéma : crise de la fréquentation et montée en puissance des nouvelles chaînes de télévision. En effet le rapport, tout en désignant les difficultés du moment (début des années 1980) dans les relations entre le cinéma et la télévision, notamment les problèmes de coproductions, les inscrit dans une perspective historique de long terme qui tend à désigner la télévision comme responsable de la faiblesse structurelle du cinéma.

« [...] Pour des raisons où la recherche du public, l'équilibre budgétaire, le défaut d'imagination, la commodité des programmateurs ont joué leur rôle, la télévision, en France, et dans la plupart des pays du monde, a vécu et prospéré, dans l'exploitation paresseuse du film. L'accroissement du nombre des films programmés par les chaînes, l'achat à vil prix des droits de diffusion ont permis à la télévision à la fois d'occuper l'antenne et de cultiver l'audience maximale. Cette exploitation a joué un rôle décisif dans la baisse de fréquentation des salles »[186].

Le rapport Bredin souligne donc les rapports conflictuels entre le cinéma et la télévision. De fait, du rapport Malécot au rapport Bredin, la mise en cause de la télévision n'a cessé de s'amplifier, témoignant de la reconfiguration des rapports entre les espaces cinématographique et télévisuel et leur inscription commune au sein d'un vaste espace audiovisuel dominé par la puissance commerciale de la télévision. Aux yeux de l'Etat, le cinéma n'est plus considéré que comme un chapitre de la « communication audiovisuelle », auquel est consacré le titre V de la loi de 1982, la commission Bredin n'étant elle-même qu'un sous-groupe de la mission de réflexion dirigée par Pierre Moinot sur l'ensemble de l'audiovisuel.

3) Le cinéma sous la dépendance de la télévision

3.1 Une profession menacée

La multiplication sans précédent de l'offre de programmes en l'espace de deux ans seulement (1984-1986) avec la création de *Canal Plus*, *La Cinq* et *TV6*, a multiplié le nombre de films diffusés à la télévision. Ainsi *Canal Plus*, au terme d'accords très favorables avec le BLIC, peut diffuser plusieurs fois les 365 films qu'elle achète par an, ce qui porte à 1500 le nombre de diffusions de

---

[186] [Bredin J-D., 1985 : 31-32].

films pour cette seule chaîne. Sans compter les nombreux avantages accordés aux deux nouvelles chaînes privées, très vivement dénoncés par le monde du cinéma. Ainsi, la profession cinématographique désigne la télévision comme principale menace pesant sur un cinéma aux structures fragiles. Bertrand Tavernier, président de la Société des Réalisateurs de Films (SRF), dénonce la « *dictature des diffuseurs* » et interpelle avec force le Premier ministre :

> « *Peut-on parler de liberté de création quand TF1 ou La 5 se moquent aussi ouvertement des accords qu'ils ont signés [...] Nous ne sentons aucune réaction quand Monsieur Patrick Lelay, se conduisant comme un 'mafioso' [...] qui lorsque la chaîne refuse de payer sa quote-part au cinéma, affirme :* « *Je sais que j'ai tort mais j'ai un formidable cabinet d'avocats et je peux encore tenir 3 ans.* » *Monsieur François Léotard a affirmé que le Directeur de TF1 tenait ce langage en toute occasion et qu'il venait avec ses avocats, même au Ministère de la Culture ! Est-ce à des hommes comme cela que vous avez voulu donner le pouvoir ? Vous savez qu'il y a actuellement dans le cinéma français, un sentiment de panique et que s'il n'y a pas une réaction extraordinairement forte de la part de l'Etat pour faire respecter les engagements et pour créer un plan de trois ans qui permette au cinéma de supporter le choc audiovisuel qui a été créé, le cinéma français peut être brusquement rayé de la carte dans les mois qui viennent* »[187].

Par ailleurs, les réalisateurs dénoncent les contraintes ou les modifications qu'entendent faire peser les chaînes sur le processus même de création ou sur les conditions de diffusion des films. Dans une lettre commune adressée au Premier ministre Jacques Chirac, la Société des Auteurs et Compositeurs Dramatiques (SACD), l'UNAA (Union nationale des auteurs et des artistes) et la SRF dénoncent l'influence négative de la télévision :

> « *La télévision n'est pas une activité économique comme les autres. Elle concerne de trop près, trop quotidiennement, trop de Français pour qu'elle ne soit traitée que d'un strict point de vue économique* ».

Une des conditions que fixent les auteurs pour que « *l'émulation soit positive* » est que « *l'impératif publicitaire ne soit à ce point totalitaire, qu'il aboutisse à prendre le public en otage et à mutiler systématiquement les œuvres des créateurs* »[188].

---

[187] Lettre adressée au Premier ministre, 2 décembre 1987, archives CAC, 890332, art. 2.

[188] Lettre de la SACD, de l'UNAA et de la SRF au Premier ministre, le 16 mai 1986, archives CAC, 890332, art. 2. Par ailleurs, l'opposition des réalisateurs à la nouvelle loi sur l'audiovisuel est très claire. Selon Luc Béraud, président de la Commission audiovisuelle de la SRF : « *L'esprit de cette loi, qu'elles qu'en soient les applications, sacrifie la création à des principes idéologiques, politiques et financiers, vouant à la disparition un secteur primordial de la culture nationale. [...] Aux termes de cette nouvelle loi, le véritable pouvoir est remis aux* « *diffuseurs* » *dont l'intérêt est de se fournir au plus bas prix sur le marché international, au détriment de la qualité, des créateurs et du public. Ce pouvoir exorbitant donné aux diffuseurs enclenche un mécanisme qui se manifeste aujourd'hui par la négation des droits reconnus aux cinéastes et demain,*

Mais les professionnels du cinéma se sentent également menacés par cela même qu'ils pensaient être une source nouvelle et abondante de financement de la production de films : *Canal Plus*. En effet, l'accord signé en 1984 entre le BLIC et la nouvelle chaîne a été modifié en 1985 en faveur de *Canal Plus* pour tenir compte de ses difficultés financières. Cependant, la relation entre ces deux acteurs change radicalement quand la chaîne commence à gagner de l'argent et que, parallèlement, la « crise » du cinéma s'aggrave avec l'arrivée des nouvelles chaînes et la chute conjointe de la fréquentation et des parts de marché des films français. En 1987, les représentants du BLIC souhaitent que *Canal Plus* applique les conventions du premier accord et dénoncent les clauses de l'accord de 1985, consenti « *à titre transitoire, en raison de l'avènement des chaînes privées en clair et pour permettre à* Canal Plus *de résister* »[189]. Par ailleurs, *Canal Plus* tend à interpréter de façon restrictive l'obligation qui lui est faite de consacrer 25 % de ses recettes au cinéma en ne considérant que les recettes nettes, c'est-à-dire les ressources amputées des frais de gestion des décodeurs et des abonnés. La chaîne s'appuie pour cela sur une lettre qui conforte cette interprétation, adressée le 20 février 1986 par Georges Fillioud à André Rousselet. Cependant, le BLIC rejette cette hypothèse lançant la polémique autour de cette lettre « secrète » et, pour lui, non recevable. Mais surtout la chaîne entend utiliser les sommes qu'elle doit investir dans le cinéma non seulement pour préacheter des films mais aussi pour « *coproduire un certain nombre de films et pouvoir ainsi orienter une partie de la production et peser sur l'ensemble du secteur* »[190].

Les négociations entre les deux parties aboutissent finalement à un accord signé le 10 novembre 1987 par le BLIC auquel ne participe pas la FNCF, qui continue de poursuivre *Canal Plus* en justice. Les ressources dont peuvent disposer les producteurs se trouvent ainsi indexées sur le succès de *Canal Plus*. Une nouvelle forme de dépendance s'installe, faisant de *Canal Plus* l'acteur dominant du marché de la production puisque son financement est indispensable, et qu'il dispose en ce sens d'un pouvoir qu'aucun autre financeur du cinéma ne partage. Ainsi, du point de vue des producteurs, le rôle de la télévision est particulièrement ambigu. D'une part, la télévision apparaît de plus en plus comme une contrainte qui pèse sur eux et sur la création. En effet, les chaînes peuvent chercher à influencer le contenu des films qu'elles coproduisent. Par exemple en 1991, le film d'André Téchiné *J'embrasse pas* a subi de la façon la plus criante la contrainte de la télévision. Pour obtenir la participation de *La Cinq* au financement du film, le réalisateur a dû accepter que

---

conduira à la soumission systématique aux impératifs du marché publicitaire », document non daté, archives CAC, 890332, art. 2.
[189] Entretien avec Clara Mériaux Delbarre, déléguée générale de l'Union des Producteurs de Films (UPF), mars 2000.
[190] *Ibid.*

la chaîne ait le droit éventuel de couper des scènes qui, selon elle, seraient susceptibles de ne pas correspondre aux attentes des téléspectateurs du *prime time*. *De facto*, la télévision influence la production française en finançant la réalisation de tels ou tels films, les films qui n'ont pas obtenu de financement de la part de la télévision n'ayant désormais quasiment aucune chance de voir le jour.

« Les producteurs indépendants les plus fragiles ont certainement moins d'atouts dans leurs mains face à une télévision qui a su de mieux en mieux ce qu'elle voulait. Au début la télévision achetait un peu n'importe comment avec une politique de programmation vraiment très ouverte. Cette politique de programmation s'est de plus en plus affinée dans une optique commerciale, (...) donc leurs exigences sont devenues de plus en plus précises et, dans un certain nombre de cas, très peu compatibles avec les caractéristiques d'un film d'auteur »[191].

3.2 La télévision, source principale de financement des films

La multiplication des coproductions et des préachats de films, déjà importants pour le cinéma en 1981 mais qui se développent très fortement au cours des années 1980 au point de représenter la principale source de financement du cinéma, souligne l'étroitesse et surtout l'ambiguïté des relations entre le cinéma et la télévision.

« La Mission attire l'attention du ministre de la Culture sur les dangers de la situation ainsi créée. Qu'on s'en félicite ou qu'on le déplore, la coproduction cinéma-télévision, le préachat, et l'achat des droits de diffusion font désormais partie des équilibres de l'industrie cinématographique. [...] La télévision n'appartient pas à ceux qui la font, quels que soient leurs mérites : elle appartient à la collectivité nationale tout entière. Et il serait paradoxal que la télévision, après avoir exploité le cinéma pendant trente ans, prétendit en quelques mois se libérer de lui, au risque de le mettre en péril, notamment dans ses secteurs les plus fragiles»[192].

D'autre part, et c'est tout le paradoxe des relations entre le cinéma et la télévision, les producteurs se satisfont de la multiplication des films diffusés à la télévision et de l'augmentation de leur prix d'achat, ayant trouvé une manne financière considérable et craignant de voir les financements de la télévision baisser sans que cette baisse ne soit compensée par une affluence nouvelle des spectateurs dans les salles. Le consensus qui s'impose progressivement à propos des coupures publicitaires est à cet égard très révélateur. De nombreux metteurs en scène, auteurs et comédiens, dont les plus connus sont aussi producteurs,

---

[191] *Ibid.*
[192] [Bredin J-D., 1985 : 32].

soutenus par le BLIC, se mobilisent en novembre 1988 pour refuser l'amendement Gouteyron qui propose la suppression de la coupure publicitaire lors de la première diffusion des films à la télévision. En effet, l'abandon de cette coupure risque de rendre les œuvres cinématographiques moins attractives pour les télévisions au profit d'autres émissions, et donc de faire baisser les sommes que la télévision consent à allouer à la production. Une vision économique de la question s'est donc substituée, pour certains réalisateurs et producteurs, aux arguments esthétiques antérieurement avancés. A cet égard, *Canal Plus* joue un rôle central dans la reconfiguration des jeux d'acteurs au sein des espaces cinématographiques et audiovisuels. La création du *Studio Canal Plus* en mars 1991 accentue encore le poids de ce groupe. Doté d'un capital de 1,2 milliard de francs, il est le producteur dominant du marché, à ceci près que, filiale d'une chaîne de télévision, il ne peut apparaître comme producteur principal d'aucun film. Il devient en revanche le partenaire obligé d'un grand nombre de producteurs français et s'associe également avec des producteurs américains.

3.3 L'impossible achèvement de la construction du problème

En raison même de cette ambiguïté, ce qui aurait pu être la première phase d'un processus de traduction, au sens de Michel Callon, c'est-à-dire une problématisation, n'a pas eu lieu. Selon cet auteur, « *problématiser, c'est définir une série d'acteurs et dans le même mouvement identifier les obstacles qui les empêchent d'atteindre les buts ou objectifs qui leur sont imputés* »[193].

Si la première étape de la phase de problématisation, c'est-à-dire « l'entre-définition » des acteurs, semble bel et bien amorcée par la mise en évidence d'une baisse de la fréquentation des salles qui touche à la fois les exploitants (et tout particulièrement les petits exploitants indépendants) et les producteurs, qui constituent alors les deux groupes les plus prompts à se mobiliser sur ce thème, la deuxième étape du processus, à savoir l'identification précise d'un obstacle, n'a pu, quant à elle, aboutir. En effet, les relations qu'entretiennent les producteurs avec la télévision, « amie-ennemie » du cinéma, sont trop ambiguës pour désigner clairement la télévision comme « un obstacle » au redressement de la fréquentation. Or l'ensemble des producteurs entretient avec la télévision des relations étroites. Les grandes maisons de production qui présentent des films à gros budgets supposés être de grands succès en salles sont de très bons « partenaires » pour la télévision qui y trouve l'occasion d'alimenter ses horaires de *prime time*. Quant aux petits producteurs indépendants, la télévision est souvent le seul moyen pour eux de financer leur film dont les entrées en salles seront portées « pour mémoire » dans le plan de financement du film.

---

[193] [Callon M., 1991 : 184].

C'est notamment le rôle de *Canal Plus*, qui finance une large part de la production indépendante française, fidélisant un public de cinéphiles prêts à souscrire un abonnement pour accéder à ces films et consolidant par ailleurs son image de « chaîne du cinéma ». Les nombreuses dissensions qui se font jour parmi les producteurs pour arrêter une démarche commune afin de maintenir la fréquentation sans compromettre le financement du cinéma par la télévision, et surtout les dissensions entre producteurs et petits exploitants de salles qui n'ont pas les mêmes intérêts à court terme, paralysent l'action de ces différents acteurs et affaiblissent la position de leurs représentants légaux, c'est-à-dire, les trois syndicats de producteurs. Ainsi construite, la désignation de la télévision comme un obstacle au maintien de la fréquentation en salles ne réussit pas à réunir de façon stable un système d'acteurs autour de cette « vision » du monde cinématographique. Il faudra que le rôle de la télévision soit plus clairement associé à celui de la pénétration du film américain au détriment du film français pour que la phase de problématisation soit identifiable et que débute ainsi le processus de traduction (*cf. infra*).

4) Politiques du cinéma et référentiel de marché

4.1 L'adaptation partielle des politiques du cinéma au référentiel de marché

Les mesures prises par le pouvoir pour limiter la concentration de l'exploitation sont un échec. La réforme de la programmation issue de l'article 90 de la loi du 29 juillet 1982 avait pour objet de lutter contre une concentration excessive des salles et de favoriser les exploitants et distributeurs indépendants face à l'emprise des grands circuits. D'une part, la disposition de la loi qui prévoyait le versement par les circuits d'une contribution destinée à aider les distributeurs indépendants n'a jamais été appliquée et d'autre part, ce texte a légalisé les regroupements de salles contrairement aux principes généraux du droit à la concurrence. En réalité, la dissolution du GIE *Gaumont-Pathé* imposée par la loi a renforcé l'existence des quatre circuits, *Gaumont*, *Pathé*, *UGC*, *Parafrance* au détriment des exploitants indépendants. Par ailleurs, le soutien automatique à l'exploitation instauré en 1983 s'est avéré être, dans de nombreux cas, une prime à la concentration dans le mesure où le « soutien » généré par les différentes salles appartenant à un même « circuit économique » a pu être cumulé pour créer ou agrandir des salles de ce circuit au détriment des exploitants indépendants. Surtout, la faillite de *Parafrance* en 1986 consacre l'échec de la réforme puisque les trois circuits restants sont plus puissants qu'avant 1981. En effet, dans un premier temps, *Parafrance* a été repris par un homme d'affaires anglais qui a ensuite revendu les salles les unes après les autres aux trois grands circuits[194]. Mais la faillite de *Parafrance* est aussi révélatrice des mutations profondes de l'espace cinématographique au cours des années 1980. En effet, son patron Serge Siritzky, anticipant les évolutions à venir des mondes de l'image et du son, a tenté de transformer l'entreprise en groupe multimédia, en rachetant des sociétés de production cinématographiques et audiovisuelles, des producteurs de concerts et des sociétés de vidéo. Cette diversification très rapide s'avère être un échec commercial retentissant qui conduit l'entreprise à déposer le bilan, préfigurant en cela, vingt ans plus tôt, la trajectoire d'un groupe tel que *Vivendi Universal* au temps de la « convergence numérique » et des réseaux internet.

En dépit d'une progression de la fréquentation au début des années 1980, l'arrivée de *Canal Plus* puis des chaînes privées à partir de 1984 entraîne une chute brutale. Ce retournement de tendance s'accompagne de difficultés accrues pour les productions françaises dont la part de marché diminue fortement au profit des productions américaines. Au premier semestre de 1986, le cinéma français enregistre ses plus mauvais chiffres depuis 1947. En effet, au cours des années 1984-1986, l'ensemble des acteurs concernés prend position autour de ce problème qui oriente leurs discours et leurs alliances. Les exploitants de salles indépendants, faiblement organisés et peu puissants réclament des mesures de protection et des aides pour pallier la baisse de la fréquentation, c'est-à-dire corriger les conséquences des mécanismes de marché, aux côtés des producteurs, traditionnellement tournés vers la recherche de tous les types de financement, notamment publics. Cependant, d'autres acteurs, les grands producteurs, tels que *Gaumont* ou *Pathé*, les grands distributeurs *UGC*, *Gaumont*, *AMLF* et *AAA*, et surtout les chaînes de télévision, dont les voix commencent à se faire entendre au sein même du champ cinématographique réclament, eux, les moyens de remplir les conditions de rentabilité exigées par le marché, c'est-à-dire une plus grande concentration pour les diffuseurs et la possibilité de réaliser des films à gros budget pour les grands producteurs. Par ailleurs, cette période est marquée par la création des Sociétés de financement des industries cinématographiques et audiovisuelles (SOFICA), afin de favoriser l'investissement de l'épargne dans la production[195]. Enfin, le CNC fonde, avec le ministère de la Culture, l'Institut pour le financement du cinéma

---

[194] D'après le rapport adressé au Parlement par le ministre de la Culture François Léotard pour faire le bilan de la réforme de la programmation, le 17 juin 1986. La vente de *Parafrance* est qualifiée de « *maquillage par les pouvoirs publics du dépeçage du groupe par les trois circuits* », Archives CAC, 890333, art. 4.

[195] Créées le 7 juillet 1985, les SOFICA constituent un moyen de dégrèvement fiscal destiné à attirer les investisseurs privés, à condition qu'ils immobilisent leur argent pendant cinq ans. Bien qu'ouverte aux particuliers, cette opportunité fiscale fait l'objet d'une intermédiation des grandes banques et institutions financières, publiques et privées, ce qui témoigne d'une intervention croissante de la grande finance dans l'espace cinématographique au cours des années 1980. Dès 1987, l'apport des SOFICA représente 10 % du financement total de la production, soit 200 millions de francs. Cette part atteint les 14 % du total des investissements en 1995 puis se stabilise autour de 10 % par la suite. Chiffres cités dans Saez G., *Institutions et vie culturelles*, Paris, La Documentation Française, coll. « les notices », 1996.

et des industries culturelles (IFCIC) dont il assure la tutelle et qui a pour but de favoriser le financement des films, en particulier au milieu des années 1980, les films à gros budgets.

A cet égard, le titre du journal *Le Monde,* du 10 octobre 1989, qui présente le projet de création d'un club d'investisseurs afin de soutenir les films à gros budgets, est assez révélateur de l'état d'esprit du moment : « *l'aide au cinéma entre l'assistanat et l'incitation au risque* »[196]. Le CNC négocie à l'époque avec le ministre des finances la reconduction du régime de déductions fiscales qui, par l'intermédiaire des SOFICA, a favorisé l'investissement de plus de 145 millions de francs dans la production en trois ans. Par ailleurs, le nouveau club d'investisseurs privés, constitué auprès de l'Institut pour le Financement du Cinéma et des Industries Culturelles (IFCIC), et qui se lançait dans une forme de capital-risque a apporté plus de 100 millions de francs par an à la production. L'objectif est de financer une dizaine de long-métrages choisis par les banquiers et les industriels après avis d'une commission consultative de « *neuf grands producteurs français* »[197] afin que « La Révolution *et* Cyrano de Bergerac *détrônent* Batman *et* Indiana Jones *au box-office* », « *deux ou trois succès* [suffisant] *pour drainer de très importants profits* »[198]. La première conséquence de cette politique, alliée à l'afflux massif de capitaux issus de la télévision est d'entraîner une inflation des budgets de films : en 1988, les coûts de production augmentent de 35 %, et de 75 % en trois ans, de 1988 à 1990[199]. Cette évolution se traduit par une polarisation croissante de la production française entre les films à petit budget, financés en partie par l'avance sur recettes et les films commerciaux à gros budget, conduisant à une marginalisation des films au budget moyen.

4.2 Le plan Lang de 1989

Le plan Lang de 1989 fait d'ailleurs de cette volonté de promouvoir les films à gros budgets la pièce centrale de son dispositif de lutte contre la baisse de la fréquentation en salles. L'objectif prioritaire est « *le maintien de la fréquentation en salles* ». Pour ce faire, le plan préconise la réalisation de films à gros budgets (supérieurs à 45 millions de francs), destinés à un très large public. Plusieurs mesures sont donc prises pour favoriser la production de ces films, notamment la suppression de la dégressivité du soutien automatique à la production et la création d'un club d'investisseurs. Parallèlement est affirmée la

---

[196] *Le Monde,* 10 octobre 1989.
[197] MM. Carcassonne, de Clermont-Tonnerre, Fechner, Fleury, Gassot, Lepetit, Poiré, Toscan du Plantier, et Zeitoun, cités dans *Le Monde* du 10 octobre 1989, ces producteurs ayant un intérêt direct à ce que ce club d'investisseurs fonctionne, leurs maisons de production étant directement susceptibles de se voir allouer des fonds pour réaliser des films à gros budgets.
[198] Prost Georges, directeur général de l'IFCIC, cité dans *Le Monde,* 10 octobre 1989.
[199] [Frodon J-M., 1998 : 657].

volonté de maintenir un réseau de salles suffisamment dense et bien alimenté en films récents pour attirer le public. En même temps que le nouvel intérêt porté aux films grands publics à gros budgets, est réaffirmé le souci de « *la pluralité de la création* ». En ce sens l'avance sur recettes est « recentrée » sur les films difficiles, qui, pour la plupart, n'auraient pu être réalisés sans l'aide de l'Etat. Enfin, « *l'identité culturelle* » de la France est mise en avant : les aides publiques sont orientées vers les films français, tournés en langue française. Une aide sélective destinée aux réalisateurs étrangers tournant en langue française est rétablie afin de « *dynamiser l'identité française en enrichissant sa culture* »[200]. Malgré les rappels, désormais classiques, de l'orientation des politiques publiques du cinéma en faveur de la pluralité de la création et de la culture française, la singularité de ce plan est de promouvoir la lutte contre les effets du marché par le recours au marché. C'est en effet jouer le jeu du marché, c'est-à-dire reconnaître que les films qui ont du succès sont les films à gros budgets misant sur la présence de « têtes d'affiche » très connues, l'effet-spectacle (effets spéciaux, reconstitutions historiques grandioses, *etc.*), une très large promotion du film, et, finalement, inciter le cinéma français à s'engager dans cette voie pour « rester compétitif » en salles.

Le « décodage du Rapport Global/Sectoriel » qu'effectuent les grands producteurs et les membres du cabinet ministériel, dont le club d'investisseurs privés adossé à une structure publique, l'IFCIC, fournit une assez bonne image de l'étroitesse des relations, met en évidence un décalage. En effet, l'écart se creuse entre la volonté affichée au début du septennat de relancer la politique « culturelle » du cinéma (référentiel sectoriel que l'on pourrait qualifier de culturel) et le référentiel global du milieu des années 1980 qui laisse apparaître les objectifs de compétitivité, de « reconquête du marché intérieur », de libre concurrence (référentiel de marché). Les nouvelles normes d'action publique que met alors en place l'Etat ne remettent cependant pas en cause les interventions de type culturel mais visent à la structuration économique du secteur afin de résister au passage à une économie fortement concurrentielle et de lui permettre de rester compétitive face, notamment, aux productions américaines. Ce qui est perçu et présenté comme la « nécessité » de structurer l'industrie cinématographique est très présent dans le discours des acteurs, en particulier des agents de l'Etat travaillant au CNC.

« L'idée, c'est de structurer le secteur de manière à permettre la naissance de producteurs audiovisuels français avec des producteurs qui ne soient pas complètement dépendants des chaînes de télévision. C'est une double logique, échapper au rouleau compresseur de feuilletons américains vendus à bas prix et en même temps échapper à un système où seuls les diffuseurs [les chaînes] seraient producteurs. [...] Compte tenu de ce que le cinéma, comme système de

---

[200] Cités dans *Le Monde* du 10 octobre 1989.

diffusion, est devenu une grosse industrie [...], l'économie du cinéma ne peut vivre que s'il y a un chiffre d'affaires propre, une rentabilité possible de l'investissement dans la production cinématographique, parce que l'on peut très bien avoir, vu l'histoire française, un réseau de salles parfait mais qui ne projette plus aucun film français. [...] Il faut qu'il y ait, à l'affichage des grandes salles où le public se presse des films français. Sinon on a plus que les films d'avance sur recettes, d'art et d'essai, de Rohmer, de Desplechin... économiquement ce n'est pas lui qui fait une industrie du cinéma en France [...].

On ne traite pas un enjeu culturel sur le terrain culturel. [...] L'objectif est culturel mais le terrain est économique. [...] Le terrain d'action est économique mais sur ce terrain économique, il faut jouer le marché parce que si on ne joue pas le marché on arrive à une économie administrée qui, dans le domaine culturel et artistique n'a pas de sens »[201].

Cette dernière phrase, malgré son caractère affirmatif, souligne le paradoxe de l'action publique dans le domaine du cinéma. Si l'on porte notre attention sur les acteurs en charge de ces questions, cette phrase exprime la dissonance cognitive (ou la « *double-bind* ») à laquelle sont soumis les agents de l'Etat tenus, par leur fonction, de viser des objectifs culturels et amenés à agir non seulement « sur le terrain économique » mais aussi selon ses règles, celles du marché[202]. Il est ainsi intéressant de noter qu'au cours des années 1980, sous l'impulsion de Marc Nicolas, ancien élève de l'Ecole Supérieure de Commerce de Paris (ESCP), qui deviendra membre du cabinet de Jack Lang, se développe le service des études au sein du CNC où se multiplient enquêtes statistiques, études financières, *etc*.

« Dans le domaine de l'audiovisuel, il y a une volonté de structurer le secteur et donc forcément pour le structurer il fallait le connaître et le connaître sous ses composantes économiques. Et puis dans le domaine du cinéma, ça s'est un peu fait par ricochet, et puis bon on s'aperçoit que les enjeux sont les mêmes aussi à ce niveau là, industriels. On s'intéresse aujourd'hui [au CNC] beaucoup plus au secteur industriel qu'on ne s'y intéressait dans les années 1970 ou même au tout début des années 1980. [...] On renforce ici tous les secteurs connaissance des entreprises, lecture des bilans, compte d'exploitation, etc.*, enfin on s'intéresse à l'œuvre mais on s'intéresse de plus en plus à l'entreprise, c'est très clair, très clair »*[203].

---

[201] Entretien avec Dominique Wallon, Inspecteur des Finances, ancien directeur du CNC, Juin 1998.
[202] *Cf.* chapitre introductif, les analyses relatives à la prétention des agents de l'Etat tout comme des intellectuels et des artistes à incarner l'universel, donc la culture.
[203] Entretien avec Dominique Wallon, Juin 1998.

4.3 Les transformations du CNC, manifestation structurelle du changement de référentiel

Le milieu des années 1980 a marqué une certaine inflexion de la politique du cinéma dominée jusque là par la relance de la politique de soutien à la création et à la production de films. En effet, les lois de 1982 sur la communication audiovisuelle, et surtout de 1985 sur les droits d'auteur et de 1986 sur la liberté de communication, prennent en compte les bouleversements du marché dus au développement du secteur de l'audiovisuel et étendent considérablement le champ des compétences du CNC. Les pouvoirs publics mettent en place une réglementation définissant les rapports entre cinéma et télévision : le rôle des chaînes de télévision en matière de production et de diffusion des films est précisé et le développement des entreprises du secteur de la vidéo s'inscrit désormais dans un cadre réglementaire précis. Le CNC se voit ainsi chargé de l'aide à la production audiovisuelle, ce qui constitue un véritablement bouleversement non seulement au sein du CNC mais au sein du secteur pris dans son ensemble puisque cette aide à la production audiovisuelle vient en quelque sorte légitimer le poids grandissant de la télévision. La loi de finances pour 1984 élargit le compte de soutien qui comporte désormais deux sections : section I « *soutien financier de l'industrie cinématographique* », section II « *soutien financier de l'industrie des programmes audiovisuels* ». Les ressources de ce fonds sont issues d'une taxe sur les droits d'abonnement aux télévisions privées, initialement *Canal Plus,* afin d'aider au financement des fictions audiovisuelles. Le Compte de soutien financier à l'industrie des programmes audiovisuels (COSIP) contribue à développer la création audiovisuelle en aidant des producteurs déjà présents sur le marché et en favorisant l'apparition de nouveaux producteurs. Les opérations de la section II prennent véritablement effet avec le décret du 6 février 1986 modifié, mettant en place les systèmes d'aide aux programmes audiovisuels (aide automatique et aide sélective). La loi de finances pour 1986 opère la fusion des deux comptes spéciaux préexistants. Les ressources désormais fongibles peuvent être affectées indistinctement au cinéma ou à la production audiovisuelle. Avec la montée en puissance des chaînes privées, et en particulier de *Canal Plus*, le fonds va bénéficier de sommes très importantes, passant de 65 millions de francs en 1985 à 548 millions en 1987. Le CNC, ayant su depuis 1946 maintenir une structure administrative singulière qui rompt avec la logique administrative française, suscite de nombreuses critiques. On le juge archaïque, corporatiste et conservateur, inadapté aux changements rapides du monde de l'image. Au milieu des années 1980, il est présenté comme :

« *Un pôle conservateur par excellence…qui tel un boa qui n'aurait pas fini de digérer des réformes, semble frappé d'immobilisme et incapable de concevoir et encore moins d'accepter une nouvelle étape dans sa propre évolution et dans celle de la politique du cinéma* »[204].

En 1987, Yves Marmion, administrateur civil au ministère de la Culture, est chargé d'une étude sur le CNC et son évolution future[205]. Le rapport souligne la double évolution du CNC vers une banalisation administrative de ses structures et un élargissement de ses compétences à l'audiovisuel. En raison du caractère hybride de ses structures, le CNC est qualifié d'« *arlequin administratif* ». Son rôle d'interface et de concertation est souligné : le CNC peut être selon les cas assimilé à l'Etat ou en être dissocié, ce qui offre à ce dernier beaucoup de facilités dans la conduite de sa politique. « *Le CNC est alors un peu comme le menin, fouetté à la place du dauphin, afin que ce dernier ne voie pas sa dignité bafouée* »[206].

Le rapport condamne par ailleurs la séparation entre le CNC et le SJTI et plaide pour un rapprochement de la gestion du cinéma et de l'audiovisuel. Alors que le Service Juridique et Technique de l'Information et de la communication (SJTI) élabore le droit et assure la tutelle administrative et financière du secteur public de l'audiovisuel, le CNC a obtenu la gestion de la section du compte de soutien consacrée à l'industrie des programmes. Avant le lancement de la politique dite des industries de programme (arrivée du câble, du satellite, des télévisions privées, création du compte de soutien audiovisuel), la distinction entre le cinéma et l'audiovisuel recouvre, d'un point de vue administratif, un clivage public-privé : le CNC est en prise directe avec la profession tandis que le SJTI est une administration. Or l'audiovisuel n'est plus désormais l'apanage du secteur public. La persistance de cette dualité administrative entraîne « *une certaine incompréhension réciproque, les uns apparaissant comme les défenseurs de diffuseurs hégémoniques, les autres comme les porte-parole de producteurs irréalistes* »[207].

Or, sur le plan économique, le rapport considère que cette dualité de structures ne se justifie plus.

« *Maintenir cette dualité, c'est à terme courir le risque de favoriser dans le processus de décision l'acteur en situation de position dominante, la télévision en l'occurrence, et ce par une insuffisante prise en compte des exigences spécifiques du maillon le plus fragile de la chaîne, le cinéma* »[208].

---

[204] *Les aides de l'Etat au cinéma,* rapport de Jean-Loup Arnaud, Conseiller référendaire à la Cour des comptes, introduction, Archives CAC, 890353, art. 7.
[205] Marmion Y., *L'administration du cinéma et de l'audiovisuel, perspectives pour le CNC,* rapport remis à M. François Léotard, ministre de la Culture, 1987.
[206] *Ibid.,* p. 53.
[207] *Ibid.,* p. 77.
[208] *Ibid.,* p. 78.

C'est pourquoi le rapport propose le rapprochement du cinéma et de l'audiovisuel au sein d'une direction unique, qui pourrait être le CNC, et un affaiblissement corrélatif du SJTI. Ainsi, à la fin des années 1980, l'évolution de la fréquentation, des modes de financement de la production et la multiplication des films diffusés à la télévision sont tels que de nombreux acteurs et analystes s'attendent à l'intégration de l'espace cinématographique au sein d'un vaste espace audiovisuel.

Conclusion : d'une dépendance l'autre

En une décennie, du milieu des années 1970 au milieu des années 1980, la télévision française connaît des bouleversements sans précédent, tant sur les plans économique, politique que culturel. La télévision d'Etat a vécu et la disparition du monopole fait place à une offre télévisuelle foisonnante, de qualité très inégale et objet de toutes les convoitises de la part de grands groupes qui trouvent là un moyen de se reconvertir dans un secteur économique en pleine expansion et potentiellement très rentable. La rupture engendrée par la libéralisation rapide de l'audiovisuel français est ainsi caractéristique du passage de la régulation étatique d'un espace social à une régulation par le marché. La thèse du déterminisme technologique et de l'inéluctabilité des transformations de l'espace audiovisuel, peu satisfaisante pour l'analyste, a pu présenter certains avantages pour les responsables politiques des années 1980, leur permettant de justifier leur « conversion » récente aux règles du marché. En effet, elle occulte le caractère politique d'une décision en faisant intervenir une variable exogène, qui emprunte aux énoncés des sciences de la nature leur rigueur et leur prétention à la vérité. Cette présentation de choix politiques en nécessités technologiques est d'autant plus efficace dans le domaine de l'audiovisuel et des nouvelles technologies qu'elle s'appuie sur le caractère « scientifique » des découvertes qui permettent le développement de nouveaux produits ou services. Néanmoins, le caractère libéral de la politique audiovisuelle menée par François Mitterrand à partir de 1985 apparaît plus clairement aujourd'hui comme un processus d'ajustement de l'espace audiovisuel au référentiel global de marché qui s'impose pratiquement partout en Europe, et notamment en France avec ce qu'il est convenu d'appeler le tournant de la rigueur à partir de 1983. Cependant aujourd'hui, ces transformations ont pour conséquence la montée en puissance des chaînes de télévision, en terme de chiffre d'affaires, d'heures de programmes diffusées et de nombre d'acteurs. De plus, il se traduit par une orientation clairement commerciale des chaînes de télévision dont l'objectif est la maximisation de l'audience au profit des annonceurs publicitaires, le plus souvent au détriment de toute ambition culturelle. Ainsi, « *l'image de la réalité sociale construite à travers le prisme des rapports d'hégémonie sectoriels et globaux* » qu'est le référentiel met en évidence un processus « d'ajustement » de l'espace audiovisuel par rapport aux autres espaces déjà régulés selon les critères du marché. Pour autant, le référentiel global de marché ne saurait se réduire à des recettes macroéconomiques libérales. En effet, comme le souligne Pierre Muller, le référentiel de marché « *comprend à la fois une vision de l'économie structurée autour de la liberté d'entreprise, de la valorisation des effets bénéfiques de la concurrence et de l'abaissement des barrières aux frontières, une vision du rôle de l'Etat fondée sur la limitation de son intervention et sur l'efficacité supérieure du marché sur les services publics, mais aussi une vision de la société fondée sur l'exaltation de la liberté, de la responsabilité individuelle et de la démocratie »*[209]. Dans le cas des changements de l'espace audiovisuel, l'avènement d'un référentiel de marché ne se limite donc pas à la privatisation des chaînes et à la recherche de la rentabilité économique. En effet, la transformation de cet espace est aussi le produit de luttes et de revendications en faveur de la liberté d'expression et d'information, notamment à partir du mouvement des radios libres qui a ouvert la voie à la privatisation des radios, puis des chaînes de télévision.

Ces transformations de l'espace audiovisuel ont considérablement pesé sur l'évolution de l'espace cinématographique, c'est-à-dire sur la façon de concevoir, de faire et de diffuser des films. A partir du moment où la majorité des financements nécessaires à la réalisation des films est fournie par les chaînes de télévision, on ne peut que constater la mise sous dépendance du cinéma à l'égard de la télévision, la fin potentielle ou programmée de l'autonomie, toujours fragile, mais conquise en partie par le « coup de force » de la Nouvelle Vague, d'un espace culturel à l'égard des lieux de pouvoir économique ou politique. L'espace cinématographique ne peut donc être appréhendé aujourd'hui sans tenir compte de l'évolution de l'espace audiovisuel et des transformations des relations entre le cinéma et la télévision. A cet égard, l'analyse de cette double transformation de l'audiovisuel et du cinéma nous invite à formuler plusieurs remarques quant à la façon dont on peut appréhender le changement des politiques publiques du cinéma. En effet, la plupart des modèles discutés dans l'introduction présente le changement soit comme la résultante d'évolutions endogènes (radicales ou incrémentales), c'est-à-dire propres à l'espace de politique publique étudié, soit exogènes, résultant d'événements externes majeurs, comme une crise « politique », une guerre, une catastrophe ou, pour le moins, « l'ouverture d'une fenêtre d'opportunité politique ». Cependant, à notre connaissance, il est peu souvent fait mention de changements dans la configuration d'un espace de politiques publiques résultant des transformations profondes d'un espace proche[210]. En effet, le changement radical qui, en peu de temps, affecte l'espace audiovisuel conduit à remettre en cause les frontières mêmes de cet espace, brouillant les différences de définitions, de façons de faire et de production, tant des œuvres cinématographiques qu'audiovisuelles. Comme on l'a vu, le cinéma est obligé de se plier à certaines règles esthétiques spécifiques à la télévision, à un certain formatage tandis que, dans le même temps, certains réalisateurs ou acteurs n'hésitent pas à transgresser l'interdit communément admis de l'espace cinématographique en travaillant pour la télévision. Il n'est pas jusqu'aux structures les plus corporatistes et les plus conservatrices, soucieuses de la sauvegarde des intérêts du cinéma qui ne s'intéressent aux perspectives offertes

---

[209] [Muller P., 2005 : 178].
[210] [Passeron J-C., 1991: 89-110].

par le développement spectaculaire de l'industrie des programmes audiovisuels. Ainsi le CNC crée, au cours des années 1980, un fonds de soutien audiovisuel et multiplie les initiatives en faveur de la création dans ce domaine. En contrepartie, les fonds que le cinéma reçoit des différents contributeurs télévisuels ne cessent d'augmenter, contribuant à créer et à renforcer les liens d'inter(dépendance) entre ces deux espaces qui, pour certains analystes, sont appelés à n'en faire plus qu'un. En effet, les innovations qui se succèdent à partir des années 1980 (la télévision par satellite, par câble, puis internet et les technologies numériques) contribuent à accréditer l'idée d'une dissolution des spécificités de ces sous-espaces au profit d'un vaste ensemble « multimédia ». Cette idéologie de la convergence, qui voudrait fondre en un tout unique les différentes expressions et contenus véhiculant des images, pousse certains acteurs, dont les groupes représentants les intérêts des chaînes de télévision privées, des groupes de communication ou de télécommunication et certaines directions de la Commission européenne, à promouvoir la dissolution des politiques du cinéma au sein d'un ensemble flou et fluctuant, et donc sans possibilités de voir établies des règles strictes et durables.

Chapitre 3 / Référentiel de marché et communautarisation des politiques du cinéma

Introduction

Ce chapitre a pour but d'analyser la façon dont la question cinématographique a fait l'objet de tentatives de mise sur l'agenda communautaire, et ce, dès les débuts de la construction européenne à la fin des années 1950. En effet, l'objectif du marché commun est aussi celui fixé aux différents espaces cinématographiques européens, avec en premier lieu, le souci de démanteler les systèmes d'aide nationaux supposés fausser la concurrence entre les cinématographies européennes. De plus, à partir des années 1970, la Commission bénéficie d'une double évolution favorable à l'achèvement de son projet d'unification. D'une part, l'essor de la télévision et singulièrement de la télévision privée modifie non seulement l'équilibre de l'espace audiovisuel mais aussi les relations entre les espaces audiovisuels et cinématographiques nationaux. D'autre part, l'échec des politiques d'inspiration keynésienne à résorber la crise économique des années 1970, et la montée en puissance des idées et des politiques libérales, créent un contexte propice à l'accélération des réformes au sein des différents Etats et à une inflexion de leurs politiques publiques dans un sens favorable aux règles du marché. Les espaces cinématographiques nationaux, affaiblis par la baisse de la fréquentation et leurs crises récurrentes, vont-ils pouvoir résister, non seulement à la montée en puissance de la télévision privée qui s'affirme partout en Europe, mais aussi aux initiatives de la Commission pour créer un marché unique du cinéma ? Les compromis néo-corporatistes, comme celui existant en France entre les professionnels du cinéma et l'Etat, sont-ils susceptibles de bloquer ou de réorienter la création d'un tel marché unique ?

I] La CEE et la communautarisation du cinéma : l'échec d'un projet de marché commun du cinéma

A] *La politique de concurrence de la CEE et le cinéma*

1) Les objectifs poursuivis par la Commission

Conformément aux dispositions du traité de Rome qui visent à l'établissement d'un vaste marché unique, la Commission européenne prépare dans les différents secteurs industriels et commerciaux des plans de démantèlement des barrières douanières, tarifaires et non tarifaires. Ces plans à étapes ont pour premier objectif la réalisation de la grande union douanière de 1968. La politique de la concurrence souhaitée par la CEE s'articule autour de deux principes généraux : d'une part, créer les conditions d'une concurrence qui ne soit pas faussée par des mesures de distorsion sur les marchés partiels du Marché commun ; d'autre part, veiller à ce que la concurrence potentielle se réalise effectivement et à ce que les concurrents ne puissent pas l'éliminer ou la dénaturer.

L'enjeu est de substituer à une Europe cinématographique caractérisée par des contingents d'importation, des quotas à l'écran et de nombreuses aides financières nationales, une Europe décloisonnée où circuleraient librement les 330 films annuellement produits dans les six pays de la Communauté et vus chaque année par deux milliards de spectateurs, soit autant qu'aux Etats-Unis. Selon la Commission, les professionnels du cinéma sont susceptibles d'y gagner une assiette financière plus large donc plus stable et plus solide, en dehors de tout soutien étatique. Par ailleurs, les travailleurs des industries techniques devraient trouver, dans la constitution d'un vaste marché du travail cinématographique européen, des possibilités nouvelles d'emplois. Celles-ci pourraient compenser les difficultés que rencontrent ces travailleurs dans le cadre de cinématographies nationales en proie à une concurrence accrue de la part d'autres loisirs tels que la télévision. De plus, les industries cinématographiques des Etats européens sont parfois confrontées à des mutations importantes des modes de production comme celles provoquées par l'arrivée de la Nouvelle Vague en France conduisant à l'abandon progressif des studios. Pour la Commission, la création d'un marché européen du cinéma permettrait de stimuler à la fois l'offre et la demande de productions et devrait relancer l'activité des studios autour de plusieurs pôles en Europe. Enfin, de nombreux avantages sont escomptés pour les « consommateurs-spectateurs » qui trouveraient des programmes mieux adaptés à leur goût.

2) L'avancée des travaux de la Commission

Dès 1958, les fonctionnaires de la Commission européenne ont lancé d'importants programmes de réformes qui peuvent avoir des conséquences directes sur le cinéma, qu'il s'agisse du processus général d'intégration ou de mesures plus spécifiquement circonscrites à l'industrie cinématographique. La suppression des entraves à la liberté de circulation des capitaux et au libre droit d'établissement a été entérinée par le Conseil des ministres de la CEE sur proposition de la Commission au début des années 1960. La libre circulation des capitaux renforce la possibilité de s'établir librement en Europe, notamment pour les distributeurs, et est présentée comme une possibilité d'extension des sources de financement pour les producteurs. En ce qui concerne la liberté d'établissement, elle devra être effective pour l'ensemble de la distribution et une partie de l'exploitation (les salles qui projettent exclusivement des films en version originale) au plus tard le 31 décembre 1963. Le reste de l'exploitation et l'ensemble de la production devront avoir l'entière liberté d'établissement au 31 décembre 1969[211]. L'élimination des contingents d'importation est souvent reliée à celle des régimes de subventions et de protection nationaux. Ainsi la République Fédérale d'Allemagne (RFA) qui, a supprimé ses contingents d'importation de films étrangers en 1954, notamment en provenance des Etats-Unis, les a maintenus pour la France et l'Italie (trente films importés chaque année) en arguant de l'existence de systèmes d'aides ou de subventions dans ces deux pays qui faussent les règles de la concurrence. En ce qui concerne les travailleurs, une première phase de libéralisation est prévue au 31 décembre 1963. A cette date, un salarié est censé pouvoir occuper un emploi dans l'un des cinq autres pays si aucun travailleur national qualifié n'est disponible pour l'occuper. Il est par ailleurs prévu la création à Bruxelles d'un *« Bureau européen de coordination et de compensation des offres et demandes d'emploi »* qui doit conduire à terme à la mise en œuvre d'une véritable politique commune de la main-d'œuvre.

Ces dispositions demeurent très générales et la Commission ne prévoit pas explicitement de mesures spécifiques à l'industrie cinématographique. Cependant, la question d'une coordination des actions en faveur de l'emploi dans les industries techniques européennes est bien posée dès cette époque puisque lors de son cinquième congrès des 14 et 15 Juillet 1959 à Rome, l'Union Européenne des Techniciens (UET) s'est prononcée en faveur de la mise en place d'un mécanisme de confrontation des offres et demandes d'emplois dans les domaines du cinéma et de la télévision pour les pays de la Communauté. Enfin et surtout, le processus d'intégration prôné par la

---

[211] La mise en place de l'union douanière, avec la disparition des droits de douane et des contingentements, une plus grande harmonisation législative et l'établissement d'un tarif extérieur commun est prévue pour la fin de l'année 1969 trois étapes, de quatre ans chacune à compter de l'année 1958.

Commission européenne oblige les Etats à présenter l'ensemble de leurs modes d'intervention publique, ce qui signifie à « dénoncer » à Bruxelles les « aides » qu'ils accordent à leur industrie cinématographique.

B] La réaction des autorités françaises et des professionnels face au projet européen

La réflexion des autorités françaises, c'est-à-dire désormais pour l'essentiel du ministère des Affaires culturelles, à l'égard du Marché commun, n'est pas séparable d'une réflexion de fonds sur la refonte à la fois des institutions et du système d'aide du cinéma français. Le fonds de développement du cinéma français est en effet en place depuis 1953 et doit être revu. La question de l'adaptation de la législation française se pose donc de la façon suivante : faut-il rendre compatible le système français avec le Traité de Rome au prix du démantèlement du système d'aide ou bien faut-il chercher à contourner les dispositions du Traité afin de sauvegarder voire de développer l'intervention de l'État déjà en vigueur ?

1) Rendre compatible le système français et le marché commun ?

1.1 Les réactions des acteurs français

Le problème de la compatibilité d'un régime d'aide à l'industrie cinématographique avec les dispositions du Traité de Rome, a été évoqué dès les premiers examens engagés au printemps de l'année 1958 afin de déterminer les modalités du nouveau régime appelé à succéder au fonds de développement de l'industrie cinématographique en place depuis 1953. Or le régime de « l'aide au cinéma » est directement menacé par les prohibitions instaurées par l'article 92[212] du Traité. En effet au début de l'année 1959, la Commission de Bruxelles a adressé un questionnaire destiné à effectuer un recensement des aides à caractère financier appliquées sur le territoire de la Communauté afin de procéder à leur démantèlement. Aussi, le 13 février 1959 a lieu une réunion entre le directeur du CNC, Pierre Moinot et ses collaborateurs d'une part, et des représentants du Comité Interministériel pour les questions de la CEE d'autre part[213]. Les hauts fonctionnaires qui participent à cette réunion s'interrogent sur la « tactique » à adopter pour sauvegarder le régime d'aide français dans le cadre européen. Ils s'accordent sur les points suivants :

---

[212] L'article 92 du Traité de Rome dispose en effet que « sont incompatibles avec le marché commun, dans la mesure où elles affectent les échanges entre les États membres, les aides accordées par les États ou au moyen de ressources d'Etat sous quelque forme que ce soit, qui faussent ou qui menacent de fausser la concurrence ».
[213] Note du 27 février 1959 relative au régime de « l'aide au cinéma » en face des dispositions du Traité de Rome instituant la communauté économique européenne, CNC, service des études générales et du contentieux. Archives CAC, 950514, art. 19.

« a) avant fin mars 1959, date à laquelle des instructions doivent être données aux porte-parole français près de la Commission compétente, consulter les autorités italiennes (et belges) sur leurs intentions, et les inviter à ne pas porter "l'aide au cinéma" sur le répertoire des aides nationales qui doivent être "dénoncées" à la Commission ; b) rechercher, avant tout, une entente avec l'Italie (et la Belgique) sur une tactique capable de nous éviter d'être isolés dans la discussion [...] »[214].

Une note ultérieure adressée au ministre de la Culture fait le point sur les interrogations précédentes des autorités françaises (faut-il déclarer le régime d'aide français et si oui sous quelle forme) et sur les évolutions récentes intervenues au niveau international. Trois positions étaient susceptibles d'être défendues par la France : *« 1) faire valoir que le cinéma est un service et que par conséquent les dispositions de l'article 92 ne s'appliquent pas ; 2) arguer à défaut, que l'aide au cinéma n'est pas accordée par l'Etat, et ne relève donc pas de l'article 92. [...] ; 3) prétendre, en admettant que l'aide au cinéma est une aide d'Etat, qu'elle ne fausse pas la concurrence »*[215].

Les deux premières lignes de défense semblent *a priori* écartées. En effet, pour la première, rien dans le Traité ne permet de considérer le cinéma comme autre chose qu'un service, au contraire, le cinéma figure dans l'annexe III du Traité de Rome à la rubrique des transactions invisibles et l'Organisation Européenne de Coopération Economique (OECE), sous l'impulsion américaine, le considère comme un service. Quant à la seconde, même si l'aide n'est pas alimentée par le budget de l'Etat mais par une taxe parafiscale prélevée sur le prix des billets, elle doit son existence à une décision des pouvoirs publics et pourrait être, de ce fait, assimilée à une aide d'Etat. De plus, cette deuxième ligne de défense aurait comme inconvénient d'empêcher la France d'opposer à la Commission un front commun avec les Italiens qui eux ont un système d'aide au cinéma dépendant entièrement du budget de l'Etat.

La note fait par ailleurs mention des discussions qui ont lieu dans d'autres arènes et qui concernent également les régimes d'aide au cinéma. On apprend ainsi que le bien-fondé de ces aides est régulièrement débattu au cours des réunions du Comité des transactions invisibles de l'OECE sans pour autant que des positions communes soient arrêtées. La note conseille donc de réagir de trois manières : d'une part, rechercher une position commune avec l'Italie qui ne souhaite pas déclarer son système d'aide mais qui, si elle y est contrainte, défendra l'idée qu'il ne fausse pas la concurrence ; d'autre part, de gagner du temps en arguant du fait qu'il ne s'agit pas d'un problème prioritaire, les mesures d'élargissement des échanges prises au 1er janvier 1959 ne concernant

---

[214] *Ibid.*
[215] Note pour Monsieur le Ministre d'Etat, Compte rendu de la réunion tenue au Secrétariat Général du Comité Interministériel le 1er avril 1959 par Georges Elgozy, Archives CAC, 950514, art. 19.

pas les services ; enfin, défendre l'idée que les pouvoirs publics ne peuvent se désintéresser d'une industrie « *qui constitue un élément fondamental d'expansion culturelle, tant pour la France que pour l'Europe* »[216], c'est-à-dire, au fond, l'idée que l'industrie cinématographique n'est pas une industrie comme les autres. Même si l'idée n'est pas encore formellement utilisée par les pouvoirs publics pour justifier du caractère dérogatoire du traitement de l'industrie cinématographique, elle commence à l'être par les professionnels. En témoigne une lettre d'Adrien Remauge, directeur du groupe Pathé-cinéma adressée à Georges Lourau, président de la Chambre syndicale de la Production cinématographique française. Selon lui :

« *Les autorités publiques [semblent] avec une résignation implicite, considérer comme acquise la notion d'intégration pure et simple du Cinéma dans la future Communauté. Ceci postule la disparition progressive de tout système de soutien à l'échelon national, en dépit des disparités flagrantes qui d'une part, semble devoir subsister dans le domaine fiscal et, d'autre part, subsisteront en tout état de cause quant au potentiel respectif des marchés.* »[217]

La note fait état notamment d'un revirement de la position des professionnels « *installés* », initialement favorables à la création d'un « *marché commun du cinéma* » fondé sur la concurrence et la liberté d'établissement. Ceux-ci souhaitent désormais sauvegarder le compromis national négocié en France (comme dans la plupart des pays européens) autour d'un volume minimal de production. Or, de fait, mis à part l'argument traditionnel des « *disparités fondamentales en matière d'étendue des marchés et de charges fiscales* », le seul argument sur lequel repose toute l'argumentation d'Adrien Remauge est celui de la spécificité culturelle du cinéma, désormais défendue par l'ensemble de « la profession » :

« *Il semble inconcevable qu'on prétende interpréter les règles du Marché commun d'une manière si extensive qu'elles doivent s'appliquer sans distinction aux objets manufacturés et aux œuvres de l'esprit, comme si les uns et les autres pouvaient indistinctement perdre leur empreinte nationale et se fondre dans un amalgame européen. C'est négliger la nature même du* « *produit* » *cinématographique et abandonner les sauvegardes de notre patrimoine culturel. [...] Nous sommes là dans un domaine où prédomine le facteur artistique et culturel, où de ce fait, l'empreinte nationale s'impose et le film étant avant tout tributaire des conditions qui lui sont faites sur son marché d'origine, les aides sont admissibles comme sauvegardes d'un moyen d'expression national* »[218].

---

[216] *Ibid.*
[217] Lettre du 16 mars 1960, Archives CAC, 950514, art. 19.
[218] *Ibid.*

Adrien Remauge conclut sa lettre en enjoignant son collègue de « *développer les arguments évoqués* » auprès de leurs autorités de tutelle afin de défendre le système d'aide.

1.2 La recherche d'un « front commun » avec l'Italie face à la volonté de libéralisation de l'Allemagne

L'Italie est avec la France, le pays d'Europe qui aide le plus son cinéma national. En effet, le dispositif d'aide italien est très complet, qui accorde notamment des subventions directes pour la réalisation de films. Or les autorités italiennes ont indiqué dès 1958 qu'elles ne souhaitaient pas remettre en cause leurs aides directes au cinéma. La loi d'aide existant depuis 1956 est ainsi prorogée dans un premier temps jusqu'au 31 décembre 1961. Elle prévoit notamment des subventions d'Etat à hauteur de 16 % de la recette brute totale engendrée par le film pendant une période de 5 ans et des prêts très avantageux allant jusqu'à 60 % du montant du film. Or la configuration initiale dans l'Europe des 6 est d'une part, sur un plan quantitatif, le clivage entre les trois grands et le Bénélux, et surtout au sein des trois grands pays, le clivage entre la France et l'Italie d'un côté, qui aident leur cinéma, et l'Allemagne qui n'a pas de loi d'aide et ne compte guère que des mesures de restrictions des importations (contingentements). Cependant la situation de l'Allemagne change radicalement au début des années 1960. Suite au retournement conjoncturel de l'économie de la production de films et à une mobilisation importante de l'ensemble de la filière cinéma, le gouvernement fédéral, malgré l'opposition du docteur Ludwig Ehrard, ministre des Finances, finit par accepter la création d'un régime de « prix aux films » dit « *plan Heck* ». Il s'agit notamment de l'attribution de primes à la qualité de 200000 *deutschemark* par film pour un montant maximum de 20 films, soit 4 millions de francs de primes pour 1961. Or les professionnels allemands considèrent que ce plan d'aide n'est qu'une première étape vers un système d'aide consolidé qui devrait atteindre dès 1962 14 millions de *deutschemark* pour les seules primes à la qualité[219].

Il apparaît ainsi clairement que, dans ce contexte, la configuration du système d'acteurs institutionnels au sein même de la CEE évolue dans une toute autre direction que celle prise depuis la signature du Traité de Rome. En effet, la situation du cinéma allemand, désormais attributaire de primes qui le font basculer dans la catégorie des « cinématographies aidées » rend beaucoup plus problématique la défense par les autorités allemandes d'une position libérale interdisant toute aide d'Etat. Or, malgré les réactions de la Commission qui proteste à la fois contre la prorogation de l'aide italienne et les nouvelles primes allemandes et qui défend l'idée de régimes de crédits à la place de régimes

---

[219] *Filmwoche* du 19/08/61 cité dans *Le Bulletin du CNC*, n° 71, octobre 1961 : 174.

d'aide, il semble bien que le poids de la profession dans les différents pays ait imposé le maintien voire la création d'un compromis de type néo-corporatiste dans un contexte de chute de la fréquentation.

2) La recherche de nouvelles alliances face à l'activisme de la Commission

2.1 Les premières directives de la Commission européenne en matière de cinéma

Malgré le positionnement des Etats européens désormais globalement favorables à une forme de *statu quo* concernant les aides nationales, la Commission n'en poursuit pas moins son travail d'élaboration d'un marché unique du cinéma. Tout d'abord, la Commission poursuit les autorités nationales pour infléchir leurs législations en matière d'aide. Ainsi les autorités italiennes, qui ont prorogé leur loi d'aide en juillet 1962 sont poursuivies par Bruxelles devant la Cour de Justice, la Commission ayant par ailleurs demandé l'envoi d'observations de la part du gouvernement italien afin d'examiner la compatibilité de la loi d'aide italienne avec le Traité de Rome. Cependant, les associations de producteurs français et allemands font savoir à leurs homologues italiens qu'ils considèrent que l'actuelle loi d'aide italienne doit être reconduite sans modifications jusqu'à l'entrée en vigueur du plan d'autofinancement proposé par le Comité de l'Industrie Cinématographique Européenne (CICE), faisant ainsi tomber les accusations de distorsion de la concurrence portées par Bruxelles contre la législation italienne[220]. De même, alors que la Commission poursuit la procédure contre l'Italie pour infraction aux dispositions de l'article 93, elle demande également à la France en mai 1963 de fournir une note relative aux modalités d'application du décret du 19 mars 1963 qui a modifié le régime d'aide français. Cependant, malgré ses menaces de sanctions, la Commission se heurte à la résistance des organisations syndicales et des gouvernements français et italiens qui ne souhaitent pas remettre en cause leurs régimes d'aide. Malgré tout, trois directives sont élaborées au cours de la décennie 1960 avec pour objectif la poursuite du processus initial de libéralisation. La première est datée du 15 octobre 1963. Elle prévoit d'une part, l'admission sans restriction au sein des six pays des films culturels, scientifiques et documentaires ainsi que ceux proposés en version originale ; d'autre part, l'élargissement des contingents d'importation de films communautaires jusqu'à 70 films de long métrage en version doublée. La seconde datée du 12 novembre 1966 prévoit notamment l'extension des contingents d'importation jusqu'à 90 films par an. Enfin, au cours de la session du 30 juillet 1968, le Conseil des Ministres des Communautés a adopté la

---

[220] *Giornale dello Spettacolo,* cité dans le *Bulletin du CNC*, n° 78, déc. 1962 : 261.

troisième directive Cinéma relative à la réalisation de la liberté d'établissement pour les activités non salariées de la distribution de films. Cependant, en dépit de leurs objectifs ambitieux, ces directives n'ont pas permis d'harmoniser les législations cinématographiques européennes et ont eu tendance, au contraire, à consolider les différents régimes d'aide nationaux face à la crainte de leur prochain démantèlement. Ainsi, la disparition de certaines barrières douanières ou d'entraves à la circulation des travailleurs du film ne remet pas en cause la permanence du caractère essentiellement national de l'organisation des professions et industries cinématographiques en Europe.

2.2 L'européanisation des organisations représentatives du cinéma européen

Les interrogations suscitées par la crise du cinéma en Europe face à l'avènement de nouveaux loisirs et à la puissance commerciale américaine sont relayées à la fin des années 1950 par la nécessité pour les professionnels d'appréhender cette nouvelle entité politique qu'est la CEE. En effet, si l'Union Européenne des Techniciens du Cinéma et de la Télévision est créée en 1955, les autres organisations syndicales ainsi que la Fédération internationale des distributeurs de films, la Fédération internationale des industries techniques ainsi qu'un Bureau International du Cinéma (BIC) apparaissent en 1959, en grande partie en réaction à la création de la CEE et aux impératifs commerciaux qu'elle impose. Par ailleurs, la structuration autour d'un axe « patronat-ouvriers » des organisations représentatives reste très prégnante. Il s'agit là d'une permanence de l'organisation professionnelle du cinéma selon la logique corporatiste du « métier », au sein de laquelle dominent encore les industries techniques et la notion d'œuvre collective, réalisée par des artisans ou des travailleurs du film. Il n'est dès lors pas étonnant que les débats concernant la construction d'une Europe du cinéma qui dominent initialement la presse professionnelle se focalisent sur l'organisation du marché du travail dans la profession cinématographique et se terminent régulièrement par des appels à « *une action concertée* » entre ouvriers et patrons[221]. La reconnaissance des « auteurs » et leur organisation en syndicats ne sont donc pas encore à l'ordre du jour au moment où émerge la Nouvelle Vague. Il faut attendre le succès de l'entreprise symbolique de celle-ci ainsi que la réussite professionnelle de ses membres pour que s'impose durablement dans le paysage syndical du cinéma français le statut du réalisateur (voire de l'auteur-producteur du film) qui joue un si grand rôle dans les années 1980 et 1990 pour la défense de l'exception culturelle.

---

[221] *Le Bulletin du CNC*, n° 57, Juin 1959 et « Le cinéma dans le Marché Commun. De quoi s'agit-il exactement ? Petit catéchisme du Marché Commun européen du cinéma », dans *Le Film Français*, n° spécial 727-728. Cette revue défend le point de vue patronal et plus précisément celui des producteurs dominants qui se prononcent en faveur de réformes structurelles susceptibles d'améliorer la mobilité des facteurs.

L'autre phénomène marquant est la prégnance des organisations françaises dans l'esquisse d'organisations syndicales au niveau européen[222]. Cela témoigne d'une part de l'intérêt qu'ils portent aux discussions ayant pour cadre la Communauté européenne. D'autre part, cela met en exergue l'ancienneté de la structuration des professions en syndicats et groupes de pression et leur capacité à repenser leur action en fonction des reconfigurations successives des systèmes d'acteurs au sein de l'espace cinématographique.

2.3 Création d'un forum européen sur les politiques du cinéma

L'année 1959 voit par ailleurs la création d'une rubrique spéciale dans le *Bulletin du CNC* consacrée à l'évolution du cinéma dans le Marché Commun. Les différents numéros soulignent notamment que « *l'administration du Marché Commun en liaison avec les organismes officiels des différents pays prépare un 'programme Cinéma' dans lequel sont énumérées diverses mesures susceptibles d'être prises par application des dispositions du Traité de Rome relatives aux prestations de service* »[223] et se proposent de fournir régulièrement une analyse détaillée de l'évolution de cette question. En 1962, sous l'impulsion des producteurs de films français et italiens est créé le Comité de l'Industrie Cinématographique Européenne (CICE) qui réunit les trois branches (industries techniques, distribution et production) des six pays de la CEE. Ce comité, dont le siège est à Bruxelles, élabore, en collaboration avec l'Union Européenne du Spectacle Cinématographique (qui regroupe les exploitants de salles) un plan d'action européenne dont l'objectif est d'harmoniser les situations créées par les différentes lois d'aide en leur substituant un « *Plan d'auto-financement européen* ». Ce plan repose sur deux éléments complémentaires : la création d'un fonds européen d'autofinancement de l'industrie cinématographique alimenté par un prélèvement additionnel sur le prix des places ; une harmonisation fiscale (la fiscalité serait alignée sur les pays les moins taxés). Le fonds commun d'autofinancement serait réparti en deux parts : la première permettrait d'alimenter un fonds de soutien, sur le modèle français mais étendu aux six pays tandis que la seconde serait une part collective nationale destinée notamment à la distribution d'aides sélectives et aux besoins de la profession cinématographique dans chaque pays.

---

[222] Du côté des syndicats d'ouvriers, se créent deux structures, l'Union Européenne des Techniciens du Cinéma et de la Télévision (UETCTV) dont le siège est à Paris et l'Union Européenne des Techniciens (UET), présidée par un Français, Léon Mathot. Du côté du patronat, se créent l'Union Internationale de l'Exploitation Cinématographique (UIEC), dont le siège est celui de la Fédération Nationale des Cinémas Français (FNCF) au 92, Avenue des Champs-Elysées (Paris 8ème), présidée par M. Trichet, et la Fédération Internationale des Associations de Producteurs de Films, dont le siège est celui de la Chambre syndicale au 3, rue Galilée (Paris 16ème), présidée par G. Lourau.
[223] *Bulletin du CNC*, « le cinéma et l'Europe », n° 59-60, octobre-décembre 1959, p. 15.

Cependant ce plan, novateur mais irréaliste sur un certain nombre de points eu égard au contexte politique et économique de l'époque ne sera jamais mis en œuvre. Il se heurte en effet à l'impossibilité pour la Commission d'instituer une « aide européenne » sans l'accord et la participation des Etats membres, même si elle estime cette aide compatible avec le Marché commun[224]. Or on sait que les positions des gouvernements nationaux sont divergentes à ce sujet. Il en est de même pour les questions d'harmonisation de la taxation fiscale qui ne repose pas sur les mêmes bases dans l'Europe des six. Enfin après avoir proposé l'instauration d'un fonds européen, le CICE a admis qu'un tel fonds serait trop rigide et qu'il serait préférable d'instaurer des fonds nationaux, après négociations entre gouvernements et organismes corporatifs, ce qui est une manière de constater qu'une harmonisation est impossible à court terme. Ainsi, le projet du CICE constitue la première formulation d'un programme politique européen d'aide au cinéma et préfigure en ce sens la mise en place ultérieure d'une politique cinématographique européenne. Il montre en outre deux choses : d'une part, que les professionnels ont parfaitement pris la mesure des enjeux de l'intégration européenne, de l'influence potentielle du Traité de Rome sur les législations nationales et tentent de s'organiser en se regroupant en fédérations et associations européennes ; d'autre part, que les gouvernements détiennent encore la maîtrise de l'agenda politique en ce qui concerne leurs systèmes d'aide nationaux.

Par ailleurs, l'association des juristes européens organise à Paris en décembre 1962 un colloque international de droit cinématographique sous le patronage du CNC[225]. Celui-ci réunit des représentants des responsables administratifs en charge du cinéma dans les différents pays du Marché commun, des représentants des organisations internationales des professionnels du cinéma (auteurs et compositeurs, industries techniques…) ainsi que de l'Unesco et des bureaux internationaux de protection de la propriété industrielle, littéraire et artistique. L'objectif du colloque est d'une part, de discuter le plan d'autofinancement de la production élaboré par le CICE, d'autre part, de préparer un règlement international d'arbitrages professionnels et enfin d'étudier le projet de première directive européenne du cinéma. Il constitue en ce sens la première réunion internationale « d'experts », administrateurs, représentants syndicaux et universitaires sur les questions du cinéma dans le cadre du Marché commun. L'avocat Lucy Willemetz, dans son rapport consacré au projet du CICE souligne les difficultés de la Commission pour prendre position sur la question du cinéma. La Commission, souhaite adopter une politique commune pour les secteurs de la construction navale et de l'industrie cinématographique au motif que ces deux activités ont en commun de ne

---

[224] *Cf.* l'alinéa 3 de l'article 92 qui dispose que certaines aides peuvent être considérées comme compatibles avec le Marché commun sans qu'il ne soit déterminée *a priori* une liste restrictive de ces aides.
[225] *Cf.* [Association des juristes européens, 1963].

pouvoir être protégées de la concurrence des pays tiers par le tarif douanier commun[226]. Ainsi pour Me Willemetz :

« si donc des mesures ont été prévues dans le traité de Rome, eu égard à la situation particulière dans laquelle se trouve l'industrie de la Construction navale, il est, à plus fortes raisons, évident que des mesures particulières doivent être prises en faveur de l'industrie cinématographique dont la situation [est] exceptionnelle et à nulle autre comparable »[227].

Il semble donc que la mise en parallèle des deux secteurs, n'ayant par ailleurs rien en commun, autorise toute action en direction de la Commission arguant de la « spécificité » du cinéma pour demander des mesures dérogatoires à l'application du traité de Rome.

2.4 Le colloque d'avril 1968 : rapprochement entre professionnels du cinéma et administrateurs nationaux et européens

En avril 1968, Jean-Claude Batz, de l'Institut de Sociologie de l'Université libre de Bruxelles organise en collaboration avec Claude Degand, chef du service de la Documentation du CNC un colloque sur *« les voies et les moyens d'une politique commune de la cinématographie dans le Marché commun »* [228]. La situation du cinéma dans les six pays est analysée en détail ainsi que les moyens de parvenir à une harmonisation des systèmes d'aide et à une meilleure promotion du cinéma européen. En particulier, une proposition est faite de créer un Bureau Européen du Cinéma (BEC) pour représenter et défendre les intérêts du cinéma des pays européens. Ce congrès marque surtout le premier moment de mise en relation d'experts européens et nationaux avec les professionnels du cinéma européen. En ce sens il préfigure ce que seront les interactions entre ces groupes aux intérêts parfois divergents à partir de la fin des années 1980, c'est-à-dire à partir de l'institutionnalisation de relations de contrôle, de consultation et d'échanges mutuels entre ces groupes. Pour autant, il n'aboutit pas à l'émergence d'un groupe social spécifique, telle qu'une communauté épistémique, tant les points de vue semblent éloignés et les rapports de force entre ces groupes déséquilibrés.

Aidé financièrement par la CEE, le colloque reçoit une importante délégation de fonctionnaires européens. Sont ainsi présents les chefs de cabinet

---

[226] De fait, la construction navale connaissant de graves difficultés à la fin des années 1950, le Traité de Rome prévoit des dispositions dérogatoires à son endroit.
[227] [Association des juristes européens, Chapitre 4 : 19], passage souligné par l'auteur.
[228] Jean-Claude Batz est directeur de l'Institut de Sociologie de l'Université Libre de Bruxelles et par ailleurs Secrétaire général d'un « Comité permanent d'experts du cinéma » auprès du Service de presse et d'information » de la Commission européenne qui deviendra ultérieurement la DG X. Claude Degand est un spécialiste des questions économiques et il est chargé du suivi des questions relatives au Marché commun au CNC. Il édite à ce titre la lettre d'informations européennes du *Bulletin du CNC*.

du Président (Jean Rey) et du vice-président de la Commission européenne (Raymond Barre), des directeurs issus de la Direction des Affaires générales, de la Direction du « *Marché intérieur et rapprochement des législations* », de la Direction générale de la « *Concurrence* », et du Service de presse et d'information de la CEE. Parmi les délégations nationales, la France et la Belgique sont très fortement représentées. Si l'on ne peut bien sûr négliger dans l'explication de cette présence la proximité géographique du colloque et la nationalité des deux organisateurs, il ne faudrait pas sous-estimer, en particulier pour la France, la forte implication des professionnels et de l'administration à l'égard des questions soulevées par la perspective du Marché commun du cinéma. Ainsi la délégation française (conduite par le directeur du CNC), est essentiellement composée de membres du CNC, des délégués des syndicats de toutes les branches de l'industrie cinématographique et de quelques présidents de sociétés de production. Le nombre important de participants français témoigne du souci, tant pour l'administration que pour les professionnels, de ne pas se laisser dépasser ou distancer par l'avancée de la problématique européenne. D'autres délégations nationales sont également présentes venant d'Allemagne, de Hollande, d'Italie et bien que celle-ci n'appartienne pas à la CEE, de Grande-Bretagne. Enfin, seul représentant américain, l'universitaire Thomas Guback de *l'Institute of Communications Research* de l'université d'Urbana, Illinois, connu pour son analyse du déclin du cinéma face à la télévision et ses travaux sur l'économie du cinéma. L'année 1968 constitue ainsi un moment important dans le processus de construction d'un marché commun du cinéma puisqu'il s'agit à la fois d'une date marquée par la formulation complète et détaillée d'un programme d'action européen et en même temps par le début d'une mise entre parenthèses durable de toute progression de l'intégration européenne de l'industrie cinématographique. La raison de ce repli du processus d'intégration européenne en matière de cinéma est double : d'une part, l'aggravation de la « crise du cinéma » au début des années 1970 entraîne un repli des producteurs sur leurs scènes nationales respectives et une demande accrue de leur part de protection et d'aide de l'Etat ; d'autre part, l'affaiblissement de la dynamique d'intégration impulsée à la fin des années 1950. La conjoncture politique est marquée par la recherche d'une coopération intergouvernementale au détriment d'une intégration supranationale. En outre, cette période est marquée par l'affirmation du cinéma comme art, comme expression culturelle nationale par les producteurs eux-mêmes et par l'affirmation corrélative de l'illégitimité de l'Europe à traiter de questions culturelles qui relèvent explicitement et exclusivement des Etats membres. La Commission européenne est donc en butte à un obstacle majeur qu'elle ne peut directement surmonter. C'est la raison pour laquelle la Direction Générale en charge de l'établissement du marché intérieur va adopter une stratégie de contournement : puisqu'on ne peut s'attaquer directement aux films, désormais considérés comme des biens culturels, il faut poursuivre le processus d'intégration en empruntant d'autres voies.

II] Le contournement de « l'obstacle culturel » : mise sur l'agenda européen de la question audiovisuelle

Au cours des années 1960, l'entreprise de légitimation du cinéma comme art et du réalisateur comme auteur de film parvient à s'imposer au sein de l'espace cinématographique. Dès lors, quelles voies peuvent emprunter les institutions européennes afin de contourner cet « obstacle culturel » qui s'est progressivement élevé contre la création d'un marché commun du cinéma ? Pour un temps, l'idée de la création d'un marché du cinéma unifié est abandonnée au profit d'une autre ambition, apparemment distincte, celle de la constitution d'un espace audiovisuel intégré.

A] *La lutte entre le Conseil de l'Europe et la Communauté européenne pour la définition d'une politique culturelle européenne*

En raison même de leurs fondements distincts et de leurs caractéristiques institutionnelles, le Conseil de l'Europe et la Communauté européenne sont les vecteurs de deux processus distincts d'européanisation des politiques nationales : le Conseil de l'Europe, structure intergouvernementale de coopération, et la Communauté européenne, « *ni Etat, ni organisation inter-étatique* » selon l'expression de Christian Lequesne[229], plus complexe à définir et à appréhender, qui combine à la fois des logiques d'intégration supranationale et de régulation intergouvernementale, s'opposent ainsi sur la question du cinéma et de l'audiovisuel en Europe.

1) L'action entreprise par le Conseil de l'Europe

1.1 Le Conseil de l'Europe, une institution inter-étatique

Fondé en mai 1949 par dix Etats, le Conseil de l'Europe apparaît très tôt comme un vecteur non négligeable du processus récurrent d'européanisation des questions culturelles en général et cinématographiques en particulier. Le Conseil de l'Europe est une institution inter-étatique au sein de laquelle domine une logique de travail et de décision intergouvernementale. En effet, le Conseil est composé de deux organes, le Comité des Ministres, qui regroupe des représentants des gouvernements et l'Assemblée parlementaire, qui regroupe des représentants des parlements nationaux, auxquels sont associés des représentants du monde académique et des organisations non gouvernementales.

---

[229] [Lequesne C. dans d'Arcy F. et Rouban L., 1996].

Cependant, aucun de ces deux organes ne peut prendre de décisions engageant les Etats. Le droit élaboré par le Conseil de l'Europe est donc un droit conventionnel qui ne lie les Etats que dans la mesure où ceux-ci ratifient les textes adoptés par le Conseil. Il n'y a par conséquent aucun processus de transfert de pouvoir vers l'institution, contrairement à la logique d'intégration de la CEE. Ce dernier apparaît donc essentiellement comme un organe de coopération et un espace de débat au sein duquel on tente de rapprocher de manière non contraignante les législations et les principes d'action publique dans le but de réaliser une union plus étroite entre ses membres. Le Conseil de l'Europe se veut avant tout une institution de défense et de promotion de la démocratie libérale. C'est au nom de la défense d'un de ses principes, à savoir la libre circulation des idées et le pluralisme politique que le Conseil de l'Europe va fonder sa première intervention dans le secteur des médias. Il s'appuie notamment sur l'article 10 de la Convention européenne de sauvegarde des droits de l'homme et des libertés fondamentales signée par les Etats membres du Conseil le 4 novembre 1950 :

« 1- Toute personne a droit à la liberté d'expression. Ce droit comprend la liberté d'opinion et la liberté de recevoir ou de communiquer des informations ou des idées sans qu'il puisse y avoir ingérence d'autorités publiques et sans considération de frontière. Le présent article n'empêche pas les Etats de soumettre les entreprises de radiodiffusion, de cinéma ou de télévision à un régime d'autorisation [...] »[230].

De portée restreinte puisqu'il permet aux Etats de contrôler l'ensemble de leurs systèmes audiovisuels, cet article établit cependant un cadre au sein duquel les questions des rapports entre l'Etat et les entreprises de communication, (qu'il s'agisse du cinéma ou de la télévision), c'est-à-dire les questions de *« l'ingérence d'autorités publiques »* et les *« considérations de frontières »* seront désormais régulièrement débattues. Lorsqu'en 1962, le Conseil de l'Europe reprend les activités de l'Union de l'Europe Occidentale (UEO) en matière d'éducation et de culture, il se dote d'un Conseil de la Coopération Culturelle (CDCC) et en 1965 est même créé, pour un temps seulement, un Comité Technique des Activités Cinématographiques (CTAC). Ainsi, dans les domaines de la culture et de l'éducation, le Conseil de l'Europe dispose d'une plus grande légitimité d'intervention et de proposition que la Communauté européenne, institution plus récente et originellement orientée vers l'intégration économique de ses membres. Pourtant, en raison de son ambiguïté et de sa spécificité, les problèmes du cinéma, « bien » culturel diffusé par des médias, ne sont abordés qu'incidemment et toujours de façon marginale par les groupes de travail qui traitent soit des médias, soit de la culture et de

---

[230] Cité dans [Conseil de l'Europe, 1991].

l'éducation. C'est pourquoi les questions de cinéma ne commencent à être l'objet d'un intérêt plus soutenu qu'à partir des années 1970.

1.2 Le Conseil de l'Europe et le cinéma

La politique cinématographique du Conseil de l'Europe a pour acte fondateur la Convention culturelle européenne du 19 décembre 1954. Celle-ci prévoit qu'un Prix du Conseil de l'Europe récompense chaque année un film européen présenté lors d'un festival cinématographique, déjà existant, organisé dans un pays membre. Ce prix est attribué par un comité des experts culturels instauré par cette convention. La remise de ces prix est abandonnée en 1963 et remplacée à partir de 1964 par les Semaines du film du Conseil de l'Europe. Celles-ci ont pour but d'encourager la distribution de films européens au sein des pays du Conseil de l'Europe et de promouvoir, par la culture, une meilleure entente entre les peuples. En effet, le cinéma est appréhendé comme un élément d'une vaste politique sociale, éducative et culturelle destinée à assurer le développement des sociétés européennes et à conforter les valeurs de la démocratie et des droits de l'homme. Cependant, les bouleversements de mai 1968 entraînent des changements considérables dans la définition des politiques de la jeunesse mais aussi de la culture et de l'éducation. Ainsi, les comités permanents sont supprimés et la politique culturelle s'organise désormais selon une logique plus parcellaire de « projets ». Ces derniers permettent, en particulier, d'organiser des colloques réunissant un grand nombre de participants et donc d'associer plus étroitement les professionnels des différents domaines traités, notamment les professionnels du cinéma. C'est l'Assemblée parlementaire du Conseil de l'Europe qui organise, à Lisbonne en 1978, le premier colloque concernant directement le cinéma visant à éclairer à la fois les aspects économiques de la crise ainsi que la diversité des législations européennes. Claude Degand, spécialiste des questions européennes au CNC, est à l'origine de la première partie du rapport *Le cinéma et l'Etat* qui fait suite au colloque[231]. Ce rapport marque un jalon supplémentaire dans la prise en compte de la dimension européenne des questions cinématographiques ainsi que de l'importance des législations et des systèmes d'aide que l'on continue de penser en terme d'harmonisation. Le rapport s'ouvre par le constat récurrent que « *le cinéma est en crise* »[232]. Les facteurs de la crise sont désormais bien établis. Il s'agit d'une part d'une chute de la fréquentation, le nombre annuel de spectateurs passant de 3,3 milliards à 1,5 milliard en Europe occidentale de 1958 à 1978, entraînant logiquement une fermeture importante du nombre de salles, de 42 000 à 27 000[233]. La chute des recettes en salles est d'autant plus

---

[231] [Voogd J., 1979].
[232] *Ibid.*, p. 4.
[233] Chiffres cités dans le rapport, *Ibid.* p. 14.

dommageable qu'elle se répercute sur la production en limitant ses ressources. Par conséquent, la branche production, peu structurée économiquement et traditionnellement atomisée est elle aussi en crise. La puissance de l'industrie américaine et la part croissante de ses films sur les écrans européens sont bien sûr soulignées. Enfin, les problèmes engendrés par la télévision, qui achète des films à bas prix et exerce une concurrence certaine sur les salles de cinéma sont évoqués, le rapport dénonçant le fait que « *la télévision vit du cinéma, mais le cinéma en meurt* ». Au demeurant, même s'il reste de portée très limitée, le rapport ne fait pas que synthétiser les problématiques classiques du cinéma, « *en même temps art et industrie* », et s'en tenir aux formules incantatoires du maintien de l'identité européenne dans la diversité. Aussi, le rapport invite directement la CEE à agir en faveur d'un plan d'harmonisation des législations cinématographiques européennes et à régler au mieux la question des aides d'Etat au cinéma, pourfendues par la Commission au nom de la création d'un marché unique. Le rapport suggère même à la Commission de développer les prémisses d'une politique commune en matière cinématographique, en créant « *un fonds bancaire européen* » chargé notamment de faciliter la distribution des films en Europe[234]. Enfin, le rapport appelle à renforcer le Bureau Européen du Cinéma (BEC) chargé de fournir aux Etats européens des statistiques et des études relatives aux cinématographies nationales[235].

Ce rapport conduit à l'adoption de la Recommandation de l'Assemblée parlementaire du 11 mai 1979[236] qui reprend quasi intégralement les propositions du rapport *Le cinéma et l'Etat*. Le texte invite notamment les Etats européens à adopter des mesures d'encouragement à la production cinématographique, d'aides sélectives et d'augmentation des budgets de la Culture, à rechercher les voies d'une meilleure coopération avec la télévision, à promouvoir l'étude du cinéma dans l'enseignement secondaire et, au niveau européen, à favoriser la coordination des politiques nationales et le développement des coproductions. De fait, cette Recommandation demeure, tout au long des années 1980, la matrice des travaux ultérieurs du Comité d'experts gouvernementaux du cinéma, créé à la suite de la Recommandation. Par ailleurs, le Conseil de l'Europe adopte plusieurs Recommandations qui dénotent un intérêt croissant pour les questions cinématographiques et audiovisuelles. Ainsi la Recommandation sur la promotion de la production audiovisuelle en Europe du 14 février 1986 se préoccupe du niveau de production en Europe, des rapports entre le cinéma et la télévision et souhaite « *favoriser la production de programmes dans les pays européens* »[237]. Elle est

---

[234] *Ibid.*, p. 15.
[235] Ce bureau a été créé en 1977 à l'initiative de la Belgique et de la France, en particulier du CNC dirigé par Pierre Viot, ce qui souligne déjà le rôle d'impulsion des structures françaises dans la construction d'une Europe du cinéma.
[236] [Conseil de l'Europe, 1979].
[237] [Conseil de l'Europe, 1986].

suivie le 20 mars 1987 d'une Recommandation sur la distribution des films en Europe qui propose notamment la conclusion d'accords de codistribution dont il est question quelques mois plus tard en juillet 1987 lors du colloque de Rimini sur la « codistribution de films dans l'espace européen »[238]. Or, cette proposition préfigure le futur programme *MEDIA* mis en place par la Commission européenne et témoigne de la rivalité croissante des deux institutions en matière de politique cinématographique européenne. A cet égard, le processus d'adoption de la directive « Télévision sans frontières » témoigne de cette rivalité institutionnelle, instrumentalisée par les Etats membres, quant à l'adoption d'une politique commune en matière cinématographique et audiovisuelle. En effet, le colloque de Rimini s'inscrit dans le cadre des actions développées pour l'Année Européenne du Cinéma et de la Télévision (AECTV), organisée à l'initiative de la Commission européenne et à laquelle s'associe le Conseil de l'Europe[239]. Cette année du cinéma marque la mise sur l'agenda politique, au niveau européen, de la question cinématographique et audiovisuelle et des initiatives prises en ce domaine. En effet, sortant du registre traditionnel de l'analyse et de la recommandation, le Conseil de l'Europe adopte plusieurs résolutions, notamment relatives à la création d'un fonds européen d'aide aux coproductions, *Eurimages*[240], et à la création d'un Observatoire Européen de l'Audiovisuel[241]. Mais surtout, à l'initiative de la Grande-Bretagne, il travaille depuis 1986 à l'adoption d'une convention sur « la télévision transfrontalière » qui est une version plus libérale de la directive en préparation au sein des institutions communautaires. Dès lors, une course de vitesse s'engage entre les deux institutions pour tenter d'affirmer un *leadership* en matière de politique audiovisuelle en Europe.

2) Vers une action communautaire dans le domaine culturel : la légitimité contestée de la Commission européenne

2.1 La culture, objet d'une concurrence institutionnelle européenne

L'action communautaire dans le domaine culturel se voit opposer deux arguments majeurs qui ont retardé son émergence et sa mise en œuvre. En premier lieu, il a longtemps paru impossible à la Commission de proposer une quelconque « politique culturelle européenne ». Non seulement, parce que l'on chercherait en vain un article du Traité de Rome prévoyant une telle politique, mais aussi parce qu'elle heurterait de front le souci d'indépendance des Etats dans un domaine touchant à l'identité nationale où ils entendent agir avec la plus grande latitude possible. En second lieu, il est également apparu impossible

---

[238] [Conseil de l'Europe, 1987].
[239] [Conseil de l'Europe, *Résolution 887,* 1987].
[240] [Conseil de l'Europe, 1988].
[241] [Conseil de l'Europe, 1992].

d'agir au nom d'une « culture européenne » unifiée et préexistante qui n'existe pas, quand l'Europe apparaît au contraire comme une mosaïque de cultures, de langues, de modes d'organisation et de production dont le caractère pluriel est en outre renforcé par les élargissements successifs. Cependant, la Commission européenne va rapidement s'imposer comme l'organisme décisif dans la définition d'une politique audiovisuelle européenne ayant des conséquences sur l'activité cinématographique dans l'Europe toute entière en agrégeant différentes logiques politiques et institutionnelles dans des secteurs connexes au secteur cinématographique. En effet dans les années 1970, il n'existe pas d'espace cinématographique ni même audiovisuel européen au moment où la Commission se saisit de différentes questions relatives à la fois à la télévision, à la réglementation de la radiodiffusion et au cinéma, ce dernier étant considéré comme un élément parmi d'autres d'une éventuelle politique culturelle. On comprend dès lors pourquoi la mise sur l'agenda européen du traitement des questions cinématographiques et plus largement audiovisuelles revêt un caractère particulièrement concurrentiel, la Commission n'ayant pas encore affirmé son *leadership* dans ces domaines. Elle doit composer avec l'activité du Parlement, du Conseil des ministres, de la Cour de Justice et du Conseil de l'Europe. Alors même que la dynamique de relance de l'intégration européenne opérée par la signature de l'Acte unique en 1986 n'est pas encore à l'œuvre, on assiste à l'émergence progressive d'un agenda politique européen dans différents domaines et notamment dans celui du cinéma et de l'audiovisuel pour lequel l'échec de la première tentative de communautarisation des problèmes et de leurs éventuelles solutions n'a pas empêché le retour de ces questions au niveau européen. Ainsi, « *le transfert des processus d'inscription des problèmes sur l'agenda politique vers le niveau européen, ne signifie pas évidemment qu'il existe un consensus sur le traitement des problèmes* ». C'est au contraire l'aspect concurrentiel de la mise sur agenda qui distingue, selon Pierre Muller, les échelons européens et nationaux : « *alors qu'au niveau national, un acteur ou une coalition d'acteurs peuvent espérer verrouiller le processus d'inscription des problèmes sur l'agenda politique, il est beaucoup plus difficile de l'imaginer au niveau communautaire, compte tenu de la diversité des intervenants et du flou des mécanismes de négociation* »[242].

2.2 La culture comme support de l'intégration européenne : premiers éléments de définition d'une politique

La sauvegarde du « foyer exceptionnel » de culture que constitue l'Europe a été assignée comme objectif à La Haye en 1970. Deux ans plus tard, la déclaration finale du Sommet de Paris indiquait que « *l'expansion économique n'est pas une fin en soi* » et qu'« *une attention particulière sera portée aux*

---

[242] [Muller P., in Meny Y., Muller P., Quermonne J-L., 1995 : 16-17].

valeurs et biens non matériels »[243]. Lors du sommet de Copenhague en 1973, les mêmes valeurs culturelles sont défendues avec l'adoption d'une déclaration sur l'identité européenne qui place la culture au cœur de la définition de cette identité. Le lien ainsi opéré entre culture et identité européenne, en dépit des problèmes et des questions qu'il ne manque pas de soulever, sera par la suite maintes fois souligné et utilisé comme argument rhétorique.

On peut cependant considérer que l'origine d'une action communautaire dans le « secteur culturel » se trouve dans deux résolutions qui rompent avec les déclarations de bonnes intentions des chefs d'Etat ou de gouvernement : la résolution du 13 mai 1974 relative à la défense du patrimoine culturel européen et celle du 8 mai 1976 qui préconise une action communautaire dans le secteur culturel. Il est intéressant de noter que le recours à la notion ambivalente de « culture » ou « d'identité culturelle », récurrent dans le discours politique visant à fonder ou à entretenir le sentiment d'appartenance communautaire, est de plus en plus fréquent à la fin des années 1970, tout en étant décliné dans des contextes différents. En effet, on retrouve ce type d'arguments discursifs aussi bien dans les rapports traitant de l'imminence d'une diffusion européenne des images via le satellite que dans les requêtes des professionnels du cinéma en faveur de la création de mécanismes de soutien communautaires. Succède aux deux résolutions du Parlement une communication de la Commission au Conseil du 22 novembre 1977 intitulée *« L'action communautaire dans le secteur culturel »* qui peut être considérée comme la première contribution de la Commission européenne à un futur programme d'intervention dans le domaine culturel. Il n'est fait référence ni à la culture ni à la radiodiffusion dans le traité de Rome. La Communauté européenne n'a donc pas de pouvoirs explicites découlant de son texte fondateur de 1957. Il faudra attendre près de trente-cinq ans pour que le mot *« culture »* figure dans un texte européen, celui du traité d'Union européenne signé à Maastricht en février 1992, plus de deux ans après l'adoption de la directive *« Télévision sans frontières »*. C'est par l'article 128 du traité de Maastricht que, pour la première fois, l'Union européenne est dotée de compétences en matière culturelle. Cependant, dès 1968, la Cour de justice juge que les biens culturels, notamment les œuvres d'art, ayant une valeur économique et donc susceptibles de faire l'objet de transactions commerciales, sont couverts par les dispositions du traité de Rome sur la libre circulation des marchandises. Or une lecture attentive du document produit par la Commission en 1977 montre bien toute l'ambivalence du terme de *« bien culturel »* qui explique, en grande partie, les difficultés pour la Commission de légitimer une éventuelle intervention dans ce domaine. Le document qui évoque en introduction la place de la culture dans la construction de l'Europe fait en premier lieu référence aux déclarations des chefs d'Etat et de gouvernement que

---

[243] Point 3 de la déclaration, Bull. CE 10-1970.

nous venons d'évoquer afin d'en importer la légitimité. Il présente ensuite les actions entreprises par la Commission dans ce domaine en les situant par rapport à celles des autres organismes internationaux en rappelant notamment l'importance de l'UNESCO et du Conseil de l'Europe, principal concurrent de la Commission en matière culturelle en Europe. Ce rapport repose sur deux affirmations : d'une part, que les produits culturels en Europe devraient bénéficier des règles du marché commun au même titre que tout autre produit ; d'autre part, que les artistes et producteurs qui produisent des œuvres audiovisuelles devraient bénéficier des actions en vue du progrès social, dans le cadre des traités européens. Il est ainsi intéressant de noter que pour s'emparer de l'audiovisuel comme nouveau champ d'intervention et de réglementation, la Commission « traduit » la question audiovisuelle en *« problème économique »* et en *« problème social »* pour pouvoir légitimer son action. La définition adoptée par cette communication révèle le positionnement que souhaite adopter la Commission :

« Le secteur culturel se définit comme l'ensemble socio-économique que forment les personnes et les entreprises qui se consacrent à la production et à la distribution des biens culturels [...]. Dès lors, l'action communautaire dans le secteur culturel se trouve elle-même logiquement centrée sur la solution des problèmes économiques et des problèmes sociaux qui se posent dans ce secteur comme dans tous les autres »[244].

La définition ainsi proposée, avec l'emploi de mots tels que « production », « distribution » et « biens » vise à faire de la culture un secteur économique comme les autres et donc justifiables des mêmes principes d'action que les autres secteurs économiques, légitimant ainsi l'intervention de la Commission européenne. Il s'agit ainsi de peser sur la culture en empruntant la voie de l'action économique et sociale. L'action communautaire : « vise en premier lieu à soutenir la culture par la mise en place progressive d'un environnement économique et d'un environnement social qui lui soient plus favorables ». Par ailleurs, selon la Commission « la plus grande partie de l'action communautaire n'est rien d'autre que l'application du traité de la CEE à ce secteur. Il s'agit de libre-échange, de liberté de circulation et d'établissement, d'harmonisation de la fiscalité et d'harmonisation des législations. La base juridique est le traité lui-même ». La Commission précise cependant plus loin que *« le secteur culturel n'est pas la culture, l'action communautaire dans le secteur culturel n'est pas une politique culturelle »*[245]. Ainsi, ce texte fondateur développe des arguments favorables à l'intervention de la Commission européenne en matière culturelle et suggère quelles pourraient être ses modalités d'intervention tout en prenant soin de ne pas apparaître comme une remise en cause des prérogatives des Etats

---

[244] [Commission européenne, 1977 : 5-6].
[245] *Ibidem*, pp. 6-7.

dans ce domaine. C'est pourquoi il est constamment fait référence au traité de Rome. On peut affirmer en ce sens que la communication de 1977 est ambivalente. Elle défend en effet l'idée que l'action communautaire dans le domaine culturel ne peut se faire qu'en respectant le traité de Rome, c'est-à-dire sans développer une politique culturelle européenne (prérogative étatique) tout en invitant la Communauté à faire preuve d'imagination et d'ambition dans un domaine présenté comme nécessaire à la création d'une identité commune.

Cette communication, présentée au Parlement européen aboutit en retour au vote à l'unanimité d'une troisième résolution du Parlement, le 18 janvier 1979. Par sa résolution, le Parlement européen enjoint la Commission de *« présenter sans retard des propositions formelles au Conseil afin de permettre la mise en œuvre [...] des différentes mesures prévues au titre de l'action communautaire.* » Parmi ces mesures on trouve notamment exprimée l'idée selon laquelle *« les problèmes des arts audiovisuels tels que le cinéma, en tant qu'expression culturelle de chaque peuple, doivent être également traités dans le cadre de l'action communautaire dans le secteur culturel »*. Enfin, le Parlement souhaite que la Commission développe *une coopération plus étroite avec le Conseil de l'Europe »*[246].

2.3 L'émergence d'une politique communautaire

La discussion du texte au Parlement donne l'occasion aux différentes sensibilités politiques représentées de donner leur avis sur l'opportunité d'une intervention plus grande dans le domaine culturel et notamment cinématographique. Le clivage apparaît nettement entre conservateurs et « socio-démocrates ». Alors que les deux grandes tendances du Parlement européen s'accordent pour considérer que le traité de Rome n'interdit pas une intervention dans le domaine culturel, les conservateurs refusent l'imposition d'une quelconque forme de modèle communautaire aux activités culturelles. *A contrario*, les démocrates sont plus enclins à souligner les difficultés rencontrées par certaines activités culturelles et la nécessité de promouvoir des mécanismes de soutien et d'aide pour des domaines qui participent de la création même d'une éventuelle identité européenne, comme le cinéma. Le débat sur la légitimité et l'ampleur de l'intervention de la Commission européenne dans le domaine culturel est ainsi lancé à la fin des années 1970 et on peut considérer que la communication de la Commission de 1977 et les discussions officielles qu'elle a suscitées ont été les éléments décisifs d'une nouvelle mise sur agenda de la question d'une politique européenne du cinéma. Cette seconde inscription sur l'agenda européen des enjeux cinématographiques en Europe l'a été à travers les discussions plus générales consacrées à la culture

---

[246] Débat du Parlement européen, *Journal Officiel des Communautés européennes*, séance du 17 janvier 1979, p. 182.

et à son rôle dans la constitution d'une identité européenne commune. Elle n'en reste pas moins partielle dans la mesure où elle ne se traduit pas concrètement par la mise en forme de propositions ou d'initiatives de la Commission. Concurrencée en particulier par le Conseil de l'Europe, elle ne parvient pas à trouver les relais tant internes (ressources financières et moyens administratifs insuffisants) qu'externes (absence de mobilisation des professionnels des secteurs concernés, réticence des Etats face à la perte de certaines de leurs prérogatives) nécessaires à la formalisation d'une réponse institutionnelle conforme au traité de Rome. Enfin, comme la « culture » relève du Conseil de l'Europe pour les grandes orientations, et des Etats membres pour la mise en place concrète de mécanismes d'intervention ou d'aides pour la conservation, la diffusion ou la créations de biens culturels, la Commission sera contrainte de recourir à une définition *économique* de l'audiovisuel présenté comme un « service », au lieu de privilégier une conception *culturelle.*

Cependant, la volonté d'inscrire la culture sur l'agenda politique en tant qu'objet possible et souhaitable de politique européenne n'est qu'un des aspects de la compétition qui se joue entre les diverses institutions européennes pour accroître leurs champs d'action et par là même leur pouvoir. En effet pour ces biens particuliers que sont les biens culturels, dont la définition les place au cœur de l'ambivalence entre culture et commerce, entre art et industrie, les querelles qu'ils suscitent ne sont pas seulement d'ordre sémantique, ou plus exactement, comme la plupart des querelles sémantiques, elles sont l'expression d'enjeux de pouvoir, le pouvoir de nommer définissant le plus souvent le pouvoir d'agir. Or le cinéma se trouve au cœur de ces enjeux de pouvoir, de ces « *luttes de classement* » bien qu'il ne le soit, jusqu'aux années 1980, qu'indirectement. En effet provisoirement, en raison de sa dimension culturelle désormais clairement affirmée, le cinéma se trouve placé en suspens, en marge de l'action des institutions européennes. Celles-ci ne pouvant intervenir directement et avec force dans ce domaine, malgré leurs tentatives réitérées, étendent leurs interventions à d'autres domaines qui vont se révéler déterminant pour le cinéma européen au milieu des années 1980.

B] *L'affirmation de la Commission européenne comme entrepreneur politique*

1) L'échec du règlement contentieux de la question des systèmes nationaux de soutien au cinéma

Bien que les différents Etats européens soient, pour la plupart, liés entre eux par des accords bilatéraux de coproduction, leurs législations cinématographiques sont demeurées relativement imperméables à un véritable effort d'harmonisation européenne. Les efforts engagés par la Commission pour parvenir à un marché commun du cinéma n'ont eu que de faibles résultats. Bien sûr, quatre directives européennes et un règlement communautaire attestent de l'effort entrepris. Surtout, les contingentements, les barrières administratives et tarifaires, qui auparavant délimitaient des espaces cinématographiques nationaux particulièrement fermés, ont été démantelés. La Commission européenne a ainsi obtenu la suppression des restrictions à la libre circulation des œuvres cinématographiques en Europe et au libre établissement des différentes branches de l'industrie. Elle a obtenu l'accord des Etats membres quant à l'usage d'une définition commune de l'œuvre cinématographique de long et de court métrage. Cependant, la Commission n'est pas parvenue à obtenir le démantèlement des mécanismes nationaux de soutien qui, selon elle, faussent la concurrence entre les Etats et a échoué à unifier l'espace (qu'il serait commode d'assimiler à un marché) cinématographique européen. Ainsi, pour reprendre la formulation de Fritz Scharpf[247], l'action de la Commission n'a abouti qu'à une intégration « *négative* », par la suppression de certains obstacles à la libre circulation, au demeurant très partielle, et non à une intégration européenne « *positive* », par la création d'une régulation et d'instruments de soutien communs.

La stagnation des efforts de coopération cinématographique au cours de la décennie 1970 peut sans doute être imputée, en partie, à une approche trop exclusivement juridique du problème des aides au cinéma. Cette dernière conduit la Commission a multiplié les procédures contentieuses à l'égard des Etats membres (notamment à propos des critères de définition de la nationalité des œuvres qui permettent d'accorder les aides) en lançant la procédure d'infraction à l'article 169 à la fois contre l'Allemagne, l'Italie, la Grande-Bretagne, le Danemark et la France à partir de 1979. En effet, la Commission s'est heurtée à la forte résistance des Etats puisqu'au 31 décembre 1981, seul le gouvernement anglais de Margaret Thatcher avait modifié sa législation sans toutefois avoir adopté les textes d'application correspondant. Ainsi, en ce qui concerne la France, la Commission adresse au gouvernement en octobre 1981 un « Avis motivé » condamnant le régime de soutien financier au cinéma et indiquant que la procédure contentieuse est poursuivie. L'inquiétude des professionnels du cinéma et de l'administration de la culture s'exprime à travers le CNC dont le directeur adresse une lettre à André Chandernagor, ministre délégué chargé des affaires européennes pour exprimer son inquiétude et demander que les différents ministères concernés par cette question adoptent une position et une stratégie communes. Le CNC suggère notamment :

« d'apporter à [notre] régime d'aide les aménagements techniques qui seraient de nature à désarmer l'hostilité de la Commission et d'autre part, de

---

[247] [Scharpf F., 2000].

réunir les Ministres ayant en charge les problèmes du cinéma dans les différents Etats membres de la Communauté »[248].

Une réunion interministérielle est ainsi organisée le 18 janvier 1982. Dans sa réponse au directeur du CNC, André Chandernagor précise la position qui a été adoptée au cours de cette réunion. Il s'agit d'une part, d'informer la Commission sur les réformes envisagées du mécanisme de soutien (sans toutefois le remettre en cause) et d'autre part, de réunir les Ministres européens. Cependant :

« Il a été convenu qu'une réunion des Ministres du cinéma ne pourrait avoir qu'un caractère informel dans la mesure où nous chercherions à y faire prévaloir des considérations de politique culturelle qui sont étrangères au Traité de Rome. Enfin, il a été jugé opportun de préconiser pour cette réunion un ordre du jour très large, où le problème de l'avenir des cinémas européens ne constituerait que l'un des sujets à traiter. En effet, les informations dont nous disposons sur les positions respectives de nos partenaires ne nous permettent guère d'auguger sur ce point, au moins dans la phase actuelle, une issue positive de cette réunion »[249].

L'opportunité se présente rapidement lorsque, le 3 février, l'Italie propose une réunion des ministres de la Culture en vue de la création d'un fonds européen des monuments et des sites. La France propose de l'élargir à un examen d'ensemble des politiques culturelles.

« Je pense que de cette façon, l'affaire s'engage comme vous le souhaitez. […] La réunion de plus en plus probable des ministres de la Culture va nous donner l'occasion de poser dans toute son ampleur le problème de l'aide au cinéma. »[250]

La réunion des ministres de la Culture est organisée à Naples les 17 et 18 septembre 1982 à l'initiative conjointe des ministres français et italiens de la Culture[251]. Au cours de la réunion, un clivage est apparu entre les pays du Nord (Allemagne, Grande-Bretagne, Danemark, Pays-Bas) et les pays du sud (Italie, France, Grèce) sur les moyens à mettre en œuvre en matière de cinéma. La Grande-Bretagne et l'Allemagne ont réaffirmé leur réticence à créer de « nouvelles bureaucraties ».

« Les mêmes ont renvoyé au Conseil de l'Europe un certain nombre de dossiers ». [Ils se sont par ailleurs montrés] *« agacés par la complicité franco-*

---

[248] Suggestion faite par le directeur du CNC et reprise dans la lettre de réponse d'André Chandernagor, Archives CAC 870713, art. 15.
[249] *Ibid.*
[250] *Ibid.*
[251] Il s'agit du ministre des « biens culturels » en Italie.

italienne qui n'[a] *pu masquer que le projet de déclaration avait été préparé à l'avance* »²⁵².

De fait, la déclaration finale préparée par la France et l'Italie reflète clairement les positions « interventionnistes » des deux pays et fait aussi référence à la politique du prix unique du livre, instituée en France en 1981, en justifiant le caractère spécifique ou « dérogatoire » du cinéma comme du livre.

*« Il y a eu de la part de la Commission des Communautés Européennes une tentative [...] de vouloir appliquer à l'industrie du cinéma, sous prétexte qu'elle est une industrie, les règles du Traité de Rome stricto sensu. Or, nous savons bien qu'une industrie culturelle, que ce soit le livre ou le film, n'est pas une industrie comme les autres et qu'on ne peut pas lui imposer brutalement les règles de la libre concurrence internationale sous peine de voir disparaître dans chacun de nos pays nos forces éditoriales en matière de livres, ou nos forces de création cinématographiques »*²⁵³.

Par ailleurs, à l'occasion de la signature d'un nouvel accord de coproduction entre la France et l'Italie le 13 novembre 1984, une trentaine de réalisateurs européens est réunie à Paris à l'initiative de Jack Lang. Cette réunion, conclue par une déclaration commune des réalisateurs, est l'occasion d'un appel à la défense du cinéma et d'un appel indirect à la Communauté européenne pour l'établissement de règles communes qui lui soient favorables : les réalisateurs demandent en particulier la reconnaissance, au niveau européen, d'une hiérarchie des médias qui préserve la priorité des salles de cinéma sur les autres réseaux et l'institutionnalisation d'une place privilégiée pour les programmes européens sur les réseaux européens. Ces revendications sont très proches du « modèle » français et s'inscrivent dans l'espace médiatique et politique européen comme un soutien à la position française²⁵⁴. Il s'agit notamment de peser sur les négociations à venir au niveau communautaire dans la mesure où l'examen d'un système multilatéral d'aide aux coproductions a été inscrit à l'ordre du jour de la réunion des ministres de la Culture prévue le 22 novembre 1984. Dès lors, les déclarations de Ken Loach selon lequel les Britanniques sont *« littéralement noyés par l'influence américaine »* ou celle de Bernardo Bertolucci qui explique qu'il vient *« d'un pays à l'avant-garde de la dégradation »* servent de caution à la défense du système français tant au niveau national qu'en tant que modèle d'une future politique cinématographique européenne²⁵⁵.

---

[252] Passages extraits d'une note du Service des Affaires Internationales (SAI) du CNC suite à la réunion de Naples, Archives CAC, 870713, art. 15, souligné par nous.
[253] Déclaration finale des ministres de la Culture, *Ibid.*
[254] La réunion du 13 novembre à Paris a réuni une trentaine de cinéastes dont douze français et cinq italiens, deux seulement pour la Grande-Bretagne, le Danemark les Pays-Bas et l'Allemagne et un seul pour l'Irlande et la Grèce.
[255] Dépêches AFP du 13 novembre 1984.

A la suite de la transmission par la France du projet de modification du système d'aides et des réunions successives des ministres de la Culture à partir de 1982, la procédure contentieuse initiée par la Commission semble suspendue. Elle est cependant relancée en septembre 1985 puis en janvier 1986 et porte non seulement sur les quotas dans les cahiers des charges des télévisions mais aussi sur le régime des déductions fiscales des SOFICA à propos des critères de nationalité des œuvres bénéficiaires[256]. Ainsi, en dépit de la résistance des Etats et des difficultés d'aboutir à une transformation substantielle des systèmes d'aides nationaux qu'elle considère comme protectionnistes, la Commission réitère régulièrement les procédures contentieuses. Elle « progresse » toutefois beaucoup plus rapidement dans le domaine de l'audiovisuel qui, au début des années 1980, paraît promis à une transformation radicale, reposant à la fois sur une multiplication sans précédent de l'offre d'images et une libéralisation, présentée comme « inéluctable », de l'espace audiovisuel européen.

2) La montée en puissance de l'action communautaire

Jusque dans les années 1970, la télévision ne constitue pas un enjeu majeur pour la Commission européenne, qui, de fait, tarde à investir cet espace. D'une part, sur le plan technologique, les enjeux économiques du secteur audiovisuel sont moins apparents dans les années 1950 et 1960 qu'ils ne le seront plus tard. La télévision est sous contrôle étatique dans tous les pays d'Europe, et le câble, la vidéo ou le satellite ne sont pas encore exploités commercialement. Ensuite, politiquement, le lien instrumental entre Etats et chaînes de télévision, qui repose sur une volonté encore forte de contrôler l'information, constitue une donnée que la nouvelle CEE, investie de pouvoirs limités face aux Etats, ne cherche pas à modifier ni à remettre en cause. Enfin, la télévision est encore appréhendée à travers la notion classique de « mass-media », c'est-à-dire comme un moyen de communication de masse dont les potentialités et les enjeux sont essentiellement culturels, et l'on a vu les difficultés des institutions communautaires pour investir le domaine culturel et étendre son action au-delà du projet initial d'intégration économique.

Le traité de Rome fait obligation à la Commission d'informer l'ensemble des ressortissants des Etats membres des décisions prises par la Communauté et susceptibles d'avoir une influence sur leur vie quotidienne ainsi que sur le fonctionnement des institutions. Cette fonction est dévolue au service de « Presse et d'information » de la Commission, qui subit une série de transformations et de transferts, le service étant soit rattaché au Président de la Commission soit attribué à un commissaire responsable, entre autres, de

---

[256] *Cf.* note du directeur du CNC du 27 mars 1986 à l'attention du ministre de la Culture relative aux attaques de la Commission à l'encontre des mesures pour le cinéma en France, Archives CAC, 890343, art. 2.

l'information[257]. En 1968, la direction générale de l'information devient la DG X et comprend une unité spécialisée sur les supports audiovisuels : radio, télévision et cinéma. La télévision connaît alors une commercialisation rapide avec les perspectives ouvertes par les nouvelles technologies et notamment les développements de la Télévision Directe par Satellite (TDS), qui imposent au marché leur logique et semblent préluder à un changement rapide des structures existantes. C'est à la fin des années 1970 que les services de la Commission se mettent à réfléchir à l'élaboration d'un cadre réglementaire communautaire pour la télévision. Il s'agit d'utiliser les possibilités nouvelles offertes par le satellite pour promouvoir la construction européenne et utiliser la télévision comme vecteur d'identification culturelle pour les citoyens européens. Par ailleurs, ces technologies permettent aux exploitants commerciaux d'échapper à l'intervention et à la réglementation des Etats, qui voient ainsi potentiellement échapper un élément non négligeable de leur pouvoir. Avec l'utilisation du satellite, la diffusion transnationale des programmes est désormais possible, ce qui permet de définir une autre politique de l'information au niveau européen. Cette dernière ne consisterait pas seulement dans la diffusion de programmes promouvant l'identité européenne sur des chaînes nationales mais bien plutôt dans la création de chaînes de télévision européennes. L'action de la Commission s'inscrit ainsi dans un triple contexte : les potentialités offertes par les nouvelles technologies, le recul de l'Etat dans ses pouvoirs de régulation et la relance du processus d'intégration européenne.

N'ayant pas de compétences affirmées dans le domaine télévisuel, les services de la Commission vont y étendre leur action en arguant de son caractère désormais stratégique pour tout développement d'une politique d'information européenne. Ils vont pour cela utiliser les travaux du Parlement européen, dont l'action dans ce domaine est moins susceptible de susciter la réprobation des Etats face à l'élargissement du pouvoir communautaire au détriment de leurs prérogatives nationales. Au début des années 1980, le Parlement européen présente plusieurs propositions de résolutions qui prônent l'émergence d'une politique européenne de la télévision articulée afin de forger une identité commune. La première proposition de résolution qui porte sur « *La politique d'information de la Communauté européenne, de la Commission et du Parlement européen* » (dite résolution Schall, du nom de son rapporteur) est adoptée par la Parlement européen au début de l'année 1981. La résolution réaffirme la nécessité de créer « *une conscience européenne commune* » et pour cela d'agir sur les moyens d'information. Elle souligne ainsi « *l'importance,*

---

[257] *Cf.* Pourvoyeur R., « la politique de l'information de la Communauté européenne », *Revue du Marché commun*, mars 1981, p. 193.

dans les activités d'information, du matériel de radio, de télévision et de cinéma pour atteindre une large audience »[258].

La seconde proposition de résolution *« relative à la radiodiffusion et à la télévision dans la Communauté européenne »* traite plus spécifiquement du rôle de la télévision en Europe. Partant du constat que *« la radio et la télévision sont, à notre époque, les instruments déterminants de l'information et de l'éducation de l'opinion publique »*, elle espère que *« l'apparition, au cours des prochaines années, de la retransmission par satellite, grâce aux technologies nouvelles permettra de multiplier les possibilités de diffusion [...] et d'atteindre toutes les régions européennes »*[259]. Elle propose également de créer un office européen de radiodiffusion et de télévision qui créerait ses propres programmes. La proposition de résolution n'est pas votée en l'état mais est reprise en annexe dans le rapport Hahn qui contribue de manière plus déterminante à la mise sur l'agenda communautaire d'une action de grande ampleur dans le domaine télévisuel. Par ailleurs, elle invite la DG X à lui soumettre des propositions quant aux programmes envisagés, ce qui autorise désormais les services de la Commission à prendre des initiatives et à travailler activement sur ce que pourrait être une politique européenne de la télévision.

2.1 La résolution Hahn sur « la radiodiffusion et la télévision dans la Communauté européenne »

S'appuyant sur les précédentes contributions du Parlement européen, le député Hahn présente, au nom de la commission de la Jeunesse, de la culture, de l'éducation, de l'information et des sports un rapport sur *« la radiodiffusion et la télévision dans la Communauté européenne »*[260]. Sur la base de ce rapport est adoptée, le 12 mars 1982, une proposition de résolution sur *« la radiodiffusion et la télévision dans la Communauté européenne »*[261]. L'orientation contenue dans cette proposition est double : il s'agit d'une part, d'élaborer un programme télévisé européen et d'autre part, d'encadrer et de réglementer la radiodiffusion en Europe.

La résolution invite ainsi la Commission à agir dans deux directions : d'une part, jeter les *« bases politiques et juridiques nécessaires à la création d'un programme télévisé européen »* ; d'autre part *« élaborer en matière de radiodiffusion et de télévision un règlement-cadre européen ayant, entre autres, pour objectif la protection de la jeunesse et l'établissement d'un code d'usage de la publicité au plan communautaire »*[262].

---

[258] « Résolution Schall », [Parlement européen, 1981].
[259] [Parlement européen, 1982].
[260] « Rapport Hahn », [Parlement européen, 1982].
[261] « Résolution Hahn », [Parlement européen, 1982].
[262] *Ibid.*, p. 34.

Cette résolution met en évidence que, jusqu'au début des années 1980, les thèmes de l'information et de la régulation de la radiodiffusion demeurent liées. Cependant, la relation entre la télévision et le cinéma ne fait pas l'objet d'une attention soutenue. Dès lors, la question des conséquences sur le cinéma d'une transformation sensible du paysage audiovisuel européen n'est pas évoquée. Enfin, le délai de six mois imposé par la résolution apparaît particulièrement court, ce que justifie la commission politique du Parlement.

« Le temps presse, car en l'absence de ce rapport il est certain que les différents Etats membres prendront des initiatives personnelles, ce qui compromettra alors pour ainsi dire définitivement toute réglementation communautaire. Parallèlement, de telles mesures d'urgence, prises au niveau national, ne feraient qu'accentuer le chaos dans la mesure où la politique en matière des médias ne peut plus être simplement circonscrite dans un cadre national »[263].

Il est intéressant de souligner cet aspect là de la mise sur l'agenda européen de la question audiovisuelle, à savoir la perception de l'évolution technologique et de l'arrivée des satellites comme d'un danger imminent et sans précédent qui justifie une action à la fois rapide et de grande ampleur. Par ailleurs, l'inquiétude par rapport aux bouleversements technologiques est aussi une inquiétude par rapport à leurs éventuelles conséquences économiques et culturelles. La commission politique du Parlement, dans son avis sur le rapport Hahn se fait l'écho de cette préoccupation diffuse, ultérieurement reprise par les professionnels du cinéma français et européens ainsi que leurs alliés institutionnels nationaux et communautaires, afin de souligner le danger de la constitution de vastes réseaux satellitaires régis par la seule loi du marché, c'est-à-dire le danger d'une Europe audiovisuelle constituée sur la seule trame de l'échange marchand. Enfin, cette commission s'inquiète du contenu des programmes dans le cadre d'une diffusion élargie et quasi illimitée, redoutant que le programme ne devienne *« un pur produit commercial. Ce marché ouvert de l'information ne doit pas aboutir à une diffusion sans limites des programmes par satellite de la Communauté »*[264].

2.2 Le rôle de la jurisprudence de la Cour de Justice des Communautés Européennes (CJCE) dans l'affirmation de la Commission européenne

Depuis 1974 et l'arrêt Sacchi, les décisions de la CJCE ont joué un rôle certain dans l'affirmation de la Commission en matière audiovisuelle. La Cour de justice juge alors qu'*« en l'absence de dispositions contraires au traité, un message télévisé doit être considéré, en raison de sa nature, comme une*

---

[263] « Résolution Hahn », [Parlement européen, 1982 : 27].
[264] « Résolution Hahn », [Parlement européen, 1982 : 26].

prestation de services »[265]. En effet, devant la Cour de justice, la Commission s'est appuyée sur la définition de « services » figurant dans l'article 60 du traité de Rome : « *Sont considérées comme services les prestations fournies normalement contre rémunération* »[266].

Les prestations de services étant mentionnées dans le Traité de Rome, si les produits audiovisuels sont considérés comme des services, ils entrent alors dans le champ de compétence de la Commission. La Cour de Justice, dans son Jugement sur l'affaire Sacchi, ne retient pas l'argumentation des gouvernements allemand et italien, qui avaient défendu la thèse selon laquelle les organismes de radiodiffusion étaient des organismes remplissant une mission d'intérêt public à caractère culturel. La Commission est donc contrainte de défendre une conception *marchande* des programmes de télévision au détriment d'une définition explicitement culturelle. L'arrêt « Sacchi » peut être analysé comme le facteur déclenchant d'un effet « d'engrenage » (« *spillover* » selon Haas). En effet, il constitue désormais le soubassement juridique utilisé par la Commission pour asseoir le rôle de la Communauté européenne dans le secteur audiovisuel, bien que de manière indirecte. Il faut attendre six ans avant que l'arrêt Sacchi ne soit mis en application par l'intermédiaire d'un nouvel arrêt, l'arrêt « Debauve », rendu lui aussi par la Cour de justice[267]. Ce jugement observe que les législations nationales en matière d'audiovisuel sont fort divergentes et que, par conséquent, il est du ressort de la Commission européenne de veiller à une « harmonisation minimale » des régulations nationales afin de faciliter la libre circulation de produits audiovisuels dans les pays membres. Le jugement de 1980 consacre donc le rôle central de la Commission européenne dans le secteur audiovisuel. Bien qu'il soit doté de compétences législatives importantes, le Conseil européen ne peut rédiger de projet de loi, mais seulement demander à la Commission de proposer une directive. Ce droit d'initiative législative, donnera à la Commission beaucoup de marge de manœuvre dans son action politique dans le domaine de l'audiovisuel.

3) La Commission, acteur ou acteurs? Fragmentation administrative et partage des compétences entre directions

Au sein de la Commission européenne, il n'existe pas, au début des années 1980, de services spécifiquement en charge du secteur audiovisuel et cinématographique. Deux directions générales vont cependant mener une réflexion propre sur l'évolution de ce secteur : la DG III et la DG X. Pour la DG III « marché intérieur et politique industrielle », il s'agit d'élaborer le cadre réglementaire communautaire régissant les activités audiovisuelles en vue de

---
[265] C.J.C.E., arrêt Sacchi, le 30 avril 1974, aff. 155/73 Recueil 1974.
[266] Arrêt Sacchi, *ibid.*, p. 432.
[267] Arrêt Debauve du 18 mars 1980, aff. 53/79, Recueil 1980.

l'achèvement du marché intérieur, c'est-à-dire, l'harmonisation des réglementations nationales et la suppression des obstacles à la libre circulation des services audiovisuels en Europe. Pour la DG X « culture, information et communications », il s'agit de promouvoir une politique audiovisuelle communautaire susceptible de servir de support à la poursuite d'objectifs culturels.

3.1 L'orientation de la DG III

La DG III est, avec la DG IV, celle qui affiche l'orientation la plus libérale au sein de la Commission. Elle est dominée depuis le milieu des années 1970 par un groupe d'experts, essentiellement de formation juridique, dont les membres sont issus de pays du nord de l'Europe, d'orientation plutôt libérale (Luxembourg, Allemagne, Grande-Bretagne). Or ce groupe d'experts a régulièrement combattu toutes les formes d'intervention des pouvoirs publics, notamment les quotas et subventions étatiques dans le domaine de la culture. Selon un fonctionnaire de la Commission :

« *Alors que la DG III est clairement libérale et orientée vers le marché, la DG X est plus interventionniste et orientée vers la culture* »[268].

Les responsables du dossier audiovisuel à la DG III au moment de l'élaboration du projet « Télévision sans frontières » sont l'allemand Ulf Bruhann, juriste de formation et Ivo Schwartz, « *directeur du rapprochement des législations, de la liberté d'établissement et de la libre circulation des services* » lui aussi juriste allemand, diplômé de l'université Harvard et en charge de la rédaction du Livre vert. Or le Livre vert traite des questions du cinéma et de l'audiovisuel de manière très technique reprenant la définition *économique* établie par la Cour européenne de justice afin de donner à son propos toute la crédibilité juridique nécessaire. L'influence allemande sur la politique audiovisuelle est sensible dès le début des années 1980, lorsque plusieurs députés allemands au Parlement européen, comme Wilhelm Hahn, formulent des propositions en faveur d'une politique commune de l'audiovisuel. Ces propositions faisaient écho au débat électoral opposant au même moment en Allemagne les partisans du monopole public de la télévision (socio-démocrates) et les partisans de la création de chaînes privées financées par la publicité (libéraux et chrétiens-démocrates).

A partir de 1986, le commissaire Martin Bangemann, joue un rôle déterminant dans l'élaboration de la directive[269]. Martin Bangemann arrive à la Commission avec une réputation de libéral acquise au ministère de l'économie allemande. Membre du parti FDP (libéral), député au Parlement européen

---

[268] Entretien avec André Masson, fonctionnaire à la Commission européenne, DG X, mars 1999.
[269] [Joana J. et Smith A., 2002].

(1979-84) puis ministre de l'Economie (1984-86) dans le premier gouvernement du chancelier Kohl, il démissionne pour prendre en charge *« la politique industrielle et du marché intérieur »* (DG III). Libéral convaincu, Martin Bangemann est aussi l'un des commissaires les plus puissants et les plus en vue de la Commission. En effet, la DG III est l'une des directions générales les mieux dotées budgétairement, ce qui lui permet de disposer d'une administration nombreuse et susceptible d'intervenir parallèlement sur des dizaines de dossiers. De plus, ses compétences sont horizontales, lui offrant la possibilité d'imprimer une marque libre-échangiste à de nombreuses politiques. Enfin, Martin Bangemann trouve un allié libéral de poids à la Commission en la personne du britannique Leon Brittan, commissaire chargé de la concurrence à la DG IV[270]. Leon Brittan, qui cherche à affirmer la légitimité de la Commission européenne en matière de concurrence bénéficie du travail accompli en ce sens au cours des années 1980 par son prédécesseur irlandais, Peter Sutherland[271]. En effet, celui-ci obtient du Conseil européen des engagements et le vote de réglementations favorables à l'intensification de la politique de concurrence au sein de la Communauté européenne. En particulier, il parvient à renforcer l'activité de la DG IV en s'appuyant sur les décisions de la Cour de justice européenne[272].

3.2 L'orientation de la DG X

Carlo Ripa de Meana, issu du milieu culturel italien et très apprécié par les professionnels du secteur qui voient en lui un défenseur de leur position, est nommé commissaire à la DG X en 1984, au moment de la sortie du Livre vert. Cependant, en dépit des efforts de son commissaire, la DG X n'est associée à la conduite de la politique européenne de l'audiovisuel qu'à partir de 1986, juste avant la publication du projet « Télévision sans frontières » sous forme de directive[273]. De plus, Carlo Ripa de Meana est remplacé par Jean Dondelinger, diplomate luxembourgeois très lié à la Compagnie Luxembourgeoise de Télévision (CLT). Pour les milieux professionnels, la nomination d'un luxembourgeois à la tête de la DG X indique que la Commission, quel que soit le contenu final de la directive, infléchit alors sa position dans un sens beaucoup moins interventionniste et beaucoup plus proche des positions libérales du pôle

---

[270] Leon Brittan a été formé au Trinity College de Cambridge et à l'université de Yale. Il adhère au parti conservateur en 1962. En 1983, il devient ministre de l'Intérieur puis en 1985, ministre du Commerce et de l'Industrie. Il est ensuite nommé commissaire en charge de la politique de la concurrence communautaire (DG IV) de 1989 à 1992 avant d'être nommé commissaire chargé des affaires extérieures (DG I) et vice-président de la Commission européenne en 1993.
[271] Peter Sutherland sera le dirigeant de l'organisation du Gatt au moment de l'exception culturelle en 1993.
[272] [McGowan L.et Cini M., cités dans Joana J. et Smith A., 2002 : 127].
[273] Sur les tentatives de Carlo Ripa de Meana pour infléchir la position de la Commission dans un sens plus favorable aux défenseurs de l'irréductibilité de la culture aux règles du marché, *cf.* [Polo J-F., 2000 : 248-254].

dominant du secteur, les diffuseurs télévisuels. Certains fonctionnaires de la Commission laissent entendre que ce n'est pas un hasard si un diplomate luxembourgeois proche de la CLT a été nommé commissaire chargé de l'audiovisuel au moment le plus critique de l'élaboration de la directive « Télévision sans frontières ». Le Livre vert de 1984 affiche une orientation très libérale en faveur de la création de chaînes privées pouvant profiter de ressources publicitaires. La chaîne luxembourgeoise CLT, seule chaîne commerciale en Europe, sert alors de modèle.

Pendant la controverse sur la directive, Jean Dondelinger est perçu comme le défenseur des intérêts des chaînes privées et notamment de ceux de la CLT à laquelle il est resté lié. Ainsi selon Pascal Rogard, délégué général de la Chambre syndicale et de l'Association des réalisateurs et producteurs (ARP) :

« Au début nous avions réussi à faire entendre nos positions, sur les quotas, avec des quotas de diffusion de 60 % comme en France. La Commission soutenait notre position, du moins apparemment. Mais lorsque Dondelinger est arrivé, c'est le point de vue des chaînes de télévision qui a pris le dessus et la Commission n'a plus voulu défendre les quotas »[274].

Jean Dondelinger n'est pas le seul luxembourgeois lié à la fois à la gestion des questions audiovisuelles au sein de l'Union européenne et à la CLT. Gaston Thorn, ancien président de la Commission, est alors président de la chaîne luxembourgeoise. De plus Étienne Davignon, ancien commissaire de la DG III, deviendra président de la société luxembourgeoise de satellite *SES*, à son départ de la Commission. Celle-ci exploite le satellite *Astra*, qui, à partir de la fin des années 1980, est le support de diffusion des émissions de *Sky TV* et, plus tard, du groupe dirigé par Ted Turner. Or l'autorisation de diffusion de ces chaînes va poser un problème politique au début des années 1990. En effet, elle fait apparaître pour certains les faiblesses de la directive « Télévision sans frontières », accusée de laxisme à l'égard des pratiques jugées déloyales des chaînes américaines en Europe. Enfin, la responsable des questions audiovisuelles à la DG X est la luxembourgeoise Colette Flesch, qui sera perçue par les professionnels européens du cinéma comme complaisante à l'égard des Américains, et notamment la MPAA dirigée par Jack Valenti, en raison de sa position conciliatrice au cours des négociations sur la directive. Il semble donc que le projet « Télévision sans frontières » ait été conduit par et pour les tenants du libre-échange en matière audiovisuelle dont les représentants les plus *« en pointe »* au début des années 1980 sont les Luxembourgeois. Initialement élaborée par une équipe de juristes allemands de la DG III, dont on connaît l'orientation libérale, la directive à partir du moment où elle n'est plus un projet mais une proposition concrète d'action et de réglementation dans le secteur

---

[274] Entretien avec Pascal Rogard, secrétaire général de la Chambre syndicale des producteurs-exportateurs de films et délégué général de l'ARP, juin 1998.

audiovisuel, c'est-à-dire à partir du moment où elle acquiert une visibilité et une dimension qui ne sont plus seulement techniques mais politiques, est prise en charge par la DG X. En matière audiovisuelle, la DG III a été chargée de l'initiative alors que la DG X a été chargée de la mise en œuvre effective de la politique communautaire. Or, bien que la composition ainsi que les missions dévolues à la DG X l'orientent *a priori* vers un mode de régulation plus interventionniste que libéral, le fait qu'entre 1986 et 1990, son commissaire et ses principaux conseillers soient Luxembourgeois n'est pas sans infléchir le positionnement et la ligne politique qu'elle adopte.

3.3 L'opposition structurale et structurante entre la DG III et la DG X

L'opposition entre ces deux directions générales structure ainsi le développement de la politique audiovisuelle européenne et s'incarne tant dans leurs représentations concurrentes du secteur que dans leurs modes et moyens d'action. Historiquement, il faut souligner que la DG III, à l'image de la DG IV, en charge de la concurrence, est une des directions générales qui a pesé le plus fortement sur l'orientation libérale du processus d'intégration européenne. Les mesures qu'elles promeuvent visent à harmoniser les réglementations nationales dans le but de constituer un vaste marché commun. *A contrario*, la DG X reprend généralement à son compte une approche « culturelle » du secteur, et est en ce sens très proche des milieux professionnels du cinéma. Ses membres, dont beaucoup sont Français dans les années 1980 et 1990, défendent le principe de systèmes d'aide nationaux (mécanismes de soutien et subventions publiques) voire de leur généralisation et de leur extension. Ces deux directions générales n'ont pas le même pouvoir ni la même légitimité pour peser sur la définition d'une action communautaire audiovisuelle[275]. L'action de la DG III peut s'inscrire dans les perspectives tracées par le droit communautaire et notamment les articles 59 et 60 du traité de la CEE. Comparativement, la DG X n'a pas encore de compétence propre pour intervenir dans le domaine de la culture puisqu'il faut attendre pour cela l'article 128 du traité de Maastricht en 1992, ce qui souligne, encore aujourd'hui, la prééminence des variables politiques et des données socio-économiques nationales dans l'analyse de l'évolution des politiques culturelles. En ce qui concerne l'organisation administrative, la DG X ne bénéficie pas de ressources humaines et budgétaires comparables à celle de la DG III. Jusqu'en 1986, seulement deux fonctionnaires européens dont un conseiller juridique travaillent sur les questions cinématographiques et audiovisuelles alors que la DG III dispose d'une unité complète pour traiter ces questions. Enfin, la DG X souffre de la faible

---

[275] Outre la DG III et la DG X, le cinéma et l'audiovisuel sont aussi pris en charge par la DG IV chargée de la politique de concurrence et dont l'orientation est très libre-échangiste, la DG XIII (télécommunications, technologies de l'information) qui traite notamment de politique industrielle (TVHD) et la DG XV (marché intérieur et propriété intellectuelle) qui aborde les questions du droit d'auteur et de la diffusion par satellite.

valorisation de la culture en tant que vecteur de l'intégration européenne. C'est pourquoi, au sein de la Commission, elle est l'objet d'une forme de relégation qui, pour être discrète n'en est pas moins réelle et perçue comme telle : les fonctionnaires y travaillant se plaignent d'un manque de considération, ainsi que de perspectives de carrière moins florissantes que dans les « grandes » directions générales (DG I, III et IV), tandis que les observateurs extérieurs et les professionnels du cinéma et de l'audiovisuel s'inquiètent de la faiblesse de leur principal sinon unique « allié » au sein de la Commission. Cette situation a cependant considérablement évolué depuis 1989 en raison de la montée en puissance du rôle de la Commission dans l'audiovisuel. Celle-ci s'exprime notamment à travers la mise en place de programmes spécifiques nombreux et complexes (comme le programme européen MEDIA) nécessitant des moyens budgétaires très supérieurs à ceux des années antérieures, et une exposition politique et médiatique sans précédent depuis les négociations du GATT en 1993. En effet, jusqu'en 1986, la DG X n'a que de faibles pouvoirs parce qu'ils ne sont que très peu fondés sur les règles obligatoires du traité de Rome. Mais la plus grande visibilité politique des questions de régulation de l'audiovisuel et du cinéma à partir de 1989 lui confère une puissance et une légitimité nouvelles, confirmées et confortées par l'article 128 du Traité de Maastricht.

Autrement dit à partir de 1989, le politique tend à l'emporter sur le juridique, la dimension symbolique sur la dimension économique. Si la DG III a été chargée de l'élaboration et de la mise sur l'agenda politique du Livre vert puis de la directive, cela tient à la « dimension instrumentale » accordée à l'audiovisuel dans le cadre du grand marché européen : il faut une direction générale puissante, dont les compétences s'étendent horizontalement, c'est-à-dire transectoriellement, pour mener à bien ce projet au sein de l'objectif global fondamental de mise en place du marché unique. De fait, malgré un certain discours d'accompagnement, le projet « Télévision sans frontières » n'a, à aucun moment, été une initiative *culturelle*. Selon un fonctionnaire de la DG X *« c'est véritablement la DG III qui a mené le projet de bout en bout, même si la DG X a essayé de peser, d'appuyer les professionnels. C'est la DG III qui, institutionnellement, était la plus forte et c'est toujours vrai aujourd'hui même si les pouvoirs de la DG X se sont accrus »*[276].

Par ailleurs, on peut mettre en évidence une logique bureaucratique communautaire qui tend au cloisonnement du fonctionnement des différentes instances de la Commission. Ce phénomène s'explique en partie par les divergences des politiques de recrutement des différentes directions générales, celles-ci attirant des fonctionnaires de formations diverses. Ainsi, les services de la DG X (audiovisuel) ont recruté de nombreux fonctionnaires de formation « généraliste », voire des journalistes ou des professionnels de la culture ; ceux

---

[276] Entretien avec André Masson, fonctionnaire à la Commission européenne, DG X, mars 1999.

de la DG XIII (télécommunications) des ingénieurs, et ceux de la DG III (industrie) des juristes et des économistes. Ces fonctionnaires ne partagent donc pas nécessairement la même « vision du monde » et ne s'accordent pas facilement sur une définition de la politique européenne de l'audiovisuel, sur les types de problèmes à traiter et sur les actions à entreprendre. Leurs socialisations universitaire et professionnelle diffèrent. De même, leurs places dans les jeux et logiques d'action d'institutions concurrentes au sein de la Commission européenne engendrent des positions et des prises de position divergentes, parfois même radicalement opposées. Par conséquent, la Commission n'agit pas comme un acteur unique dans l'espace audiovisuel européen mais est elle-même traversée de clivages, notamment entre ses différentes directions générales qui ne poursuivent pas les mêmes logiques institutionnelles et politiques. La montée en puissance de la DG X est également constatée par d'autres chercheurs qui ont travaillé sur des problématiques connexes à celle des politiques du cinéma et de l'audiovisuel comme par exemple le projet de Télévision Haute Définition (TVHD)[277].

La DG X se révèle notamment plus sensible aux intérêts des industries de programmes, diffuseurs et producteurs audiovisuels du projet TVHD (industries du « contenu »). Elle estime en outre que la télévision haute définition doit être restreinte dans un premier temps à la seule utilisation des professionnels et non du grand public, contrairement à la DG XIII, dont la « culture industrialiste » l'amène à défendre en priorité les intérêts des industriels et des fabricants (industries du « contenant ») qui souhaitent une généralisation de cette norme. Ces divergences posent alors la question de la formulation des préférences nationales ainsi que de la mise sur l'agenda européen de « problèmes » constitués en fonction des intérêts de certains groupes privés ou de certains Etats. De même, les incertitudes et les ambivalences de la Commission, qui tout en recherchant une convergence entre ses positions internes, cherche à affirmer la légitimité d'une intervention européenne spécifique dans le secteur, à même d'assurer l'extension de son pouvoir en matière cinématographique et audiovisuelle, doit être prise en compte. On peut ainsi, à propos des politiques du cinéma, relever certaines caractéristiques du processus décisionnel au sein de la Commission, notamment la fragmentation entre directions générales, la porosité des services par rapport aux groupes d'intérêt et le compromis institutionnalisé comme méthode de décision et de résolution des conflits, mis

---

[277] Initialement, la DG XIII, chargée des télécommunications a la mainmise absolue sur le pilotage du processus de lancement de la TVHD, la DG X ne faisant l'objet que d'une consultation formelle. Mais la DG X parvient progressivement à contester le monopole que s'est arrogé la DG XIII sur cette question et tente d'influencer la définition et l'évolution du projet. *Cf.* Bray F., *La télévision haute définition, Naissance et mort d'un Grand projet européen, op. cit.*

en évidence par ailleurs par de nombreuses recherches sur la Commission européenne[278].

Les pressions en faveur d'une réglementation européenne unique ont été exercées par ceux qui, au début des années 1980, pouvaient espérer tirer profit d'un marché audiovisuel transnational unique c'est-à-dire les publicitaires, les groupes audiovisuels américains, détenteurs de droits audiovisuels sur un stock de programmes très important et les fabricants européens de téléviseurs comme *Philips* et *Thomson*.

Les auteurs du Livre vert de 1984[279], c'est-à-dire essentiellement les juristes de la DG III, ont été fortement influencés par les arguments des agences de publicité, soucieuses d'ouvrir le marché publicitaire audiovisuel encore très restreint en Europe. De plus, alors que la période est marquée par une multiplication des supports de diffusion, la télévision est le media qui est appelé à connaître une forte croissance que ne peuvent offrir les supports traditionnels. Or, comme l'observe Pierre Musso : « *le marché publicitaire européen est dans ce contexte un gâteau bien attractif et les obstacles à sa construction sont souvent évoqués par les programmateurs qui y voient un frein au financement des programmes. [...] Il fallait construire un espace européen télévisuel et... publicitaire* »[280]. Cette influence apparaît explicitement dans le Livre vert. Les groupes publicitaires tels *que Saatchi & Saatchi, The European Association of Advertising Agencies, The International Advertising Association* sont abondamment cités. On trouve par ailleurs, en annexe du Livre vert, une partie d'un rapport de 1983 de *l'European Association of Advertising Agencies*. Ils s'accordent sur le postulat que l'apparition et la montée en puissance de nouveaux supports publicitaires auront pour effet d'élargir et de renforcer à la fois le marché publicitaire et le marché audiovisuel : « *l'apparition de nouveaux vecteurs de publicité aura pour effet d'élargir le marché commun* »[281].

La télévision étant encore un monopole d'Etat dans la plupart des pays, les annonceurs trouvaient ainsi dans la libéralisation éventuelle de l'audiovisuel un moyen de s'affranchir des réglementations nationales et pensaient en outre que la concurrence obligerait les pays qui n'accueillaient pas de publicité sur leurs écrans à changer de politique.

---

[278] Pour l'audiovisuel en particulier, voir [Polo J-F., 2000].
[279] *Livre vert sur l'établissement du marché commun de la radiodiffusion, notamment par satellite et par câble*, 8227/84, COM (84) 300 Final.
[280] [Musso P, 1993 : 68].
[281] Cité dans le Livre vert, *op. cit.*, p. 55. Pour une analyse de la relation entre la Commission et les groupes d'intérêts des publicitaires, voir [Mattelart A., et Palmer M., 1990].

4) Le livre vert de 1984 et les enjeux commerciaux du marché unique des images

La première version du projet « Télévision sans frontières » est constituée par le Livre vert sur l'établissement du marché commun de la radiodiffusion, notamment par satellite et par câble[282]. Le Livre vert ne manque pas d'évoquer la nécessité de protéger l'identité européenne contre une menace externe. Ainsi peut-on lire que la « *création en Europe d'une industrie puissante de cinéma et de télévision créera des emplois et aidera l'Europe à protéger son identité culturelle et ses espoirs d'expansion économique face à l'expansion américaine et japonaise* »[283].

Les auteurs du Livre vert, se référant à une jurisprudence communautaire, préfèrent accorder à la télévision une définition strictement commerciale. Ainsi, un programme de télévision est conçu comme un « *service* » se vendant « *contre rémunération* »[284]. Le document met donc l'accent sur le principe de « *libre circulation* » de programmes de télévision définis comme des services. Le Livre vert défend ainsi la logique d'intégration du Marché commun fondée sur la libéralisation du marché et l'harmonisation des législations. Le rapport propose en particulier trois orientations : d'une part, l'ouverture du marché européen par la suppression des barrières à la circulation et à la transmission transnationales de produits audiovisuels, d'autre part, le développement de l'exploitation commerciale des nouvelles technologies de la télévision et enfin, l'harmonisation des législations nationales sur les normes techniques. Malgré un discours volontariste, les propositions de réglementation retenues par le Livre vert sont volontairement très limitées. Cette orientation libérale très marquée est affichée dans l'article premier du texte, qui affirme que « *l'activité audiovisuelle est une activité économique* », ce qui sous-entend une « *activité économique comme les autres* »[285].

La recommandation la plus significative du Livre vert porte effectivement sur la publicité. Elle propose de plafonner la publicité à 20 % du temps d'antenne. La part de la télévision dans les budgets publicitaires est alors très modeste en Europe, et représente à peine 15 % du total des dépenses contre 59 % pour les journaux. Selon le Livre vert, la faiblesse du marché publicitaire audiovisuel est attribuable aux restrictions imposées par les Etats sur la diffusion de publicités. Or le taux de 20 % correspond au plafond publicitaire le plus élevé en Europe qui est celui pratiqué au Luxembourg dont la structure de

---

[282] Le Livre vert est publié le 23 mai 1984 et communiqué par la Commission au Conseil européen le 14 juin 1984. Voir Livre vert sur l'établissement du marché commun de la radiodiffusion, notamment par satellite et par câble, *op. cit.*
[283] Livre vert, *op. cit.*, p. 4.
[284] *Ibid.*, p. 6.
[285] *Ibid.*, p. 6.

l'offre télévisuelle est assez singulière. Le Luxembourg n'a pas de télévision publique ; sa seule chaîne, la *CLT*, est la première télévision privée en Europe. Dans d'autres pays, comme le Danemark, la publicité est strictement interdite, alors que la Grande-Bretagne et la France ne permettent que de modestes pourcentages de temps d'antenne consacrés à la publicité.

Sur la question du droit d'auteur, il recommande que tout droit revienne à la société d'exploitation ou qu'un système de *« licence légale »* (inspiré par le *Copyright Act* en vigueur en Grande-Bretagne depuis 1956) soit instauré. L'adoption d'une législation sur le modèle anglo-saxon en matière de propriété intellectuelle, à la différence de celles en vigueur ailleurs, notamment en France, faciliterait l'exploitation commerciale des œuvres audiovisuelles car elle n'exige pas l'autorisation des titulaires de droits contre rémunération. En d'autres termes, elle permet à un diffuseur de transmettre une émission sans autorisation préalable des créateurs ou des producteurs audiovisuels. Le Livre vert justifie sa démarche globale en se référant à un rapport du Parlement européen, le rapport Hahn. Celui-ci s'était prononcé en faveur du principe de financement de la télévision par la publicité au lieu de redevances perçues par l'État[286]. Le Livre vert rappelle par ailleurs que le 30 mars 1984, le Parlement européen s'était prononcé dans deux résolutions (Arfe et Hutton) en faveur de la publicité à la télévision dans l'ensemble de l'Union européenne. Le Livre vert affirme ainsi que le nombre de programmes diffusés augmente les possibilités des annonceurs d'utiliser ce média comme support de publicité. Cette perspective permet une différenciation sans précédent de l'offre publicitaire contribuant ainsi à accroître les débouchés dans la Communauté. L'orientation libérale du Livre vert suscite assez rapidement des prises de position contrastées de la part des différents acteurs concernés par le texte. Les nouveaux acteurs privés de l'audiovisuel, chaînes privées, câblo-opérateurs, organismes de diffusion par satellite et agences de publicité y voient les prémisses d'une ouverture sans précédent des marchés audiovisuels jusque-là cloisonnés en marchés nationaux peu perméables, dominés par les opérateurs publics et donc sous-exploités. Avec les agences publicitaires, ce sont surtout les nouvelles chaînes privées qui se montrent les plus favorables au projet européen. En effet, celles-ci voient potentiellement augmenter ce qui constitue pour la plupart d'entre elles (les chaînes à péage étant moins directement dépendantes de la publicité), l'essentiel de leurs ressources financières[287]. Les responsables des chaînes publiques expriment quant à eux leur réticence, notamment par la voix de l'Union Européenne de la Radiodiffusion (UER), organisme groupant les

---

[286] *Rapport Hahn, Document de séance 1981-82*, doc. 1-1013/81 du 23 février 1982, Parlement européen, 73271 final.
[287] Ce qui souligne d'autant plus la position spécifique de *Canal Plus* dans l'espace cinématographique français, en raison de sa très faible dépendance à l'égard du marché publicitaire.

chaînes publiques européennes, qui estime que le Livre vert ne tient pas suffisamment compte du rôle culturel et de service public de la télévision.

La controverse sur les quotas, c'est-à-dire en réalité sur les programmes, a occulté la question, beaucoup moins médiatisée, de la publicité à l'antenne. En effet, l'influence des groupes d'intérêts des publicitaires a été tellement forte avant 1984 qu'il n'y a aucune référence aux quotas dans le Livre vert. Les juristes de la DG III semblent avoir écarté la question des programmes, trop sensible politiquement, prévoyant des dispositions très libérales en matière de publicité, à savoir le plafond de 20 % de publicité par heure. Il est vrai qu'au moment de la publication du Livre vert en 1984, le président de la Commission européenne est Gaston Thorn, luxembourgeois et futur président de la CLT. Le Livre vert, ayant réduit le statut d'un programme de télévision à celui de simple *service*, a suscité l'indignation et la mobilisation des auteurs, des artistes interprètes, des organismes de radiodiffusion de service public ainsi que d'une grande partie des producteurs.

Conclusion : l'Europe, l'Etat et le marché

En dépit des efforts et des menaces de la Commission européenne, qui s'appuie sur certaines décisions de la Cour de justice européenne, la communautarisation des politiques du cinéma en Europe ne peut avoir lieu dans la première décennie qui suit le Traité de Rome. Les démarches entreprises par la Commission pour classer le cinéma dans la catégorie des services ont échoué. L'engagement de la Commission pour faire du cinéma un service comme les autres et donc obtenir le droit de définir une politique européenne en la matière s'est heurté à l'hostilité des professionnels, initialement favorables à la création d'un marché commun du cinéma, mais inquiets de voir disparaître les systèmes d'aide existants. En effet, les compromis établis au niveau national perdurent et, notamment en France, la relation particulière entre la profession cinématographique et l'Etat joue un rôle puissant de maintien du *statu quo,* établi sous le ministère Malraux, en faveur d'une intervention équilibrée et protectrice de l'Etat. L'échec de la communautarisation des politiques du cinéma ne signifie pas pour autant l'abandon de l'activité de la Commission en ce sens. La Commission s'emploie à contourner « l'obstacle culturel », posé par le compromis néo-corporatiste entre la profession cinématographique et l'Etat, en élaborant une politique de l'audiovisuel « libérale » qui a des conséquences sur l'équilibre de l'espace cinématographique. A cet égard, la dimension spécifiquement économique de l'audiovisuel prend une importance grandissante avec le développement du chiffre d'affaires de la publicité à la télévision concomitant à la multiplication des supports de diffusion télévisuels. Cette évolution a parfois été analysée comme un « processus d'économisation » de l'audiovisuel lié à sa libéralisation[288]. La reconnaissance d'un nouvel enjeu économique et technologique a ainsi remis en cause les représentations traditionnelles des pouvoirs publics pour lesquels l'audiovisuel demeurait jusqu'à présent une « affaire d'Etat ». La valorisation de l'industrie des médias, l'apparition de chaînes commerciales et le développement de nouveaux vecteurs de diffusion ont provoqué un déplacement des jeux d'acteurs ainsi qu'un repositionnement de l'action des pouvoirs publics.

Dès le milieu des années 1980, l'action politique des institutions européennes coïncide avec la constitution d'un espace audiovisuel européen qui tend à faire abstraction des frontières territoriales. Ce faisant, la Communauté européenne constate que « *la notion presque classique en Europe de chaîne de télévision nationale, publique et jouissant d'un monopole dans son pays se trouve fondamentalement remise en cause* »[289]. La notion de politique audiovisuelle européenne elle-même s'en trouve modifiée dans la mesure où elle intègre une conception plus élargie des médias et notamment des médias électroniques. Les développements technologiques ont des conséquences importantes : une multiplication des chaînes de télévision permettant une offre décuplée dans le choix des programmes ; l'entrée en force d'acteurs du secteur privé qui concurrencent désormais le service public de la diffusion ; l'affaiblissement des logiques de segmentation entre l'édition, la publicité et le secteur électronique qui engendre une interdépendance avec l'audiovisuel, l'érosion du principe de souveraineté économique nationale en raison des nouveaux modes de diffusion et enfin, les possibles menaces que peuvent subir les cultures nationales par les grands groupes multimédias en voie de formation[290]. Les années 1980 témoignent de l'engouement des groupes industriels pour les médias électroniques, ainsi que de leurs capacités de mobilisation et d'action politiques. On aurait tort cependant de s'en remettre à une explication reposant sur un simple déterminisme selon lequel les changements technologiques sont à l'origine des réorientations politiques. Il est plus juste de parler d'une reconfiguration des relations entre les acteurs de l'espace audiovisuel européen, en particulier les groupes de communication et les instances politiques nationales et européennes dont les positions relatives se trouvent modifiées par les mutations technologiques, mais qui utilisent aussi ces changements et les discours qu'ils suscitent comme autant d'opportunités pour justifier leurs initiatives stratégiques et politiques. A ce titre, l'espace européen de l'audiovisuel fait apparaître plusieurs tendances de nature à favoriser cette déréglementation en particulier la conduite de stratégies commerciales agressives par les grands groupes de l'audiovisuel en Europe et

---

[288] [Olivesi S., 1998].
[289] *L'audiovisuel dans le grand marché européen*, Luxembourg, Office des Publications Européennes des Communautés Européennes, juin 1988, p. 10.
[290] [Dyson K., Humpreys P., in Dyson K. *et alii*, 1988 : 2].

consécutivement, l'affaiblissement des monopoles d'Etat, et le processus de convergence qui tend à rapprocher les télécommunications, l'informatique et l'audiovisuel.

Plusieurs facteurs peuvent justifier la mise en place d'un cadre réglementaire par la Commission européenne. Le premier tient aux stratégies professionnelles des « eurocrates » : le mouvement d'intégration européenne tendrait à accroître l'autorité de la Commission et donc des fonctionnaires qui la composent. De plus, l'audiovisuel apparaît, au début des années 1980, comme un domaine aux mutations rapides, parfois imprévisibles et radicales comme en Italie, ce que ne peut ignorer la Commission. Enfin, le projet « Télévision sans frontières » est une des conséquences de la relance de la dynamique d'intégration communautaire due à la signature de l'Acte unique en 1985. Cependant, la politique des nouveaux médias donne lieu à des rivalités inter-organisationnelles selon que les acteurs estiment tenir compte soit exclusivement d'une Europe communautaire et privilégient donc comme interlocuteur l'Union européenne, soit d'une Europe à « géométrie variable » et peu contraignante, au service de laquelle le Conseil de l'Europe s'avère être le plus apte à gérer les questions audiovisuelles. L'influence des services de la Commission sur la politique audiovisuelle ne va donc pas de soi et suppose de sa part une constante attention aux évolutions de la configuration d'acteurs agissant dans ce domaine. L'objectif de la Commission, conforté par l'arrêt Debauve, est, d'une part, de s'imposer dans l'espace audiovisuel, qui représente désormais un enjeu de pouvoir, et d'autre part, de mettre fin au cloisonnement national des télévisions en Europe. Le rôle d'entrepreneur politique de la Commission européenne est sans doute l'une des variables politiques les plus fréquemment mobilisées pour appréhender l'évolution des rapports entre les institutions européennes et les Etats membres[291]. Face aux initiatives de la Commission, les différentes administrations étatiques ont été contraintes de repenser leurs objectifs et leurs modes de fonctionnement, conduisant à un processus d'acculturation de l'administration au mode de faire européen.

En effet, au cours des années 1980, plusieurs facteurs ont contribué à une remise en question de l'Etat. Ainsi la décentralisation, la relance de l'intégration européenne avec la signature de l'Acte unique, l'internationalisation des marchés ont remis en cause non seulement la pertinence et l'efficacité des interventions de l'Etat mais également sa justification idéologique et normative[292]. Mais peut-on en conclure pour autant que la construction européenne est un facteur de dépérissement de l'Etat ? Ne faut-il pas plutôt tenter de saisir à travers le concept d'européanisation, une nouvelle articulation des relations entre l'Etat et les institutions européennes? Peut-on penser l'Etat

---

[291] [Ladrech R., 1994 : 69-88].
[292] [Casanova J-C., Lévy-Leboyer M., 1991].

non plus comme une entité monopolistique détentrice de la puissance publique mais comme une institution parmi d'autres qui interagit en fonction des dynamiques socio-politiques à la fois nationales et européennes[293] ? Ainsi la réciprocité des échanges entre l'Union européenne et les Etats conduit à l'utilisation, par les gouvernements nationaux, des politiques communautaires auxquelles ils prennent part, de façon à ce qu'elles contribuent, en retour, à la construction de leurs propres agendas nationaux : « *Les orientations données aux institutions communautaires par les gouvernements nationaux instituent en effet des contraintes dont ces gouvernements doivent ensuite tenir compte, en supranationalisant leurs options, ou en les inscrivant dans un cadre coopératif, ils renforcent leur portée puisqu'il leur devient plus difficile de s'y soustraire* »[294].

En conséquence, l'Etat inscrit désormais son action au sein d'un système complexe où l'internationalisation des normes et les politiques de libéralisation du commerce dominent. Dans ce système, les institutions de l'Union européenne jouent un rôle déterminant, d'articulation et de traduction des normes et des processus internationaux en politiques nationales, avec le soutien critique des Etats, et parfois contre eux. On assisterait alors à la redéfinition de l'Etat comme « facilitateur », travaillant à une meilleure coordination entre partenaires privés et publics[295]. Toutefois, on ne peut méconnaître les difficultés de l'administration française à intégrer à sa propre culture administrative celle des autorités communautaires qui accordent une place importante à de nombreux acteurs supranationaux et aux pratiques de *lobbying* à l'égard desquelles d'autres Etats, comme la Grande-Bretagne ou l'Allemagne, sont plus familiarisés.

---

[293] *Cf.* les travaux issus du groupe d'études sur l'Européanisation des Politiques Publiques et l'Intégration Europénnes (EPPIE) animé par Yves Surel et Bruno Palier, ainsi qu'un article récent de ces deux auteurs [Palier B., Surel Y., 2005 : 7-32].
[294] [Magnette P., 1997 : 741].
[295] [Papadopoulos Y., 1995 : 105].

Chapitre 4 / Naissance et cristallisation du référentiel de l'exception culturelle

Introduction

L'objectif de ce chapitre est de montrer comment s'est constitué en France, au cours des années 1980 et 1990, un référentiel d'exception culturelle au sein de l'espace cinématographique. Loin de signifier brutalement une exception au référentiel libéral dominant qui, progressivement, modifie et oriente en partie les différents modes d'action publique au sein des espaces sociaux européens, le référentiel d'exception culturelle montre la façon dont une profession redéfinit son rapport à l'Etat et aux normes économiques et politiques dominantes tout en sauvegardant un mode spécifique de régulation. En ce sens, le référentiel d'exception culturelle traduit à la fois une alternative à l'application radicale et indistincte d'un référentiel libéral dominant et une façon de se le réapproprier et de s'y adapter.

L'originalité du processus étudié est que le référentiel propre à l'espace cinématographique se constitue, pour la première fois en France, dans un processus de mobilisation et d'interaction avec les autres professionnels et Etats européens ainsi que les institutions européennes. Ce processus, s'il est susceptible de remettre en cause le compromis corporatiste français, permet dans le même temps de constituer de nouvelles alliances avec ces acteurs européens et de former des eurogroupes spécialisés dans la défense des intérêts du cinéma et de l'audiovisuel européens. Ainsi le référentiel d'exception culturelle correspond à la fois à une diffusion du mode d'action publique français en matière de soutien au cinéma et de structuration des espaces cinématographiques nationaux, et à une européanisation partielle de la politique française, traduisant l'acceptation de certaines inflexions et modes opératoires afin de préserver l'essentiel. L'émergence et la « cristallisation » du référentiel d'exception culturelle peuvent être étudiées en deux temps : d'une part, l'analyse du processus d'adoption de la directive « Télévision sans frontières » en 1989 qui permet aux différents acteurs de structurer leurs actions sans véritablement parvenir à un consensus durable ; d'autre part, l'analyse des négociations du GATT s'achevant par un compromis qui, en dépit de sa fragilité juridique, stabilise pour un temps la configuration d'acteurs de l'espace cinématographique européen.

I] L'adoption de la directive « Télévision sans frontières »: représentations des intérêts et mobilisations des professionnels

Les développements du chapitre précédent ont mis en évidence les tentatives de constitution d'un marché unique du cinéma dans les années 1960 et souligné l'émergence d'un nouvel acteur politique, la Commission européenne, susceptible de modifier profondément les modes d'action publique nationaux en matière cinématographique. Il apparaît dès lors nécessaire de poursuivre l'analyse en s'interrogeant sur la formulation des préférences nationales ainsi que sur la mise sur l'agenda européen de « problèmes » constitués en fonction des intérêts de groupes privés ou de certains Etats, ainsi que sur l'attitude de la Commission. En effet, celle-ci recherche une convergence entre ces positions et tente d'affirmer la légitimité d'une intervention européenne spécifique, lui permettant d'assurer l'extension de son pouvoir au sein des espaces cinématographique et audiovisuel.

A] *La directive « TSF », facteur d'ajustement des référentiels des espaces audiovisuel et cinématographique européens*

1) La position relative des acteurs en présence

Les groupes professionnels concernés de façon directe ou indirecte par les initiatives communautaires en matière audiovisuelle sont nombreux et d'origines sectorielles assez diverses : chaînes publiques et privées, producteurs, réalisateurs, associations de droits d'auteur, publicitaires, syndicats de techniciens, *etc*. Au début des années 1980, ces groupes sont très inégalement représentés à Bruxelles.

1.1 Les professionnels du cinéma

Les professionnels du cinéma sont bien représentés au niveau européen. Ainsi la fédération européenne des réalisateurs de films (FERA), le Bureau de Liaison Européen du Cinéma (BLEC), la Fédération Internationale des Producteurs de Films (FIAP), l'Union des Confédérations de l'Industrie et des Employeurs d'Europe (UNICE) ont développé des activités à Bruxelles. Cependant, ces organismes sont encore peu actifs, et leurs actions sont essentiellement dévolues à des exercices de coordination internationale de leurs membres que l'on pourrait qualifier de routinière, c'est-à-dire tournées vers la gestion administrative de questions relatives à la coproduction des films, à leur nationalité, à la mobilité des équipes de tournage, à l'organisation de rencontres, *etc*. Surtout, ils n'entrent que peu souvent en interaction avec la Commission dont l'intervention dans le domaine culturel demeure marginale à cette époque.

Enfin, certaines des instances qui seront amenées à jouer un grand rôle lors de l'adoption de la directive « Télévision sans frontières », et surtout lors des négociations du GATT et de l'adoption de la clause « d'exception culturelle », notamment *Eurocinéma* dirigée par Yvon Thiec, n'existent pas encore. On peut néanmoins souligner l'activisme dont fait preuve la FERA[296], présidée alors par le réalisateur Peter Fleischmann. La FERA s'emploie non seulement à encourager la diffusion des films européens à travers l'organisation de nombreux festivals mais aussi, sur le plan institutionnel, à construire des relations durables avec les instances communautaires. Elle trouve notamment un appui important au sein du Parlement européen et plus particulièrement de sa commission *« culture »*. Le secrétaire général de la FERA, Joao Correa, transmet à la députée européenne Marie-Jeanne Pruvot un projet de rapport sur la promotion du cinéma dans les pays de la Communauté. Le 23 février 1983, la FERA adopte la *« Charte des réalisateurs européens de l'audiovisuel »* et une délégation s'entretient le même jour à Berlin avec la commission *« culture »* du Parlement européen présidée par Marie-Jeanne Pruvot[297]. Cette commission, puis l'intergroupe *« cinéma »* créé à la fin des années 1980 à l'initiative notamment de Roger-Gérard Schwartzenberg, seront des relais institutionnels utiles dans la défense et l'illustration des thèses des cinéastes et des créateurs lors de la mobilisation des professionnels du cinéma, en 1989 et 1993.

1.2 La CEPI organe représentatif des producteurs audiovisuels indépendants

La Coordination Européenne des Producteurs Indépendants (CEPI) est créée en août 1988 par neuf associations nationales, dont l'Union Syndicale de la Production Audiovisuelle (USPA), le principal syndicat français, dans le but de défendre au niveau européen, les particularités de la production audiovisuelle indépendante et de développer des positions communes en matière d'activité de production dans l'optique du grand marché de 1992. La création de la CEPI est accueillie favorablement par la Commission européenne. Celle-ci souhaite encourager le développement des marchés de programmes et ainsi faire naître un véritable secteur de la production audiovisuelle indépendant des monopsones d'Etat que sont les chaînes nationales. En effet, avec la multiplication des chaînes privées, la demande de programmes adressée aux producteurs indépendants augmente fortement. La Commission défend dans la directive un *« quota de production »* inspiré du quota britannique, qui a contribué de façon décisive, au début des années 1980, au développement du marché des programmes audiovisuels en Grande-Bretagne. Favorable à l'instauration d'un tel quota de production, la CEPI est apparue plus réservée à l'égard du *« quota*

---

[296] La FERA a pour membre français la Société des Réalisateurs de Films (SRF).
[297] Archives de la FERA, Bruxelles.

de programmation » : « *Nous étions favorables aux quotas de production dans la mesure où ils garantissent un chiffre d'affaires pour l'ensemble de la production, et notamment pour les producteurs indépendants des chaînes de télévision* »[298].

Cependant, si les producteurs de cinéma et de programmes audiovisuels ont en commun un certain nombre d'éléments (techniques communes ou voisines, utilisation des mêmes studios, matériels ou équipes techniques, ...) ils divergent sensiblement quant à leurs rapports respectifs à l'Etat et au marché. Les producteurs audiovisuels ont tendance à préférer le libre jeu du marché parce qu'ils dépendent directement des chaînes de télévision privées dont les recettes proviennent de la publicité. Ils pourront d'autant plus facilement vendre des programmes aux chaînes que celles-ci profiteront d'un afflux financier important grâce au déplafonnement du temps de diffusion de la publicité ou à l'absence de restrictions, notamment aux heures de grande écoute ou au cours d'émissions à forte audience telles que les retransmissions sportives ou les films.

Les producteurs de cinéma ont, quant à eux, des relations beaucoup plus étroites avec leurs autorités, nationales ou fédérales. Très souvent, ils dépendent étroitement d'elles, soit par le biais de commandes publiques soit, le plus fréquemment, par l'intermédiaire de systèmes d'aide ou de garantie fondés, *in fine*, sur une intervention réglementaire ou financière de l'Etat. Certains éléments inclinent d'ailleurs à penser que la Commission européenne a encouragé l'émergence et l'institutionnalisation de relations suivies avec les producteurs audiovisuels européens voire leur mobilisation contre les positions des producteurs de cinéma afin d'alimenter un mouvement favorable aux dispositions libérales contenues dans le Livre vert et d'obtenir ainsi des concessions de la part des gouvernements nationaux. Quand le gouvernement français a répondu à la diminution du quota européen par le renforcement des quotas français par exemple, la Commission a encouragé l'USPA à créer un groupe *ad hoc* appelé « *Télévision pour demain* », afin d'obtenir du gouvernement français qu'il réduise ses quotas[299].

En ce qui concerne les groupes représentant les chaînes de télévision publiques, la Commission craint qu'ils ne se placent dans une logique étatique et s'opposent à un projet communautaire. C'est pourquoi, elle décide d'écarter l'Union Européenne des Radiodiffuseurs (UER), représentant de ces chaînes publiques, des consultations préliminaires au rapport de 1983 et au Livre vert[300].

---

[298] Entretien avec Jacques Peskine, délégué général de l'USPA, mars 2000.
[299] Entretien avec Jacques Peskine, délégué général de l'USPA, mars 2000.
[300] L'UER, fondée en 1925, regroupe aujourd'hui une centaine de chaînes publiques nationales dans une soixantaine de pays, dont beaucoup en dehors de l'Europe. Son rôle principal est d'acheter les droits de diffusion de programmes, notamment d'émissions sportives, et de les mettre à la disposition de ses membres.

Cependant, dans le même temps, de nombreux groupes privés sont consultés[301]. Par ailleurs, ne figurent pas dans le panel de consultation les chaînes de télévision, les producteurs de programmes, les associations de réalisateurs et d'artistes ainsi que les sociétés de droit d'auteurs. De fait, l'UER n'a jamais été consultée par la Commission durant tout le processus menant à l'adoption de la directive « Télévision sans frontières ». Si ses membres ont exercé une influence sur le contenu de la directive, ils l'ont fait en menant des actions de *lobbying* dirigées vers leurs gouvernements nationaux : la *BBC* en Grande-Bretagne, *Antenne 2* en France ou la *RAI* en Italie. L'UER a ainsi critiqué l'objectif implicite de la Commission de vouloir briser les monopoles étatiques au profit d'acteurs privés en favorisant la croissance du marché publicitaire[302]. L'*Association of Commercial Television* (ACT) est quant à elle créée en juin 1989, au moment du débat sur l'adoption de la directive « Télévision sans frontières » dans le but explicite d'influencer la discussion dans un sens favorable aux intérêts des chaînes privées et de se poser en concurrent direct de l'UER pour l'achat des droits de diffusion. Les cinq membres fondateurs de l'ACT sont les principaux groupes privés européens de l'époque : *Mediaset* du Groupe Berlusconi en Italie, *TF1* en France, *ITV* en Grande-Bretagne, la *CLT* au Luxembourg, et *SAT 1* en Allemagne[303]. L'ACT s'est fixée comme objectif de *« favoriser le développement en Europe d'une culture de l'initiative privée dans le secteur de la télédiffusion »* en appuyant notamment son argumentation et son travail de *lobbying* sur la notion de « pluralisme » qu'elle oppose au maintien des monopoles d'Etat. Durant le débat sur la directive « Télévision sans frontières », l'ACT s'est opposée à la limitation de la publicité et à l'instauration de quotas européens et nationaux, recommandant un moratoire de deux ou trois ans afin de permettre d'évaluer la portée des mesures « d'autoréglementation ». En ce sens, la publication en mai 1984 du Livre vert sur l'établissement du marché commun de la radiodiffusion, notamment par satellite et par câble marque une rupture[304]. Largement diffusé dans les milieux professionnels à la différence du rapport Hahn, il suscite de nombreuses réactions. On constate en particulier qu'il accorde une place prépondérante aux intérêts commerciaux et publicitaires et ne prend que marginalement en compte les aspects culturels liés à une libre circulation des images en Europe. Sa

---

[301] Etaient notamment associés à la consultation l'Union Internationale des annonceurs (UIM), la Communauté des associations d'éditeurs de journaux de la Communauté européenne (CAES), *The European Group of Television Advertising* (EGTA), *the Advertising Information Group* (AIG) et le Bureau Européen des Unions de Consommateurs (BEUC).
[302] Voir « Commentaire de l'UER sur la directive "Télévision sans frontières" et la "Convention européenne sur la télévision transfrontière" », *Revue de l'UER : Programmes, administration, droit,* vol. XLI, n° 4, juillet 1990.
[303] Porté aujourd'hui à près de 30 membres, le nombre d'adhérents témoigne de la montée en puissance de la télévision privée en Europe, aujourd'hui dominante, tant par le poids économique acquis que par le nombre d'heures de programmes diffusés.
[304] *Livre vert sur l'établissement du marché commun de la radiodiffusion, notamment par satellite et par câble*, 8227/84, COM (84) 300 Final, 23 mai 1984.

publication en 1984, puis celle du projet de directive en 1986, peu après l'adoption de l'Acte unique qui accorde une importance plus grande aux actes et décisions de la Commission, incitent les groupes professionnels organisés au niveau national à mettre en place à Bruxelles des délégations ou des organes de représentation afin d'infléchir les positions communautaires dans le sens de leurs intérêts. Ce sont donc en grande partie les initiatives de la Commission en matière audiovisuelle qui ont déclenché la création de groupes d'intérêt au niveau européen.

1.3 La prise en compte des revendications des professionnels français du cinéma

Le processus d'adoption de la directive « Télévision sans frontières » s'étend sur plus de trois ans : une première proposition de directive est faite le 30 avril 1986, deux ans après la publication du Livre vert, mais la version définitive de la directive ne sera adoptée que le 3 octobre 1989. Ce cheminement est un processus complexe d'interactions entre de nombreux acteurs, privés ou publics, représentants d'intérêts financiers ou culturels, nationaux ou communautaires, sectoriels ou globaux. Or, on constate plusieurs infléchissements du texte de la directive « Télévision sans frontières » au cours de cette période, que l'on peut mettre en relation avec la forte mobilisation des professionnels du cinéma en France qui réussissent à former autour d'eux une configuration d'acteurs favorables à la défense des « intérêts culturels » aussi bien dans le « milieu » culturel, qu'au sein des autorités nationales ou communautaires. A ce qui constitue l'axe fondamental de cette configuration, à savoir la relation entre l'Etat et le cinéma en France, se forment et s'agrègent de nouvelles alliances.

2) Européaniser le système français d'aide au cinéma

2.1 Le rôle de Jack Lang dans la mise sur l'agenda européen des questions culturelles

Dès son arrivée au ministère de la Culture, Jack Lang s'efforce de donner à son ministère une place plus importante que son faible budget ne semble pouvoir le lui accorder. Profitant en cela de sa proximité avec François Mitterrand, il s'efforce d'imposer, au niveau interne, la politique culturelle comme un élément essentiel d'une « politique de gauche » tout en développant à l'extérieur, et notamment en Europe, les liens de coopération avec les milieux artistiques qu'il connaît bien et les administrations des pays membres dédiées à la Culture[305]. En ce sens, on peut dire que Jack Lang entend pleinement assumer l'une des missions dévolues au ministère de la Culture aux termes du décret du 10 mai 1982 relatif à son organisation, c'est-à-dire « *contribuer au rayonnement de la Culture et de l'art français dans le libre dialogue des cultures du monde* »[306].

Alors qu'une première initiative franco-italienne pour préparer des réunions au niveau ministériel en dehors de toute contrainte européenne n'avait pu aboutir, c'est avec la nouvelle ministre de la Culture grecque Melina Mercouri, qui avait été un soutien actif de François Mitterrand lors de la campagne de 1981, que Jack Lang lance l'idée d'une réunion régulière des ministres de la Culture. Ainsi, en novembre 1983, sous présidence grecque, a lieu à Athènes la première rencontre « informelle » des ministres de la Culture de la Communauté au cours de laquelle Jack Lang défend une vision volontariste de la politique culturelle qu'il entend voir relayée au niveau communautaire[307]. Cette réunion de préparation permet la tenue du premier Conseil « formel » des ministres de la Culture des dix qui se réunit à Luxembourg, sous présidence française, le 22 juin 1984. La session du Conseil des ministres est alors invitée à se prononcer sur un document de travail de la Commission « *conséquences culturelles, économiques et sociales de l'essor des médias audiovisuels* » ; une note de la présidence française relative à un « *fonds européen d'aide aux coproductions cinématographiques et télévisuelles* » ; une note de la délégation italienne relative à un « *projet italien de résolution sur la coproduction* »[308]. Les deux notes présentent un programme d'aide à la production et à la coproduction de films en Europe, programme intergouvernemental pour la France et programme communautaire pour l'Italie. C'est l'occasion pour Jack Lang de défendre un certain nombre de propositions, notamment en faveur de la création cinématographique et audiovisuelle en Europe. Il propose l'élaboration d'un droit d'auteur européen et surtout la création d'un fonds de soutien européen à l'industrie des programmes, sur le modèle français[309].

2.2 La proposition française d'un système multilatéral de soutien communautaire à l'industrie des programmes

Réuni officiellement pour la seconde fois le 22 novembre 1984, le Conseil des ministres de la Culture de la Communauté invite la Commission à présenter un projet de système multilatéral de soutien communautaire à la production en

---

[305] Jusqu'en 1988, il n'existe en effet que deux pays membres de la Communauté dotés de ministères de la Culture. Alors qu'aujourd'hui la majorité des membres de l'Union, y compris l'Allemagne, revendique cette dénomination et par conséquent l'existence d'une politique culturelle nationale.
[306] Cité dans *Le Monde*, 11 mai 1982.
[307] *Cf. Le Monde,* 30 novembre 1983.
[308] Archives du CNC, note, 900194, art. 17.
[309] *Ibid.*

Europe[310]. Les services de la Commission organisent alors des réunions de concertation avec les professionnels du secteur. Les Français sont particulièrement présents, notamment Claude Degand représentant le CNC, Frédérique Bredin conseillère technique de Jack Lang pour les questions cinématographiques, Max Ophuls et Claude Sautet représentant la SRF, ou bien encore Marie-Jeanne Pruvot pour le Parlement européen. Le 23 avril 1985, la Commission a donc présenté au Conseil des ministres en charge des affaires culturelles, une première « *proposition de règlement relatif à un régime de soutien communautaire aux coproductions cinématographiques et télévisuelles de fiction.* »[311]

Les autorités françaises, qui poussent à la réalisation d'un tel projet, sont favorables à un accord intergouvernemental. Cependant, la réticence de certains pays force le ministère français à revoir sa position :

« *La position française a constamment marqué sa préférence pour un système fondé sur un accord intergouvernemental, plutôt que pour un système de fonds communautaire. Eu égard à la position adoptée par un certain nombre d'autres pays, il n'y a peut-être pas lieu d'exclure, d'une manière absolue, l'idée d'un fonds communautaire* »[312].

Durant l'année 1984, Pierre Viot, Directeur général du CNC, rencontre des délégations composées de fonctionnaires et de responsables de l'audiovisuel des différents pays européens afin de les convaincre du bien fondé de l'initiative française. Les réticences de certaines d'entre elles, notamment des délégations allemandes, britanniques et danoises, rapportées par Pierre Viot[313], sont, dès la proposition de la Commission connue, clairement affichées. La Grande-Bretagne en particulier est opposée à toute politique interventionniste de la CEE et remet donc en cause la légitimité de la Communauté à intervenir dans ce domaine. En dépit des efforts de Jack Lang et des services de la DG X pour convaincre les autres pays membres de la nécessité d'une action commune, et malgré le ralliement français à l'idée d'un fonds communautaire, le vote à l'unanimité, nécessaire pour les questions culturelles s'avère être un obstacle insurmontable. Malgré les avis positifs du Conseil économique et social et du Parlement européen, les ministres de la Culture rejettent le texte présenté par la Commission lors de leur réunion du 20 décembre 1985, tout en considérant qu'il existe un large consensus sur les objectifs poursuivis. L'idée d'un fonds de soutien européen aux industries de programmes est néanmoins reprise à partir

---

[310] *Cf. Bulletin des Communautés européennes*, 11-1984, p. 36.
[311] *Journal Officiel des Communautés européennes,* C125 du 22 mai 1985 et COM (85) 174 final.
[312] Note interne du ministère de la Culture relative au projet français d'un « système multilatéral de soutien à l'industrie européenne de production de films cinématographiques », Archives du CNC, 900194, art. 17.
[313] *Ibid.*

de 1986 par le Conseil de l'Europe qui travaille à la mise en œuvre d'un programme : *Eurimages*[314].

2.3 La mobilisation française consécutive à la publication du Livre vert

La publication du Livre vert suscite de nombreuses réactions parmi les professionnels en France. Ils déplorent de n'être pas consultés et associés au processus d'élaboration et de rédaction de la directive « Télévision sans frontières » alors même que, à travers les différentes commissions du CNC et les fréquents échanges qu'ils ont avec le ministère de la Culture, les professionnels français du cinéma ont l'habitude d'une grande proximité avec l'administration et le pouvoir politique. En témoigne la lettre adressée à Jack Lang par Alain Poiré, président de la Chambre syndicale, qui se plaint de la marginalisation des professionnels par la Commission.

« *...L'élaboration de ces documents* [notamment le Livre vert] *n'a malheureusement été précédée d'aucune concertation avec les organisations professionnelles concernées. Il serait donc souhaitable que les services de la Commission associent plus étroitement les professionnels du cinéma et de l'audiovisuel à l'élaboration d'une véritable politique permettant le développement d'une industrie européenne des programmes cinématographiques et audiovisuels. Pour ce faire, je pense que vous pourriez, au nom du gouvernement français, proposer la création à l'échelon européen d'un groupe d'experts professionnels* »[315].

Or, le ministère français de la Culture partage l'essentiel des préoccupations des professionnels et cherche à peser sur l'élaboration de la Directive TSF. A cet égard, la présence de Jacques Delors à la tête de la Commission européenne est un atout pour le ministre de la Culture qui joue de sa proximité (relative) idéologique et nationale avec son ancien collègue du gouvernement de Pierre Mauroy. Jack Lang defend ainsi l'idée de quotas auprès de Jacques Delors :

« *J'ai eu récemment l'occasion, par une lettre en date du 11 mars 1985, d'appeler votre attention sur certains aspects du Livre vert « TSF » présenté par la Commission [...] Pour autant qu'il apparaisse, la position exprimée par la Commission tend à réaffirmer son opposition à toute législation dont l'objet*

---

[314] *Eurimages* est créé à la fin de 1988 afin de développer l'industrie cinématographique et audiovisuelle européenne. L'objectif d'*Eurimages* est à la fois d'ordre culturel et économique. Ce fonds encourage la coproduction et la distribution d'oeuvres de création cinématographiques et audiovisuelles produites dans les États membres du fonds, notamment par une contribution au financement de la coproduction de ces oeuvres ainsi que par la prise en charge partielle du coût de tirage des copies et des opérations de doublage ou de sous-titrage.
[315] Lettre d'Alain Poiré au nom de la Chambre syndicale datée du 18/07/88, Archives du CNC, 900194, art. 17.

serait de réserver, sur les canaux de la communication audiovisuelle des Etats membres, des pourcentages d'œuvres audiovisuelles européennes et notamment du pays considéré. Vous n'ignorez pas que, lors de la réunion tenue le 22 juin 1984 à Luxembourg par les dix ministres européens chargés de la Culture, un accord avait été conclu concernant l'adoption par les Etats de mesures propres à assurer une place adéquate aux programmes audiovisuels d'origine européenne »[316].

Or la proposition de directive du 30 avril 1986, tout en reprenant les lignes directrices du Livre vert apparaît plus soucieuse de la défense des « intérêts culturels »[317]. La Commission prévoit ainsi d'obliger les chaînes de télévision à inscrire sur leur cahier des charges, l'achat de programmes audiovisuels à des producteurs indépendants à hauteur de 5 %, puis de 10 % après 3 ans (quotas de production). Pour les quotas de diffusion, il est prévu par l'article 2 que les chaînes réservent à « *la diffusion d'œuvres communautaires au moins 30 % de leur temps d'antenne [...]. Ce seuil est progressivement porté à un minimum de 60 % à l'issue d'un délai de trois ans* »[318].

La politique française concernant la défense des quotas de diffusion et de production en faveur du cinéma est d'une remarquable continuité. En effet, en dépit du changement de majorité et malgré l'arrivée, en 1986, d'un gouvernement de droite soucieux d'appliquer un programme très libéral inspiré des expériences britanniques et américaines du début des années 1980, la défense du cinéma français n'est pas remise en cause. C'est même la loi sur l'audiovisuel de 1986, défendue par le ministre de la Culture François Léotard, qui instaure pour la première fois officiellement des quotas de diffusion sur les chaînes de télévision françaises. Aussi, les notes adressées par les services du ministère de la Culture font état d'une position constante en matière de quotas. Une note du Service Juridique et Technique de l'Information et de la communication (SJTI) adressée au ministre de la Culture en novembre 1987 fait ainsi le point sur l'état d'avancement des négociations :

« *...C'est sur les instances répétées de la France que la Commission de Bruxelles a inscrit au chapitre 2 de son projet de directive européenne sur la radiodiffusion le principe d'une préférence communautaire en matière de diffusion des œuvres audiovisuelles et cinématographiques...Sous la pression des délégations britannique, allemande, luxembourgeoise notamment, les présidences successives du Conseil européen ont proposé des* « *compromis* » *ayant pour caractéristique principale de vider de son sens les dispositions*

---

[316] Lettre de Jack Lang à Jacques Delors du 25 avril 1985, archives du CNC, 900194, art. 17.
[317] Commission des Communautés européennes, « La politique audiovisuelle de la Communauté. Proposition de directive du Conseil concernant l'activité de radiodiffusion. Communication de la Commission transmise au Conseil le 30 avril 1986. Supplément établi sur la base du document COM (86) 146 final », *Bulletin des Communautés européennes*, Supplément 5/86.
[318] *Ibid.*, p. 27.

initiales. [...] Nos principaux alliés sont ici les Belges, les Grecs et les Italiens qu'il faudrait renforcer dans leurs convictions avant qu'ils ne se laissent tenter eux aussi par la voie du compromis »[319].

Ainsi apparaît clairement le rôle déterminant de la France quant à l'évolution de la position de la Commission concernant les quotas. La position française repose sur la défense de trois principes : la préférence communautaire en matière de diffusion des œuvres ; une chronologie des médias favorable aux films et un soutien au cinéma en salles ; une restriction des interruptions publicitaires des fictions. De plus, on constate également la cristallisation d'un clivage que l'on retrouvera lors des négociations du GATT, entre les pays favorables à l'instauration de quotas et plus généralement à une politique interventionniste de la Commission (les pays du « Sud ») et les pays hostiles au développement des prérogatives de la Commission et à toutes formes d'aide ou de subvention pour le secteur cinématographique (les pays du « Nord »). La représentation française à Bruxelles au sein du Comité des Représentants permanents (COREPER) fait notamment savoir à la Commission, à la fin de l'année 1987, qu'elle est opposée à l'application exclusive du droit du pays d'émission lorsque des « *objectifs culturels majeurs* » sont remis en cause par la circulation transfrontière de programmes. Par ailleurs, elle désire voir explicitement reconnu dans la directive le droit pour un état membre de conserver, dans sa législation interne, des règles de quotas linguistiques et de protection du cinéma. Or, pour la Commission, la remise en cause de l'acceptation du droit du pays d'émission est incompatible avec l'objectif de création d'un marché unique des images et n'est donc pas « négociable ». Elle adopte alors un profil beaucoup plus conciliant sur le deuxième point, ce qui paraît satisfaire les autorités françaises. En effet, d'après une note du SJTI :

« [la Commission] *a proposé à la France un marché : renoncer au premier point, c'est-à-dire accepter la libre circulation des programmes conformes à la Directive en échange d'une acceptation du point 2. Cette intéressante proposition constitue un pas important de la Commission en notre direction et rapprocherait considérablement l'exercice bruxellois de l'exercice strasbourgeois* »[320].

B] La directive « TSF », un compromis politique

Examinée pour la première fois par le Conseil des ministres « Marché intérieur » en mars 1987, elle est acceptée par une majorité d'Etats. Cependant, de nombreux points de désaccords subsistent : en particulier, la question de la licence légale, celle du temps d'antenne consacré à la publicité, celle de la

---

[319] Note du SJTI au Ministère de la Culture du 25 novembre 1987, Archives du CNC, 900194, art. 17.
[320] Note du SJTI au ministère de la Culture, pour la réunion du Comité interministériel pour les questions de Coopération économique européenne du 29 décembre 1987, Archives du CNC, 900194, art. 17.

chronologie des médias mais surtout celle des quotas de programmation d'œuvres européennes, c'est-à-dire ceux que la France juge prioritaires. Les ministres représentant la Grande-Bretagne, l'Allemagne, l'Irlande et le Luxembourg sont opposés au principe des quotas qui est, selon eux, une entrave à la liberté de programmation et donc contraire aux principes du marché. De plus, un certain nombre de petits pays, ayant une production audiovisuelle limitée craignent que le système des quotas ne leur impose l'achat de programmes en provenance de pays européens producteurs (notamment la France), plus chers que les programmes américains déjà amortis dans leur pays. Enfin le Danemark, arguant du caractère culturel de l'audiovisuel, reste attaché au principe de souveraineté étatique non partagée dans ce domaine et refuse donc toute idée de directive. Cependant pour les autorités françaises, il est important de conclure un accord afin d'éviter d'éventuelles poursuites par la Commission devant la Cour de Justice des Communautés Européennes (CJCE) : « *La France doit participer aux travaux sur la directive CEE…Ces travaux doivent progresser et non déboucher sur un constat d'échec, faute de quoi les procédures contentieuses à l'encontre de la France pourraient être réactivées* »[321].

1) Un processus sous contrainte

La Commission européenne, dans la nouvelle proposition de directive qu'elle transmet au Conseil des ministres le 6 avril 1988 tient compte des amendements proposés lors de la première lecture du texte au Parlement européen, en particulier sur la question clé des quotas en portant le seuil obligatoire à 60 % (et non plus 30 %), à conserver pour les chaînes ayant déjà atteint ce seuil ou à atteindre en trois ans pour les autres. Ce faisant, la directive éviterait tout retour en arrière de chaînes qui, placées dans un nouveau contexte fortement concurrentiel seraient tentées par l'utilisation massive de programmes américains bon marché et ne se contenteraient plus que de leur quota minimal de 30 %[322]. La Commission semble ainsi adopter une position plutôt conciliante à l'égard des intérêts cinématographiques français qui ne verraient pas leur potentiel d'exportation baisser en Europe. De plus, le retour de la gauche au pouvoir à partir de mai 1988, avec la réélection de François Mitterrand à la présidence de la République et surtout le retour de Jack Lang au ministère de la Culture rassurent les professionnels du cinéma quant aux perspectives de négociations européennes et à la défense du principe des quotas. Dans une lettre adressée à Jacques Delors, Jack Lang rappelle la position française (ou du moins celle de son ministère) :

---

[321] Compte rendu de la réunion interministérielle tenue le 15 janvier 1988, sous la présidence de M. de Silguy et de M. Frêches, conseillers techniques au cabinet du Premier ministre, Archives du CNC, 900194, art. 17.
[322] [Delwit P., Gobin C., in Vandersanden G., 1991 : 64-66].

« S'agissant des dispositions relatives au quota communautaire, je les considère comme absolument indispensables. Dès lors, malgré la réserve ou l'opposition de certains États en la matière, la France ne saurait donner son approbation à la Directive si les dispositions qui figurent sur ce point dans le projet devaient être atténuées ou retirées »[323].

Cependant, les négociations concurrentes engagées au sein du Conseil de l'Europe sur le même thème de la radiodiffusion et de la télévision viennent remettre en cause le rapprochement entre les positions de la Commission et des autorités françaises. En effet, quelques mois seulement après la publication de la proposition de la directive « Télévision sans frontières », le Conseil de l'Europe, lors d'une conférence à Vienne sur *« L'avenir de la télévision en Europe »* présente son projet de convention relative à la circulation des programmes audiovisuels au sein des pays membres du Conseil de l'Europe[324]. Ce projet de convention a été lancé en décembre 1986 par la Grande-Bretagne pour prendre le contre-pied de l'initiative communautaire[325].

De fait, alors même que les négociations achoppent au niveau communautaire sur la question des quotas en raison du refus de l'Allemagne et des anciens pays de l'Association Européenne de Libre Echange (AELE), les travaux du Conseil de l'Europe, sous l'impulsion britannique, avancent plus rapidement. Pour la Commission, l'adoption de la directive est indispensable dans la mesure où elle lui permettrait d'affirmer sa compétence et de poursuivre son programme d'intégration européenne dans un domaine où elle est encore peu présente. La contestation de son rôle premier dans un domaine déterminant pour l'avenir risquerait en effet de porter un lourd préjudice à la logique même de l'intégration européenne et à la dynamique initiée par l'Acte unique. La Commission est donc soucieuse de parvenir rapidement à un accord et demande au Conseil d'accélérer le processus de décision afin que la directive ne soit pas adoptée après la convention. Le processus de négociation est donc singulièrement accéléré et se déroule désormais dans deux « arènes » concurrentes, celle de la Commission et celle du Conseil de l'Europe. Le ministère français de la Culture doit tenir compte de cette nouvelle donnée :

« Réunion d'experts sur la directive les 14 et 15 juillet à Bruxelles : nous avons encore latitude d'y défendre nos positions dans des conditions difficiles.

---

[323] Lettre de Jack Lang à Jacques Delors du 26 août 1988, Archives du CNC, 900194, art. 17.
[324] La compétence de la Commission en matière de régulation du secteur audiovisuel risque ainsi d'être remise en cause par l'initiative du Conseil de l'Europe et c'est pourquoi la Commission cherche par tous les moyens à conserver son *leadership* sur la question audiovisuelle. Ainsi selon une note du Coreper, la Commission *« a de nouveau demandé aux états membres de ne pas se rendre à Vienne aussi longtemps que le Conseil n'aurait pas été en mesure de débattre du projet de directive communautaire. Elle a révélé au passage qu'elle était intervenue officieusement auprès des autorités autrichiennes pour qu'elles renoncent à leur invitation »*, compte rendu de la réunion entre le Coreper et la Commission du 20 janvier 1988, Télégramme du ministère des affaires étrangères du 22 janvier 1988, Archives du CNC, 900194, Article 17.
[325] [Fraser A., sous la direction d'Yves Mény, 1996 : 223].

En revanche le texte de la Convention a franchi le stade des analyses d'experts à Strasbourg pour être soumis au "Comité des ministres" (composé en fait des représentants permanents auprès du Conseil de l'Europe) en septembre »[326].

Or la réaction de Jack Lang à l'accélération du processus de négociation est sans ambiguïté. Il annote ainsi le document adressé par le CNC à Dominique Meyer :

« *Je me permets de répéter qu'il faut casser la baraque pour empêcher l'adoption de cette directive* » [plus loin] « *Faire la guerre* » [souligné deux fois]. « *Me préparer vite une lettre offensive pour la CEE et une autre pour le Conseil de l'Europe* »[327].

Cependant, alors que les États membres ne parviennent pas à un accord en ce qui concerne la directive, le Conseil de l'Europe présente à la presse le 23 novembre 1988 son projet de convention européenne de l'audiovisuel qui prévoit seulement que les chaînes nationales consacrent une « *proportion raisonnable* » de leur temps d'antenne aux émissions d'origine européenne. L'avance prise par le Conseil de l'Europe ne semble plus rattrapable et le Conseil européen de Rhodes du 2 décembre 1988 en prend acte. Il recommande ainsi à la Commission de s'inspirer des travaux du Conseil de l'Europe, c'est-à-dire finalement de se rapprocher du texte d'orientation libérale de la convention. Par ailleurs, le Conseil de Rhodes soutient la proposition française d'un programme *Eurêka* défendu par François Mitterrand en contrepartie d'un assouplissement de la position française en matière de quotas. La France peut difficilement remettre en cause les travaux du Conseil de l'Europe sans risquer de s'isoler et de perdre ainsi des moyens d'influence. Dès lors, la voie semble ouverte à un amendement de la position française en échange du soutien au projet *Eurêka* d'aide à la production de programmes, compromis qui satisfait pleinement la Commission. Le 15 mars 1989, la convention sur la « télévision transfrontalière » est adoptée par le Conseil de l'Europe et le 13 avril le Conseil des ministres des Affaires européennes adopte enfin une position commune sur la directive « Télévision sans frontières ». Cette position commune marque le renoncement français à la mise en place au niveau européen des mécanismes de quotas tels qu'ils existent en France. En effet, la règle de quotas de diffusion obligatoire est abandonnée au profit d'une formule plus vague et surtout non contraignante : « *la diffusion d'œuvres européennes doit tendre progressivement et chaque fois que cela est possible, vers une proportion majoritaire du temps de diffusion* »[328]. Catherine Tasca, alors ministre déléguée à la Communication justifie le renoncement du gouvernement par le risque d'isolement de la France

---

[326] Note du service des affaires internationales du CNC adressée à Dominique Meyer, Conseiller technique au cabinet de Jack Lang, le 8 juillet 1988, Archives du CNC, 900194, Article 17.
[327] *Ibid.*
[328] Cité dans *Le Monde*, 8 avril 1989, p.20.

et le risque de voir échouer définitivement tout projet de directive, c'est-à-dire toute tentative de régulation et d'intervention communautaire dans le secteur clé de l'audiovisuel :

« Si la France avait maintenu intégralement sa position initiale, elle n'aurait pu empêcher l'adoption d'une réglementation européenne ultralibérale qui aurait sonné le glas de l'Europe audiovisuelle. [...] Le compromis a permis d'obtenir le ralliement d'une majorité d'États membres à la notion de quotas, un terme dont certains de nos partenaires ne voulaient même pas entendre parler. Il devrait donc permettre de donner un coup d'arrêt à l'invasion croissante de notre espace audiovisuel par les programmes extra-européens »[329].

1.1 L'alternance politique en France et la mise sur l'agenda européen du programme Eurêka

La réélection de François Mitterrand en mai 1988 à la Présidence de la République lui permet de retrouver dans son intégralité la responsabilité de la définition et de la formulation des options de politique européenne de la France. La perspective de la présidence française du Conseil européen au deuxième semestre de 1989 stimule par ailleurs les priorités européennes du Président de la République, dont le secteur audiovisuel fait partie. Après avoir soumis l'idée au Conseil européen de Hanovre en juin 1988, François Mitterrand précise le contenu du projet français en matière audiovisuelle lors du sommet de Rhodes qui marque le lancement officiel d'*«Eurêka audiovisuel»*. Celui-ci a notamment été préparé par Bernard Miyet, directeur général adjoint des relations culturelles, scientifiques et techniques au ministère des Affaires étrangères et qui, en novembre 1988, a rédigé un rapport sur les implications européennes de l'audiovisuel[330]. C'est en grande partie ce document que le Président de la République présente au 52ème sommet franco-allemand à Bonn les 4 et 5 novembre et sur lequel il s'appuie pour légitimer le projet et convaincre ses partenaires européens. Ce projet est suivi avec d'autant plus d'attention que 1988 a été déclarée *« Année Européenne du Cinéma et de la Télévision »* par la Commission et le Conseil de l'Europe et que les projets concurrents de ces deux institutions font du cinéma et de l'audiovisuel des questions d'actualité.

Sur le modèle initié par *« Eurêka technologie »*, lancé en 1986 pour promouvoir la Télévision Haute Définition (TVHD) est lancé *Eurêka* audiovisuel en arguant de la nécessité d'une coopération européenne dans un

---

[329] *Ibid.*
[330] Bernard Miyet, énarque et diplomate sera nommé ambassadeur itinérant, chargé d'expliquer et de défendre le principe de l'exception culturelle aux différents pays contractants, au cours des négociations du GATT en 1993.

domaine où l'on pense que les frontières internes au territoire de la Communauté sont un frein au développement d'une industrie de programmes capable de rivaliser avec l'industrie américaine[331]. L'échéancier politique est favorable aux développements des initiatives françaises puisque la France prend la présidence des Communautés européennes le 1er juillet 1989, facteur non négligeable dans la poursuite des négociations. A l'instar d'*Eurêka* pour la TVHD, la mise en œuvre d'un *Eurêka* audiovisuel serait une façon d'initier le développement d'un marché audiovisuel européen. Bernard Miyet, chargé de procéder aux consultations des partenaires envisagés est désigné comme coordonnateur national. La France propose dès lors la tenue des Assises Européennes de l'Audiovisuel à Paris qui réunissent le 30 septembre 1989 les ministres et représentants de vingt-six Etats membres du Conseil de l'Europe, ainsi que le président de la Commission européenne[332]. Le discours inaugural de François Mitterrand souligne dans les grandes lignes l'attachement de la France à ce dispositif. Il insiste d'ailleurs sur l'originalité de la structure, reflet d'une communauté d'intérêts soudée :

« *Pour moi, Eurêka Audiovisuel, comme il en va déjà de l'ensemble des projets d'Eurêka Technologie (...), doit rester souple et pragmatique. Il ne doit pas donner naissance à des administrations écrasantes. Il doit échapper aux risques de la technocratie. Il ne peut y avoir de réelle dynamique sans que les professionnels se saisissent eux-mêmes du destin de l'audiovisuel européen* »[333].

Evoquant conjointement les projets de la télévision haute définition et de l'audiovisuel, François Mitterrand rappelle que si cet objectif est un enjeu important pour l'Europe, il l'est également pour la France. C'est en effet un moyen pour le pouvoir politique français d'affirmer sa place en Europe sur les questions désormais stratégiques de l'audiovisuel et des hautes technologies et, en politique intérieure, de décliner une forme plus moderne et « *européenne* » du « *grand projet d'Etat* », qui « *prépare l'avenir* » en servant des intérêts industriels[334]. A l'issue des Assises, la déclaration du 2 octobre 1989 marque le

---

[331] Le Président Mitterrand joue de toute son influence pour défendre son projet. Il écrit ainsi personnellement à Jacques Delors : « *[...] Il est clair que si l'Europe veut éviter d'être submergée par les images venues d'ailleurs, elle doit développer une industrie de programmes propre [...]. Le développement des programmes et les nouvelles technologies se renforcent mutuellement. Eurêka audiovisuel et Eurêka-TVHD sont appelés à unir leurs efforts, de même que la Commission européenne et les responsables d'Eurêka bâtiront d'un commun accord l'Europe audiovisuelle.* Tout cela vous le voulez comme moi, vous en voyez l'importance » (souligné par l'auteur). Lettre de François Mitterrand, 7 octobre 1988, Archives du CNC, 960031, art. 711.
[332] On peut souligner que la tenue des Assises et le projet *Eurêka* audiovisuel sont vraiment des « projets présidentiels » préparés et organisés par le ministère des Affaires étrangères et la présidence de la République, sans le ministère de la Culture.
[333] Extrait du discours de François Mitterrand, Président de la République, lors de l'ouverture des Assises Européennes de l'Audiovisuel, Service de presse de la Présidence de la République, Paris, 30 septembre 1989.
[334] Les réactions des autorités allemandes rapportées par l'ambassade de France à Bonn témoignent d'un intérêt pour le programme mais aussi d'une certaine méfiance à l'égard de la stratégie française. Selon M. Stavenhagen, ministre délégué à la Chancellerie, « *La France aurait tenté de préserver frileusement des intérêts beaucoup plus économiques que culturels au détriment de pays de l'est tels que la Hongrie ou la*

lancement officiel d'*Eurêka Audiovisuel*. Bernard Miyet, inspirateur de cette initiative, en prend la responsabilité. *Eurêka Audiovisuel* est conçu comme un programme de soutien à la production télévisuelle, une structure définie par ses concepteurs avant tout comme « *un système d'information, une structure d'accueil et un réseau de coopération* »[335] qui établit un lien fonctionnel entre les producteurs et les sources de financement potentiel. Jean Dondelinger, commissaire européen responsable de la politique audiovisuelle, tente de rappeler l'importance fonctionnelle de la Commission en arguant du fait que l'activité de diffusion de programmes, désormais transnationale, nécessite une régulation qui dépasse le cadre strictement national. Cependant, la Commission n'est toujours pas unanime sur la question. En effet, si la DG X apparaît favorable au projet *Eurêka* tel qu'il est présenté par la France, « *la DG III s'oppose assez systématiquement aux propositions françaises pour les sièges de présidents des groupes de réflexion et de rapporteurs estimant que les personnalités pressenties ne sont pas suffisamment "libérales"* »[336]. Ainsi, la politique audiovisuelle européenne poursuit deux objectifs complémentaires : d'une part, contribuer à l'intégration culturelle de l'Europe par le biais de la télévision et d'autre part, contribuer au développement d'une industrie européenne de programmes suffisamment puissante, organisée et productive pour faire face à l'industrie de programmes américaine.

2) La mobilisation des professionnels face à l'Europe

2.1 La réorientation des actions collectives

La diffusion du Livre vert en 1984 incite les professionnels à prendre davantage en compte les « aspects européens » des changements intervenant dans le secteur. Dès 1986, avec l'appui du commissaire en charge de la DG X, Carlo Ripa di Meana, ils obtiennent que l'année 1988 soit ponctuée d'événements importants consacrés au cinéma tels que des colloques, conférences et débats relatifs aux grands enjeux du secteur, présents et à venir. L'année 1988 est donc désignée comme « *Année Européenne du Cinéma et de la Télévision* ». Les professionnels français du cinéma prennent une part active à l'organisation de ces manifestations, non seulement directement en tant que représentants de syndicats, d'associations ou de sociétés français mais aussi en

---

Pologne [...] Eurêka estime M. Stavenhagen, doit demeurer un projet culturel, et ne pas devenir le levier d'une politique destinée à protéger des intérêts économiques ». Par ailleurs, parmi les professionnels allemands, « *d'aucuns estiment que la France s'est réservé le beau rôle et a utilisé la CEE pour masquer une opération d'autopromotion* », Télégramme de l'ambassade de France à Bonn daté du 17 octobre 1989, Archives du CNC, 960031, art. 716.
[335] [Lunven R., Vedel T., 1993 : 190-191].
[336] D'après une note de Jean-Claude Benoist du 12 mai 1989 à l'attention de Dominique Wallon, directeur du CNC, Archives du CNC, 960031, art. 716.

étant particulièrement présents et actifs dans la plupart des structures et organisations internationales qui participent à ces manifestations. A partir de 1987, les représentants français de la profession se mobilisent régulièrement tout au long du processus politique devant conduire à l'adoption de la directive « *Télévision sans frontières* ». A la fin du mois de septembre 1988, les artistes et les producteurs audiovisuels européens se réunissent à Delphes sur le thème « Rôle et importance de l'œuvre cinématographique » à l'invitation de Simone Veil, présidente de l'« Année européenne du cinéma et de la télévision ». Ils adoptent en particulier une « Charte de l'audiovisuel » faisant état de « *la crise culturelle, causée par la menace d'hégémonie américaine* » et demandent à la Commission de tout faire pour protéger les « *identités culturelles* » en Europe[337]. Ils l'incitent aussi à résister à « *l'invasion de la logique marchande* » et à limiter le nombre de coupures publicitaires à la télévision. Cette charte, signée par les 6000 membres de la FERA sera fortement médiatisée et considérée comme le socle de revendications de toute la profession. Jusqu'alors marginalisée, la FERA souhaite ainsi peser davantage sur la décision.

2.2 La constitution de groupes d'acteurs mobilisés

Depuis 1987, deux principaux groupes « d'acteurs culturels » se réactivent ou se mettent en place en France et feront converger leur action en 1989, au moment fort de la mobilisation contre le projet de directive. Il s'agit en premier lieu du groupe des acteurs « historiques », celui dont l'axe majeur est constitué par la relation privilégiée entretenue depuis plusieurs décennies par les professionnels du cinéma, en particulier les producteurs, avec les représentants de l'État. Le second, à la fois plus récent et plus diversifié dans son recrutement, se constitue à partir de 1987 à l'initiative de Jack Ralite, sénateur-maire communiste d'Aubervilliers, autour du mouvement des *Etats généraux de la culture* »[338]. En ce qui concerne les professionnels du cinéma, on a montré que la profession, au moins dans la défense de ses intérêts, était relativement unie au sein du BLIC. Cependant, le travail de représentation et de *lobbying* est surtout assuré par la Chambre syndicale et l'ARP, c'est-à-dire les organisations représentatives des producteurs les plus importants avec notamment au sein de la Chambre syndicale les trois circuits *Gaumont, UGC, Pathé*. Or c'est Pascal Rogard, secrétaire général de la Chambre syndicale des producteurs-exportateurs de films français depuis 1982 et délégué général de l'ARP depuis 1989, qui organise l'essentiel de l'activité de *lobbying*.

« *Nous étions en relation constante avec Lang, avec son cabinet, on échangeait des informations, on travaillait ensemble [...] Nous avons également*

---

[337] *Charte de l'audiovisuel*, septembre 1988, Archives de la FERA.
[338] *Cf. infra.*

depuis 1987 un bureau à Bruxelles, Eurocinéma avec Yvon Thiec, nous étions mieux informés de ce qui se passait à Bruxelles »[339].

De fait, à l'initiative de l'ARP, l'ensemble des organisations professionnelles organise, le 4 avril 1989, une conférence de presse pour protester contre l'abandon par la France d'une ligne politique stricte sur les quotas communautaires au profit de la formule ambiguë *« proportion majoritaire »*. Au cours de cette conférence de presse, une lettre ouverte au Président de la République est rendue publique qui appelle à rejeter *« une politique résignée au déclin et à l'abandon »*[340]. C'est donc toujours prioritairement vers le gouvernement français que sont dirigées les principales actions de sensibilisation ou de mobilisation : elles s'organisent de façon routinisée, régulière et discrète vis-à-vis du ministère de la Culture, « allié » historique et structurel, souvent de façon plus sporadique mais plus appuyée et médiatisée à l'égard des détenteurs du pouvoir d'arbitrage et de décision finale que sont le Premier ministre et le Président de la République.

« Les personnalités qui ont un poids médiatique, les acteurs, les réalisateurs, certains producteurs n'ont pas du tout réagi au Livre vert, aux discussions européennes. C'est par rapport à ce qui se passait en France qu'ils ont commencé à réagir, notamment à partir de la polémique sur les chaînes privées puis sur la loi sur l'audiovisuel de 1986 »[341].

Le second réseau d'acteurs qui participe à la mobilisation des professionnels de la culture et plus largement de l'opinion publique se constitue à l'initiative de Jack Ralite. Le mouvement des états généraux de la Culture se constitue en plusieurs étapes, en réaction à l'arrivée de *La Cinq* en France et de la privatisation de *TF1*.

« Quand il y a eu La Cinq, *moi je l'ai senti ne serait-ce qu'au téléphone, il y a eu une immense émotion...et il y avait un grand espace qui était complètement non occupé parce que les professionnels faisaient leur train-train syndical et puis c'était à peu près tout. Je me suis dit alors on devrait quand même faire un meeting du cinéma et de la télévision »*[342].

Jack Ralite réunit, lors d'un meeting à la Mutualité, des cinéastes avec lesquels il participe régulièrement à des réunions.

---

[339] Entretien avec Pascal Rogard, secrétaire général de la Chambre syndicale des producteurs-exportateurs de films et délégué général de l'ARP, juin 1998.
[340] Cf. *Le Monde*, 6 avril 1989. Parmi les signataires on remarque la présence lors de la conférence de presse de Nicolas Seydoux, PDG de *Gaumont*, Claude Brulé, président de la SACD, Claude Berri, membre fondateur de l'ARP, Jean-Charles Tachella, président de la SRF, et président de l'AIDAA, l'Association Internationale Des Auteurs de l'Audiovisuel.
[341] Entretien avec Antoine Virenque, délégué général de la Fédération Nationale des distributeurs de Films (FNDF), mai 2000.
[342] Entretien avec Jack Ralite, sénateur-maire d'Aubervilliers, animateur des Etats généraux de la Culture, mars 2002.

« C'était un très beau meeting. Alors il y avait un engagement de ma part, je participais à toutes les réunions comme si j'étais du cinéma mais ils avaient une condition "tu ne parles pas au meeting". [...] J'ai tenu parole même quand Piccoli et Toscan du Plantier sont intervenus pour défendre les choix de Mitterrand. Et ça c'est fondamental car ma place dans le monde artistique, c'est sans doute d'être toujours avec eux, mais c'est surtout de ne les jamais avoir utilisés »[343].

Jack Ralite bénéficie de toute la confiance de la majorité des professionnels du cinéma et tout particulièrement des artistes grâce aux relations interpersonnelles très étroites qu'il a su tisser avec eux au cours de plusieurs décennies, ce qui lui permet de fédérer autour de ses initiatives un nombre très important d'artistes et d'intellectuels. En effet, l'entreprise qu'il se propose de mener dépasse le seul milieu du cinéma pour englober toutes les formes de création artistiques. De fait, la création officielle des états généraux de la Culture n'a lieu qu'en 1987 en réaction à la *« financiarisation de la culture »*.

« J'ai rédigé un texte "la culture française se porte bien pourvu qu'on la sauve", c'est une paraphrase d'un texte de Marcel L'Herbier et j'ai passé quatre jours à téléphoner à des cinéastes, des artistes, pour qu'ils signent le texte. »[344]

Après une première réunion au Théâtre de l'Est parisien, les assises du mouvement qui se tiennent au Théâtre de Paris mettent en évidence *« le même fil rouge, le problème du fric dans la création. C'était le début de la grande offensive privatisante et financiarisante »*[345]. Puis c'est la grande manifestation au Zénith le 17 novembre 1987 réunissant 6000 personnes et 300 artistes sur scène au cours de laquelle est faite une *« Déclaration des droits de la culture »* qui énonce notamment qu'un *« peuple qui abandonne son imaginaire aux grandes affaires se condamne à des libertés précaires »*[346]. Ce texte, traduit en 14 langues, a un impact politique et médiatique non négligeable qui permet aux Etats généraux de la culture « d'exister » médiatiquement et donc d'être reconnu par les acteurs politiques[347]. Pour Jack Ralite, qui organise et coordonne les événements, rédige les textes et les déclarations :

« Ce sont des moments de bonheur militant, de bonheur presque corporel extraordinaires ! Et tout le monde était content à l'idée de construire quelque

---

[343] *Ibid.*
[344] *Ibid.*
[345] *Ibid.*
[346] États généraux de la culture, « Déclaration des droits de la culture », brochure, 1987.
[347] C'est notamment le cas du ministre de la Culture, François Léotard, qui déclare dans la presse *« qu'il ne peut ignorer un tel mouvement »*, *Libération,* 18 novembre 1987.

chose et l'idée c'était de construire une responsabilité publique et nationale. C'était beau, très beau ! »[348]

Le mouvement, né de préoccupations essentiellement nationales puisqu'il s'agissait de réagir à la privatisation des chaînes de télévision prend, à partir de 1988, une dimension internationale avec l'« *Année européenne du cinéma et de la télévision* ». Il sera au cœur de la mobilisation des professionnels du cinéma lors de la dernière phase de négociation de la *directive «Télévision sans frontières»* en 1989. Le 10 avril 1989, est organisé à l'initiative des *« Etats généraux de la culture »* un *meeting* au théâtre Mogador qui réunit non seulement la plupart des artistes français présents aux assises du mouvement[349] mais aussi de nombreux artistes européens tels que Ettore Scola, Marcello Mastroianni, Giorgio Strehler ainsi que des responsables syndicaux du cinéma européen. Selon Jack Ralite :

« Parallèlement la profession agissait mais pas du tout comme elle agit maintenant. C'étaient plus les artistes qui entraînaient leurs syndicats que les corporations syndicalisées qui appellent les artistes »[350].

En effet, jusqu'au mois de mai 1989, la « profession », c'est-à-dire essentiellement Pascal Rogard, est davantage tournée vers un travail de *lobbying* discret mais régulier et essaie d'obtenir des garanties quant à la défense de ses positions de la part des différents ministères participant à la négociation. En revanche, l'objectif affiché par les artistes est d'attirer l'attention des médias et de l'opinion publique en appelant à la mobilisation la plus large possible en direction du Parlement européen. En effet celui-ci, « allié » traditionnel des milieux culturels puisqu'il s'est déjà prononcé en faveur de l'instauration de quotas, doit à nouveau prendre position sur le dernier texte de la directive. Ainsi les États généraux de la culture et le comité d'action pour l'Europe du cinéma et de l'audiovisuel, mouvement créé pour l'occasion par les milieux professionnels européens, décident de l'organisation commune d'une manifestation de grande ampleur, à Strasbourg, en direction du Parlement européen afin que soit abolie, en particulier, la mention « *chaque fois que cela est possible* » du texte qui prévoit la diffusion d'œuvres européennes en « *proportion majoritaire* » sur les chaînes de télévision.

Dès l'ouverture des débats le 22 mai 1989, de nombreux députés européens émettent des réserves quant au projet qui leur est présenté par la Commission et

---

[348] Entretien avec Jack Ralite, sénateur-maire d'Aubervilliers, animateur des Etats généraux de la Culture, mars 2002.
[349] Par exemple, Pierre Boulez, Renaud, Claude Santelli, Michel Portal, Claude Piéplu, Michel Piccoli, Jean Ferrat, Bernard Noël, Daniel Mesguich, Bertrand Tavernier, Patrice Chéreau, Marie-Christine Barrault, Marcel Blüwal, Tahar ben Jelloun, Robert Hossein, ce qui montre que le recrutement des membres des Etats généraux de la culture se fait dans tous les champs artistiques.
[350] Entretien avec Jack Ralite, sénateur-maire d'Aubervilliers, animateur des Etats généraux de la Culture, mars 2002.

le Conseil en raison de l'insuffisance des garanties culturelles du texte et du recul sur la question des quotas sur laquelle le Parlement avait donné un avis favorable. Or, c'est le 22 mai que part de Paris « *Un train nommé culture* », c'est-à-dire le train qui amène jusqu'à Strasbourg une forte délégation d'artistes et de représentants du milieu cinématographique[351] pour manifester devant le Parlement et rencontrer des parlementaires afin de défendre, auprès d'une enceinte où ils savent pouvoir compter sur un certain nombre de relais, une conception de la directive plus favorable aux créateurs[352]. Les parlementaires proposent donc une série d'amendements portant notamment sur la publicité à l'écran et les contraintes de diffusion plus favorables aux créateurs et notamment aux producteurs de films pour lesquels le commissaire Jean Dondelinger déclare le jour même que la Commission ne saurait tous les accepter[353]. Enfin les débats changent de nature lorsqu'une lettre du 23 mai 1989, adressée par le président des Etats-Unis, Georges Bush, au président du Parlement européen, le britannique Charles Henry Plumb, est rendue publique. Le président américain le met en garde contre l'introduction de quotas dans la directive qui serait contraire aux règles du libre-échange et serait susceptible, à ce titre, de détériorer gravement les relations entre les Etats-Unis et la Communauté européenne[354]. Alors que la France préside la Communauté européenne, le projet de directive est à nouveau rejeté lors du Conseil des ministres du 17 juillet 1989 et Jacques Delors est obligé d'engager des négociations bilatérales avec chaque délégation nationale afin de trouver rapidement un compromis[355]. Par ailleurs, la France est désireuse de parvenir à un accord sous sa présidence, le vote de la directive venant alors compléter le lancement du programme *Eurêka* initié par le président français et qui permet à la France d'apparaître comme un pays pionnier en matière audiovisuelle. Les assises de l'audiovisuel ont lieu à Paris du 30 septembre au 2 Octobre, à la veille de la réunion du Conseil des ministres qui doit à nouveau examiner le

---

[351] Les artistes font d'abord une halte au Théâtre national de Strasbourg où les attend une délégation d'artistes venus de tous les pays de la Communauté. « [...] *Et, au moment de démarrer, une trentaine d'élèves du théâtre entrent dans la salle et disent un texte chacun dans une langue de la Communauté. On aurait dit une volière de langues ! C'est-à-dire que le mouvement était tel que ça s'imaginait sans arrêts ! [...] On est ensuite parti en délégation au parlement européen. Mais là, vous savez, le Parlement européen c'est un Parlement curieux : quand vous franchissez la porte, toute la fraîcheur dont vous êtes porteur s'assèche* », entretien avec Jack Ralite.
[352] La pression ainsi exercée par les professionnels du cinéma et de l'audiovisuel n'est cependant pas la seule dans la mesure où la Commission et le Conseil s'emploient, quant à eux, à convaincre les députés de la nécessité d'adopter le texte sans le modifier.
[353] *Cf. Agence Europe*, n° 5020 du 24 mai 1989, p. 13.
[354] [Delwit P., Gobin C., 1991 : 68].
[355] *Ibid.*, p. 69.

projet de directive, avec cette fois-ci la nécessité impérieuse de parvenir à un accord[356].

2.3 L'insatisfaction des professionnels face au texte final

La directive « Télévision sans frontières » est finalement adoptée le 3 octobre 1989 au terme d'un compromis politique au sein du Conseil des ministres. La réglementation mise en œuvre par les instances communautaires est ainsi présentée comme le cadre nécessaire à la naissance d'un marché européen de la télévision. La directive à laquelle les Etats membres doivent se conformer à partir d'octobre 1991 en est la pierre angulaire. Le but du texte est tout d'abord d'éliminer les obstacles à la libre circulation des émissions de télévision au sein de l'Union Européenne : un pays ne peut plus faire obstacle à la réception d'émissions émises hors de son territoire, la loi applicable étant en effet celle du pays émetteur. Constatant les très grandes difficultés à produire des œuvres audiovisuelles originales en quantité suffisante et le risque corollaire de voir ouvrir un espace européen pour les programmes américains diffusés par de nombreuses chaînes de télévision, le législateur européen s'est attaché à encourager la distribution et la production audiovisuelles européennes. Une proportion majoritaire du temps d'antenne doit ainsi être consacrée à des œuvres européennes (article 4). L'article 5 prévoit en outre que les Etats doivent veiller à ce que les diffuseurs réservent au moins 10 % de leur temps d'antenne ou 10 % au moins de leur budget de programmation à des œuvres européennes émanant de producteurs indépendants. L'article 7 prévoit enfin que les chaînes de télévision doivent attendre un délai minimum de deux ans (un an lorsqu'elles sont coproducteurs) avant de diffuser les films de cinéma. Ces dispositions ne sont en réalité que très peu contraignantes. Elles sont en effet assorties de réserves : « *chaque fois que cela est réalisable par les moyens appropriés* » (articles 4 et 5) ou sont susceptibles d'accords contraires (article 7) entre diffuseurs et détenteurs des droits sur l'œuvre ce qui laisse une très large liberté d'application. Aussi les producteurs audiovisuels français considèrent que cette directive est « *structurellement faible et insuffisamment prescriptive* »[357]. Ces mêmes producteurs ont également critiqué tout d'abord l'insuffisance de définition de la notion d'œuvre (la directive inclut en effet les émissions de plateau et les jeux au même titre que les fictions). De plus, les producteurs ont fait valoir que le texte n'a pas su empêcher l'arrivée des chaînes américaines par satellite. De même, la plupart des associations socioprofessionnelles et des syndicats européens de l'audiovisuel se montrent peu satisfaits. La FERA invite

---

[356] En effet, selon l'article 149 (2) du traité, la directive est réputée non adoptée si le vote favorable du Conseil des ministres n'intervient pas dans un délai de quatre mois après l'examen du Parlement, ce qui fixait la date limite au 6 octobre 1989.
[357] Entretien avec Pascal Rogard, secrétaire général de la Chambre syndicale des producteurs-exportateurs de films et délégué général de l'ARP, juin 1998.

la Commission à engager le débat avec les Etats-Unis afin de trouver une solution au déséquilibre mondial des échanges audiovisuels. Le Comité des industries cinématographiques des Communautés européennes (CICCE) souhaite un renforcement des quotas de diffusion. Enfin, la Fédération internationale des syndicats de travailleurs de l'audiovisuel (FISTAV) se dit « *séduite* » par la directive, mais insiste sur la nécessité de mesures nationales pour financer la production.

3) L'échec de la mobilisation et la reformulation du problème

En dépit des efforts déployés, la mobilisation n'aboutit finalement qu'à un échec relatif : le principe des quotas, n'est pas adopté au niveau européen, mais laissé à la libre appréciation de chaque Etat, en raison de la formulation même de la directive. De fait, le projet de directive tel qu'il est adopté en 1989 conduit à une renationalisation des enjeux, des débats et des négociations entre milieux professionnels et administrations. Au cours des années 1980, l'espace audiovisuel européen s'est élargi aux acteurs du secteur privé et s'est progressivement restructuré autour d'une logique commerciale, parvenant même à placer sous sa dépendance partielle l'espace cinématographique : de fait, la constitution de grands groupes multimédias en Europe a compliqué la formulation des options de politique publique, affaiblissant les réglementations nationales. Cet échec relatif masque cependant des changements profonds dans la configuration d'acteurs de l'espace cinématographique européen en cours de constitution.

3.1 L'européanisation des groupes professionnels du cinéma : un processus issu de la mobilisation contre la directive « TSF »

Au début des années 1960, les groupes d'intérêts sont désorganisés et isolés dans leur mode d'intervention auprès des institutions européennes : les représentations à Bruxelles, qui souvent considérées comme de simples postes d'informations, sont dévalorisées par rapport aux organisations nationales plus puissantes et plus intégrées au jeu politique. La Commission, soucieuse d'accroître ses pouvoirs, s'est employée à organiser d'importants groupes dans les milieux professionnels européens ou bien encore des associations de consommateurs. Si la signature de l'Acte unique en 1986 confère à la Commission un rôle moteur dans le processus d'intégration européenne, le Conseil demeure encore le pouvoir dominant au sein du triangle institutionnel, que la Commission essaie de contourner en encourageant la création et le développement d'eurogroupes. Mais, à la différence des associations nationales ou des groupes d'intérêts des sociétés multinationales, les eurogroupes représentent souvent des intérêts trop vastes avec peu de moyens et apparaissent parfois divisés. De plus, les eurogroupes manquent souvent d'expertise et d'expérience de la négociation pour pouvoir réellement peser sur le processus décisionnel. Cependant, certains d'entre eux, en particulier les eurogroupes défendant les intérêts des professionnels du cinéma, sont particulièrement actifs, relativement homogènes dans leur prise de position et en liaison permanente avec leur base nationale. Il est significatif de constater que les personnalités à la tête de ces groupes ou de ces fédérations dans les années 1980-1990 sont souvent des Français, très au fait des négociations, des processus de décision tant nationaux que communautaires et soucieux de défendre les intérêts du cinéma.

Selon les analyses de Vivien Schmidt relatives aux changements intervenus dans l'élaboration et la mise en œuvre des politiques industrielles en Europe, le processus d'intégration européenne aurait contribué à inverser les rapports de force entre l'Etat et les grands groupes industriels. Cette inversion aurait eu lieu alors même qu'il s'agissait de politiques fortement marquées par leur caractère de souveraineté nationale et à travers lesquelles les gouvernements successifs souhaitaient imposer leur *leadership*[358]. Tandis que l'Etat perd une partie de son autorité et de sa capacité réglementaire en raison de la montée en puissance des institutions européennes, les groupes industriels auraient acquis une marge de manoeuvre singulière vis-à-vis des gouvernements, en se rapprochant des institutions communautaires[359]. Cependant, il ne semble pas qu'il en soit de même lorsque l'on regarde les politiques du cinéma et de l'audiovisuel à partir de 1989. Certes les évolutions ont été favorables aux groupes privés, en France, au cours des années 1980 avec la vague de privatisations et de créations de chaînes. De même, on peut constater que le groupe d'intérêt des chaînes privées est puissamment représenté à Bruxelles et qu'il a pesé sur la rédaction du Livre vert mais aussi, dans une moindre mesure tout au long du processus d'adoption de la directive. Cependant, les relations privilégiées entretenues par les producteurs cinématographiques avec les gouvernements successifs ont permis de contenir, dans une large part, cette inversion des relations de puissance entre l'Etat et l'Union européenne, entre l'audiovisuel public ou protégé et les groupes privés. A ce titre, on peut avancer que ces relations historiquement fortes ont été préservées tout en intégrant de part et d'autre la nécessité de prendre en compte « la dimension européenne » des problèmes qu'ils avaient pris l'habitude de négocier entre eux.

3.2 Vers une nouvelle problématisation : le cinéma et l'audiovisuel menacés par les productions américaines ?

La première tentative de problématisation entreprise par différents acteurs de l'espace cinématographique s'est heurtée à l'impossibilité de désigner de

---

[358] [Schmidt V., 1999 : 51-78].
[359] [Schmidt V., 1996 : 245].

façon claire un « obstacle », en l'occurrence la télévision, au maintien de la fréquentation en salles. Les producteurs, susceptibles de jouer le rôle de médiateur et donc de proposer une vision qui devienne la vision légitime du secteur (« *la crise du cinéma est due à la concurrence de la télévision* ») n'ont pas pu poser le problème en ces termes en raison des liens étroits qu'ils entretiennent avec la télévision, devenue leur principale source de financement. Les transformations qui affectent le secteur audiovisuel fournissent l'occasion d'un nouveau processus de problématisation. La perception du problème s'est déplacée : l'accent est mis désormais sur la concurrence du cinéma américain vis-à-vis du cinéma français dans un contexte de libéralisation du marché mondial du cinéma et de l'audiovisuel, relayé au niveau européen par la perspective de la création d'un marché unique des images. En effet, la baisse de la fréquentation enregistrée entre 1984 et 1989 s'est faite exclusivement au détriment du cinéma français, le cinéma américain conservant le même nombre de spectateurs et donc augmentant relativement ses parts de marché. L'obstacle désigné n'est plus la télévision, même si les acteurs des politiques du cinéma n'ignorent pas les conséquences négatives de la multiplication de l'offre télévisuelle sur la fréquentation en salles, mais le cinéma américain à travers la multiplication de l'offre télévisuelle. Cette évolution dans la phase de problématisation est facilitée par la mise en évidence de l'absence d'un tissu de producteurs de programmes audiovisuels face à la puissance de l'industrie américaine, capable de s'imposer sur le marché européen. La production audiovisuelle a donc elle aussi pour principal « obstacle » à son développement la production américaine. La création d'un fonds de soutien aux industries de programmes géré par le CNC sur le modèle de celui du cinéma, n'est pas étrangère à cette logique. Les producteurs de programmes audiovisuels dont le nombre croît sensiblement à cette époque sont dès lors susceptibles de devenir des « alliés ». Or cette évolution dans la façon de percevoir le problème du cinéma dans les années 1980 est rendue possible notamment par la mise en avant de la dimension culturelle du cinéma et de la production des images, thème qui peut « intéresser », fédérer un grand nombre d'acteurs autour de lui avec l'appui de l'opinion publique, comme l'attestera le processus de négociation du GATT. La fin de la décennie 1980 voit en effet se multiplier les initiatives en faveur d'une structuration économique de l'espace audiovisuel et cinématographique au niveau européen : lancement du programme *MEDIA* (Mesures d'Encouragement pour le Développement de l'Industrie Audiovisuelle) créé en 1987 dans le but de soutenir l'industrie cinématographique et audiovisuelle ; accord *Eurimages* entré en vigueur en janvier 1989 et destiné à favoriser la coproduction et la distribution des œuvres à l'échelle européenne ; enfin, projet *Eurêka audiovisuel* lancé en octobre 1989 pour favoriser le développement industriel de l'audiovisuel européen (promotion de la télévision haute définition, harmonisation des règles de fiscalité...)³⁶⁰. Lors des débats sur le projet *Eurêka*, les déclarations des responsables politiques français de l'époque témoignent de leur adoption de la matrice cognitive dominante au sein de l'espace cinématographique. Jacques Delors, alors président de la Commission européenne prend position contre une régulation de l'audiovisuel qui n'obéirait qu'aux seules lois du marché : « *La culture n'est pas une marchandise comme les autres [...] La politique de l'audiovisuel doit être traitée comme un problème de société. [...] Il n'y aura pas de protection du marché européen mais pas davantage de laissez-faire. Je dis aux Etats-Unis : avons-nous le droit d'exister, de perpétuer nos traditions ? Certes, il n'y a pas une mais plusieurs identités européennes, mais chacun de nos pays doit pouvoir défendre sa culture. Qu'au moins on nous laisse le temps de le faire* »³⁶¹.

C'est par ailleurs Jack Lang qui déclare lors de l'inauguration du Marché International des Programmes de Télévision (MIP-COM) le 12 octobre 1989 à Cannes que le principe qui sous-tend la directive « Télévision sans frontières » est le principe selon lequel « *une œuvre de l'esprit, un livre, un film, ne sont pas des produits comme les autres* »³⁶². Il faut relever le parallèle qui est fait ici par Jack Lang entre le livre et le cinéma, qui est également repris lors d'entretiens avec des acteurs des politiques publiques du cinéma.

« *La ligne culturelle c'est de dire que le cinéma est un mode d'expression artistique qui, comme la littérature, connaît toute la gamme, depuis le roman de gare jusqu'à Duras, sauf que sortir un livre coûte pas très cher et que sortir un film coûte beaucoup plus cher. Il n'est pas concevable que la culture française, l'esprit français ou les talents français ne s'expriment pas dans le cinéma. C'est comme si l'on disait brusquement, on n'écrit plus de livres en France. C'est aussi inadmissible* »³⁶³.

Or, comme le montre Yves Surel, dans son ouvrage *L'Etat et le livre*, l'affirmation « *le livre n'est pas un produit comme les autres* » exprime une certaine « vision » du champ du livre qui s'est finalement imposée face à la conception libérale et qui a conduit à l'adoption de la loi sur le prix unique du livre du 10 août 1981. Cette « vision » du champ du livre n'était certes pas nouvelle mais fonctionnait désormais comme une croyance, voire comme une « image » au sens où Pierre Muller définit cet élément de la matrice cognitive, c'est-à-dire « *de remarquables vecteurs implicites de valeurs, de normes, ou*

---

³⁶⁰ Le programme prévoit notamment « *Le lancement d'actions et de projets concrets de coopération intéressant l'avenir de l'industrie audiovisuelle européenne de programmes, y compris sous ses aspects technologiques, avec pour objectif de renforcer la capacité de création et de production des entreprises européennes et de promouvoir leur compétitivité.* », cité dans *Le Monde*, 3 octobre 1989.
³⁶¹ Cité dans *Le Monde*, 3 octobre 1989.
³⁶² Cité dans *Le Monde*, 13 octobre 1989.
³⁶³ Entretien avec Yvon Thiec, délégué général d'Eurocinéma, mars 1999.

même d'algorithmes. Elles font sens immédiatement sans passer par un long détour discursif »[364].

Le cas des politiques du cinéma semble très proche du champ du livre étudié par Yves Surel. Ce sont en effet les deux industries culturelles qui ont été pensées selon le schéma *« le livre ou le film ne sont pas des produits comme les autres »* à la différence de l'industrie du disque par exemple, dont la distribution a été abandonnée aux grandes surfaces entraînant la disparition des disquaires. Bien plus que l'industrie du disque, l'industrie du livre et celle du cinéma ont fait l'objet d'une intervention très soutenue de la part des autorités publiques et ce n'est pas un hasard si dans les propos d'hommes politiques ou d'agents de l'Etat, le livre et le film sont pensés *ensemble* comme des biens différents des autres. Cependant, les champs du livre et du cinéma n'ont pas donné lieu au même processus d'intéressement, d'enrôlement puis de mobilisation. Dans le champ cinématographique, la problématisation s'est constituée autour de la définition claire d'un « obstacle », le cinéma et l'audiovisuel américains, face auxquels était revendiqué le *« droit d'exister »* dont parle Jacques Delors. Ainsi, l'émergence du problème du cinéma et de l'audiovisuel français revêt une dimension identitaire nationale très forte. Le contexte international dans lequel se déroulent les négociations du GATT a encore renforcé cette caractéristique.

L'industrie du livre est circonscrite, pour l'essentiel, au marché national et les auteurs ou maisons d'édition étrangers ne représentent pas une part conséquente du marché. En revanche, le marché du cinéma est international et largement dominé par les Etats-Unis. Le problème n'est donc pas tant celui du maintien de l'économie spécifique d'un espace de production, avec ses maisons d'édition et ses librairies indépendantes face à une économie nationale soumise aux lois du marché et où la plupart des secteurs sont fortement concentrés, (même si cet aspect existe et ne peut être négligé), que celui de l'existence même d'une forme d'expression artistique *et* d'une industrie *nationales*, face au cinéma américain et à la culture qu'il véhicule. Il est à cet égard révélateur que les medias, les acteurs politiques et les professionnels aient mis en avant les problèmes du cinéma lors des négociations du GATT alors que les intérêts financiers les plus importants étaient liés aux programmes audiovisuels, le cinéma ayant une dimension symbolique beaucoup plus forte, susceptible de mobiliser les acteurs engagés dans le processus, ainsi que l'opinion publique. Demeurent cependant des interrogations quant aux facteurs qui peuvent expliquer que les professionnels, pourtant fortement mobilisés n'ont pas réussi à empêcher les négociateurs français d'accepter de revoir leur position sur les quotas. De même, on peut se demander si la définition des enjeux du cinéma en France se trouve modifiée par ces nouveaux développements européens. Une première tentative de problématisation a eu lieu, au milieu des années 1980,

---

[364] [Muller P., dans Faure A., Pollet G., Warin P., 1995 : 159].

face à la baisse de la fréquentation en salles, qui désignait la télévision comme « obstacle » au maintien de cette fréquentation. Ce processus n'avait pu aboutir faute d'une mobilisation effective des producteurs sur ce thème. La problématisation s'est donc « déplacée » en deux temps, d'une part, par la désignation de la production cinématographique et audiovisuelle américaine comme le principal « obstacle », faisant désormais de la production audiovisuelle française un « allié », et d'autre part, en raison de l'importance prise par la dimension identitaire nationale, lors des négociations du GATT. L'étude du thème de l'exception culturelle permet de mettre en évidence cette caractéristique du processus de mobilisation engagé lors des négociations de 1993.

II] Les négociations du GATT et l'adoption de la clause d'exception culturelle

Au sein des pays prenant part aux négociations du GATT, deux conceptions de l'audiovisuel s'opposent. Les Etats-Unis demandent à ce que le dossier de l'audiovisuel soit joint aux négociations de l'Uruguay round en cours au sein du GATT[365] et que les produits de l'industrie cinématographique et audiovisuelle soient considérés comme de simples marchandises justiciables des mesures générales de libéralisation du commerce international. Ce point de vue exige que les réglementations, nationales et communautaires, faisant obstacle à la libre circulation de ces produits (les quotas) ou à la libre concurrence (les aides publiques à la production) soient supprimées ou démantelées. L'Europe, par la voix de la Commission, et à l'initiative principale de la France, se propose quant à elle d'invoquer l'argument de « l'exception culturelle » pour obtenir, en faveur des produits audiovisuels, un statut dérogatoire. Le gouvernement français accorde au dossier culturel une importance particulière, lui donnant une grande visibilité politique en le mettant pratiquement sur un pied d'égalité avec le dossier agricole, sans doute le plus complexe et le plus controversé du cycle, mais s'isolant par là même de certains partenaires européens. Comment se déroule la mobilisation des professionnels du cinéma autour du thème de l'exception culturelle ? Comment cette mobilisation influence-t-elle l'action des autorités publiques et aboutit à l'achèvement d'un processus de traduction initié à la fin des années 1980 ? Quels sont alors les schèmes de pensée, les principes ou les références mobilisés au nom de l'exception culturelle, c'est-à-dire finalement quelle est la matrice cognitive de cette « *exception culturelle* » ?

A] *Les enjeux et le contexte des négociations du GATT*

1) Les enjeux des négociations du GATT

1.1 Le GATT, un espace de négociations spécifique

La création d'une Organisation Internationale du Commerce (OIC) est envisagée durant la seconde Guerre mondiale, au moment où les Etats-Unis et la Grande-Bretagne jettent les bases d'un nouvel ordre économique international fondé sur les principes du marché. Les statuts de l'OIC sont approuvés en 1948 et constituent la Charte de la Havane qui ne sera jamais mise en œuvre. Entre-temps, à titre provisoire, est signé à Genève, en octobre 1947, l'accord du

---

[365] L'acte final du Cycle d'Uruguay a été conclu le 15 décembre 1993 après sept ans de négociations. L'audiovisuel étant considéré comme un service et non une marchandise, il relève normalement du GATS (*General Agreement on the Trade of Services*).

GATT. Cet accord initialement conçu comme provisoire, correspond seulement au chapitre IV de la Charte de la Havane, relatif à la « politique commerciale » ce qui explique que le GATT n'a jamais détenu de compétence explicite à l'égard des services dont l'inclusion dans les négociations constitue justement un des enjeux de l'Uruguay Round. C'est en effet à partir de 1986, que l'organisation du GATT s'est employée à étendre son action dans le domaine des services, mais aussi dans de nouveaux domaines tels que les droits de la propriété intellectuelle, restés jusqu'alors hors de son champ de compétence. Le secteur des services s'est en effet rapidement développé et représente ainsi au début des années 1990, plus de 60 % du PIB des pays industrialisés, et plus de 35 % du commerce international. L'identification des domaines constitutifs de « services » a elle même été une source de conflits mais les négociateurs ont établi une liste de référence indiquant quels étaient les secteurs concernés. Parmi ces derniers, outre les classiques services financiers, bancaires, d'assurances ou de transports, figurent expressément la communication, les loisirs, la culture et l'enseignement. Au cours de la mise en œuvre concrète de ces négociations ont été constitués des groupes sectoriels concernant spécifiquement tel ou tel domaine dont un sur l'audiovisuel. Or l'inclusion de l'audiovisuel dans le champ de compétence du GATT, au titre des services, remettrait en cause « l'algorithme » selon lequel *« l'audiovisuel n'est pas une marchandise comme les autres »* qui, depuis 1989, constitue l'argument rhétorique de référence de ceux qui défendent l'idée d'une spécificité du cinéma. On peut noter que, dans le cadre même du GATT, l'article IV de l'accord général mentionne le cinéma de manière dérogatoire, afin d'autoriser les contingentements à l'écran. Cela signifie que le principe du « traitement national » a été écarté en matière cinématographique et qu'il a été reconnu, à la fin des années 1940, que la réglementation du cinéma relevait des politiques culturelles nationales et qu'elle n'était donc pas justiciable des procédures de libéralisation liées au GATT. Par ailleurs, plusieurs accords internationaux de libéralisation du commerce ont expressément écarté les œuvres audiovisuelles. L'accord général et le *« Code des invisibles »* de l'OCDE procèdent ainsi. Les *« œuvres audiovisuelles »* s'y voient reconnaître un caractère culturel, autorisant les contingentements à l'écran et les subventions nationales. Enfin, les Etats-Unis eux-mêmes, qui sont à l'origine de la demande d'inclusion de l'audiovisuel dans la logique du GATT, ont renoncé à cette inclusion dans l'association de libre-échange nord-américain (ALENA) conclu avec le Canada. Les objectifs du huitième cycle de négociations commerciales ouvert en 1986 sont doubles : améliorer les conditions d'accès au marché dans les secteurs déjà concernés par le GATT et engager la libéralisation de nouveaux secteurs, plus sensibles. La France ne négocie pas à titre autonome, mais sous l'égide de l'Union. La position communautaire est, dans un premier temps, définie au niveau intergouvernemental. Puis un mandat de négociation est donné au commissaire européen chargé des affaires économiques extérieures et de la politique commerciale, représentant collectivement et solidairement les Etats membres. Les deux dossiers principaux pour la Communauté européenne et la France en particulier sont l'agriculture et l'audiovisuel. Tous deux sont sous-tendus par des enjeux culturels et nationaux très importants mais c'est le dossier agricole qui, jusqu'en septembre 1993, monopolise l'attention tant des autorités publiques que de l'opinion, au détriment du dossier audiovisuel.

1.2 L'analyse de l'interaction entre les professionnels du cinéma et l'Etat lors des négociations du GATT

Le processus décisionnel des négociations du GATT a été appréhendé à travers l'étude de la mobilisation des professionnels du cinéma. Ce qui nous intéresse ici n'est cependant pas tant l'étude et la caractérisation du groupe des professionnels du cinéma en tant que tel[366] que l'étude des rapports qu'il a entretenu avec l'Etat au cours des négociations du GATT, de la même façon que nous avons présenté une première étape de leur mobilisation lors de l'adoption de la *directive « Télévision sans frontières »* en 1989. On cherche à montrer que le groupe des professionnels du cinéma n'existe en tant que groupe d'intérêt mobilisé pour telle et telle cause que dans et par sa relation avec l'Etat car, comme le souligne Robert Salisbury : « *c'est la conjonction de besoins privés et de l'action publique qui constitue les intérêts d'un groupe d'intérêts* »[367]. A cet égard, l'étude de ce processus de mobilisation oblige à prendre en compte la réciprocité des relations entre l'Etat et les professionnels du cinéma. En effet, l'action de ces professionnels s'apparente à une action de *lobbying* classique en partie dirigée vers l'exécutif français mais en retour cette mobilisation est souhaitée, entretenue et finalement utilisée par le gouvernement tant dans l'arène politique interne que lors des négociations du GATT au niveau international. Il faut donc prendre en compte cette réciprocité ou cette instrumentalisation réciproque, finalement bénéfique aux deux.

2) La place de l'audiovisuel dans les négociations du GATT

2.1 L'intérêt des Etats-Unis pour la question audiovisuelle et le contentieux relatif aux quotas

Bien que le débat sur le statut de l'audiovisuel ait lieu au cours d'une négociation internationale, il oppose surtout deux pays : la France et les Etats-Unis. Ces derniers veulent inclure l'audiovisuel dans l'accord final, et la France, éventuellement soutenue par ses partenaires européens, s'y oppose. Le gouvernement de Bill Clinton, représenté par Mickey Kantor est soutenu par

---

[366] On peut utiliser la classification de Walker pour étudier ce groupe [Walker J., 1991].
[367] Salisbury R., dans [Graziano L., 1996 : 195-223].

d'importants groupes de pression lors des négociations du GATT. A cet égard, le rôle joué par la *Motion Picture Association of America* (MPAA)[368] est à souligner. En effet la MPAA est traditionnellement très liée au pouvoir et singulièrement au parti démocrate[369]. La position des négociateurs américains est sans ambiguïté. Selon Jack Valenti :

« *C'est l'avenir de l'industrie cinématographique américaine qui est en jeu. Si on nous empêche d'aller librement à l'étranger, nous allons souffrir. Notre gouvernement ne fera pas l'impasse sur l'audiovisuel, qui représente l'un des principaux actifs économiques du pays* »[370].

Cette attitude offensive des Etats-Unis est confirmée par les fonctionnaires français du CNC :

« *Autant les ambassadeurs de l'Union européenne sont vraiment très peu au courant des enjeux de l'audiovisuel et du cinéma, très peu intéressés par ça, autant les ambassadeurs des Etats-Unis dans tous les pays du monde considèrent qu'une dimension essentielle de leur action diplomatique, c'est d'abord la protection des intérêts du cinéma américain* »[371].

L'importance des questions audiovisuelles pour les Etats-Unis est d'ailleurs clairement perçue par le gouvernement français de l'époque. Ainsi pour Jacques Toubon :

« *Le secteur de la communication c'est un secteur majeur de l'économie américaine, aujourd'hui avec le développement des réseaux, le secteur de l'internet de manière générale, c'est devenu le porte-avions de l'économie américaine et deuxièmement, parce qu'au point de vue symbolique et politique, c'est extrêmement important. Clinton était totalement aligné avec l'industrie d'Hollywood, il ne pouvait pas ne pas l'être. Hollywood, c'était comme General Motors, c'est-à-dire c'était les Etats-Unis* »[372].

Le dossier audiovisuel n'a pris de l'importance que vers la fin des négociations :

« *Il semblait en effet acquis que pendant des années l'audiovisuel ne serait pas inclus dans l'accord final. En décembre 1992, les négociateurs européens*

---

[368] Organisation représentant les grands producteurs et distributeurs américains : *Buena Vista, Disney Studios, Carolco, MGM-Pathé Communications, Orion Pictures intl., Paramount, Twentieth Century Fox, Universal Studios, Warner Bros.*
[369] Le premier président de la MPAA, William Hays, était secrétaire d'Etat du gouvernement de Théodore Roosevelt ; son président, au lendemain de la Deuxième Guerre mondiale, Eric Johnston, avait rang d'ambassadeur plénipotentiaire des Etats-Unis. Quant à son actuel président, Jack Valenti, il a été conseillé du président Lyndon Johnson dans les années 1960 et a travaillé aux côtés de Clara Hills, ministre du Commerce extérieur du gouvernement de Georges Bush. Jack Valenti est resté à la tête de la MPAA plus de quarante ans.
[370] *Le Monde*, 11 mars 1993.
[371] Entretien, membre du CNC, Juin 1997.
[372] Entretien avec Jacques Toubon.

et américains s'étaient implicitement mis d'accord afin de faire une impasse sur les transports maritimes (accord que ne souhaitaient pas les Américains) si les Etats-Unis faisaient une impasse sur l'audiovisuel. Mais avec l'arrivée de Kantor et Brittan, l'audiovisuel a été rajouté à l'improviste sur l'agenda »[373].

Si les quotas ont permis à la production française de subsister, les ventes américaines en Europe et en France n'ont effectivement pas baissé depuis l'adoption de la directive. A la veille des négociations du GATT en 1992, les films américains totalisent 90 % des recettes mondiales et occupent 80 % du marché européen, alors que les films européens ne représentent que 1 % du marché américain[374].

2.2 Une opposition plus profonde sur les notions de culture et de droits d'auteur

Les Etats-Unis et l'Europe ne partagent pas les mêmes notions de ce que recouvre le mot « culture » et surtout de ce que sont les droits d'auteur. Ainsi pour les Américains, la notion de « culture » recouvre de manière quasi exclusive les arts picturaux, la philosophie et la littérature, alors que les Européens en ont une conception beaucoup plus large. Surtout, à travers les négociations du GATT, ce sont deux conceptions de la notion de droit d'auteur qui s'affrontent, *le droit d'auteur* et *le copyright,* et qui recoupent sensiblement les deux conceptions du cinéma qui sont également en jeu, création artistique d'un côté, *entertainment* (divertissement) de l'autre. Le *droit d'auteur* trouve son origine dans l'Angleterre du XVIIe siècle (décret de 1709) et la France du XVIIIe siècle (décrets de 1791 et 1793) et s'est progressivement étendu à partir du droit de représentation et de reproduction. Sa caractéristique principale est de couvrir non seulement les droits économiques mais aussi les droits moraux et, plus généralement, les liens personnels entre un auteur et son œuvre. Comme son nom l'indique, c'est d'abord la personne de l'auteur qui fait l'objet de la protection et cette protection est établie de droit, sans formalité particulière, pour toute œuvre de création artistique et littéraire. C'est cette vision qui a été adoptée dans la convention internationale signée à Berne en 1886 et régulièrement révisée depuis. *Le copyright* trouve aussi son origine dans le décret anglais de 1709 reconnaissant un droit exclusif de reproduction ; il s'est développé dans les pays anglo-saxons qui n'ont ratifié que plus tardivement la convention de Berne (à la fin du XIXe pour le Royaume-Uni, en 1989 pour les Etats-Unis). Le *copyright* se caractérise par le fait qu'il désigne essentiellement un droit de propriété et représente à ce titre un bien économique transmissible : c'est, *a priori,* le producteur qui est supposé en être détenteur et non l'auteur qui est peu protégé.

---

[373] Entretien avec un fonctionnaire du CNC, Juin 1997.
[374] *Ibid.*

B] L'adoption de la clause d'exception culturelle : achèvement du processus de traduction

1) Première phase de la mobilisation des professionnels : l'échec du sommet de Tokyo

1.1 Le travail d'intéressement des professionnels du cinéma

De 1990 à 1993, l'activité de *lobbying* des professionnels du cinéma est régulière. En effet, ce groupe fait partie du « *profit sector* » au sens où l'entend J. Walker[375], c'est-à-dire qu'il est très homogène, constitué de membres qui ont tous la même base professionnelle et qui défendent des intérêts communs. On peut rappeler à cet égard que dès les années 1950, les professionnels du cinéma, quelle que soit la branche à laquelle ils appartiennent, ont pris l'habitude de se réunir au sein du Bureau de liaison des industries cinématographiques (le BLIC) et d'adopter des positions communes dans leur relation avec l'Etat. Il en va de même aujourd'hui dans la représentation et la défense de leurs intérêts auprès des institutions européennes. Le fait qu'en France, les principaux exploitants (*Pathé*, *UGC*, *Gaumont* auxquels on peut ajouter désormais *MK2* pour Paris) sont aussi producteurs de films ou détenteurs de droits, engagés en tant que tels dans la lutte en faveur de l'exception culturelle dont ils tirent un profit à la fois symbolique et matériel, explique en partie la facilité avec laquelle le consensus est obtenu. A cet égard, les plus actifs et les mieux organisés sont les producteurs. Ils disposent d'une représentation permanente à Bruxelles afin de peser sur les choix européens en matière cinématographique et audiovisuelle ou, à tout le moins, d'être informés des projets de la Commission et de défendre au mieux leurs intérêts auprès du gouvernement français. Le bureau de représentation des producteurs français, *Eurocinéma*, dirigé par Yvon Thiec, est en contact permanent avec des membres de la Commission ou du Parlement européens et défend en réalité les intérêts du cinéma français dans son ensemble. Ainsi selon M. Fleurent-Didier, président du syndicat des industries techniques :

« *Yvon Thiec occupe une position un peu particulière, il est représentant des producteurs français et en fait, il agit d'une manière beaucoup plus œcuménique, il ne serait pas contre agir pour nous aussi. […] Comme au niveau européen, l'essentiel des problèmes se situe au niveau des thèmes comme l'exception culturelle, les règles du commerce international, il est*

---

[375] [Walker J.,1991].

évident que les producteurs constituent une sorte de vigie permanente et qu'ils nous demandent après de co-signer des textes »[376].

1.2. La représentation des intérêts auprès des institutions européennes

Vis-à-vis des parlementaires européens, il s'agit le plus souvent d'apporter des informations et de faire prendre conscience aux députés de l'intérêt des revendications du groupe. En effet, les députés sont très demandeurs d'information : souvent intéressés par le sujet, ils ne s'estiment pas toujours en mesure de le traiter seul ou désirent avoir un complément d'information qui ne soit pas une version officielle ou administrative mais qui rende compte directement des revendications des professionnels. L'activité du lobbyiste consiste alors à nouer des contacts avec le parlementaire puis à le rencontrer (*lobbying* de face à face) : l'argumentation est principalement d'ordre technique. Elle crée surtout cette proximité relationnelle, cette connivence qui se construit progressivement sur le partage des mêmes codes (de réflexion, de langage, d'intérêts...) et du même espace de relations. Cette proximité présente l'avantage, pour les professionnels du cinéma, de « traduire » leurs préoccupations professionnelles et identitaires dans le langage et les procédures qui font le quotidien des parlementaires ou des fonctionnaires européens, et qu'ils peuvent se réapproprier facilement. Cette proximité a aussi son revers : le risque que le représentant finisse par partager le point de vue dominant de l'espace dans lequel il intervient, se coupant alors de sa « base » professionnelle.

« *Ils* [les représentants des professionnels] *finissent par parler comme eux, ils se voient tout le temps, vivent dans le même monde. Ils sont finalement plus proches d'eux que de nous* »[377]

A l'égard des membres de la Commission, l'action de *lobbying* est plus délicate. Au début de 1992, toute la question est de savoir comment obtenir une couverture adéquate des services audiovisuels au sein du GATT. Dès lors que la proposition de l'annexe sectorielle est rejetée et que les Américains maintiennent leur souhait d'inclure l'audiovisuel dans la négociation, une concertation étroite se noue en 1992 entre la Commission et les professionnels. L'exemple du Canada, qui vient de signer un accord de libre-échange avec les Etats-Unis, et a dû négocier âprement pour obtenir une clause « *d'exemption culturelle* » a servi d'avertissement.

---

[376] Entretien avec M. Fleurent-Didier, juin 2000. En 2000, M. Fleurent-Didier est président du syndicat des industries techniques et président de la Commission française du film, chargée de faire la promotion mondiale de la France comme lieu de tournage.
[377] Entretien avec Jean-Henri Roger, réalisateur, co-président de la SRF, mars 2002.

Des relations sont nouées avec les commissaires européens. Mais ces contacts étroits n'ont été possibles qu'en raison de la convergence, sur ce dossier précis, des revendications des professionnels et du point de vue des commissaires en charge du dossier. En effet, l'activité de *lobbying* est beaucoup plus difficile avec les commissaires européens en raison de leur connaissance très fine des dossiers. Il n'est pas question ici de leur apporter des informations techniques : il s'agit aussi d'un *lobbying* de face à face mais l'argumentation est davantage d'ordre politique. En contrepartie, s'il y a identité des points de vue, le soutien des commissaires est un atout très puissant dans le jeu du groupe qui mène l'action de représentation des intérêts. Le commissaire chargé de la culture, Joao de Deus Pinheiro est favorable aux revendications des professionnels et à l'exclusion des questions culturelles du champ des négociations du GATT. Par ailleurs, les différents acteurs en présence jouent des dissensions existant entre les directions générales de la Commission. Ainsi la DG I, en charge des relations extérieures de la Communauté européenne estime que l'audiovisuel n'a rien de stratégique et accepte un repli face aux Américains pour mieux étayer une offensive sur le transport maritime. La DG X, en revanche, responsable des questions de communication, de culture et d'audiovisuel est acquise à la notion d'exception culturelle et tient à préserver une filière de l'image européenne. A l'opposition entre la DG III et la DG X au cours de l'élaboration du projet de *directive «Télévision sans frontières»* succède ainsi une opposition entre la DG I soucieuse de parvenir à un accord de libéralisation et la DG X. A nouveau, la marge de manœuvre, déjà limitée, de la DG X se trouve contrainte par une DG plus puissante et « libérale ». Les concertations entre les professionnels et la Commission d'une part, entre la Commission et les délégations nationales d'autre part aboutissent à la présentation au secrétariat du GATT d'une clause d'exception culturelle en décembre 1992. A ce titre, les négociateurs français se montrent optimistes quant à la défense des positions françaises par la Commission. Elisabeth Fleury-Hérard, membre du cabinet du ministre de la Culture Jacques Toubon, rapporte ainsi son entrevue avec une responsable de la Direction des relations économiques extérieures (DREE) :

« *La Commission, pour " sauver " la directive TSF et les accords de coproduction, a donc demandé une série de dérogations à la clause de la nation la plus favorisée qui ont permis (in extremis et grâce à la pression française) de sauver le maximum de choses* [dans les documents constituant la base des négociations]...*La DG I, longtemps très réticente face aux demandes françaises, a cependant nettement évolué ces derniers mois du fait des pressions exercées par les professionnels, du fait également de l'importance politique accordée à l'affaire par le Cabinet Delors, et surtout grâce au caractère ridicule de l'offre américaine en matière de services, qui a ôté à la DG I tous ses complexes de bon élève »*[378].

A l'origine des négociations sur les services, en 1990, la Commission demande la création d'une annexe sectorielle portant sur les services audiovisuels. C'est la raison pour laquelle les professionnels français et les hauts fonctionnaires du CNC qui suivent le dossier sont plutôt confiants quant à l'évolution des négociations. Cependant l'hostilité des Etats-Unis et du Japon, fermement attachés à la libéralisation totale du secteur, incite la Commission à renoncer à rechercher une annexe dérogatoire pour le dossier audiovisuel, et à envisager d'autres mesures juridiques. Ainsi, à l'occasion du sommet du G7 à Tokyo en juillet 1993, il apparaît clairement que la Commission ne compte plus défendre le principe de l'exception culturelle, remplacé par la « *spécificité* » culturelle, avec l'aval du Parlement européen. Selon Yvon Thiec :

« Au sommet de Tokyo, la Commission choisit de défendre " la spécificité culturelle " sans que l'on sache ce que ce concept recouvrait et alors qu'on pensait acquis l'exclusion de l'audiovisuel du champ des négociations. En ce sens la Commission faisait marche arrière »[379].

En juillet 1993, soutenue par le Parlement européen, la Commission revendique donc la « *spécificité culturelle* », visant à inclure l'audiovisuel dans les compétences du GATS, avec un statut spécifique. Or la « *spécificité culturelle* » se limite à une protection du système alors en vigueur et n'assure pas une protection efficace des œuvres cinématographiques et audiovisuelles face notamment aux évolutions technologiques :

« Avant que la France ne prenne les choses en mains, Leon Brittan défendait la spécificité culturelle. Il ne croyait pas à l'exception et voulait à tout prix conclure un accord avec Kantor, qui soutenait lui aussi la spécificité. Mais la spécificité ne présente pas toutes les garanties, l'exception est plus absolue »[380].

Selon Jacques Toubon, ministre de la Culture :

« Brittan, et d'une manière générale la Commission, étaient très attachés à cet accord de libéralisation du commerce. Il était en quelque sorte paniqué à l'idée que la France puisse constituer un élément de blocage de la négociation

---

[378] Note d'Elisabeth Fleury-Hérard après un entretien avec Mme Jeanblainc-Risler, chef du bureau « Services-Affaires multilatérales » de la DREE », datée du 22 janvier 1993 et adressée à Marc Nicolas, Archives du CNC, 940207, Art. 4. Elisabeth Fleury-Hérard, est devenue en 1996, directrice des affaires européennes et internationales au CNC et est aujourd'hui membre du Conseil Supérieur de l'Audiovisuel (CSA).
[379] Entretien avec Yvon Thiec, délégué général d'Eurocinéma, mars 1999.
[380] Entretien, fonctionnaire du CNC, Juin 1997.

et je crois que c'est pour cela qu'il a essayé d'inventer quelque chose qui prévoyait le principe de l'intégration du secteur dans l'accord »[381].

C'est également le point de vue de Francis Lamy, conseiller pour les affaires juridiques, constitutionnelles et culturelles au cabinet d'Edouard Balladur à propos de la notion de spécificité : « *Des notes ont été transmises par le SGCI, par le cabinet culture qui disaient : "on est passé à la spécificité, il ne faut surtout pas passer à la spécificité". Il y avait des pressions très fortes des Américains sur la Commission, surtout de la part de Jack Valenti* »[382]. Dans cette première phase des négociations, L'activité routinisée de *lobbying* ne parvient pas à faire adopter des mesures favorables aux professionnels.

1.3 Poursuite du processus de traduction : le travail de fonds des professionnels

Il faut rappeler que, au cours de l'année 1992 et au début de 1993, l'actualité économique et sociale est dominée par *le dossier agricole*. C'est le point d'achoppement principal des négociations du GATT, la France et les Etats-Unis sont sur des positions très antagonistes. Alors que les blocages sur les échanges agricoles paraissent insurmontables, en novembre 1992, les deux commissaires européens Frans Andriessen et Ray Mac Sharry, et Carla Hills, représentant les Etats-Unis, concluent le pré-accord de Blair-House, destiné à régler le conflit agricole en adoptant, sur six ans, une baisse des subventions aux exportations. Dans un contexte préélectoral tendu, les agriculteurs français, très mobilisés au niveau national, s'opposent violemment à cette réforme. La droite française critique vivement l'accord, et fait campagne sur ce thème aux élections législatives de mars 1993. Largement majoritaire à l'issue du scrutin, la droite engage de nouvelles négociations en vue de modifier le pré-accord de Blair-House. Dès lors, la renégociation de Blair-House et les négociations du GATT deviennent un enjeu majeur pour le gouvernement d'Edouard Balladur. Par ailleurs, la représentation agricole est beaucoup plus intégrée au système gouvernemental de décision et forme un des sommets de ce que l'on pourrait qualifier de « *triangle de fer* » de l'agriculture française. Les représentants agricoles arrivent à faire valoir non seulement que les intérêts économiques de l'agriculture sont très importants mais que l'enjeu est aussi identitaire et culturel, ce qui a des conséquences importantes sur le déroulement des négociations. La médiatisation du dossier est très importante et l'opinion est en quelque sorte « captive » de cette médiatisation : l'attention de l'opinion publique, et par conséquent des hommes politiques soucieux d'être en phase

---

[381] Entretien avec Jacques Toubon.
[382] Entretien avec Francis Lamy, septembre 2003. Conseiller d'Etat, actuellement Médiateur du cinéma, Francis Lamy était conseiller pour les affaires juridiques, constitutionnelles et culturelles au cabinet d'Edouard Balladur de 1993 à 1995.

avec elle, est focalisée sur le dossier agricole. Cependant, malgré l'échec apparent de l'action des professionnels du cinéma, le travail de fonds de leurs organisations représentatives se poursuit et participe au processus de « traduction » engagé. Un rôle important est joué par certains « entrepreneurs politiques » au sens où les définit Jean-Gustave Padioleau, c'est-à-dire *« ces agents [...] qui extraient et transforment des ressources dans un milieu contraignant de rareté ou de concurrence dont ils subissent les pressions bien qu'ils tentent parfois de les contrôler par des ententes et des cartels »*[383]. C'est le cas notamment de Pascal Rogard, secrétaire général de la Chambre syndicale des producteurs-exportateurs de films français depuis 1981 et délégué général à l'ARP (société des Auteurs, Réalisateurs et Producteurs) depuis 1989. Celui-ci orchestre les rencontres entre les producteurs et les représentants des autorités publiques, coordonne et dirige les actions de *lobbying* au niveau national en direction des parlementaires et du gouvernement. De fait, au cours des négociations, ce représentant des producteurs s'est véritablement érigé en porte-parole de la profession toute entière. Les producteurs sont de loin le groupe le mieux organisé et disposent de représentants permanents tant au niveau national qu'européen en la personne d'Yvon Thiec, qui dirige le bureau de représentation des associations professionnelles françaises de producteurs de films auprès de l'Union européenne, *Eurocinéma*, et qui répond lui aussi à la définition de Jean-Gustave Padioleau. Ces deux « entrepreneurs politiques » cherchent à sceller des alliances, c'est-à-dire intéresser les autres acteurs à leur propre vision de la question. L'intéressement est ainsi défini par Michel Callon comme *« l'ensemble des actions par lesquelles une entité s'efforce d'imposer et de stabiliser l'identité des autres acteurs qu'elle a définis par sa problématisation. [...] Intéresser, c'est se placer entre (inter-esse), s'interposer »*[384].

Or toute l'activité de ces professionnels de la représentation des intérêts consiste précisément à se « placer entre », à intéresser les responsables politiques français, les parlementaires européens, les membres de la Commission pour cristalliser autour de leur position (l'exception culturelle), le plus grand nombre d'acteurs susceptibles de peser sur le processus de décision. Cependant, ces représentants des professionnels du cinéma ne limitent pas leurs actions aux seuls responsables politiques ou administratifs. Comme on le verra au moment de la socialisation du conflit et des ultimes négociations, ils parviendront à mobiliser au-delà de la sphère traditionnelle d'expression de la relation Etat-profession en enrôlant de nombreux artistes et intellectuels, intéressant ainsi l'ensemble de l'espace culturel ainsi que les journalistes, mobilisant ainsi l'opinion publique grâce, notamment, à la facilité d'accès aux médias de ces professions médiatisées. Le rôle des professionnels dans le travail

---

[383] [Padioleau J-G., 1982 : 31].
[384] [Callon M., 1991 : 185].

de veille à l'égard des négociations menées par la Commission est alors très important et l'expression de leurs inquiétudes et de leurs analyses contribue à infléchir les positions politiques françaises. Selon Jacques Toubon :

« *Lorsque nous sommes arrivés au ministère, c'est à travers les professionnels que nous avons été alertés sur cette affaire, et en particulier par les professionnels travaillant avec Bruxelles et notamment Pascal Rogard et tout le groupe autour de lui* »[385].

Ils sont par ailleurs relayés par d'autres acteurs au niveau européen qui cherchent également à rallier le plus de soutiens possibles dans des sphères influentes. C'est notamment le cas des associations internationales telles que la FERA ou l'AIDAA qui ont créé un groupe de travail le 22 novembre 1991 au siège de la SACD à Paris avec le soutien financier du CNC (200 000 F)[386]. Ce groupe prépare une rencontre à Florence en octobre 1992 et surtout une rencontre avec les membres du Parlement européen en novembre 1992. A cette occasion, des parlementaires européens doivent annoncer, à l'initiative de Léon Schwartzenberg, la création d'un Intergroupe Cinéma au sein du Parlement pour soutenir l'action des cinéastes[387] comme en témoigne une lettre de Joao Correa, secrétaire général de la FERA, adressée au cabinet de Jack Lang.

« *Dans tous les cas* », écrit M. Callon, « *le dispositif d'intéressement fixe les entités à enrôler, tout en interrompant d'éventuelles associations concurrentes* »[388]. Il semble bien, à ce stade du processus de mobilisation des professionnels du cinéma, que ses deux principaux porte-paroles, Yvon Thiec et Pascal Rogard, cherchent à interrompre « l'association concurrente » autour de la notion de « *spécificité culturelle* » constituée par Leon Brittan et la DG I, les administrateurs du GATT ainsi que ceux des ministères « nationaux » traditionnellement enclins à rechercher un compromis ou une libéralisation plus grande des échanges que sont les ministères des Affaires étrangères et des Finances.

« *[...] qu'est-ce que c'est le GATT ? C'est un souk ! On échange ses protections dans différents secteurs et on mesure combien vaut l'échange. Brittan considérait que l'audiovisuel ne pesait pas lourd, que de toute façon on ne remonterait pas le courant par rapport à la prédominance américaine. Par contre, il avait compris que les Américains étaient très demandeurs sur*

---

[385] Entretien avec Jacques Toubon.
[386] Cité dans une lettre de Joao Correa, secrétaire général de la FERA à Marc Nicolas, conseiller en charge du cinéma au cabinet de Jack Lang, datée du 21 mai 1992. Archives du CNC, 960031, art. 716.
[387] « *A titre confidentiel, je peux t'informer qu'un groupe de députés européens dont font partie Léon Schwartzenberg, Marie-Claude Vayssade, Boberto Barzanti, Antonio La Pergola, Xavier Ruper de Ventos, Klaus Wettig, Simone Veil..., ont décidé de soutenir l'action des créateurs européens en lançant un Intergroupe Cinéma au sein du Parlement européen* ». Lettre de Joao Correa, Archives du CNC, 960031, art. 716.
[388] [Callon M.,1991 : 185].

l'audiovisuel et donc ils les attiraient sur le terrain de l'audiovisuel pour le marchander contre autre chose »[389].

Parallèlement, les Etats généraux de la culture mènent depuis 1992 une campagne de sensibilisation de l'opinion publique et des responsables politiques afin de mettre sur l'agenda politique national la question culturelle[390]. Aussi, quand les débats autour du GATT et de la culture commencent à se multiplier dans les médias à l'été 1993 alors qu'ils étaient pratiquement inexistants au printemps, les organisateurs des Etats généraux de la culture animent un grand nombre d'entre eux. Ils participent notamment à une rencontre avec le secrétaire général du GATT, Arthur Dunkell, le 10 mars 1993 à Genève puis à l'envoi de délégations auprès du ministre de la Culture Jacques Toubon le 7 juillet 1993 et des parlementaires européens le 13 juillet et organisent des conférences :

« *Alors là pour le GATT, ça a été le triomphe du mouvement, on en a fait des meetings ! Il y avait tout ce que compte le cinéma. J'avais Seydoux à ma gauche et il est intervenu ! [...] Tous les débats étaient de haut niveau !* »[391]

Par ailleurs le conseiller culturel de François Mitterrand, Bertrand Latarjet, qui suit les manifestations du mouvement, organise un dîner à l'Elysée le 7 septembre 1993 avec le Président de la République et les principaux animateurs du mouvement des États généraux parmi lesquelles dominent les personnalités du cinéma. Alain Terzian, Daniel Toscan du Plantier, Richard Berri, André Rousselet, Roger Planchon, et Jack Ralite sont présents. A la fin de cet échange de vue, le Président leur annonce qu'il fera une communication importante sur ce thème lors d'un déplacement en Pologne prévu pour le 21 septembre[392].

---

[389] Entretien avec Pascal Rogard, secrétaire général de la Chambre syndicale des producteurs-exportateurs de films et délégué général de l'ARP, juin 1998.
[390] Depuis 1989, le mouvement des Etats généraux organise chaque année une grande fête à la Villette, réunissant de 20000 à 30000 personnes, dont l'objectif est de continuer à faire le lien entre la réflexion et l'engagement militants et le monde des arts.
[391] Entretien avec Jack Ralite.
[392] « *Mitterrand nous a faxé son discours et il m'a dit "regardez voir". Il y avait dedans des pans entiers des États généraux !* » Entretien avec Jack Ralite.

2) De la spécificité culturelle à l'exception culturelle : le succès de la deuxième phase de la mobilisation

Dans ce contexte, l'inscription de l'exception culturelle sur l'agenda politique du nouveau gouvernement devient à la fois possible (puisque l'ensemble du processus est « remis à plat ») et difficile (puisque dominent les enjeux agricoles).

2.1 L'interaction entre l'Etat et la profession

2.1.1 La centralisation de la gestion gouvernementale des négociations

En premier lieu, il faut souligner l'importance que revêt le suivi des négociations du GATT au sein du gouvernement Balladur qui se traduit par la création d'une cellule spéciale au sein du cabinet du Premier ministre. Yves-Thibault de Silguy, à qui Edouard Balladur demande de s'occuper du dossier du GATT au sein de son cabinet souhaite que le dossier soit géré de façon très centralisée par le cabinet.

« j'ai accepté à condition, cette affaire était extrêmement compliquée, politiquement sensible, que ce soit très centralisé à Matignon, que je sois en même temps le patron du SGCI puis que toute la négociation soit conduite par Matignon »[393].

Le Secrétariat Général du Comité Interministériel pour les questions de coopération économique européenne (SGCI), qui harmonise la position des différents ministères lors des négociations européennes travaille ordinairement en étroite coordination avec les collaborateurs du Premier ministre, mais il est rare que son directeur soit aussi un membre de son cabinet. Cette centralisation témoigne de la volonté du Premier ministre de mener lui-même la négociation, qu'il sait être un enjeu politique crucial pour la droite et d'éviter les voix discordantes au sein de son gouvernement. En effet, cette centralisation s'accompagne d'un intense travail de coordination et de communication.

« Le Premier ministre faisait une réunion par semaine là-dessus, pendant sept ou huit mois [...] il y avait des réunions avec les ministères qui étaient faites, il y avait des argumentaires qui étaient faits [...] des instructions à

---

[393] Entretien avec Yves-Thibault de Silguy, directeur général de Suez, ancien directeur du SGCI et responsable des négociations du GATT dans le cabinet d'Edouard Balladur, novembre 2003. Diplômé de l'ENA, diplomate, Yves-Thibault de Silguy s'est occupé pendant quatre ans, au ministère des Affaires étrangères, de la politique agricole commune. Il devient ensuite directeur-adjoint du cabinet de Xavier Ortoli, vice-président de la Commission européenne à Bruxelles. Durant la première cohabitation, il s'occupe des affaires européennes au cabinet de Jacques Chirac puis devient directeur des affaires internationales du groupe Usinor-Sacilor de 1988 à 1993. Après son passage dans le cabinet d'Edouard Balladur, il est nommé commissaire européen, en charge notamment de l'Union économique et monétaire et du passage à l'euro. Il est aujourd'hui directeur général du groupe Suez.

envoyer, des retours, des analyses, toutes les informations étaient concentrées à Matignon, le contact en permanence avec les parlementaires pour leur expliquer, pour les informer etc... *donc on était sur tous les fronts en même temps.* [...] *négociation superbe sur le plan technique et sur le plan du professionnalisme, avec une cohésion interministérielle extraordinaire. Ils [les ministres] venaient à la réunion, il n'était pas question de ne pas venir à la réunion, il y avait les cinq ministres, Balladur et moi, toutes les semaines* »[394].

Par ailleurs, Matignon est aussi le lieu privilégié de gestion du contexte politique spécifique dans lequel se déroulent ces négociations, marqué par la cohabitation et la rivalité naissante entre Edouard Balladur et Jacques Chirac pour l'élection présidentielle. Sur le dossier de l'exception culturelle, la présidence de la République soutient la position du Premier ministre et ne cherche pas à entraver son action. Bien au contraire à plusieurs reprises, François Mitterrand défend le principe d'une exception culturelle auprès des autres chefs d'Etat, et notamment d'Helmut Kohl. A propos des relations entre le Premier ministre et le Président de la République, Francis Lamy souligne la bonne entente entre les deux pôles du pouvoir exécutif sur le thème de l'exception culturelle et le fait que ni le Président de la République ni le Premier ministre n'ont tenté de se mettre réciproquement en difficulté sur cette question :

« *Le Président Mitterrand ne pouvait pas être contre, cela allait tout à fait dans son sens, sauf qu'il peut y avoir aussi d'autres considérations.* [...] *Il était certainement très attentif, mais ce n'était pas lui qui décidait.* [...] *Edouard Balladur faisait très attention à tenir au courant le Président de la République. Ils se voyaient systématiquement, notamment avant le Conseil des ministres.* [...] *Il faisait très attention à ne pas mettre le Président devant le fait accompli et évidemment les négociations internationales concernaient le Président* »[395].

Mais il faut également veiller à ce que ces négociations, en raison même de leur centralisation, ne soient pas un objet de tension au sein de la majorité.

« *Comme c'est très politique, c'est le ministère des Affaires étrangères qui est en premier ligne, alors c'est Juppé qui s'est trouvé en première ligne* [...], *moi je faisais attention à ce qu'il n'y ait pas de problème Juppé-Balladur là-dessus, sinon ça devenait un pépin de politique interne.* »[396]

Enfin se pose la question des équilibres internes au gouvernement et de la gestion interministérielle des négociations. La très forte centralisation et l'engagement personnel du Premier ministre limite les « *dissonances*

---

[394] *Ibidem*. Il s'agit des ministres de l'Agriculture, Jean Puech, des Affaires étrangères, Alain Juppé, du Commerce extérieur, Gérard Longuet, de la Culture, Jacques Toubon, et de la Communication, Alain Carignon.
[395] Entretien avec Francis Lamy, septembre 2003.
[396] Entretien avec Yves-Thibault de Silguy, novembre 2003.

interministérielles »[397]. Il en subsiste cependant, notamment entre Alain Carignon, ministre de la Communication et Jacques Toubon, ministre de la Culture, qui entendent défendre tous deux l'exception culturelle, l'un au nom de la télévision, l'autre du cinéma. De fait, cette rivalité ministérielle est, en grande partie, la traduction politique des transformations même des espaces cinématographiques et audiovisuels, de leur rapprochement et de leur interdépendance.

2.1.2 L'alliance franco-allemande

Dans un premier temps, le gouvernement Balladur obtient l'appui du gouvernement allemand pour renégocier le pré-accord de Blair-House et ouvrir à nouveau les négociations sur l'agriculture. A cet égard, l'attitude conciliante et « européenne » d'Helmut Kohl est souvent mise en avant comme un des facteurs décisifs de la prise en compte des intérêts français dans la définition de la position commune finalement adoptée par l'Union européenne lors des négociations du GATT. Ainsi, contre l'opinion de son propre parti, de son ministre des Affaires étrangères et de son ministre de l'Economie, contre l'avis des principaux dirigeants économiques allemands, il aurait par deux fois défendu l'idée d'un compromis avec les positions françaises : sur l'agriculture, lors d'une rencontre avec Edouard Balladur le 26 août 1993, et plus tard, pour défendre l'exception culturelle, lors d'une rencontre avec François Mitterrand. Lors de la réunion du 26 août 1993, alors que la France a besoin du soutien du gouvernement allemand, qui n'a lui aucun intérêt à voir les questions agricoles de nouveau en négociation au risque d'empêcher la signature d'un accord global, Helmut Kohl s'engage personnellement en faveur de la défense d'une position franco-allemande commune.

« *Helmut Kohl a toujours fait valoir la relation franco-allemande par rapport aux pressions qu'il pouvait avoir de sa propre opinion publique. […] C'est un politique Kohl, il cherchait à aider les Français. Or le tournant de la position allemande, ça a été cette réunion. […] Pendant le déjeuner, Kohl avait posé des questions à Balladur, ils avaient discuté, mais il n'avait rien laissé paraître. En conférence de presse il a dit : "Ecoutez, les Français ont un problème sur l'agriculture, il faut le régler". On est tombé des nues. C'était vraiment une appréciation personnelle et politique parce que toutes ses troupes lui disaient "Ce n'est pas aux Français de décider, il nous faut cet accord du Gatt". […] Après cette réunion avec Kohl, il a été décidé de mettre en place un groupe franco-allemand justement pour avancer sur ces sujets* »[398].

---

[397] « *Bon quand il y avait une susceptibilité, on le gérait mais jamais le ministre n'aurait pu prendre sur lui de faire une déclaration qui gêne le Premier ministre ou qui ne soit pas consacrée quand même par Matignon. Il faisait vérifier, et puis il m'appelait, moi je n'ai jamais eu de problèmes de dissonance interministérielle* ». Entretien avec Yves-Thibault de Silguy, novembre 2003.
[398] *Ibidem.*

De même, lorsque les négociations sont dans leur phase finale et que l'administration américaine souhaite aligner l'audiovisuel sur les autres services, Helmut Kohl prend position pour l'exception culturelle défendue par la France. Ainsi selon Jacques Toubon :

« Kohl et Mitterrand, dans leur entretien se sont mis d'accord pour que l'Allemagne soutienne dans la dernière ligne droite des négociations la position de la France sur l'agriculture et sur la culture et Kohl a dit à la conférence de presse qu'il n'était pas d'abord question de négocier l'agriculture contre la culture ou inversement, et que, comme la France, il voulait les deux. [...] Les négociateurs américains se sont trouvés naturellement tout à fait dépourvus, parce que ça voulait dire très clairement que la position de la Commission était alignée sur la position franco-allemande »[399].

Dès lors, avec l'appui des autorités allemandes obtenu au mois d'août 1993, le processus global de recherche d'alliances parmi les autres gouvernements européens afin de relancer les négociations du GATT peut s'engager :

« Une fois qu'il y a un accord franco-allemand, à ce moment là vous avez un travail à faire auprès du Bénélux, l'Italie, l'Espagne, en fait il y avait un certain nombre de petits pays qui étaient assez contents de voir notre position et donc qui se sont ralliés rapidement à nous et les Anglais n'ont pas cherché à empêcher le truc, essentiellement pour des raisons politiques parce que John Major cherchait à aider Balladur dans cette affaire. On a fait travailler nos équipes pendant tout le mois d'août [...] on a mis des propositions sur la table quinze jours avant le jumbo conseil, pré-négociées avec la commission, à ce moment-là les services de la commission nous ont aidés à les rédiger, tout ça avait été préparé, puis il y a eu un peu l'effet de grand messe, cette pression politique qui a entériné un travail [...] On a repris la négociation en main [...] on a pris le leadership *et à ce moment là, Brittan, on est devenu son interlocuteur privilégié parce qu'il avait besoin de sortir son accord, donc il fallait qu'il fasse plaisir au conseil, quand il l'a compris, ça s'est très bien passé »*[400].

2.1.3 L'instrumentalisation des professionnels du cinéma ? La stratégie du second front

Selon Yves-Thibault de Silguy, principal coordonnateur de la négociation au niveau du gouvernement français, la proposition française d'une exception culturelle n'aurait été qu'une stratégie diplomatique au sein d'une négociation globale.

---
[399] Entretien avec Jacques Toubon.
[400] Entretien avec Yves-Thibault de Silguy, novembre 2003.

« *Balladur disait "on est sur la défensive, on est montré du doigt sur l'agriculture [...] il faut avoir une attitude plus offensive, il faut ouvrir d'autres fronts" et c'est comme ça qu'on avait inventé le concept d'exception culturelle, justement on avait ouvert un autre front sur la culture* »[401].

Cette « *ouverture d'un second front* », a l'avantage de multiplier les contentieux avec les partenaires et permet donc de retrouver des marges de manœuvre en termes de négociations sur d'autres sujets. Or il est clair ici que le gouvernement français souhaite aboutir prioritairement sur l'agriculture sans apparaître comme le seul pays facteur de blocage pour des raisons d'intérêt national. En posant le problème de la culture et des menaces éventuelles qui pèsent sur elle, il peut alors tenir un discours de souveraineté nationale qu'il lui est plus difficile de tenir sur l'agriculture. De plus, en parlant de culture, il montre que les négociations du GATT ne représentent pas seulement un enjeu commercial mais aussi politique et culturel, voire « civilisationnel », ce qui limite la portée des attaques contre la position française, jugée initialement protectionniste. On peut cependant relativiser quelque peu cette affirmation en l'imputant en partie à la rationalisation *a posteriori* des acteurs des processus décisionnels qui ne voient dans les faits advenus que les conséquences logiques d'actions et de décisions rationnellement conduites. Or, on peut au moins objecter, à la suite de James G. March[402], que la stratégie d'un « *second front* » est largement contrainte par les choix de thèmes alternatifs qui sont susceptibles d'apparaître comme politiquement et socialement légitimes. Si le thème « alternatif » qui « s'impose » alors est celui de l'exception culturelle, il faut y voir sans doute la conséquence de l'important travail d'information, de *lobbying*, de mobilisation des espaces politiques et administratifs mais aussi culturels et médiatiques, mené par les professionnels du cinéma. Autrement dit, « l'invention » du thème de l'exception culturelle comme « *second front* » ouvert dans les négociations est moins la conséquence d'une décision de fins stratèges, par ailleurs très lucides quant aux actions les plus efficaces à mener, que la co-construction sociale et politique, par l'Etat et par la profession, du thème de l'exception culturelle comme thème majeur de négociations qui, à l'origine, ne semblent avoir d'enjeux que commerciaux.

2.2 Le rôle de l'opinion publique

L'opinion publique, selon plusieurs études menées de septembre à décembre 1993, est favorable à l'exception culturelle, opinion qui se renforce tout au long du processus de négociation du GATT corrélativement à la publicisation des enjeux et des débats. D'après un sondage effectué sur le sujet des quotas de diffusion, une majorité de 56 % des sondés estime qu'il faut

---
[401] *Ibid.*
[402] [March J.G., 1991].

« *limiter les téléfilms américains* », contre 40 % d'opinion contraire et 4 % de non réponse. Par ailleurs les réponses ne diffèrent pas selon le positionnement politique : 61 % des sympathisants de gauche se déclarent pour les quotas comme 60 % des sympathisants de droite. Ces chiffres varient peu entre hommes et femmes, et à peine selon l'âge[403]. A cet égard, les cinéastes et les acteurs, forts de leur capital médiatique jouent un grand rôle dans la mise sur l'agenda politique de l'exception culturelle. Ils remplissent en effet une fonction de relais et d'intermédiaire entre le milieu professionnel et le monde politique d'une part, entre l'opinion publique et le monde politique d'autre part. Ils se font les avocats des revendications professionnelles auprès des pouvoirs publics, puis appuient les positions gouvernementales en intervenant sur les différents médias. Gérard Depardieu par exemple, outre de nombreux passages à la télévision, intervient régulièrement dans la presse.

« *Le cinéma européen est en danger de mort et je suis là pour le dire. Si le cinéma entre dans le GATT, il disparaîtra car nous ne pouvons lutter à armes égales avec la puissance américaine. Je suis plein de tristesse quand je pense à la disparition du cinéma anglais et italien et je suis pessimiste quand je songe que cette histoire peut aussi nous arriver. Or, le cinéma, c'est notre gaieté et notre identité* »[404].

2.3 L'évolution vers l'exception culturelle

Face à la décision initiale de la Commission européenne d'opter pour la spécificité culturelle, le ministre de la Communauté française de Belgique chargé de l'audiovisuel, Elio di Rupo, organise un séminaire à Mons réunissant les ministres européens de l'audiovisuel ainsi que le commissaire chargé de la culture, Joao de Deus Pinheiro. Yvon Thiec explique que l'arrivée du dossier audiovisuel durant les négociations est si imprévue que les ministres européens n'ont pas eu le temps de former des positions cohérentes.

« *C'est le séminaire de Mons qui les a réunis, qui leur a permis d'affirmer leur position sur l'audiovisuel* »[405].

En effet, selon Jacques Toubon, c'est à Mons qu'a eu lieu la première formulation d'une position européenne défendant l'exception culturelle.

« *Il y a eu à mon avis une sorte de hold-up : c'était une réunion informelle [...] et c'était une position qui n'était pas la position des gouvernements et tout le travail ensuite, ça a été, dans les mois qui ont suivi, de faire de cette position prise par les ministres de la communication, la position des gouvernements et la position de l'Union européenne [...]à partir d'une position que je peux qualifier*

---

[403] [Duhamel O., Jaffré J., 1994 : 248].
[404] Cité dans *Le Figaro*, 17 septembre 1993.
[405] Entretien avec Yvon Thiec, délégué général d'Eurocinéma, mars 1999.

de technique, qui était le compromis de la plateforme de Mons, arriver à ce que les gouvernements aient une position politique »[406].

La conclusion du séminaire souligne que la formule de l'exception culturelle est « *la plus appropriée pour permettre la poursuite et la mise en œuvre de politiques visant à préserver et promouvoir les identités culturelles communautaires subnationales et nationales* »[407]. Parallèlement à la poursuite des négociations, la mobilisation de la part des responsables politiques français, qu'ils soient élus européens ou nationaux, membres du gouvernement, demeure aussi importante que celle des professionnels. Le Parlement européen, adopte ainsi une nouvelle résolution le 30 septembre 1993, abandonnant le soutien de la spécificité culturelle au profit de l'exception culturelle « *dont le bien fondé venait de lui être démontré par plusieurs délégations de professionnels de l'audiovisuel* »[408].

Les professionnels sont très mobilisés, comme le révèle la presse de l'époque, où s'expriment régulièrement de très nombreux acteurs, réalisateurs et metteurs en scène[409]. Alain Carignon, alors ministre de la Communication, conduit plusieurs personnalités du cinéma français au Parlement européen en septembre pour plaider la cause de l'exception culturelle. De grandes manifestations d'artistes et de professionnels du cinéma sont organisées, notamment en Avignon, à Venise, à Mons, à Strasbourg et à Bruxelles. Un appel est lancé le 28 septembre 1993 et signé par 4000 professionnels puis publié dans des journaux à travers toute l'Europe, demandant à la Commission et au Conseil des ministres « *qu'ils fassent preuve de la fermeté, du courage politique et de l'énergie indispensables à la poursuite de ces objectifs, seuls à même de protéger l'Europe d'un dumping culturel sans précédent* »[410]. Or, la mobilisation des professionnels du cinéma, très médiatisée, est largement soutenue par l'opinion publique.

« *A l'époque, nous avons réussi à médiatiser l'affaire de façon positive parce que je crois qu'aucun autre secteur n'a jamais eu l'idée de lancer un appel dans les journaux au moment du GATT [...] On a déclenché un élan de sympathie dans l'opinion. Ça n'a pas été perçu comme un phénomène*

---

[406] Entretien avec Jacques Toubon.
[407] *Déclaration finale, Séminaire de Mons*, Document SRF, Archives de la SRF.
[408] Regourd J., « L'audiovisuel et le GATT : pour un questionnement juridique de l'exception culturelle », *Légipresse*, n°106, novembre 1993.
[409] *Cf.* Jean-Claude Carrière : « réponse à Jack Valenti : " Nous sommes pour la coexistence " » ou « Une image c'est plus qu'une image » (*Le Monde*, 24 mars 1993 et 29 juillet 1993) ; Roger Planchon : « La Grande Braderie » (*Le Monde*, 24 mars 1993).
[410] Appel *des auteurs, artistes interprètes et producteurs européens pour l'exception culturelle dans le GATT*, 28 septembre 1993.

corporatiste égoïste mais comme une réaction légitime, comme un droit à la vie »[411].

De plus, François Mitterrand contribue à poser le problème de l'exception culturelle au niveau mondial en le plaçant en priorité sur l'agenda du Sommet francophone d'octobre 1993, et parvient par là même à fédérer autour de la France de nouveaux « alliés ». Les 57 chefs d'Etat présents à l'Ile Maurice ont, à l'unanimité, soutenu l'exception culturelle *« au nom de la diversité »*. Quand le Comité 113, chargé des affaires culturelles se réunit à Genève le 17 novembre pour examiner le projet d'offre, la délégation française rappelle qu'elle ne reconnaît que le principe d'exception culturelle et qu'elle accepte de participer aux débats moyennant cette réserve. Globalement, les autres pays européens (notamment la Belgique, l'Italie, l'Espagne, le Portugal, et la Grèce) s'alignent sur cette position. Ainsi, dans cette deuxième phase du processus de mobilisation, les professionnels du cinéma semblent avoir pris la pleine mesure de la configuration particulière des négociations qui se déroulent alors autour de différents pôles nationaux et communautaires. Les groupes d'intérêt français maîtrisent mieux le double agenda national et communautaire et savent désormais s'adresser spécifiquement aux différents acteurs institutionnels.

« On ne travaille pas de la même façon le Parlement européen, la Commission, le ministère français de la Culture, c'est évident. On essaie d'être le plus proche de ces gens-là, d'être le plus en ligne avec leurs préoccupations tout en faisant passer nos informations »[412].

Par ailleurs, comme le note Yves Mény à propos du système communautaire : *« les groupes doivent comprendre que la construction européenne les engage dans un processus à l'américaine, c'est-à-dire plus fragmenté, plus fluide, plus pluraliste que celui auquel ils sont habitués dans leurs relations avec les pouvoirs publics en France ; qu'elle requiert des stratégies qui mêlent l'influence sur les décideurs en même temps que sur l'opinion [...] »*[413]. Ainsi, le système décisionnel de Bruxelles est marqué, en raison surtout de son caractère multinational, par son ouverture et sa porosité, et aussi par l'instabilité et l'imprévisibilité des relations entre les groupes d'intérêt et les instances communautaires, ce qui explique que la logique du « marchandage » tend à l'emporter[414].

---

[411] Entretien avec Yvon Thiec, délégué général d'Eurocinéma, mars 1999.
[412] Entretien avec Yvon Thiec, délégué général d'Eurocinéma, mars 1999.
[413] [Mény Y., 1993 : 259].
[414] [Mazey S., 1993].

2.4 La mobilisation de l'ensemble de la profession : achèvement du processus de traduction

2.4.1 La socialisation du conflit et l'articulation entre revendications agricoles et culturelles

Le groupe des professionnels du cinéma parvient alors à socialiser le conflit, à présenter des revendications catégorielles (principalement celles des producteurs de films français) sous le couvert de l'intérêt général, celui de la défense d'une culture et d'une identité propre, propos susceptibles de susciter l'adhésion d'une très large majorité. De fait, le répertoire d'actions du groupe s'élargit considérablement. Si les rencontres en « face à face » avec des parlementaires européens ou français et avec des membres de la Commission se poursuivent, les rencontres avec des membres du ministère de la Culture s'intensifient. Surtout le recours aux médias est systématique et permanent.

« *On savait qu'on ne pouvait se mobiliser que sur une courte période de temps, on ne pouvait pas occuper les médias pendant trois ans sur les problèmes de l'audiovisuel dans le GATT, donc on a fait exprès de déclencher l'offensive au mois de septembre, trois mois avant la fin de la négociation* »[415].

Un des faits les plus marquants de cette phase est l'élargissement des revendications des professionnels et la constitution d'une alliance de circonstance avec certains acteurs du monde agricole.

« *Nous avons su présenter l'exception culturelle [...] comme la défense d'une identité culturelle française. Dès lors agriculture et audiovisuel était liés. C'était agriculture-audiovisuel : même combat* »[416].

En effet, l'enjeu agricole est en grande partie « culturel ». C'est non seulement un enjeu important du point de vue de l'excédent financier que rapportent chaque année les exportations agricoles mais également un enjeu de politique intérieure, avec l'évocation de la protection d'un certain mode de vie, d'une tradition rurale et agricole, thèmes très sensibles dans un contexte pré-électoral. « *Décrire l'enrôlement c'est donc décrire l'ensemble des négociations multilatérales, des coups de force ou des ruses qui accompagnent l'intéressement et lui permettent d'aboutir* »[417]. Or la « ruse » des négociateurs français est de lier les deux sujets et de donner aux agriculteurs le sentiment que le gouvernement se battait pour eux à Bruxelles et à Genève. En se focalisant sur la culture, le gouvernement donnait l'impression de défendre les valeurs nationales, « *l'exception française* » et en ce sens, il tenait sur la culture le

---

[415] Entretien avec Pascal Rogard, secrétaire général de la Chambre syndicale des producteurs-exportateurs de films et délégué général de l'ARP, juin 1998.
[416] Entretien avec un membre du CNC.
[417] [Callon M., 1991 : 189].

discours qu'il ne pouvait pas se permettre de tenir publiquement sur l'agriculture. A travers la défense de l'exception culturelle il pouvait répondre, au moins symboliquement, aux attentes des agriculteurs et des fractions de la population inquiètes quant à leur avenir économique et ainsi tenter d'obtenir une meilleure « ratification » de sa politique au niveau interne. De plus, donner une plus large audience aux questions culturelles permet dans un premier temps au gouvernement de contrebalancer les mobilisations paysannes tout en espérant que le mouvement, plus hétéroclite des « intellectuels et des gens du spectacle » s'essoufflerait de lui-même, ce qui ne fut pas le cas. Par ailleurs, les mouvements engagés dans leur combat contre le GATT cherchent à renforcer leurs alliances.

« *On a commencé à ce moment là à rencontrer les paysans et le premier repas paysans-artistes, avec la Confédération paysanne, il a eu lieu à Aubervilliers. Ce n'était pas José Bové à l'époque c'était Duffour. Ce sont des repas qu'on oublie jamais. Ils se découvrent, ils se reconnaissent et ils respectent la dignité de l'autre* »[418].

Les professionnels du cinéma trouvent donc un nouvel allié au cours de leur processus de mobilisation, les représentants agricoles qui par ailleurs les contactent pour mener des actions communes. Ils refusent cependant toute action de grande ampleur avec les agriculteurs, craignant non seulement que les deux problèmes ne soient effectivement liés lors des négociations à Genève et que les intérêts de l'audiovisuel ne soient sacrifiés à ceux de l'agriculture, mais aussi que l'image « *archaïque* », « *traditionnelle* », « *politiquement ambiguë* » des représentants du monde agricole ne vienne troubler leur propre campagne de communication :

« *Quand on a commencé à émerger, à être perçus positivement, alors là j'ai eu tout le monde pour venir faire des choses en commun, les écologistes, la coordination rurale et tout ça [...] Eux veulent descendre tout le GATT, or personne en Europe n'était contre le GATT et donc condamner le GATT en entier c'était s'exposer à être foutu à la porte. Cela forme une image très brouillonne [...] et je vois surtout qu'ils veulent prendre mon capital. Donc ce n'est pas allé très loin.* »[419]

Mais, de fait, et presque malgré eux, en raison de leur accès privilégié aux médias, les professionnels du cinéma deviennent les porte-parole de tous les groupes qui refusent les orientations libre-échangistes du GATT. Ils cristallisent autour d'eux un vaste système d'acteurs : en raison de leur capital symbolique, ils agrègent ainsi des intérêts aussi contradictoires que ceux de groupes industriels, d'artistes ou de partis nationalistes. Ainsi, l'enrôlement est

---

[418] Entretien avec Jack Ralite.
[419] Entretien avec Yvon Thiec, délégué général d'Eurocinéma, mars 1999.

transformé en soutien actif : le processus de traduction est en voie d'achèvement.

2.4.2 L'adoption de la clause d'exception culturelle

Le mois de décembre est marqué par l'intensité des tractations et des pressions qui s'accumulent en vue de la conclusion de l'accord avant l'échéance du 15 décembre.

« On a réglé la question agricole et pour finir on a bloqué uniquement sur la culture. […] A un moment, je me suis dit "on est mal barré, comment est-ce qu'on va s'en sortir ?" parce que vraiment ça prenait une tournure, est-ce qu'on va arriver à tenir le front communautaire jusqu'au bout […] Quand j'ai vu que les Américains avaient un langage peu clair, […] alors c'était plus aisé de les embrouiller dans leur demande […]. Dans le domaine culturel, ils ne sont pas organisés comme dans le domaine agricole, ça a un côté artistique si vous voulez, même aux Etats-Unis […] Il y a eu un coup de téléphone, c'était le dimanche soir, le 13 décembre 1993, Balladur revenait de Rome. On avait monté un coup de téléphone entre lui et Clinton sur le dossier culturel et Balladur a convaincu Clinton en disant : "Ecoutez, c'est tellement important ces négociations du GATT, on est arrivé à un accord sur tout, je ne comprends pas, vous me dites qu'en matière culturelle, vous voulez ça, mais il y a quinze jours, vous disiez que les gens voulaient ceci, écoutez, moi je propose qu'on renvoie le dossier culturel à plus tard." Clinton, ce soir là, a dit oui, c'est comme ça qu'ils ont éjecté le dossier culturel »[420].

Face au maintien de l'unité européenne sur ce dossier, l'administration américaine décide le 14 décembre de déposer une offre simple pour le cinéma et l'audiovisuel. La solution finalement retenue est l'inclusion *de droit* du secteur audiovisuel dans l'accord, mais l'absence d'engagements spécifiques de la part de l'Union européenne. Le processus décisionnel s'achève donc par l'exclusion *de fait* de l'audiovisuel des accords du GATT, justifiée par la nécessité d'une *« exception culturelle »*.

---

[420] Entretien avec Yves-Thibault de Silguy, novembre 2003.

Conclusion

Cette étude du processus de mobilisation des professionnels du cinéma a permis de mettre en évidence deux phases successives de négociations et de mobilisation des professionnels du cinéma, l'une ayant abouti à la « *spécificité culturelle* », inacceptable pour les professionnels, et la seconde amenant à la reconnaissance de « *l'exception culturelle* ». Le succès de l'action engagée initialement par les groupes d'intérêt français du cinéma et le ministère de la Culture repose sur la « *traduction* » de problèmes particuliers, tels que le maintien de la fréquentation dans les salles de cinéma et la sauvegarde des emplois dans le secteur de la production, en problèmes plus généraux, d'intérêts publics, comme celui de l'indépendance, de l'identité et de la culture françaises. « *Traduire, c'est déplacer* » nous rappelle Michel Callon. En effet, le processus de traduction s'est poursuivi en fonction de déplacements incessants, avec des systèmes d'alliance entre acteurs fluctuant au cours du temps. Il s'agit d'un cas de figure où la pression de l'ensemble des acteurs de l'espace cinématographique additionnée au soutien populaire et marquée ponctuellement par des mobilisations importantes a exercé une forte contrainte sur le gouvernement français. Cependant, l'action et la mobilisation des professionnels, pour déterminantes qu'elles soient, doivent être replacées dans une configuration plus globale de négociations. En effet, si la coopération entre les professionnels et le gouvernement constitue le fondement principal du développement de la thématique de l'exception culturelle, celui-ci s'inscrit désormais au sein d'une configuration complexe d'acteurs, englobant notamment les institutions de l'Union européenne et les institutions internationales telles que le GATT, l'OCDE ou l'OMPI (Organisation Mondiale de la Propriété Intellectuelle), les Etats membres ainsi que les sociétés privées qui participent aux différents groupes d'experts.

Chapitre 5 / La mise à l'épreuve du référentiel d'exception culturelle en Europe

Introduction

A partir des années 1970 et de la montée en puissance des concurrents du cinéma, essentiellement la vidéo et la télévision, les cinématographies nationales s'effondrent dans tous les pays européens, à l'exception de la France. En France en effet, le compromis corporatiste historique résiste à l'idéologie néolibérale naissante, favorable à une plus grande ouverture des frontières et à la libre concurrence, et ce au prix d'un isolement grandissant en Europe. De même, la Communauté européenne tente, dès sa création en 1957, de démanteler les aides d'Etat et de créer un vaste marché unique du cinéma, sans succès. Par ailleurs, la mobilisation française permet l'adoption de la clause d'exception culturelle qui semble marquer, au niveau institutionnel et politique, la pérennisation des possibilités de contournement des règles du marché et de protection de l'activité cinématographique. En ce sens, l'émergence d'une politique européenne du cinéma, même partielle, et le rapprochement en Europe des politiques nationales soulignent l'effet perceptible du discours et des actions entreprises en faveur de l'exception culturelle au cours des années 1990. Cependant, les dynamiques à l'œuvre au sein des espaces audiovisuels et cinématographiques continuent de modifier en profondeur les équilibres établis jusqu'alors. De même, les adversaires de cette politique poursuivent leurs tentatives de mise sur l'agenda, communautaire ou international, de la libéralisation du cinéma. Dès lors, les acteurs de l'espace cinématographique et les partisans de l'exception culturelle doivent adapter leurs stratégies et leurs modes de représentation des intérêts afin de sauvegarder les composantes essentielles d'une réglementation qui leur reste favorable.

I] La politique européenne du cinéma et l'européanisation des politiques nationales

Aujourd'hui, la politique du cinéma de l'Union européenne s'articule pour l'essentiel autour de deux axes : d'une part, les règles instituées par la directive « Télévision sans frontières » adoptée en 1989 et révisée à plusieurs reprises sans que ses principes fondamentaux en soient altérés ; d'autre part, les programmes *MEDIA* d'aide au cinéma mis en œuvre à partir de 1991. Ces derniers sont complétés, à un niveau secondaire, par le programme *Eurimages* (*Eurêka*) du Conseil de l'Europe. Par ailleurs, la renégociation régulière des aides d'Etat est l'occasion, pour la Commission, de redéfinir sa politique cinématographique et d'harmoniser les modes de diffusion des films sur les télévisions nationales, étapes nécessaires à la convergence qu'elle entend promouvoir.

A] *La constitution d'un programme d'action communautaire : l'influence du « modèle » français ?*

1) Le programme *MEDIA*

A l'initiative du gouvernement français, la Commission européenne s'est dotée d'un plan *MEDIA* (Mesures d'Encouragement pour le Développement de l'Industrie Audiovisuelle), destiné à soutenir le développement de projets cinématographiques en Europe, dans le domaine de la production, de la distribution, de la formation et des nouvelles technologies. Ce fonds constitue aujourd'hui l'essentiel de l'intervention communautaire et participe du processus d'intégration « positive », selon l'expression de Fritz Scharpf[421], en matière cinématographique. Quatre plans se sont succédé depuis la mise en place du fonds en 1990. Le plan *MEDIA* (1991-1995) doté de 200 millions d'écus (*European Currency Unit*), le plan *MEDIA II* (1996-2000) d'un budget de 310 millions d'euros, le plan *MEDIA Plus* (2000-2005) doté de 400 millions d'euros et enfin le plan MEDIA 2007 (2007-2013) disposant d'un budget de 755 millions d'euros. Les orientations initiales de ce plan ont été arrêtées à partir du constat de certaines faiblesses du marché audiovisuel européen. Le cloisonnement de ce dernier en marchés nationaux et la fragmentation de son industrie en petites ou moyennes entreprises ont été soulignés de manière récurrente. C'est pourquoi, afin de réaliser l'intégration du marché de l'audiovisuel européen, le plan *MEDIA* a pour objectif de favoriser le rapprochement des entreprises et des réseaux d'acteurs en aidant notamment à la formation professionnelle, au développement des projets de production, à la distribution des œuvres cinématographiques et des programmes audiovisuels, le

---

[421] [Scharpf F., 2000].

soutien aux festivals cinématographiques. Le premier plan *MEDIA* met ainsi en place dix-neuf structures auxquelles participent près de 20 000 sociétés et institutions au sein de l'Union européenne. On peut distinguer en particulier quatre de ces structures : dans la filière de la distribution, une dotation de 85 millions d'écus permet de développer les programmes du *European Film Distribution Office* (EFDO) et de l'association européenne pour un marché de l'audiovisuel indépendant (EURO AIM) ; pour améliorer les conditions de production, une dotation de 75 millions d'écus favorise notamment les phases d'écriture et de développement des projets de films, de documentaires ou de dessins animés avec, par exemple, le programme *European Script Fund* ou le programme *Small Countries improve their Audiovisual Level in Europe* (SCALE) ; pour améliorer la formation professionnelle, quinze millions d'écus ont permis notamment de créer une *MEDIA Business School* ou un programme de formation continue d'entrepreneurs, les Entrepreneurs de l'Audio-Visuel Européen (EAVE) ; enfin, pour favoriser la diffusion des films européens en Europe, un programme Europa Cinémas (MEDIA Salles) est créé à partie de 1992[422]. De plus, chaque pays dispose d'un bureau d'information (*Media Desk*) chargé d'informer et d'aider les professionnels dans leurs démarches. Le programme *MEDIA* distribue ainsi trois types d'aides. D'une part, des aides à la production et au développement de programmes audiovisuels et cinématographiques. D'autre part, des aides sélectives à la distribution des films européens. En 1998, ces dernières ont été complétées par une aide automatique à la distribution en salles, directement inspirée du système français. Ce mécanisme a pour but d'encourager la diffusion de films européens en fonction de leurs résultats en salles, c'est-à-dire en se fondant sur la logique du marché. Enfin, des aides à l'exploitation parachèvent ce dispositif : *MEDIA Salles*, qui propose depuis 1991, de former les exploitants et de les sensibiliser à la diffusion de films européens ; *Europa Cinémas* qui, depuis 1992, subventionne un réseau de salles s'engageant à diffuser au moins 50 % de films européens, dont la moitié de non nationaux[423]. Si les différents projets soutenus ont permis de développer des initiatives intéressantes dans la plupart des pays européens et de soutenir le développement et la distribution de films en Europe, les résultats sont jugés modestes voire décevants par les observateurs. Avec le plan *MEDIA II* (1996-2000), le budget est tout d'abord augmenté de plus de 50 %, à 310 millions d'écus. Afin d'étendre le dispositif aux pays ayant signé des accords d'association en vue du futur élargissement de l'Union européenne, c'est-à-dire les pays de d'Europe Centrale et Orientale (PECO), Chypre et Malte. Par ailleurs, il est décidé de recentrer le programme sur un nombre restreint d'actions et de projets, regroupés autour de l'aide à la formation, du

---

[422] [Dibie J-N., 1992 : 271]. Les montants mentionnés sont les budgets prévisionnels de la Commission au moment de la mise en oeuvre du plan *MEDIA*.
[423] [Bonnell R., 1996 : 277-279].

développement des projets et surtout de la distribution et de la promotion des films européens en Europe, notamment autour de la structure Europa Cinemas. Les professionnels sont largement associés à la décision sous la forme d'organisations intermédiaires, de jurys et comités d'experts, qui interviennent à chacune des étapes (information et analyse des aides, évaluation et sélection des projets, gestion des aides et évaluation). Enfin, le nombre d'organismes *MEDIA desk* est accru, ce qui permet un meilleur contact avec les professionnels. De fait, le programme *MEDIA* a davantage un effet d'entraînement qu'un réel pouvoir structurant sur l'industrie cinématographique et audiovisuelle, en raison du « saupoudrage » des fonds, à la fois géographique (quinze puis vingt-cinq pays) et temporel (cinq ans). Cependant, *MEDIA II* a permis de doubler quasiment la proportion de films européens distribués en Europe hors de leur pays d'origine, ces derniers passant de 246 en 1996 à 456 en 1999. Pour la seule aide sélective, 305 films ont été soutenus en particulier des films français (86) et britanniques (81), ces deux pays représentent plus de la moitié des films aidés. Le plan *MEDIA Plus* (2000-2005) doté de 400 millions d'euros, s'inscrit dans la continuité de *MEDIA II* et les trois principales orientations de *MEDIA II* en faveur de la distribution, du développement et de la formation sont reconduites. Enfin le plan *Media 2007* (2007-2013) prévoit un doublement du budget du plan par rapport à la période précédente. Selon la Commission, le programme s'articule autour de quatre priorités : l'encouragement au processus créatif dans le secteur audiovisuel européen, ainsi qu'à la diffusion du patrimoine cinématographique et audiovisuel européen ; le renforcement des structures de production des petites et moyennes entreprises (PME) ; la réduction des déséquilibres entre les pays à forte capacité de production et les pays à faible capacité de production ou à aire linguistique restreinte, c'est-à-dire essentiellement les nouveaux pays membres de l'Union ; enfin, l'adaptation des entreprises et la formation des professionnels aux évolutions du marché en matière de numérisation[424].

    Le programme *MEDIA* constitue ainsi la plus importante politique distributive de l'Union européenne en matière cinématographique et audiovisuelle. Cependant, il ne représente qu'une faible proportion des aides au cinéma et à l'audiovisuel autorisées par l'Union européenne. En effet, en vertu du principe de subsidiarité, l'Union européenne ne peut mener de politique distributive en faveur de la production, puisque les Etats membres disposent déjà de telles aides au niveau national. Toutefois, l'Union européenne entend poursuivre ses interventions en amont de la production et en aval de celle-ci. C'est la raison pour laquelle le programme *MEDIA* consacre une aide croissante aux réseaux de distribution transnationaux en Europe, les systèmes d'aide nationaux étant, pour la plupart, déficients dans ce domaine. Enfin, les

---

[424] *http://ec.europa.eu/information_society/media/overview/2007/index_fr.htm*

orientations et le financement du plan MEDIA 2007 témoignent d'une volonté de poursuivre la politique de création d'un marché européen du film et de l'audiovisuel et d'étendre les actions communautaires au-delà des actions traditionnelles d'intervention du programme, notamment en soutenant davantage la production de certains pays.

2) Le programme *Eurimages*

Le programme *Eurimages*, lancé en 1989, est le premier mécanisme multilatéral européen de soutien aux coproductions de films. Le fonds a été institué sur la base d'un « Accord Partiel » entre 12 pays et regroupe aujourd'hui 27 membres. Pour bénéficier de l'aide du fonds, - prêt sans intérêts - une œuvre doit être le fruit d'une coopération entre trois coproducteurs indépendants relevant d'États européens membres du Fonds. Le Comité de direction a fixé une série de critères indicatifs, en précisant que la priorité était donnée aux coproductions de haut niveau. Une aide à la production, aux opérations de doublage et de sous-titrage est accordée préférentiellement aux coproductions dont le montage ne peut être assuré en totalité par le simple cofinancement et pour lesquelles le soutien d'*Eurimages* peut faciliter la coproduction multilatérale. En ce sens, une attention particulière est accordée aux projets émanant des pays à faible capacité de production audiovisuelle et à aire géographique ou linguistique restreinte. Pour bénéficier de l'aide à la production, distribuée sous forme d'avances sur recettes, il est nécessaire que deux au moins des coproducteurs (trois jusqu'en 1999) soient ressortissants d'Etats membres du fonds. De 1989 à 2000, plus de cent millions d'euros ont été distribués par *Eurimages* pour le financement de 298 films. Le programme est alimenté par des fonds publics provenant des Etats membres au *prorata* de l'importance de leur production cinématographique et audiovisuelle. Ainsi, la France est le pays qui contribue le plus au fonds *Eurimages* avec 23 % du total pour un budget de 20 millions d'euros par an[425]. La moitié des dossiers traités concernent la France et celle-ci obtient chaque année l'équivalent de sa contribution. Pour les producteurs de cinéma, ce fonds est avant tout utilisé comme un guichet supplémentaire afin de compléter le budget de leurs films. Cependant, dans un contexte d'augmentation croissante des budgets et de développement des coproductions internationales, l'effet de levier du fonds s'est affaibli et son influence sur la réalisation des projets de films européens devient secondaire.

Cependant, en dépit des différents programmes mis en œuvre par les institutions européennes, en premier lieu le programme *MEDIA* de l'Union

---

[425] Cité dans Blum R., *Rapport d'information sur les forces et les faiblesses du cinéma français sur le marché international*, Rapport n° 3197, Assemblée Nationale, 26 juin 2001, p. 58. Le montant de l'aide distribuée est ainsi en 2000 de 16,5 millions d'euros, répartis entre quinze longs métrages de fiction et trente documentaires.

européenne, la politique européenne du cinéma et de l'audiovisuel demeure d'une portée restreinte. En ce qui concerne l'aide à la création, le droit communautaire ne lui offre que peu de possibilités d'intervenir dans un domaine qui relève prioritairement de l'Etat, selon le principe de subsidiarité. Les Etats membres disposent ainsi de systèmes d'aide nationaux à leur cinématographie et à leur production audiovisuelle qu'ils ne souhaitent pas voir remis en cause par des décisions supranationales. Ainsi, la politique d'exception culturelle française ne reçoit qu'une traduction très partielle au sein de l'Union européenne, qui peine à mettre en place une politique redistributive forte dans ce domaine. Cependant, sa défense dans les instances internationales, en particulier à l'OMC est plus significative et permet de maintenir le *statu quo* et les systèmes d'aides nationaux, ce qui est finalement le souhait des professionnels français.

B] La poursuite de la stratégie de la Commission en faveur d'une libéralisation des espaces cinématographiques en Europe

La Commission, au cours des années 1990, poursuit sa stratégie de contournement de l'obstacle culturel et d'alignement progressif de l'ensemble des politiques publiques en Europe sur le modèle du marché et de la libre concurrence. L'objectif est de parvenir à une libéralisation des espaces cinématographiques européens en poursuivant l'ouverture et la déréglementation de l'audiovisuel en Europe.

1) Le Livre vert sur la convergence technologique

Dans ce contexte, où la libéralisation du secteur des télécommunications est présentée comme une étape déterminante dans l'avènement de la « société de l'information » et un préalable nécessaire à la libéralisation des secteurs connexes (audiovisuel et cinéma), Martin Bangemann et Marcelino Oreja, chargé de la culture et de l'audiovisuel (DG X), rendent public le *Livre vert sur la convergence des secteurs des télécommunications, des médias et des technologies de l'Information*[426].

En premier lieu, ce rapport présente comme inéluctable le rapprochement technologique, industriel et commercial entre trois « services » jusqu'alors séparés : l'audiovisuel, l'informatique et les télécommunications. D'autre part, il s'interroge sur la nécessité de créer un nouveau cadre réglementaire commun aux différents secteurs de la communication et couvrant l'ensemble des « services », notamment les nouvelles « offres » telles que les séances de cinéma à la demande (*pay per view*), les services de télé-achat ou l'ensemble des possibilités offertes par Internet. De ce point de vue, Internet est souvent

---

[426] [Commission des Communautés européennes, 1997].

présenté comme l'archétype de ce processus de convergence entre les réseaux et les contenus informatiques, audiovisuels et ceux des télécommunications. Avec Internet, accessible par tous les réseaux et offrant l'accès à des contenus d'une grande variété, la réglementation ne peut plus dépendre du type de supports emprunté. Pour « favoriser » la réflexion, la Commission formule trois options possibles d'évolution de la réglementation européenne, à l'égard desquelles les différents acteurs souhaitant apporter leur contribution sont invités à se positionner. Première option, *« faut-il construire sur les structures existantes »*, c'est-à-dire adapter la réglementation afin de maintenir la distinction entre l'audiovisuel et les services de télécommunications, fussent-ils nouveaux ? Deuxième option, *« faut-il développer un modèle réglementaire séparé pour de nouvelles activités, qui coexisterait avec la réglementation des télécommunications et de la radiodiffusion »* ? Troisième option, *« faut-il élaborer un cadre réglementaire commun aux différents secteurs de la communication »* ?[427]

L'objectif de ce Livre vert est de présenter comme nécessaire l'adaptation de la réglementation spécifique de chacun de ces secteurs. La DG XIII cherche à démanteler les réglementations faisant obstacle à la création de nouveaux marchés afin de favoriser les stratégies de développement des entreprises européennes, au sein de l'Union européenne et au niveau international, en créant un environnement concurrentiel. En particulier, selon Martin Bangemann, l'adaptation de la réglementation *« nécessiterait une définition plus large des services de communication, qui supplanterait celle des services audiovisuels et de télécommunications au sein de la réglementation communautaire »*[428].

Ainsi, la réglementation des médias audiovisuels serait alignée sur celle des télécommunications. Cela mettrait un terme à la politique européenne de subvention à la production audiovisuelle et d'obligation de respect de quotas de diffusion et de production d'œuvres européennes, construite avec difficulté au cours de la décennie précédente. De même, les législations nationales sur l'audiovisuel, parfois plus protectrices comme en France, devraient être abandonnées. De fait, cela reviendrait à considérer que les contenus audiovisuels (et parmi eux le cinéma) sont des « services » comme les autres, ce que réclament depuis le cycle de l'Uruguay Round au sein du GATT, et désormais à l'OMC, les négociateurs américains. De plus, la DG XIII essaie de montrer dans ce rapport qu'une réglementation excessive ou inappropriée au sein de l'Union européenne peut conduire à une délocalisation des activités de production, avec des conséquences négatives sur le développement de la société de l'Information en Europe. Par conséquent, l'Union européenne est invitée à

---

[427] [Commission des Communautés européennes, 1997].
[428] Cité dans *Le Monde*, 7-8 décembre 1997.

s'en tenir à une réglementation *a minima*, afin de ne pas décourager les opérateurs. Ainsi, la révolution numérique et la multiplication des chaînes qu'elle est censée entraîner frappent d'obsolescence les réglementations nationales fondées sur la rareté des fréquences hertziennes et sur l'existence de monopoles publics. Dans cette perspective, l'évolution technologique est supposée engendrer un recul des activités publiques au profit des chaînes commerciales privées, et, corrélativement, un recul du niveau de réglementation appliqué, ce dernier étant historiquement lié à l'importance des acteurs publics dans l'audiovisuel.

2) L'instrumentalisation par la Commission des résultats de la consultation

Le Livre vert sur la convergence a donné lieu à une vaste consultation des acteurs concernés par l'éventuelle évolution de la législation européenne. Le résultat de cette consultation fait ainsi apparaître les transformations de cet espace avec l'arrivée de nouveaux acteurs ou l'importance prises par certains acteurs jusqu'à présent peu impliqués dans les questions audiovisuelles. Alors que la Commission annonce dans le corps du Livre Vert publier le résultat de la consultation dès le mois de juin 1998, les contributions continuent d'arriver jusqu'en décembre de la même année. Le résultat de la consultation fait état d'environ 360 contributeurs, parmi lesquels on trouve des entreprises d'informatique comme *Microsoft* et *Olivetti*, des entreprises d'électronique grand public comme *Philips* et *Alcatel* et des équipementiers de téléphonie comme *Nokia* et *Thyssen Telekom AG*, de nombreux opérateurs téléphoniques tels *Vodafone, Orange, Telefonica, Nortel, 9 Télécom, Belgacom*, des câblo-opérateurs comme *Irish Cable Industry* ou *Lyonnaise Câble*, des entreprises de communication comme *AOL* ou *Kirch Gruppe*, des syndicats d'ayant droits comme la SACD, des organisations de consommateurs, telles que *Voice of the Listener and the Viewer,* des organisations patronales telles que le Conseil National du Patronat Français (CNPF), la *European Round Table of industrialists,* la majorité des radiodiffuseurs, des autorités indépendantes telles que l'ART ou le CSA français, l'*Independent Television Commission* (ITC) britannique. Enfin, bien que moins nombreuses, les organisations représentant les professionnels du cinéma telles la Chambre Syndicale des Producteurs, Eurocinéma et la FERA se sont également prononcées sur le projet de la Commission.

Les questions, larges et transversales posées dans le livre Vert permettent aussi bien aux industriels des télécommunications qu'aux sociétés d'auteurs et de réalisateurs de se positionner, mais de fait, cela complique la défense des intérêts des professionnels du cinéma, faiblement représentés parmi tous ces « nouveaux » acteurs potentiels de l'espace cinématographique et audiovisuel. Cette consultation opérée par la Commission est en elle-même une façon très

« spécifique » de mettre sur l'agenda politique européen (on pourrait parler d'une imposition de problématique) la question des conséquences des innovations technologiques : l'inéluctabilité de la convergence et la nécessité d'une adaptation rapide et radicale à ce nouveau contexte, qui ne sont pas sans rappeler la rhétorique relative à l'inévitabilité de la généralisation d'une régulation par le marché, sont présentées comme des certitudes. De plus, parmi les options qu'elle propose, la Commission indique clairement sa préférence pour la troisième. Celle-ci nécessiterait une définition plus large des services de communication qui supplanterait celles des services audiovisuels et de communication au sein de la réglementation communautaire. En effet, au sein du Livre vert, on peut relever des questions qui orientent clairement la problématique dans le sens souhaité par la Commission : *« tandis que la convergence a déjà eu lieu au niveau technologique, jusqu'à quel point et à quelle vitesse a-t-elle également lieu au niveau du marché, des services et de l'industrie ? »*[429] Par conséquent, les réponses adressées rendent davantage compte du positionnement des différents acteurs par rapport au projet de refonte réglementaire de la Commission qu'elles ne témoignent d'une avancée de la réflexion sur le processus de convergence. Ainsi, la majorité des diffuseurs publics et des Etats membres sont favorables à la première option du Livre vert, puisque, selon eux, elle permet de préserver une réglementation spécifique pour l'audiovisuel tout en s'adaptant, grâce à d'autres mesures réglementaires, à l'évolution technologique. Cette position est aussi celle des organisations représentant les ayants droit, les syndicats de producteurs et de réalisateurs de cinéma. Les professionnels du cinéma et de l'audiovisuel, soutenus par le ministère de la Culture s'opposent aux propositions de modifications de la réglementation telles qu'elles sont faites dans le rapport, au nom de la spécificité des « biens » culturels, qui ne sauraient être assimilés à des biens, ni même à des services comme les autres[430]. Cependant, la configuration politique de l'espace cinématographique et audiovisuel européen ne paraît pas favorable aux partisans de l'exception culturelle. En effet en 1989, le président de la Commission, Jacques Delors, était favorable à une régulation du secteur et avait défendu la reconnaissance institutionnelle de la spécificité du cinéma et de l'audiovisuel en créant une unité « politique audiovisuelle » au sein de la Commission. Lorsque Jacques Santer, libéral luxembourgeois proche de la *CLT* le remplace en 1995, la position de la Direction en charge des questions audiovisuelles s'est trouvée considérablement affaiblie, sur le plan politique, au sein du collège des commissaires. *A contrario*, les opérateurs de télécommunications ainsi que les diffuseurs privés considèrent que la réglementation sectorielle ne peut être que transitoire. Elle doit favoriser l'émergence d'un marché qui, à terme, doit s'autoréguler. En ce sens, ils

---

[429] [Commission des Communautés européennes, 1997 : 8-9].
[430] [Franceschini L., 1999].

soutiennent la troisième option, défendue par la Commission, d'une réglementation unique confondant les contenus audiovisuels et les supports de diffusion.

Par conséquent, les positions et les prises de position des différents acteurs de l'espace cinématographique et audiovisuel témoignent de la réactivation de l'opposition existant entre les deux coalitions d'acteurs qui occupent cet espace. Les télévisions privées, les groupes publicitaires, les Etats européens libéraux, les DG « concurrence », « marché intérieur », « télécommunications » et « commerce », identifiés comme les principaux défenseurs d'une libéralisation des espaces cinématographiques et audiovisuels lors de l'adoption de la directive « Télévision sans frontières » en 1989, bénéficient désormais de l'appui des nouvelles entreprises de téléphonie mobile et d'internet qui, à l'image de *Vivendi Universal*, incarnent à la fois la convergence et la libéralisation des industries de « contenant » et de « contenu ». Les professionnels du cinéma et de l'audiovisuel, les sociétés de droits d'auteur, les télévisions publiques, les Etats européens interventionnistes et favorables à l'exception culturelle, la DG culture et éducation forment l'autre coalition, interventionniste, de cet espace. Mais celle-ci ne semble pas bénéficier, en 1998, d'une nouvelle dynamique de mobilisation, de nouvelles capacités de socialisation et d'alliances avec d'autres acteurs. Ainsi existe le risque, pour la coalition favorable à l'exception culturelle, de voir progressivement la Commission remettre en cause ce principe en proposant une redéfinition de la réglementation européenne qui aurait pour modèle celle des télécommunications. Mais la coalition favorable à l'exception culturelle est aussi soumise à d'autres formes d'attaques et de remises en cause, en particulier à partir de 1997, la possibilité d'un Accord multilatéral sur l'investissement (AMI) et la volonté de la Commission européenne de supprimer les aides d'Etat au cinéma.

3) La Commission européenne et les aides d'Etat

De manière récurrente depuis les années 1960, la Commission tente de remettre en cause les systèmes d'aides nationaux à l'industrie cinématographique, étendus au cours des années 1980 à l'industrie audiovisuelle. Ces aides publiques, qui existent dans tous les pays sous des formes différentes, sont considérées par la Commission comme des facteurs de distorsion de la concurrence et des freins à l'établissement d'un marché unique du cinéma. Les aides publiques françaises, qui représentent des sommes importantes puisqu'elles incluent aides directes (avances sur recettes) et taxes parafiscales (fonds de soutien) sont particulièrement visées par la Commission. La direction de la Concurrence (DG IV), dirigée par le Commissaire Van Miert, entreprend en 1997 un nouvel examen des systèmes d'aides nationaux, mettant ainsi l'ensemble des cinématographies européennes en situation d'insécurité juridique. Cependant, plutôt que de continuer à examiner les systèmes nationaux au cas par cas, la DG IV a préféré, en 1998, établir des critères d'évaluation pour tous les pays à partir de son analyse du système français[431].

Depuis 1997, en raison d'une intense pression et de menaces d'action en justice de la Commission, le système français ne favorise plus les films en fonction du critère de « nationalité française ». Il s'agissait en effet pour la DG IV d'une violation flagrante du Traité de Rome, c'est-à-dire d'une infraction aux règles de la non discrimination, de la libre prestation des services et de la libre circulation des travailleurs. Depuis cette date, les bénéficiaires des aides du CNC sont désormais les producteurs de cinéma établis en France qui produisent une œuvre européenne. Cette décision établit qu'une aide d'Etat en faveur du cinéma ou de l'audiovisuel est compatible avec le Traité si elle permet au bénéficiaire de l'aide de dépenser jusqu'à 20 % de l'aide dans l'ensemble du territoire communautaire. En effet, les dépenses concernant les industries techniques sont estimées à 20 % du budget d'un film. N'ayant pas d'incidence sur le contenu culturel du film, elles ne bénéficient d'aucunes dérogations par rapport à la libre circulation des services. A ce premier critère de territorialisation de l'aide s'en ajoute un second, dit d'intensité, qui limite à 50 %, la part du financement du film induit par les systèmes d'aides. Cependant, la question est de savoir si les 50 % incluent les investissements obligatoires des chaînes de télévision tels qu'ils sont définis par leur cahier des charges, et donc, par la réglementation d'Etat.

Par ailleurs, ce critère suscite d'autres interrogations comme celle de savoir si les 50 % concernent l'ensemble de la production cinématographique d'un pays sur une année, ou s'il est applicable à chaque film, ce qui pourrait bouleverser le montage économique de certains films. Enfin la Commission souhaite également introduire une brèche dans le système des aides d'Etat, en mettant en cause directement le système français et sa composante essentielle, la taxe spéciale additionnelle (TSA) qui date de 1948. Or la DG IV, n'a jamais accepté le principe d'un système d'aide dont le financement dépend des recettes des concurrents non communautaires. Dans l'annexe à sa décision de 1998 sur le système d'aide français, la Commission reconnaît cependant la nécessité de ces aides : « *quant à l'aspect industriel, on constate que, par le biais de ces aides en faveur d'un produit (le film), le secteur audiovisuel bénéficiera d'un soutien comparable à une aide opérationnelle, néanmoins nécessaire pour atteindre son objectif culturel, à savoir la création audiovisuelle* »[432].

---

[431] Décision positive concernant le système d'aide à la production cinématographique française, 3/98, 9 juin 1998.
[432] Annexe à la décision positive 3/98 concernant le système d'aide à la production cinématographique française, 9 juin 1998, p. 7.

Ainsi, une certaine liberté est concédée aux Etats pour encourager et soutenir leurs productions nationales. Mais la Commission s'est octroyée le droit d'un regard permanent sur les systèmes d'aides nationaux, dans le but de les harmoniser, afin que ces systèmes ne perturbent pas la création d'un marché intérieur. La Commission, comme les professionnels, font le constat d'une atomisation des marchés cinématographiques et audiovisuels en Europe. La Commission rend en partie responsable de cette situation l'existence même de ces systèmes d'aides nationaux et estime que leur harmonisation facilitera les activités de coproduction et de distribution transnationales des films en Europe. Ne pouvant s'opposer aux aides étatiques puisque la décision concernant la France en a reconnu l'utilité culturelle, la Commission exerce désormais son contrôle au regard du fonctionnement du marché intérieur, et non plus au regard des règles de la concurrence. En revanche, pour les professionnels, le cloisonnement et les spécificités de ces marchés, que reflètent les différences entre les systèmes d'aides nationaux montrent l'inanité d'une harmonisation artificielle sur la base de critères homogènes imposés par Bruxelles. Alors que la DG IV tente de transformer et d'harmoniser les systèmes d'aide nationaux, les Etats membres, en particulier la France, continuent de défendre leurs propres systèmes au sein du Conseil européen.

Ainsi, par ce qu'il est désormais convenu d'appeler la « résolution Tasca », adoptée le 23 novembre 2000, le gouvernement français prend une nouvelle fois la défense des professionnels du cinéma en demandant le soutien des autres Etats face à la Commission au cours d'un Conseil européen. Cette résolution, relative aux aides nationales au cinéma et à l'audiovisuel souligne la nature culturelle de l'industrie audiovisuelle et réaffirme que :

« - les Etats membres sont fondés à mener des politiques nationales de soutien bénéficiant à la création de produits cinématographiques et audiovisuels ; les aides nationales au cinéma et à l'audiovisuel peuvent contribuer à l'émergence d'un marché audiovisuel européen ; il est nécessaire d'examiner les moyens de nature à accroître la sécurité juridique pour ces dispositifs de préservation et de promotion de la diversité culturelle ; par conséquent le dialogue entre la Commission et les Etats membres doit être poursuivi »[433].

Cette résolution, qui n'est pas contraignante sur le plan juridique, a cependant une valeur symbolique de nature à faire basculer, du moins momentanément, le rapport de force politique en faveur du *statu quo* intergouvernemental qui se satisfait des systèmes d'aides nationaux existant. Par ailleurs, s'ils n'ont pas développé des systèmes aussi complets et financièrement importants que la France, les autres Etats européens ont tous

---

[433] Résolution du 12 février 2001 sur les aides nationales au cinéma, 2001/C 73/02.

consenti des aides publiques, qu'elles soient régionales ou nationales, à la production cinématographique et audiovisuelle. En conséquence, ils souhaitent conserver leur spécificité et leur pouvoir dans l'attribution de ces aides et partagent le point de vue français sur la nécessaire application du principe de subsidiarité en la matière. Par ailleurs, En 1997, la Grande-Bretagne crée un *Department for Culture, Media and Sport* (DCMS) qui rassemble la culture, les loisirs et les industries de l'audiovisuel, dont le cinéma, et trouve une partie de son financement dans la loterie nationale, ce qui constitue une innovation institutionnelle certaine pour la Grande-Bretagne. Cette innovation permet la définition d'une véritable politique cinématographique. Par ailleurs, les échanges entre les institutions commencent à se généraliser. En particulier, des fonctionnaires étrangers, notamment britanniques, viennent au CNC pour observer le fonctionnement de la structure avec pour objectif explicite d'adapter certains de ces développements à leur configuration nationale[434]. En outre, la création d'un ministère de la Culture en Allemagne est, symboliquement et administrativement, une étape importante dans la définition de positions culturelles communes entre les *Länder* et d'un rapprochement des modes d'administration des questions culturelles en Europe. De plus, les instruments, quotas et subventions publiques, existant dans d'autres pays, comme l'Espagne ou l'Italie, sont développés. D'une façon plus générale à la fin des années 1990, se dessine un nouveau partage des compétences entre l'Union européenne et les Etats membres en matière cinématographique. En effet, face aux injonctions récurrentes de la Commission, les agences nationales du cinéma, c'est-à-dire, les équivalents européens du CNC, s'organisent et entreprennent des actions en commun pour défendre les systèmes d'aides nationaux ainsi que le budget européen consacré au cinéma. Par exemple, lors du festival de Cannes 2004, ils interpellent les ministres de la Culture afin que les discussions sur le budget 2007-2013 de l'Union européenne soient l'occasion de consolider le budget du programme MEDIA et de demander à la Commission la fin de ses actions contentieuses relatives aux aides d'Etat[435]. De fait, la Commission n'a ni la capacité ni la légitimité de décider quels films ou quels contenus doivent être aidés et elle peut difficilement contester les aides ayant un motif culturel. En effet, la définition des objectifs spécifiquement culturels des politiques de l'audiovisuel et du cinéma ne concerne encore que les Etats membres. Ainsi, le système français d'aides a été validé en mai 2006. Cependant, cette validation peut être remise en cause si la Commission décide de modifier ses critères d'appréciation des aides. Or précisément, la Commission devait réviser ces lignes (énoncées dans la Communication cinéma de 2001, prolongée en 2004) en 2007. Finalement, en raison de difficultés et de nombreuses protestations des

---

[434] D'après l'entretien avec Sophie Valais, fonctionnaire au département Europe et relations internationales du CNC, septembre 1998.
[435] *Cf.* déclaration commune des agences européennes du cinéma pour l'audiovisuel européen, Cannes 17 mai 2004, consulté le 12/11/2005 sur le site du CNC, http://www.cnc.fr/b_actual/fr_b2.htm.

professionnels sur le thème de la territorialisation des aides, la commissaire Neelie Kroes a annoncé en juin 2007 que la communication cinéma était prolongée jusqu'à la fin de l'année 2009 au plus tard. Actuellement, une étude est en cours pour déterminer le degré de territorialisation des aides et la dimension « culturelle » des œuvres soutenues. Les relations avec la Commission sont donc toujours aussi tendues et les menaces de démantèlement persistent, bien que de fait, jusqu'à aujourd'hui, la Commission ait surtout assuré un rôle de régulateur plus que de censeur des systèmes redistributifs nationaux en matière cinématographique et audiovisuelle.

II] L'AMI : remise en cause de l'exception culturelle et nouvelles mobilisations des professionnels

A] *La mise sur l'agenda politique de l'AMI : transferts de politiques publiques du niveau international au niveau national*

L'accord multilatéral sur l'Investissement (AMI) peut être considéré comme le prolongement de projets lancés à l'OCDE dans les années 1960, afin de favoriser le développement de l'investissement par sa libéralisation[436]. Il s'inscrit en ce sens au sein du vaste mouvement de libéralisation des structures économiques mondiales qui accompagne la disqualification progressive du paradigme keynésien, incapable de répondre de manière positive à la crise économique des années 1970, au profit des idées libérales. Cependant, bien que tous les membres de l'OCDE soient tenus de suivre ces codes, ceux-ci ont une portée bien plus étroite que l'AMI et l'absence d'institutions juridiques au sein de l'OCDE rend leur application dépendante du bon vouloir des Etats. De fait, la pression des Etats membres les plus influents, et notamment des Etats-Unis, demeure le principal facteur d'adhésion aux différents codes adoptés. De ce point de vue, l'AMI représente une différence importante par rapport aux accords précédents car il prévoit des mécanismes de résolution des litiges et une ouverture aux Etats non membres.

1) La notion de transfert de politique publique

On peut aborder la question de l'AMI et de son influence potentielle sur la politique française d'exception culturelle à partir de la notion de transferts de politiques publiques. Celle-ci vise à rendre compte des processus d'échanges et d'influences entre différents modes d'action publique. David Dolowitz et David Marsh définissent cette notion comme *« le processus par lequel un savoir sur*

---

[436] Sur la genèse de l'AMI, [Michael Hart, dans Sauvé P., Schwanen D., 1996 : 46-72].

des politiques publiques, des structures administratives, des institutions etc., *à un moment donné et/ou à un endroit donné est utilisé pour développer des politiques publiques, des structures administratives et des institutions à un autre moment et/ou endroit* »[437]. Bien qu'il ne s'agisse que d'une modalité parmi d'autres de transferts de politiques publiques, c'est le transfert du niveau international vers le niveau national qui retiendra notre attention dans le cas de l'AMI. Cependant, dans ce cas précis, il s'agit davantage de montrer en quoi le monde du cinéma en France occupe une place à part puisqu'il ne décline sur la scène nationale qu'une faible partie du faisceau de normes libérales internationales formant ce que l'on peut appeler un référentiel global. L'étude du transfert de normes véhiculées par l'AMI est plus précisément l'étude de l'échec de tels transferts, récurrents dans la plupart des espaces de politiques publiques depuis le milieu des années 1980, c'est-à-dire l'échec de la « traduction » au sens de Michel Callon de certaines normes internationales dominantes en normes dominantes nationalement dans l'espace de politique publique considéré.

A l'image des processus de libéralisation des systèmes de santé en Europe, tels que les analyse Patrick Hassenteufel[438], les tentatives de libéralisation des espaces cinématographiques européens, et singulièrement l'espace français nettement moins « libéralisé » que ses homologues européens, mettent en jeu trois grandes catégories d'acteurs : d'une part, les « experts internationaux », c'est-à-dire principalement les économistes libéraux ; d'autre part, les cabinets de conseil, dont les représentants français sont, pour les plus importants d'entre eux, la déclinaison nationale des grands cabinets américains, et qui cherchent à appliquer les normes gestionnaires de l'entreprise privée à l'administration de la chose publique ; enfin les institutions internationales telles que le FMI, la Banque Mondiale et plus particulièrement dans le domaine du cinéma et de l'audiovisuel, l'OCDE et l'OMC[439]. On pourrait ici ajouter les puissantes organisations professionnelles que sont la MPAA américaine et les fédérations de chaînes de télévision et de compagnies publicitaires européennes qui ont toutes œuvré en faveur de la libéralisation de cet espace.

L'échec de la traduction complète des normes libérales dans le secteur du cinéma est dû, pour l'essentiel, à l'absence de relais nationaux suffisamment efficaces qui puissent porter cette transformation néo-libérale jusqu'à son terme, notamment face au système d'acteurs puissant, sur le plan symbolique, qu'a constitué la mobilisation et l'enrôlement en faveur de l'exception culturelle. Cependant, l'étude de la mise sur l'agenda et de la discussion de l'AMI, montre clairement qu'il existe des acteurs nombreux et aux moyens d'action importants

---

[437] [Dolowitz D., David M., 1996 : 343-357]. [Dolowitz D, David M., 2000 : 5-24].
[438] [Hassenteufel P., 2002].
[439] Pour une analyse du rôle des « experts » internationaux dans les processus de diffusion de normes libérales, voir également [Dezalay Y. Garth B. G., 2002].

susceptibles de remettre périodiquement la question en jeu dans les instances internationales. L'existence de cette remise en jeu permanente est susceptible, dès lors que la configuration d'acteurs viendrait à changer au niveau national, de conduire à la transformation des politiques dans un sens plus libéral.

2) Le rôle de la communauté épistémique favorable à la libéralisation dans la mise sur l'agenda politique de l'AMI

La réorganisation du système monétaire international, empruntant beaucoup aux théories monétaristes, fait suite à l'abandon au début des années 1970 du mode de régulation hérité des accords de Bretton Woods. Cette réorganisation à l'échelle internationale des pays à économie de marché a facilité le processus de globalisation et d'intégration financières et la très forte croissance des investissements directs à l'étranger (IDE). Ce processus s'est par ailleurs accompagné d'un ensemble de politiques nationales de déréglementation, de libéralisation des flux financiers et de décloisonnement des marchés. Ces politiques, initiées en France à partir de 1983 avec la « politique de rigueur », se généralisent dans l'ensemble des pays de la Communauté européenne au cours des années 1980 à tel point que l'on a pu parler de « tournant néo-libéral » en Europe[440]. Dans ce contexte, les flux d'IDE ont été multipliés par quatre en dix ans pour représenter, à la fin des années 1980, une variable clé des échanges économiques mondiaux[441].

Dans le cadre du processus de libéralisation des modes de régulation économique engagé dans les années 1970, un rapport d'expertise préconise la gestion globale des flux d'investissement internationaux et la création d'une institution internationale dédiée à cette fonction[442]. Ce rapport développe l'idée selon laquelle, dans un contexte de crise monétaire internationale, et plus généralement, de crise du référentiel d'action keynésien, la solution doit être recherchée dans une libéralisation profonde des structures nationales et internationales. En matière d'investissement, l'abaissement du rôle de régulation et de contrôle de l'Etat par l'harmonisation *a minima* des différentes législations permettrait une plus grande intégration économique. Dès lors, différents acteurs, que l'on pourrait rassembler sous le vocable généraliste « d'experts libéraux internationaux » travaillent à l'institutionnalisation d'une procédure commune d'investissement avec l'objectif de parvenir à un « GATT de l'investissement ». Il s'agit en particulier des fonctionnaires internationaux en poste au FMI, à la Banque Mondiale, à l'OCDE, de professeurs ou de chercheurs en économie, régulièrement invités à faire part de leur « expertise » dans ce type d'enceintes, mais aussi d'experts nationaux et de fonctionnaires

---

[440] [Jobert B., 1994].
[441] [Rainelli M., 2003].
[442] [Bergstern F., Berthoin G., Mushakoji K., 1976].

des ministères des finances, issus pour la plupart des pays développés, appelés pour un temps au sein de ces prestigieuses institutions, qui plus est rémunératrices, tant d'un point de vue matériel que symbolique[443]. Dès la fin des années 1980, l'OCDE entame une réflexion sur les moyens de libéraliser davantage l'investissement Par ailleurs, la montée en puissance de la MIGA (*Multilatéral Investment Garantee Agency*) ainsi que la signature de différents accords de libéralisation du commerce ou de l'investissement créent un environnement favorable au développement du projet de l'OCDE. Les deux comités de l'OCDE en charge du dossier, le CIME (Comité de l'Investissement international et des Entreprises Multinationales) et le CMIT (Comité des Mouvements de Capitaux et des Transactions Invisibles) vont travailler avec des représentants syndicaux et des groupes industriels d'une part, avec des économistes et « experts extérieurs » d'autre part.

2.1. L'expertise interne à l'OCDE

Ainsi, deux organes consultatifs de l'OCDE, le TUAC (*Trade Union Advisory Council*) qui représente les syndicats de salariés et le BIAC (*Business and Industry Advisory Council*) regroupant les grandes entreprises internationales sont associés au processus de réflexion. Toutefois l'influence du BIAC apparaît nettement plus forte que celle du TUAC. En effet, depuis le début des années 1980, l'OCDE a pris l'habitude d'associer plus étroitement les entreprises privées à ses projets. L'intérêt commun de l'organisation internationale et des grandes entreprises en vue d'une intégration économique et financière plus étroite contribue à leur reconnaissance mutuelle. Les objectifs des firmes multinationales, acteurs de l'intégration économique globale, trouvent leur place au sein du système de croyances et de raisonnements des membres de l'OCDE. Ce sont notamment ces firmes « exportatrices » qui sont le plus en pointe dans la lutte contre les restrictions aux importations au cours des négociations du GATT. Cette étroite collaboration entre le BIAC et l'OCDE se traduit dès le 3 décembre 1992 par le soutien du BIAC au nouveau mécanisme multilatéral en matière d'investissement proposé par l'OCDE. Ce soutien prend la forme d'un document écrit publié par le BIAC qui présente notamment des contributions d'acteurs privés formulant le souhait de règles contraignantes et de normes élevées de libéralisation[444]. Or ces recommandations sont reprises par les deux comités et structurent l'orientation donnée au projet d'AMI. Lors de la présentation officielle du projet au cours de la réunion interministérielle de mai 1994, la prise en compte des objectifs des groupes privés apparaît clairement. L'AMI est en effet censé « *établir un cadre solide et complet pour l'investissement international. [...] Il énoncerait des*

---

[443] [Dezalay Y., Garth B. G., 1998 : 3-22].
[444] [OCDE, 1992].

règles claires, cohérentes et transparentes pour la libéralisation et pour la protection des investisseurs, se doublant d'un mécanisme de règlement des différends »[445].

2.2. L'expertise externe à l'OCDE

Par ailleurs, les comités de l'OCDE font appel à des experts extérieurs dont certains occupent des positions importantes au sein de sociétés multinationales. C'est le cas par exemple de Julius DeAnne, chef économiste au sein de la compagnie *Shell Petroleum*. Surtout, ils ont en commun d'appartenir à des institutions ou des *think tanks*, majoritairement anglo-saxons, connus pour leur approche libérale de l'économie telles que l'*Institute for International Economics*, le *Brooking Institute*, le *Royal Institute of International Affairs*. Ces derniers sont proches du *Centre for Policy Studies* (CPS) et de l'*Institute of Economic Affairs* (IEA), tous deux liés au parti conservateur britannique. Ces *think tanks* ont joué un rôle central dans le renouveau des idées libérales et leur imposition comme normes dominantes, en Grande-Bretagne et au-delà, à la fin des années 1970[446]. Il apparaît ainsi clairement que s'agrège autour du projet d'AMI un ensemble d'acteurs qui cultivent leur multipositionnalité et les formes de reconnaissance multiples et réciproques qu'ils entretiennent pour former un groupe relativement homogène partageant les mêmes croyances et les mêmes objectifs. On peut alors parler à leur propos de communauté épistémique libérale. Dès 1990, Julius DeAnne intervient publiquement pour demander une réforme du cadre global d'exercice de l'investissement afin de répondre aux nouvelles formes de protectionnisme rencontrées par les sociétés multinationales, notamment celles s'appuyant sur un discours articulé autour de la notion de protection culturelle[447]. A la suite d'une enquête menée auprès de chefs de services économiques de compagnies multinationales, il suggère dans un rapport de 1994 une réforme susceptible de garantir le développement de l'investissement international par l'instauration d'un mécanisme de règlement des différends[448].

2.3. La mise sur l'agenda politique de l'AMI et l'accélération du processus d'enrôlement

La réunion des ministres des Finances de mai 1994 contribue de façon décisive à la mise sur l'agenda de l'AMI. Lors de cette réunion, au cours de laquelle sont présentés différents rapports d'expertise, les ministres demandent au CMIT et au CIME de préciser le contenu du projet et de préparer

---

[445] [OCDE, rapport conjoint du CMIT et du CIME, 1995].
[446] [Dixon K., 1998].
[447] « Foreign Investment: Changing Structures of World Economy », *Financial Times*, avril 1990.
[448] [DeAnne J., 1994].

d'éventuelles négociations. L'aval ainsi donné par les ministères des Finances des différents pays accélère la conduite du projet tant au sein de l'OCDE qu'à l'extérieur, avec la multiplication de rencontres et de mobilisations favorables à l'AMI. Ainsi, les différents acteurs de la communauté épistémique qui s'est formée autour de cette question multiplient les interventions auprès des dirigeants administratifs et politiques nationaux. C'est le cas en particulier des représentants de l'OCDE et des organisations industrielles membres du BIAC. Les experts de l'OCDE, mais aussi dans une moindre mesure, ceux de l'OMC ou ceux appartenant au groupe de travail sur l'investissement du *North America Free Trade Association* (NAFTA) organisent des séminaires ou « *workshops* » avec les experts des ministères des Finances des pays tiers, par exemple en juillet 1996 à Rio de Janeiro, ou en octobre 1997 au Caire. L'OCDE contribue également à la création, en avril 1996 de « *l'Emerging Market Economy Forum* » regroupant une délégation de l'OCDE et des représentants des pays en voie de développement. Au Japon et aux Etats-Unis, des actions de *lobbying* et « d'intéressement », sont organisées à l'attention des groupes industriels et des dirigeants politiques : la *Japan Federation of Economic Organisations* (*Keidanren*[449]) tente « d'enrôler » le *Ministry of International Trade and Industry* (MITI) tandis que l'USCIB (*United States Council for International Business*) dirige principalement son action vers le département du Commerce (*US Department of Commerce and International Trade*)[450]. Par ailleurs en 1994, l'ERT adresse à la Commission européenne (DG I et DG III) un rapport dans lequel les multinationales se prononcent en faveur d'un accord général sur l'investissement, un « *GATT for Investment* »[451]. Parallèlement, la Chambre de commerce euro-américaine présidée par William Berry, conduit une action de *lobbying* en direction de la Commission européenne et de l'administration américaine afin de promouvoir l'idée d'un traité sur l'investissement entre l'Europe et les Etats-Unis ou d'un accord plus large entre les membres de l'OCDE[452]. Ces actions de *lobbying* dirigées vers Sir Leon Brittan (DG I) et Martin Bangemann (DG III) ont notamment pour conséquence de relancer, au printemps 1995, un nouveau cycle de consultations entre la DG I, le département américain du Commerce, l'ERT et l'UNICE qui conduiront à l'initiative du *New Transatlantic Market*.

Enfin, la mise sur l'agenda de l'AMI s'explique aussi par l'association et « l'intéressement » des experts et fonctionnaires nationaux à la définition et à la préparation du projet. En effet, lors de la réunion ministérielle de mai 1994,

---

[449] Le *Keidanren* compte près de mille membres, dont les plus grandes firmes japonaises telles que *Toyota, Mitsubishi, Nissan, Sony, Sakura Bank,* ou *Nippon Steel Corporation*.
[450] *L'US Council for International Business* (USCIB) est une des organisations patronales les plus influentes aux Etats-Unis. Elle regroupe plus de trois cents entreprises multinationales ainsi que des banques et des cabinets d'avocat.
[451] [ERT, 1993].
[452] « *Multinationals seek investment treaty* », *Financial Times*, 9 mai 1994.

cinq groupes de travail sont mis en place qui réunissent autour des thèmes principaux d'un éventuel futur accord, des « experts nationaux », fonctionnaires des Etats membres, des membres des groupes professionnels représentant les multinationales ou des membres directement issus de celles-ci, et des « experts » des institutions internationales[453]. Autrement dit, expertise privée et publique, expertise « nationale » et « internationale » se trouvent étroitement mêlées. Dès lors, la « communauté épistémique » initiale se trouve renforcée par la présence et le soutien actif « d'experts » et de relais nationaux, d'autant plus efficaces qu'ils occupent une place centrale au sein des structures bureaucratiques de leurs pays. C'est notamment le cas en France où les fonctionnaires du ministère des Finances, généralement en position de force dans les processus d'élaboration des politiques publiques, sont susceptibles de jouer le rôle de « passeur » ou de médiateurs des normes internationales en cours d'élaboration. Après les accords du GATT en 1993, certains pays désormais membres de l'OMC ont souhaité, sous l'impulsion des Etats-Unis, qu'il y ait un accord sur l'investissement au sein de cette organisation. Mais les membres de l'OMC n'ont pas réussi à s'entendre sur les conditions requises pour entamer les négociations. Les discussions officielles de l'AMI commencent ainsi en 1995 au sein de l'OCDE et non de l'OMC, en particulier parce que les Etats-Unis craignent que l'OMC, en donnant plus largement la voix aux pays émergents, ne bloque un processus favorable aux intérêts industriels des pays développés.

3) Le projet d'AMI : un moyen pour les négociateurs américains de contourner l'exception culturelle ?

Les négociations officielles débutent en mai 1995 à l'OCDE. Il faut noter à cet égard, que les Etats-Unis ont, depuis leur échec relatif de décembre 1993 qui a vu l'adoption de la clause d'exception culturelle, cherché à contourner les différents obstacles nationaux et internationaux opposés à leur stratégie audiovisuelle. Ainsi un document du département d'Etat américain d'avril 1995 intitulé « *US Global Audiovisual Strategy* » fait le point sur le contentieux existant entre les Etats-Unis et l'Europe concernant le cinéma et l'audiovisuel et sur la stratégie à adopter pour défendre au mieux les intérêts audiovisuels américains[454]. Cette stratégie s'appuie sur une action conjointe de

---

[453] [OCDE, 1995].

[454] Ce document est repris et commenté dans une note écrite par un fonctionnaire européen à l'occasion du 1er Forum du Cinéma Européen, 14-20 novembre 1996 « La nouvelle stratégie américaine dans le secteur audiovisuel ». Document remis au siège de la SRF. Cette stratégie cherche notamment à « *éviter tout renforcement des mesures « restrictives » telles que les quotas et veiller à ce que ces mesures ne s'étendent pas aux nouveaux services de communication [...] ; Lier les questions audiovisuelles et le développement des nouveaux services de communication et de télécommunication dans le sens de la déréglementation [...] ; Rechercher discrètement l'adhésion aux positions US des opérateurs européens affectés par les quotas ou les réglementations.* »

l'administration et des groupes de pression américains, en particulier la MPAA de Jack Valenti afin de mener des actions de communication et de *lobbying* dirigées vers les acteurs de l'audiovisuel en Europe. La campagne de communication que lance la MPAA à partir de 1994 s'articule autour du thème de la convergence et de la « révolution numérique ». Autrement dit, et selon les propres termes de Jack Valenti : « *The digital TV revolution requires a free market approach* »[455]. Force est de constater que cette approche est relayée au sein de la Commission par certains services et directions générales, en particulier la DG I, la DG III et la DG XIII, appuyées par des cabinets de conseil. En effet la DG XIII a fait réaliser une étude par la société de conseil anglo-saxonne KPMG sur le thème de « la convergence entre audiovisuel et télécommunications ». Publié ensuite par la Commission, ce rapport, invite notamment l'Union européenne à adopter une approche fondée sur les règles de concurrence, évitant de perturber le marché, et qui doit réduire au minimum l'intervention de la puissance publique. Dans le prolongement de cette étude, la DG XIII a proposé un Livre vert consacré au thème de la « convergence entre audiovisuel et télécommunications » qui postule que les développements technologiques vont faire disparaître les différences entre les modes de régulation de l'audiovisuel et ceux des télécommunications, et qu'il faut en conséquence préparer une dérégulation de l'audiovisuel comparable à celle qu'a subie le secteur des télécommunications dans les années 1980. On retrouve donc dans les documents de la DG XIII, les propos de la MPAA ainsi que ceux des *lobbys* européens qui présentent la régulation par le marché comme inéluctable, à l'instar de l'association ECTEL, *European Telecommunications and Professionnal Electronics Industry*, basée à Londres. Le thème de la fatalité du marché comme organisation inéluctable, voire « naturelle »[456] des activités humaines n'est bien sûr pas nouveau et est commune à beaucoup de penseurs libéraux qui en « oublient » le caractère construit ou « garanti » par l'État[457].

Le premier axe de l'activité de *lobbying* de la MPAA, relayée par le Département d'État américain est donc d'essayer de contourner l'obstacle culturel en liant la question de l'audiovisuel à des aspects technologiques et encourager ainsi, au sein même de la Commission européenne, un processus de démantèlement des systèmes de soutien et de quotas. Par ailleurs, les autorités américaines s'emploient à limiter l'impact de la clause d'exception culturelle en dissuadant les pays d'Europe centrale et orientale, candidats à l'adhésion à l'Union européenne, d'adopter des mesures comparables à celles des quinze membres de l'Union européenne. Ainsi, à la fin de l'année 1995, la délégation hongroise au Conseil de l'Europe informait ses partenaires européens que les

---

[455] *Ibidem*, p. 2.
[456] « Le marché est naturel comme la marée » selon les propos d'Alain Minc à l'UNESCO, rapportés par Jack Ralite.
[457] [Polanyi K., 1983].

Etats-Unis étaient intervenus, la veille du vote au Parlement du projet de loi sur l'audiovisuel, afin de dissuader la Hongrie d'adopter les quotas européens de diffusion, la menaçant de s'opposer à son entrée à l'OCDE. En outre, une même intervention avait été faite avec succès par les Etats-Unis auprès de la République Tchèque tandis qu'une autre action visant à faire pression sur le gouvernement polonais était parallèlement organisée. Apparaît ainsi clairement le deuxième axe de la politique américaine. Il vise à limiter l'extension géographique des protections juridiques existantes au sein de l'Union européenne en matière audiovisuelle[458].

Enfin, les Etats-Unis cherchent à remettre sur l'agenda politique la question de la libéralisation de l'audiovisuel, et ce dans les différentes enceintes susceptibles d'accueillir de telles discussions (OMC, OCDE). Leur thèse libérale en matière audiovisuelle bénéficie en outre de relais idéologiques non négligeables au sein de la Commission européenne notamment avec les initiatives de la DG I dirigée par Leon Brittan telles que le projet NTM *(New Transatlantic Market)* qui prévoit de créer une zone de libre-échange entre les Etats-Unis et l'Europe. La décision de créer un *Transatlantic Business Dialog* au début de l'année 1995, associant notamment les représentants des grandes compagnies multinationales et les partenaires institutionnels européens et américains, est un moyen de relancer le processus du *Trans-Atlantic Free Trade Agreement* (TAFTA). Ce dernier, lancé au début des années 1990, n'avait pas rencontré le succès escompté en raison de l'opposition de certains pays européens, dont la France. Les négociations du projet NTM se poursuivent ensuite, toutes les six semaines, à Paris. Les Etats-Unis y sont représentés par le Département d'Etat et le bureau du *United States Trade Representative* (USTR). En janvier 1997, un consensus a été atteint sur le but, la structure et les dispositions de base de l'accord et un projet confidentiel de l'AMI a été rédigé.

4) Le contenu du projet de l'AMI et ses conséquences sur les espaces cinématographiques nationaux

L'objectif clairement affiché de l'AMI est la suppression des obstacles à l'investissement international et la poursuite du processus de globalisation de l'économie. L'accord a donc pour but de promouvoir un ensemble de normes visant à réduire la capacité réglementaire des Etats à restreindre les investissements étrangers sur leur territoire. A ce titre, l'espace cinématographique est particulièrement visé par ce type d'accord. En effet, le marché audiovisuel européen (au sens large) est très convoité et constitue par ailleurs la « locomotive » de marchés dérivés considérables (jeux, vêtements, boissons, chaînes de restauration...). Or les investisseurs, étrangers à l'Union

---

[458] Les « nouveaux entrants » dans l'Union européenne ont été soumis à une très forte pression par les Etats-Unis notamment sur les questions audiovisuelles et cinématographiques, [Baer J-M., 2003].

européenne, peuvent invoquer les dispositions de l'AMI pour faire échec aux quotas et à une attribution des aides fondée sur le caractère européen des œuvres. De la même manière seraient remis en cause les régimes nationaux de subventions ainsi que les taxes perçues sur les entrées des salles qui alimentent des fonds d'aides de certains pays[459]. A ce titre cinq grands principes du projet sont susceptibles d'avoir des répercussions négatives sur les industries culturelles françaises : la clause du traitement national, la clause de la nation la plus favorisée, les obligations de résultats, la protection de l'investissement et enfin le règlement des différends. Pour chacun de ces domaines, il fait état du type de mesures susceptibles d'être touchées ainsi que des répercussions possibles sur celles-ci.

Le premier principe de l'AMI est le *Traitement national*, qui exige que les pays traitent les investisseurs et les investissements étrangers de façon non moins favorable que les investisseurs et les investissements nationaux. Aux termes du traitement national, les pays ne pourraient pas, par exemple, placer des restrictions spéciales sur ce que les investisseurs étrangers peuvent posséder. Ils ne pourraient pas non plus maintenir des programmes d'aide économique dont bénéficient uniquement les sociétés nationales. Ainsi, comme conséquence de l'obligation d'octroyer le traitement national, le fonds de soutien du cinéma pourrait devenir accessible au cinéma américain. Comme ce dernier représente environ 60 % des parts de marché en France et donc 60 % du montant total du fonds de soutien, il réduirait de ce même montant le financement des productions françaises. Il en irait de même pour la redevance sur la copie privée également rendue accessible aux producteurs américains de vidéo, la durée de protection des œuvres à l'intérieur de la Communauté européenne étendue aux non membres, le droit de suite reconnu à tous les signataires sans égard à la réciprocité et, enfin, le droit *sui generis* sur les bases de données, reconnu à l'intérieur de l'Union européenne, étendu aux pays extérieurs à l'Union. Le second principe concerne *la clause de la nation la plus favorisée*, qui exige que les gouvernements traitent tous les pays étrangers de la même façon et appliquent à leur égard les lois les plus favorables. Ainsi les avantages découlant des accords de coproduction en matière de cinéma devraient être élargis à tous les investisseurs originaires des autres pays membres de l'AMI. Autre conséquence, les accords bilatéraux de coopération cinématographique seraient remis en cause. Le démantèlement des *obligations de résultat* permettrait, quant à lui, d'abroger les obligations portant sur les quotas de diffusion d'œuvres européennes de la directive « Télévision sans frontières », au bénéfice des investisseurs étrangers. Enfin les exigences relatives à *la protection de l'investissement,* qui ne doit pas être contraint par la

---

[459] SACD, *Le projet "AMI" (Accord multilatéral sur l'investissement), c'est l'ennemi de la création en Europe*, Paris, 1998.

législation, pourraient aboutir à une remise en cause du droit moral de l'auteur par un producteur d'un pays où ce droit n'est pas reconnu. En effet, le projet d'AMI prévoit l'inclusion de la propriété littéraire et artistique dans la définition de l'investissement. Cependant, il ne fait pas référence aux conventions internationales existant dans ce domaine : la convention de Berne qui sert de socle à la protection des droits d'auteur ou bien l'édifice juridique complexe construit au sein de l'OMPI (Organisation Mondiale de la Propriété Intellectuelle). C'est donc l'ensemble de la législation et des mécanismes de soutien au développement du cinéma et de l'audiovisuel européens qui serait susceptible d'être remis en cause par le projet d'AMI. De fait, l'AMI a une plus grande portée que l'ensemble des accords multilatéraux, à vocation universelle, jusqu'alors adoptés. De plus, l'accord entérine des innovations sans précédents dans ce type de négociations. L'AMI ne fonctionne pas, comme les accords conclus dans le cadre du GATT ou de l'OMC, sur le principe des listes positives ou « d'offres » mais sur le principe des réserves (selon la méthode dite « *top-down* ») : l'ensemble des secteurs économiques sont libéralisés sauf les exceptions figurant dans la liste déposée par chaque Etat. En outre, l'AMI comporte une disposition dite « effet de cliquet », qui consolide automatiquement toute mesure de libéralisation. Toute mesure est ainsi rendue irréversible sans qu'un Etat puisse revenir sur son engagement moyennant des compensations pour les Etats partenaires comme c'est le cas au sein de l'OMC.

B] La mise sur l'agenda politique français de la question de l'AMI

1) Le manque de transparence des négociations de l'AMI

1.1 Le travail d'information et de sensibilisation des ONG et des organisations professionnelles

La tardive mise sur l'agenda politique français de la question de l'AMI à la fin de l'année 1997 ne doit pas surprendre. Elle est la conséquence du fait que les négociations se sont déroulées de façon confidentielle ne faisant l'objet d'aucune communication publique jusqu'à la diffusion d'une version préliminaire de l'AMI sur internet. En effet en février 1997, une première version du projet d'AMI est diffusée sur le site de l'organisation de Ralph Nader, *Public Citizen*[460]. A partir de cette date, les négociations commencent à faire l'objet de discussions et de prises de position, principalement par le biais d'internet au sein des ONG, des associations et des forums « citoyens ». Cette première version du projet a permis aux différents groupes nationaux, attentifs aux négociations internationales concernant la libéralisation du commerce de s'en informer et de demander des informations complémentaires à leurs

---

[460] Cité dans [Kobrin S. J., 1998 : 97-109].

administrations nationales. C'est notamment le cas du mouvement des États généraux de la Culture. De fait, les Etats généraux de la culture ont tenu le 15 octobre 1997 une conférence de presse au Sénat sur l'AMI, contribuant ainsi à lancer le débat politique sur la question à un moment où aucun média en France ne la traitait[461]. Ils sont relayés dans cette entreprise par des représentants de *Public Citizen* qui organisent une première réunion en novembre 1997 auprès de députés français, très peu nombreux à y assister. En décembre, l'Observatoire de la mondialisation en collaboration avec les milieux culturels organise un colloque sur l'AMI à l'Assemblée nationale[462]. Selon Jean-Henri Roger, « *personne ne savait rien sur l'AMI, parmi les politiques ou les professionnels. Le premier a nous avoir informés, c'est Jack Ralite et ses Etats généraux de la culture* »[463]. Il faut nuancer cependant ces propos en notant que les organisations professionnelles les plus « intégrées » au système étatique, c'est-à-dire les plus étroitement en contact avec les administrations en charge de ces questions, notamment l'ARP et la Chambre syndicale dirigée par Pascal Rogard se disent informées depuis longtemps et prétendent suivre ces questions : « *L'ARP dénonçait l'AMI depuis deux ans à Beaunes, depuis deux ans faisait des communications et puis personne de la presse ne s'en est fait l'écho* »[464].

1.2. La procédure de veille de l'administration française

Parallèlement, les services du ministère de la Culture ainsi que ceux du CNC ont commencé un travail de veille juridique et technique dès le début des négociations à travers les réunions interministérielles organisées par le SGCI.

« *On a demandé une exception générale pour l'audiovisuel et puis l'exclusion de la propriété littéraire et artistique. Notre premier travail, ça a été de tenir notre position face aux autres ministères qui étaient plutôt très allant, surtout celui des Finances* »[465].

Au cours des négociations menées à l'OCDE, la France demande d'abord d'inscrire au sein de l'accord une exception pour le secteur de l'audiovisuel : « *aucune disposition du présent accord ne peut être interprétée comme*

---

[461] Conférence de presse des Etats généraux de la culture sur l'AMI (Sénat - 15 octobre 1997), exposé de Jack Ralite, Archives de la SRF. Dans son intervention, Jack Ralite fait notamment allusion au document du Département d'Etat « *US Global Audiovisual Strategy* » d'avril 1995 ainsi qu'à un rapport d'information sur les arguments des opposants et des partisans de l'AMI rédigé par le groupe américain *Preamble* datée de mai 1997 : *Writing the constitution of a single global economy*. Ce titre est une citation extraite d'un discours de Renato Ruggiero, Directeur Général de l'OMC, qui avait suscité une très vive controverse : « We are writing the constitution of a single global economy », cité dans [Kobrin S. J., 1998 : 105].
[462] L'Observatoire de la mondialisation est créé en 1996 par Susan George et Agnès Bertrand. Cette organisation propose une veille critique de la mondialisation.
[463] Entretien avec Jean-Henri Roger, réalisateur, co-président de la SRF, mars 2002.
[464] Entretien avec Sylvie Perras, Conseillère technique en charge des questions cinématographiques au ministère de la Culture de 1997 à 2000, mars 1999.
[465] *Ibid.*

empêchant une partie contractante de prendre toute mesure pour réglementer l'investissement d'entreprises étrangères [...] dans le cadre de politiques visant à préserver et promouvoir la diversité culturelle et linguistique »[466].

En effet à partir de mai 1996, les délégations nationales établissent les « réserves » et les demandes d'exceptions ou de dérogations qu'elles souhaitent inclure dans l'accord. Celles-ci sont très nombreuses, y compris de la part des Etats-Unis qui souhaitent préserver certaines lois, politiquement « sensibles », telles que les lois extra-territoriales Helms-Burton ou D'Amato par lesquelles ils s'autorisent à sanctionner les entreprises qui investissent à Cuba, en Iran, ou en Libye, ou bien encore l'ensemble des mesures adoptées au niveau des différents Etats. Ainsi, en février 1997, au moment où ces listes sont présentées lors d'une réunion de travail de l'OCDE, les dérogations ainsi que les exceptions décidées secteur par secteur représentent près de 1000 pages dont 400 pour les Etats-Unis[467].

Par ailleurs, Catherine Trautmann intervient dès juin 1997 sur le sujet de l'AMI sans que ses propos trouvent un écho particulier dans la presse. Selon la perception de ses collaborateurs, il s'agit d'une période au cours de laquelle *« elle a beaucoup joué le rôle d'information auprès de ses collègues qui étaient absolument pas informés »*[468]. Le cabinet de Catherine Trautmann s'appuie en particulier sur les travaux du CNC qui suit spécifiquement les négociations pour le cinéma. Sophie Valais, chargée des questions européennes et multilatérales au CNC après les accords du GATT présente ainsi son travail de négociation :

« On a les informations qui nous viennent des négociateurs, le Trésor, la DREE qui nous donnent les documents, qui nous font passer toutes les avancées de la négociation. Ensuite on élabore une position pour le cinéma en coordination avec le cabinet puis ça passe au SGCI où là on défend notre position face aux autres départements ministériels...on se bat souvent contre le Trésor où les intérêts sont divergents et puis lorsqu'il y a un différend comme l'AMI il y a arbitrage interministériel »[469].

A cet égard, on peut souligner le rôle fondamental du SGCI qui permet d'élaborer une position commune de la France lors des négociations internationales multilatérales ou lors des négociations européennes.

« La France est très bien organisée par rapport aux autres Etats membres, parce que, grâce au SGCI, on arrive à suivre en direct ce qui passe dans les

---

[466] Cité dans OCDE, Doc. DAFFE / MAIIMN(98) 2, p. 126. Pour justifier sa position, la France souligne que l'accord initial remettrait en cause les résultats des négociations du GATS pour l'Union européenne dans le secteur de l'audiovisuel dans la mesure où l'AMI risque de rendre inopérantes les limitations existantes aux prises de participation étrangères pour les secteurs utilisant de nouvelles technologies.
[467] *Cf.* « Adieu l'AMI, salut les copains », *Libération*, 25 septembre 1998.
[468] Entretien avec Sylvie Perras, mars 1999.
[469] Entretien avec Sophie Valais, CNC, septembre 1998.

autres départements ministériels. Pour des négociations comme celles de l'AMI, qui n'ont pas vraiment trait à l'audiovisuel, nous on peut savoir tout de suite parce que l'on est informé au sein du SGCI. Dans d'autres pays ce n'est pas le cas, parfois ils sont informés très tard donc ils n'ont pas la même coordination que nous »[470].

2) La médiatisation de l'AMI : effet d'apprentissage et efficacité de la mobilisation des professionnels

Le grand rassemblement à l'Odéon le 16 février 1998 marque le premier point fort de la mobilisation contre l'AMI en même temps que son inscription véritable sur l'agenda politique. Par la couverture médiatique qu'il suscite, il transforme une obscure et lointaine négociation internationale en question d'actualité « nécessitant » l'intervention du Premier ministre. Les organisations professionnelles du cinéma ainsi que celles de défense des droits d'auteurs ont en effet rassemblé les auteurs, les réalisateurs, les artistes-interprètes, les producteurs, les artistes-plasticiens, l'ensemble des professions du théâtre, de la musique, dont les techniciens du cinéma et de l'audiovisuel afin de manifester leur opposition. Ils décident de créer un comité de vigilance sur l'AMI : « *Ensemble, conscients que cette opposition va bien au-delà du seul champ culturel et que d'autres secteurs se mobilisent, ils ont décidé de créer un comité de vigilance sur l'AMI* »[471].

Les interventions dans la presse et les prises de position des cinéastes et réalisateurs se multiplient. De plus, la création de la « Coordination nationale contre l'AMI », en janvier 1998, amplifie la mobilisation. Cette coordination réunit autour des cinéastes et des représentants des milieux culturels de nombreux autres acteurs syndicaux et associatifs, au-delà des professions culturelles, qui protestent contre la mondialisation « néo-libérale » et ses conséquences sociales. Au plus fort de la mobilisation, au deuxième semestre 1998, cette coordination rassemble jusqu'à soixante-dix organisations, syndicats de salariés ou paysans (par exemple Sud, la Fédération syndicale Unitaire (FSU), la Confédération paysanne), des collectifs d'intellectuels (Raisons d'Agir) ou des associations comme ATTAC, des associations de lutte contre le chômage ou l'exclusion, des mouvements de « sans » tels que Agir ensemble contre le chômage (AC!), Droits devants !, Droit au Logement, des partis politiques de gauche, des associations écologiques ainsi que des rassemblements d'artistes ou des « groupes culturels » divers. A partir de février 1998, de nombreuses actions viennent ponctuer la mobilisation contre l'AMI : le 22 avril 1998, un colloque est organisé à l'Assemblée nationale, qui réunit, cette fois-ci, un grand nombre de députés sur le thème de « l'AMI, la

---

[470] *Ibid.*
[471] Communiqué de presse du Comité de vigilance sur l'AMI du 27 février 1998.

démocratie face à la mondialisation libérale » ; le 28 avril a lieu le « rassemblement international pour l'enterrement de l'AMI » au Château de la Muette, siège de l'OCDE ; du 17 au 20 octobre « le sommet citoyen contre l'AMI ». Par ailleurs, la critique de ce projet et, à travers lui, de la mondialisation « néo-libérale », prolonge la contestation de décembre 1995 en France et accompagne le développement et la montée en puissance du mouvement qualifié d'altermondialiste. Ainsi l'association ATTAC est fondée le 3 juin 1998, suite à l'appel lancé dans *Le Monde Diplomatique* par Ignacio Ramonet dans son éditorial « Désarmer les marchés »[472]. Lors des premières rencontres de la Ciotat le 1er octobre 1998, 1300 personnes sont présentes. En juin 1999, peu avant les mobilisations contre l'OMC et les négociations de Seattle, l'organisation compte 10 000 membres puis 20 000 l'année suivante. La question de l'AMI devient une question de politique intérieure de premier plan comme en témoigne la couverture par la presse de l'époque. Celle-ci est d'autant plus importante qu'elle est associée à la « révélation » du projet de NTM, présenté comme l'archétype du projet d'accord « secret », négocié par des bureaucrates non élus, et échappant à tout contrôle démocratique. Ainsi lorsque Leon Brittan présente le 11 mars 1998 le projet de NTM aux gouvernements européens et leur demande de lancer des négociations officielles, il ne reçoit l'appui que de huit Etats seulement. Ce second projet est ainsi abandonné en avril 1998. Comme au moment de « l'exception culturelle » en 1993, le rejet des projets de NTM et d'AMI fait l'objet en France d'un consensus politique. Ainsi en mai 1998, en raison des nombreux désaccords qui persistent entre les Etats, la réunion ministérielle de l'OCDE n'aboutit pas au vote du projet d'AMI. Les fonctionnaires de l'OCDE continuent cependant d'espérer un accord pour la prochaine réunion ministérielle, prévue en mai 1999. Cependant, en France, le consensus politique désormais acquis rend difficilement envisageable un retournement de la position gouvernementale. Ce même mois de mai 1998, un rapport est commandé à Catherine Lalumière, députée européenne, afin de faire un bilan des négociations en cours et d'évaluer la pertinence de la poursuite des discussions au sein de l'OCDE. Remis en octobre 1998, ce rapport a conforté la position française et motivé le retrait des négociations. Lors des rencontres de Beaunes qui ont lieu en octobre 1998, les professionnels du cinéma se félicitent ainsi de la décision gouvernementale de se retirer des négociations de l'AMI, au nom de la « souveraineté culturelle »[473]. Comme le rappelle Pascal Rogard : « *Nous avons*

---

[472] Ramonet I., « Désarmer les marchés », *Le Monde diplomatique*, décembre 1997, p. 1.
[473] « *Les participants européens félicitent le gouvernement français d'avoir fait le choix de ne plus participer au traité relatif à l'AMI. Nous souhaitons que cette politique de la chaise vide engage les autres Etats parties à l'OCDE à prendre une décision semblable et à refuser tout traité attentatoire à leur souveraineté, notamment en matière culturelle et audiovisuelle. [...] Nous demandons aux gouvernements de faire preuve de vigilance dans les négociations multilatérales de façon à ce que la souveraineté culturelle de ces Etats puisse être respectée.* » Communiqué final, Beaunes, 22-25 octobre 1998.

commencé à parler de souveraineté culturelle à la place d'exception culturelle. C'était au fond la même chose, mais le terme d'exception passait mal, ça faisait protectionniste »[474].

L'emploi du terme de « souveraineté culturelle » ne doit donc pas laisser penser à un infléchissement notable de la politique préconisée sous le vocable « exception culturelle ». Il s'agit surtout d'une « traduction » du concept « d'exception culturelle » en une formulation plus légitime, qui ne puisse plus être perçue comme un privilège ou comme une tentation protectionniste. C'est aussi une reformulation opportune dans la mesure où l'AMI est critiqué par de nombreux hommes politiques comme remettant en cause de façon inacceptable la souveraineté politique des Etats, puisque le projet interdit aux gouvernements tout changement de politique défavorable à la libéralisation des investissements. Par conséquent, défendre la souveraineté culturelle revient à défendre la « souveraineté politique de la France » : dès lors, quel homme politique français pourrait y être opposé ? En décembre 1998, les négociations de l'AMI sont définitivement abandonnées au sein de l'OCDE, en raison du refus de plusieurs pays de poursuivre les discussions à son sujet.

3) Le rapport Lalumière et la remise en cause du rôle de l'Etat dans les négociations internationales

S'il souligne l'intérêt pour l'économie française d'un accord international sur l'investissement, le rapport de Catherine Lalumière condamne tant la méthode de négociation que le contenu de l'AMI. La méthode de libéralisation des investissements préconisée par l'OCDE, fondée sur la méthode dite « *top-down* » et sur un « effet de cliquet » est particulièrement critiquée, notamment parce qu'elle supprime tout contrôle et tout choix politique. La gestion des négociations par la partie française semble avoir montré, selon le rapport de Catherine Lalumière, quelques faiblesses, à la différence des négociations du GATT qui avaient fait l'objet d'un investissement important de la part du gouvernement français.

« *L'équipe interministérielle chargée de cette négociation fort lourde, composée sous la direction du trésor, de la DREE et du ministère des Affaires étrangères, est une équipe très compétente mais légère. Sur ce genre de dossier, il faudrait renforcer les moyens, ne serait-ce que pour faire face aux équipes de négociateurs d'autres pays, souvent plus nombreux* »[475].

---

[474] Entretien avec Pascal Rogard, secrétaire général de la Chambre syndicale des producteurs-exportateurs de films et délégué général de l'ARP, juin 1998.
[475] [Lalumière C., Landau J-P., 1998 : 18].

Ainsi, le rapport pose la question de l'expertise ainsi que celle de la délégation de compétences à des « experts », sans que les parlementaires n'y soient associés ou même informés ni, *a fortiori*, les citoyens.

« C'est une grande erreur d'avoir traité la négociation AMI comme une opération purement technique. Beaucoup des difficultés rencontrées par la suite en découlent : le sentiment, largement répandu, d'une négociation secrète, voire clandestine ; l'incapacité de l'organisation à détecter à l'avance les difficultés et à y remédier ; la surprise éprouvée, dans plusieurs pays, devant l'ampleur des oppositions »[476].

Or, fait remarquable, en sus de l'organisation des actions de protestation et de mobilisation, l'information des parlementaires a été le fait de la « société civile », c'est-à-dire de citoyens regroupés en syndicats, associations, ONG dont l'action a été relayée par la presse. L'AMI marque ainsi une étape importante dans l'évolution des négociations internationales. Pour la première fois se met en place un réseau transnational de militants. Ces derniers critiquent ce mode de mondialisation ainsi que le caractère anti-démocratique de négociations pour lesquelles les citoyens ne sont pas informés. La protestation qui a lieu au moment de l'AMI est une critique générale du processus de mondialisation tel qu'il est conduit. Même si en France, les professionnels du cinéma sont à la pointe de la contestation, ils se fondent rapidement dans un ensemble composé de différents associations ou syndicats (ATTAC, la Confédération paysanne, la CGT mais aussi les représentants de *Greenpeace*, *Earth Friends*, WWF,...) inquiets des retombées globales et non seulement sectorielles d'un tel accord. C'est ainsi que, lors du rassemblement à l'Odéon, Cédric Klapisch déclare : *« entre le droit de grève et un film français, je défends le droit de grève »*[477].

« Quand Cédric Klapisch dit qu'il préfère le droit de grève à un film, il signifie par là même que la mobilisation des cinéastes est une mobilisation « citoyenne », au nom de la défense de droits fondamentaux sans lesquels l'activité même de cinéaste n'aurait guère de sens »[478].

De fait, dans les pays anglo-saxons, les ONG dotées de moyens importants tels que *Public Citizen*, *Greenpeace* ou *Earth Friends* ont mis au point un argumentaire contre l'AMI, diffusé dans l'ensemble des pays de l'OCDE et qui sert de socle à la coordination internationale de la contestation. Enfin, le développement de l'internet, encore peu utilisé en 1993, a changé considérablement le contexte des négociations. D'une part, il autorise la diffusion en temps réel des textes de la négociation dont le caractère confidentiel s'est totalement délité sous la pression des différentes ONG et

---

[476] *Ibid.*, p. 5.
[477] Entretien avec Cédric Klapisch, réalisateur, co-président de la SRF, juin 1999.
[478] Entretien avec Jean-Henri Roger, réalisateur, co-président de la SRF, mars 2002.

associations ; d'autre part, il permet un accès mondial à la connaissance des contenus en cours de discussion ainsi que leur critique par la diffusion de nombreuses analyses de spécialistes. Grâce à la mise en réseau des informations, le monopole de l'expertise légitime à propos de l'AMI a pu être contesté et, dans le même temps, la contre-expertise des ONG a pu acquérir une légitimité.

Ainsi, face à la faiblesse de l'expertise « officielle » ou « technocratique », une expertise « alternative », appuyée sur le travail d'intellectuels, de militants et d'ONG, de champs et de nationalités divers s'est affirmée à la fois comme une analyse réactive et de qualité. La critique de la mondialisation libérale à travers celle de l'expertise officielle et « technocratique » telle que la formulait par exemple Pierre Bourdieu lors du mouvement de décembre 1995[479] est désormais complétée par une contre-expertise de haut niveau, relayée par un mouvement social de grande ampleur. Au cœur de cette contre-expertise, et avec les méthodes qui leur sont propres, tels que le travail militant de « permanents » syndicaux et l'accès privilégié aux médias et au pouvoir politique malgré des moyens matériels limités, les professionnels du cinéma jouent un rôle central en France. Comme dans le cas de l'AMI, les critiques de l'expertise officielle et les contre-expertises sont, conjointement, susceptibles de modifier le processus d'élaboration des politiques publiques, nationales et internationales.

C] La division du milieu professionnel et le bouleversement attendu de l'espace cinématographique français

1) Vers un changement de mode de régulation ? La scission du milieu cinématographique et le possible retrait de l'Etat

Dès les années 1970, l'Etat intervient pour faire en sorte que les chaînes de télévision participent davantage au financement et à la diffusion du cinéma. Ainsi les télévisions sont soumises à des taxes qui viennent abonder le fonds de soutien, à l'obligation d'achat de films, au respect d'horaires et de quotas de diffusion. De plus, la création de *Canal Plus* en 1984 s'est accompagnée de la négociation avec les professionnels du cinéma d'un accord qui allait faire de *Canal Plus*, le principal financier du cinéma français. Or toutes les négociations menées par les professionnels du cinéma avec les télévisions, sous l'égide de l'Etat, l'ont été par le Bureau de Liaison des Industries Cinématographiques (BLIC), confédération rassemblant l'ensemble de la profession et héritière du « corporatisme » historique des professions cinématographiques. Or en 1998, pour la première fois depuis 1946, l'unanimisme de la profession semble se désagréger sous le double effet des transformations technologiques et

---

[479] [Bourdieu P., 1998 : 31].

économiques de l'espace audiovisuel (entendu au sens large), et des transformations du rôle de l'Etat, en partie sous la contrainte des directives européennes. En effet, les querelles de personnes si souvent mises en avant par des professionnels qui se considèrent eux-mêmes comme « individualistes » et « soucieux de leur *ego* »[480], n'est que l'épiphénomène d'une scission plus profonde entre deux façon de faire et de concevoir le cinéma que ne parvient plus à masquer la demande commune de protection adressée à l'Etat.

En premier lieu les transformations technologiques (télévision numérique, diffusion par satellite, multiplexes) en créant des logiques de concurrence exacerbée entre les diffuseurs, ont eu tendance à accroître les divergences entre deux logiques économiques, qui correspondent à deux pôles de l'activité cinématographique. En particulier, l'émergence de deux bouquets satellites, que l'on croit promis, à la fin des années 1990, à un rapide développement, engendre des transformations dans les possibilités de financement des films, et le souhait des deux bouquets de fédérer autour de leur entité la profession cinématographique, suscitant l'inquiétude des uns et l'avidité des autres. En second lieu, la rivalité entre diffuseurs audiovisuels, si elle est susceptible d'aboutir à une concurrence profitable aux professionnels du cinéma, ne résout cependant pas l'asymétrie toujours forte qui existe entre diffuseurs puissants d'une part et producteurs atomisés d'autre part, lorsque ces derniers ne sont pas « adossés » à un circuit. Or, la Commission européenne, au nom de la concurrence, restreint les possibilités qu'a l'Etat d'intervenir dans un secteur économique, dès lors que les relations entre les partenaires économiques peuvent être réglées par contrats de droit privé. Par conséquent, le droit de la concurrence érigé au niveau européen est susceptible de remettre en cause l'intervention de l'Etat en matière de cinéma en France.

Ainsi, l'Union des producteurs de films (UPF) quitte le BLIC au début de l'année 1998. Le 18 juin, il est rejoint par le Syndicat des réalisateurs (SRF) et celui des acteurs (SFA) pour créer le Bureau de liaison des organisations du cinéma (BLOC). Le Syndicat des producteurs indépendants (SPI) et celui des distributeurs indépendants (SDI) intègrent également la nouvelle structure. Celle-ci se pose clairement (l'acronyme n'en étant que le caractère le plus visible) en alternative à la représentation existante du BLIC. Le BLIC regroupe les acteurs dominants sur le plan économique de l'espace cinématographique : la chambre syndicale des producteurs et exportateurs (dont Gaumont, UGC et Pathé), les Auteurs réalisateurs producteurs (ARP), les exploitants de la Fédération nationale des cinéma français (FNCF) et les distributeurs de la Fédération nationale des Distributeurs de Films (FNDF). Le BLIC est favorable à l'ouverture d'une « deuxième fenêtre » de diffusion des films à la télévision qui offre la possibilité de vendre à l'un ou l'autre bouquet satellitaire

---

[480] Entretien avec Clara Mériaux-Delbarre, délégué générale de l'UPF, mars 2000.

les droits d'une deuxième diffusion s'insérant entre le passage sur *Canal Plus* et le passage sur les chaînes en clair. Le BLIC souligne à la fois le caractère inévitable (du fait de l'existence de deux bouquets satellite concurrents) et avantageux (en raison des sommes supplémentaires allouées à la production) de cette deuxième fenêtre. *A contrario*, le BLOC est opposé à cette deuxième fenêtre et considère que le mode de financement du cinéma français ne doit pas être modifié. En particulier, les producteurs indépendants craignent que cette transformation des relations entre diffuseurs et producteurs ne remette en cause la relation privilégiée qu'ils entretiennent avec *Canal Plus*. Les producteurs du BLOC redoutent que *Canal Plus* et les chaînes en clair ne prennent prétexte de cette concurrence nouvelle pour renégocier à la baisse leurs engagements à l'égard du financement de la production. Ainsi le BLIC signe un premier accord avec *TPS* le 15 mars 1999 aussitôt dénoncé par le BLOC. Un mois plus tard, c'est le BLOC qui signe un accord séparé avec *Canal Plus*, impliquant des engagements nouveaux de la part de la chaîne : le préachat de films jusque là pratiqué par *Canal Plus* de sa propre initiative ; une nouvelle clause de diversification des investissements, 45 % des investissements devant être attribués à des films de moins de 5,3 millions d'euros. En effet, l'une des principales craintes des membres du BLOC est de voir la concurrence entre les chaînes payantes ne porter que sur un nombre de plus en plus restreint de films à gros budgets.

Contrairement aux années précédentes, l'Etat n'est pas intervenu de manière significative pour parvenir à un accord global entre la profession et les chaînes de télévision, privées et publiques. Certes, Catherine Trautmann, ministre de la Culture et de la communication réunit l'ensemble de la profession le 23 février 1999 afin d'apaiser les tensions. Cependant, la nouvelle directive européenne interdit aux Etats de réglementer la chronologie des médias, qui doit résulter désormais d'un accord contractuel entre les ayants droit (les producteurs) et les diffuseurs. De fait, les deux accords séparés, celui du BLIC avec *TPS* et celui du BLOC avec *Canal Plus* se sont substitués à la réglementation. Ainsi, on peut estimer que cette scission historique au sein de la profession est due, en partie, au retrait partiel de l'Etat de l'espace cinématographique, sous la contrainte de la réglementation audiovisuelle européenne. Elle est aussi due à la très forte polarisation et tension qui apparaissent au sein de l'espace cinématographique et audiovisuel au moment de l'AMI. En effet, au moment de la mobilisation contre l'AMI au début de 1998, un rapprochement entre syndicats de techniciens, d'acteurs, de réalisateurs et de producteurs indépendants s'est opéré dans un rejet commun de l'AMI. De fait, le BLOC rend visible ce pôle du cinéma indépendant ou « culturel », au centre duquel on retrouve la SRF, syndicat contestataire et traditionnellement très à gauche qui ne se retrouve plus dans la représentation unanimiste du BLIC. Celui-ci, dominé par l'ARP et la chambre syndicale, c'est-à-dire les grands producteurs et les circuits des multinationales du cinéma français, a du cinéma une approche plus commerciale et plus directement orientée vers le succès public. De plus, s'il fédère les quatre branches de la profession, il ne prend pas en compte les syndicats de techniciens et d'artistes, c'est-à-dire les intermittents du spectacle qui travaillent pour le cinéma. Or, à la fin des années 1990, au cœur de la rhétorique de la convergence et de l'AMI, l'espace cinématographique se polarise fortement sous l'effet d'une anticipation des conséquences attendues d'une mondialisation des images et d'une remise en cause des systèmes de protection étatiques. A cet égard, la loi relative à la liberté de communication, promulguée le 1er août 2000 parachève cette tendance à travers la question de la chronologie des médias. Instaurée par décrets, cette chronologie a eu pour objectif de limiter la concurrence entre les différents moyens de « consommer » un film de cinéma : la salle, la télévision spécialisée ou non, la vidéo, en instaurant des fenêtres de diffusion[481]. Ainsi, par exemple, la loi imposait un délai minimum de 9 mois avant qu'un film puisse sortir en vidéo, d'un an pour le *pay per view* et les chaînes spécialisées, de 2 ans pour les chaînes généralistes si elles sont coproductrices et enfin de 3 ans pour les autres. Or la nouvelle rédaction de la loi tend à modifier l'équilibre entre les chaînes de télévision et les producteurs en donnant la possibilité de négocier d'autres délais. Il est à craindre que le pouvoir de négociation dans l'établissement de ce type de contrat ne soit pas équivalent entre les diffuseurs et les ayants droits.

2) Les bouleversements technologiques au sein de l'espace cinématographique

2.1 L'implantation des multiplexes

Paradoxalement, en 1993, au moment même où l'exception culturelle est défendue en France et en Europe contre les velléités de libéralisation du cinéma et de l'audiovisuel par les négociateurs du GATT, les premiers multiplexes apparaissent en France. Contrairement à la plupart des autres pays européens, leur implantation est très limitée au début des années 1990 mais s'accélère à partir de 1996. Les multiplexes représentent aujourd'hui près de la moitié des entrées nationales. La loi Raffarin du 4 juillet 1996 qui régit leur autorisation d'implantation définit les multiplexes comme des complexes cinématographiques dépassant un certain seuil en nombre de places offertes[482]. Au-delà de cette définition quantitative en nombre de salles ou de fauteuils, la spécificité des multiplexes est d'offrir une autre façon « d'aller au cinéma ». Ainsi, selon l'Agence pour le développement du cinéma, il s'agit *« d'une*

---

[481] Décret n° 83-4 du 4 janvier 1984 ; décret n° 87-36 du 26 janvier 1987 notamment.
[482] Cette loi de 1996 réforme la procédure d'autorisation établie par la loi Royer du 27 décembre 1973 pour contrôler la construction des grandes surfaces commerciales et l'étend à la construction de cinémas. Celle-ci fixe initialement un seuil de 1500 fauteuils. Depuis 1996, le seuil a été régulièrement abaissé à 1000 en juillet 1998 puis 800 pour les nouveaux cinémas en mai 2001.

tendance générale à un supplément de luxe, de technique, de service, une forte accentuation de tous les éléments attractifs d'une salle de cinéma »[483]. Ces salles se distinguent donc par le recours à un équipement de pointe (son numérique, grand écran, salles climatisées), au développement de services annexes tels que les parkings ou la billetterie électronique ainsi que les ventes de produits dérivés (livres, cassettes vidéos, CD, DVD) et surtout, de boissons et de confiseries, qui les distinguent des autres salles de cinéma. Situés majoritairement à la périphérie des grandes villes, les multiplexes s'adressent à un public qui ne fréquente pas les cinémas de centre ville. En ce sens, les multiplexes modifient sensiblement l'offre cinématographique au point d'être parfois accusés d'introduire ou de favoriser la rupture entre deux modes de fréquentation des salles. Selon l'expression de Gérard de Senneville, inspecteur général de l'équipement et ancien président de la Commission d'aide sélective aux salles de cinéma, le développement des multiplexes fait peser le risque d'une « ségrégation spatiale et culturelle » entre d'une part, un cinéma de banlieue, commercial et grand public et, d'autre part, un cinéma de centre ville, diffusé par des salles indépendantes le plus souvent classées « art et essai » et subventionnées à ce titre, à destination d'un public « cultivé »[484]. Enfin, entre ces deux « pôles » de la production, de la diffusion et de la fréquentation cinématographiques précédemment évoqués, le risque pèse essentiellement sur les salles de centre ville dont l'offre est généraliste et ne cible pas un public en particulier. Au sein de la profession, les jugements concernant les multiplexes sont bien sûr divergents. La FNCF (Fédération Nationale des Cinémas Français) y est plutôt favorable, en particulier au sein de celle-ci, les dirigeants des trois grands circuits d'exploitation, UGC, Pathé et Gaumont. Ainsi pour Guy Verrechia, PDG d'UGC :

« *Les multiplexes n'ont pas desservi le cinéma français, bien au contraire. Les multiplexes sont en grande partie responsables de l'augmentation de la fréquentation en salles ces dernières années. Ils attirent un nouveau public, des familles ou des jeunes, qui n'habitent pas les centres villes et qui avaient perdu l'habitude d'aller au cinéma ou qui n'y seraient pas aller sans la présence des multiplexes en périphérie* »[485].

A contrario, pour les organisations professionnelles représentant les petits exploitants, les multiplexes sont l'archétype du modèle consumériste en matière de cinéma, considérés comme le « porte-avion des films américains » selon une expression qui a fait florès. La critique de ce type de cinéma dit commercial se confond dès lors pour ces organisations avec la défense de leurs membres qui subissent la concurrence de ces nouvelles salles. Ainsi pour l'Association

---
[483] [Agence pour le Développement Régional du Cinéma, 1994 : 5].
[484] [De Senneville G., dans Cladel G. *et alii*, 2001 : 7-19].
[485] Entretien avec Guy Verrechia, P-DG d'UGC, mai 2000.

Française de Cinémas d'Art et d'Essai (AFCAE) qui représente près de 1200 salles, *« il ne peut y avoir de pluralisme de la création sans pluralisme des lieux de diffusion [...] ce n'est plus un problème professionnel, c'est véritablement une question de civilisation »*[486]. De même pour la SRF, à l'avant-garde des organisations syndicales depuis les mobilisations contre le GATT, l'opposition aux multiplexes constitue un des thèmes principaux de la lutte contre *« la colonisation économique et la domination culturelle d'un seul modèle »*[487].

En réalité, c'est davantage la programmation de ce type de salles que la nationalité de l'exploitant qui est mise en cause. En effet, le premier exploitant américain ne s'installe qu'en novembre 1999 à Dunkerque et la majorité des multiplexes est détenue par les trois circuits nationaux d'exploitation auxquels il faut ajouter, à Paris, le groupe de Marin Karmitz (MK2). C'est véritablement à partir de 1998 que la question des multiplexes se pose avec acuité en France : le ministère de la Culture est interpellé sur cette question par les milieux culturels et surtout des collectifs locaux qui protestent contre l'implantation de tels sites et le risque qu'ils font courir sur les cinémas de centre-ville. Ainsi en septembre 1998, sous la pression des associations et suite à de nombreuses pétitions, le Conseil de Paris décide de geler pour trois ans toute nouvelle construction de multiplexes. En janvier 2000, les exploitants des salles d'art et essai créent un collectif anti-multiplexes en Ile-de-France. En 2001, la mobilisation de plusieurs cinéastes (notamment Bertrand Tavernier et Robert Guédiguian) aux côtés du cinéma *Les Lumières* à Nanterre bloque le projet de construction d'un multiplexe UGC à la Défense.

Cependant, les craintes que suscitent les multiplexes ne sont pas partagées par toute la profession. Les plus prompts à se mobiliser sont les cinéastes proches de la SRF, mais contrairement à l'exception culturelle ou à l'AMI, ils ne sont pas à l'origine d'un mouvement collectif, « unanime » susceptible de rassembler l'ensemble de la profession. Le rapport Delon sur les multiplexes, remis à Catherine Trautmann en février 2000, note ainsi que les textes législatifs et réglementaires en vigueur en France ne donnent pas de définition juridique du terme « multiplexe ». La loi du 5 juillet 1996, qui a introduit un dispositif d'autorisation d'ouverture pour ce type d'équipement, se borne à indiquer que le dispositif s'applique lorsque l'on est en présence d'un ensemble de salles d'une certaine taille. Le rapport Delon, porte essentiellement ses critiques sur la gestion locale des implantations de multiplexes, en pointant les faiblesses des Commissions Départementales d'Equipement Cinématographique (CDEC)[488].

---

[486] AFCAE, « Pour une nouvelle règle du jeu », *Communiqué*, 2 décembre 1999.
[487] « Mémoire d'un colonisé », *La lettre de la SRF*, n° 69, février/mars 2000, p. 1.
[488] Depuis 1996, l'implantation des multiplexes est soumise à l'autorisation d'une CDEC, présidée par le préfet et constituée sur le modèle des commissions d'équipement commercial (issues de la loi Royer de 1973). Elle est composée de sept membres, dont trois élus. Les décisions peuvent faire l'objet d'un recours devant la Commission nationale d'équipement commercial (CNEC).

La question de la programmation de ces salles n'est abordée que de façon secondaire et n'est pas présentée comme une menace réelle pour les films français[489].

On peut avancer deux raisons à cela : d'une part, pour l'essentiel, les enjeux soulevés par les multiplexes demeurent des enjeux locaux, qui ont trait davantage aux problématiques de l'environnement et de l'aménagement urbains qu'à la question de l'identité culturelle ; d'autre part, la montée en puissance des films américains au détriment des films français, redoutée par beaucoup, ne s'est pas produite. La part de marché des films français ne s'est pas détériorée suite à l'arrivée des multiplexes et l'augmentation globale de la fréquentation a généré des sommes supplémentaires pour le fonds de soutien à la production. Cependant, la relative neutralité de l'impact des implantations de multiplexes sur la part de marché des films français peut résulter d'une situation conjoncturelle favorable, due au grand succès de certains films tels que *Amélie Poulain*, *Astérix et Cléopâtre*, *Taxi* qui, eux-mêmes, ont pu bénéficier d'une exposition encore plus large avec les multiplexes. D'une part, il n'est pas certain que cette situation très favorable pour les films français soit pérenne et d'autre part, le développement des multiplexes et d'une logique commerciale d'exploitation des films font courir le risque d'un accroissement de la bipolarisation de l'économie du film, c'est-à-dire de l'écart de « carrière » entre les films français « à succès » et les autres. En effet, alors, que certains films ont du mal à trouver un distributeur, problème majeur de la création cinématographique actuelle, on voit réapparaître une forme modernisée et numérisée du cinéma des studios, avec par exemple les films de Luc Besson ou Jean-Pierre Jeunet. Cette dualité témoigne de la coexistence de plusieurs types de cinéma et de l'hybridation des formes de représentation légitimes et de production du cinéma.

2.2 *La nouvelle offre de films des bouquets satellites*

A la fin des années 1990, la création de bouquets de chaînes diffusées par satellite est à l'origine de négociations très difficiles entre les représentants des organisations professionnelles (le BLIC et le BLOC) et les opérateurs satellitaires *Canal Plus* et *TPS*. Les deux parties, vis-à-vis desquelles l'Etat semble très en retrait, s'opposent sur la chronologie de diffusion des films sur les différents supports et sur la contribution financière des opérateurs de bouquets. *Canal Plus* accepte mal la concurrence nouvelle que lui oppose *TPS*, et derrière lui en particulier *TF1* et *M6*, et la brèche que le nouveau bouquet introduit dans sa relation privilégiée, et pour autant monopolistique, que la chaîne cryptée entretient avec le monde cinématographique. D'un autre côté,

---

[489] [Delon F., 2000].

alors que certains producteurs voient dans l'arrivée de *TPS* la possibilité de sources nouvelles de financement (un nouveau « guichet »), d'autres s'inquiètent de la fragilité et de la faiblesse des engagements de *TPS* et de la concurrence ainsi portée à *Canal Plus*. Cette dernière finance en effet tous les types de films, y compris la production indépendante et les films « d'auteur », à la différence de *TPS*, dont l'objectif affiché est le financement de films « grand public » en complément de ses programmes sportifs. Dès le lancement de *TPS* en 1996, les deux bouquets se sont répartis les droits des grands catalogues américains afin de nourrir leurs chaînes thématiques et leurs services de paiement à la séance. En revanche, *CanalSatellite* gardait, via sa maison mère, l'exclusivité sur les droits du championnat de France de football. En 1998, *TPS* accuse *Canal Plus* de lier la quasi-totalité des producteurs français par des contrats leur interdisant tout accès « à la concurrence », c'est-à-dire à *TPS*. Le groupe dirigé par *TF1* a demandé au Conseil de la concurrence de trancher le litige qui l'oppose à *Canal Plus* sur le paiement à la séance. Bien qu'elle ait rappelé qu'il s'agissait d'un *statu quo* jusqu'alors admis par tous, la chaîne cryptée a été condamnée à payer en première instance le 24 novembre 1998, 1,5 million d'euros d'amendes. Le contentieux porte également sur la notion de deuxième fenêtre (seconde diffusion entre *Canal Plus* et les chaînes en clair) qui théoriquement, devrait contenter l'ensemble des producteurs. Or *Canal Plus* et les producteurs membres du BLOC considèrent que cette nouvelle diffusion dévaloriserait le passage précédent (sur *Canal Plus*) et postérieur (sur une chaîne en clair). Par ailleurs, *Canal Plus* redoute une entente entre les actionnaires de *TPS* (notamment *TF1* et *M6*) pour l'achat de droits concernant à la fois le passage sur le bouquet satellite et sur la chaîne en clair, donnant plus de poids à l'ensemble pour convaincre les producteurs.

A la demande de Catherine Trautmann, *Canal Plus*, *TPS* et les représentants des professionnels du cinéma se réunissent en 1999, sous l'égide du CNC, pour trouver un accord permettant à la fois la poursuite du financement du cinéma français et la concurrence entre les opérateurs de télévision. Malgré les réticences de *TPS*, un accord entre les parties a finalement été trouvé sur l'ouverture d'une « deuxième fenêtre » de diffusion, après la diffusion sur *Canal Plus* mais avant les chaînes en clair. Or à partir de 1999, la décélération des investissements dans le cinéma au profit des droits sportifs (au premier rang desquels le football) laisse les comptes des opérateurs européens déficitaires. Enfin, l'échec du lancement de la télévision numérique dans plusieurs pays européens aggrave également les difficultés des bouquets satellites La croissance de l'industrie audiovisuelle en Europe au cours de la décennie 1990 s'accompagne ainsi de lourdes pertes (chiffrées en 2000 à 1,5 milliard d'euros). Ces déficits chroniques, ainsi que le développement d'autres formes concurrentes de diffusion posent la question de la concentration des opérateurs audiovisuels et du pouvoir de marché qu'ils pourraient ainsi acquérir, face à des producteurs cinématographiques et audiovisuels par définition plus nombreux et moins puissants financièrement. C'est le cas de la fusion entre *TPS* et *Canal Plus*, lancée en 2006 mais achevée seulement en mars 2007 dont l'objectif est de faire face à la concurrence accrue des entreprises de télécommunication (ADSL), de la TNT gratuite et de la télévision sur Internet. Ainsi, le bouquet TPS disparaît au profit de la marque Canalsat très largement dominant sur le marché (le seul bouquet satellite concurrent en France restant AB Sat), TF1 et M6 deviennent actionnaires minoritaires de cette société, respectivement à hauteur de 9,9 % et 5.1 %).

III] L'impossible mise sur l'agenda international de la déréglementation du cinéma et de l'audiovisuel

A] *De Seattle à Doha : échec à la libéralisation de l'audiovisuel*

A la veille du nouveau cycle de négociations qui s'ouvre à Seattle le 30 novembre 1999, un forum mondial des cinéastes est organisé à Bastia par la SRF coprésidée par Cédric Klapisch, Nicolas Philibert et Jean-Henri Roger. Dans ce qu'ils nomment eux-mêmes la « déclaration de Bastia », les cinéastes et leurs organisations rappellent le contenu de l'exception culturelle et son bien-fondé[490]. Ils appellent à une vigilance particulière au cours des négociations qui s'engagent et précisent qu'ils porteront eux-mêmes le message à Seattle. Leur adresse se conclut par ce qui est en train de devenir la terminologie du moment et qui permet une nouvelle déclinaison de l'exception culturelle : *« la diversité culturelle est le moyen de préserver cette liberté »*[491]. A cet égard, le gouvernement dirigé par Lionel Jospin et l'ensemble des différentes composantes de la profession cinématographique partagent les mêmes positions. Lors du colloque organisé à l'UNESCO le 2 novembre 1999 sur le thème « la diversité culturelle face à la mondialisation », la ministre de la Culture Catherine Trautmann prononce un discours qui défend la position commune « Etat-profession » désormais solidement établie. En effet, même si la préférence accordée au terme de « diversité culturelle » en lieu et place de l'exception a pu laisser penser à une remise en cause du contenu de la politique en question, il ne semble pas que le compromis et l'alliance reconduite sur ce thème entre l'Etat et les professionnels du cinéma aient été altérées. La position du ministère de la Culture à la veille des négociations de Seattle paraît assez claire :

« Ces négociations ne doivent en aucun cas remettre en cause la capacité d'intervention des Etats dans la sphère culturelle. Il existe un moyen pour cela :

---

[490] Forum mondial des cinéastes, tenu les 19 et 20 novembre 1999 à Bastia.
[491] *Ibidem.*

la préservation de l'exception culturelle dans ces négociations, ce qui signifie le refus de prendre des engagements de libéralisation dans les négociations multilatérales. [...] Diversité culturelle et exception culturelle sont donc deux notions étroitement liées et complémentaires. L'exception culturelle est le moyen juridique, à mes yeux non négociable, d'atteindre l'objectif de diversité culturelle, concept plus récent, fruit de réflexions dans le cadre de l'UNESCO, depuis la Conférence de Stockholm en 1998 »[492].

A Seattle en 1999, le mouvement de lutte contre la « mondialisation libérale » et l'OMC prend une nouvelle ampleur. Ainsi, plus de 1200 organisations dans 87 pays ont signé une « déclaration des membres de la société civile internationale s'opposant aux négociations de commerce du cycle du Millénaire »[493]. Réunis à Doha au Qatar, les membres de l'OMC lancent en novembre 2001, un nouveau cycle de négociations censé aboutir en 2005, mais inachevé à ce jour. Le cinéma et l'audiovisuel sont, *a priori*, écartés des négociations, même si les questions des droits de propriété intellectuelle et de définition des services sont susceptibles d'avoir une incidence sur eux, ce que surveillent attentivement le CNC, le ministère de la Culture et les professionnels.

B] De « l'exception » à la « diversité culturelle »

1) L'impossible « fin de l'exception culturelle » ?

1.1 La fin d'une exception « franco-française »

En décembre 2000, l'annonce de la fusion entre le groupe *Vivendi* qui est l'actionnaire majoritaire de *Canal Plus* et le groupe Seagram qui détient les studios *Universal*, suscite l'inquiétude des professionnels du cinéma, notamment quant à l'avenir de *Canal Plus*. Lorsqu'un an plus tard, Jean-Marie Messier annonce le rachat du réseau télévisuel *USA networks* et la création d'une nouvelle « *major* » du cinéma et de la télévision, dénommée *VUE (Vivendi Universal Entertainment)*, les spéculations sur l'éventuelle disparition de *Canal Plus* s'amplifient : le CSA s'interroge sur l'autorisation d'émettre de la chaîne cryptée dans la mesure où l'article 40 de la loi de 1986 limite à 20 % la part de l'actionnariat non communautaire direct ou indirect, au capital d'une chaîne française ; la chaîne connaît d'importantes difficultés financières au moment même où le taux de désabonnements augmente, du fait notamment de la concurrence de *TPS* et des nouvelles chaînes thématiques. Mais, ce sont

---

[492] Discours de la ministre de la Culture et de la Communication, Mme Trautmann, lors du colloque organisé par l'UNESCO à Paris, le 2 novembre 1999, cité dans le *bulletin d'information du ministère des Affaires étrangères* du 4 novembre 1999.
[493] Cité dans *le Monde* du 23 novembre 1999.

surtout les propos de Jean-Marie Messier, lors d'une conférence de presse à New-York le 17 décembre 2001 qui déclenchent une vive polémique, en pleine campagne pour l'élection présidentielle. Jean-Marie Messier répond à l'expression d'une inquiétude des professionnels du cinéma à propos d'une éventuelle « *américanisation du cinéma français* » que celle-ci n'est plus légitime dans une ère de globalisation culturelle où « *l'exception culturelle n'était qu'un archaïsme franco-français* », déclarant par ailleurs que « *l'exception franco-française est morte* ». Ces propos sont rapidement interprétés par les professionnels du cinéma comme la fin programmée du modèle hexagonal de soutien à la création cinématographique. Le lendemain, l'ARP, la société des auteurs-réalisateurs-producteurs rappelle que « *l'exception culturelle n'est pas française et que son devenir n'est en aucun cas entre les mains du p-d.g. d'une multinationale, quelle qu'en soit sa nationalité* ». Les interventions politiques, notamment de la part des deux « principaux » candidats, Lionel Jospin et Jacques Chirac, en faveur de l'exception culturelle et du respect des obligations de *Canal Plus* en matière de financement du cinéma se multiplient. L'attaque contre l'exception culturelle suscite ainsi la réactivation du lien entre la profession et les responsables politiques qui réaffirment leur engagement en faveur de cette politique et prennent leur distance à l'égard de Jean-Marie Messier. Par ailleurs, les professionnels du cinéma s'inquiètent de la santé financière de Canal Plus et de la politique suivie par la chaîne en matière de financement des films. En effet, dès 2001, la direction de *Canal Plus* désire renégocier les accords signés en 2000 avec les organisations cinématographiques pour une durée de quatre ans. En conséquence, c'est tout l'équilibre construit à la fin des années 1980 entre le cinéma et la télévision autour de la contribution majeure de *Canal Plus* qui a paru menacé, un temps, par les difficultés financières du groupe et souligne encore aujourd'hui, la dépendance du cinéma à l'égard de *Canal Plus*.

1.2 L'effondrement de Vivendi Universal et le retour au statu quo *de l'espace cinématographique français*

L'éviction de Pierre Lescure de la direction de *Canal Plus* en avril 2002, ravive la polémique et précipite la disgrâce de Jean-Marie Messier à la tête de *Vivendi* : A l'initiative des salariés, des manifestations, particulièrement médiatisées, sont organisées devant le siège de *Canal Plus*. Celles-ci témoignent de l'inquiétude de voir disparaître l'originalité et la spécificité de *Canal Plus* avec le départ d'un dirigeant « historique » au profit d'une logique de rentabilité financière exigée par la maison-mère, *Vivendi*. Ainsi, selon Frédérique Dumas, ancienne conseillère technique pour le cinéma au sein du cabinet de François Léotard et ancienne présidente du BLIC : « *La menace d'une remise en cause des obligations de* Canal Plus *n'est pas née avec l'éviction du management de la chaîne. Il y a déjà plusieurs mois la direction de*

Canal Plus *avait annoncé sa volonté de les renégocier à la baisse avant leur terme fixé en 2004* »[494]. Ce sont en particulier les clauses de diversification des investissements de *Canal Plus*, initialement négociées par le BLOC puis acceptées par l'ensemble de la profession que la chaîne souhaite renégocier. Cette clause explique le fait que *Canal Plus* finance près des trois-quarts des films français, puisque la majorité des films à petits budgets, souvent des films d'auteur, bénéficie de ce « contrat » passé entre la chaîne et les producteurs de cinéma. De fait pour les producteurs français, la crainte d'une renégociation à la baisse de ces accords s'ajoute à celle d'une diminution du nombre d'abonnés et donc du chiffre d'affaires de la chaîne qui diminuerait d'autant les obligations d'investissement dans la production. A partir du mois de mars 2002, la chute de l'entreprise s'accélère en raison de l'ampleur du déficit, 13,6 milliards d'euros, le plus important qu'un groupe français ait jamais affiché : le 30 juin, Jean-Marie Messier est contraint à la démission et le groupe *Vivendi Universal* est démantelé. Cependant *Canal Plus*, en dépit de ses difficultés n'a pas disparu et n'a pas non plus diminué de façon drastique sa contribution au cinéma français, qui est depuis plusieurs années de l'ordre de 140 millions d'euros par an, dont bénéficient plus de 70 % des films français. De fait, l'ambition initiale de constituer un grand groupe audiovisuel européen a disparu en même temps que celle de Jean-Marie Messier de conquérir des marchés mondiaux en transformant le groupe en entreprise mondialisée, associée à un partenaire américain. Ainsi, l'effondrement de *Vivendi Universal* a précipité le retour de *Canal Plus* dans une configuration classique au sein de l'espace audiovisuel européen et français en particulier. La question qui se pose désormais est celle de la diversification des sources de financement du cinéma. Alors que *Canal Plus* représente près de 40 % du financement de la production française, les professionnels ne peuvent plus ignorer les alternatives financières à prévoir en cas de diminution de l'offre de *Canal Plus*. L'idée d'une taxe sur les DVD, instaurée par l'Etat, a été, logiquement, l'une des solutions préconisées, s'inscrivant ainsi dans la logique de taxation des concurrents du cinéma qui, paradoxalement, contribuent d'autant plus à l'aider qu'ils le concurrencent[495].

2) La défense du cinéma français entre mouvement altermondialiste et diplomatie française

2.1 La « diversité culturelle », thème majeur des mobilisations altermondialistes

Depuis les discussions du GATT en 1993, les enjeux, les débats et les mobilisations sur la question de la mondialisation deviennent de plus en plus

---

[494] Cité dans *Le Monde*, 14-15 avril 2002.
[495] Voir à ce titre les rencontres de Beaunes depuis 2002 au cours desquelles l'avenir du système de financement du cinéma français a été longuement débattu.

nombreux et s'intensifient. Ce qui avait été perçu comme un conflit au moment du GATT, essentiellement d'ordre économique, entre deux pôles développés de l'économie mondiale, les Etats-Unis et l'Europe, s'est transformé en une critique du processus de mondialisation lui-même. Quand elle ne sert pas à désigner l'ensemble des critiques adressées au processus de mondialisation, la préoccupation concernant la sauvegarde des identités culturelles devient une des questions posées au sein des organismes internationaux. Ainsi, alors que la question de l'échange inégal de produits culturels entre les Etats-Unis et l'Europe, et en particulier des films de cinéma, n'est le plus souvent qu'une préoccupation parmi d'autres et sans doute secondaire, pour de nombreux acteurs du processus de mondialisation, la question de l'identité culturelle et de la préservation de la diversité des cultures et des modes de vie demeure au centre des enjeux actuels de la mondialisation. La question des droits d'auteur et de la défense des cultures s'inscrit donc dans une critique plus large, condamnant une mondialisation qui se fait au détriment des plus faibles et des plus pauvres. Le fonctionnement en réseau à l'échelon mondial, via internet, des organisations altermondialistes, inauguré avec succès lors de la mobilisation contre l'AMI en 1998, a confirmé son efficacité. Ce dispositif d'information et de coordination à distance est complété par des « réunions de stratégie » qui permettent aux militants de se rencontrer, d'harmoniser leurs revendications et leurs positions.

2.2 La diversité culturelle : un enjeu diplomatique

En 1998 à Ottawa, après l'abandon du projet d'AMI, un Réseau international sur la politique culturelle (RIPC) est constitué à l'initiative de la ministre du Patrimoine canadien, Sheila Copps, afin de prolonger les échanges entre les ministres de la Culture nés de la mobilisation contre l'AMI[496]. L'objectif est ainsi de créer un lieu de débat informel où les ministres responsables de la culture peuvent analyser l'actualité en la matière et réfléchir à la façon dont ils peuvent répondre efficacement aux attaques récurrentes contre leurs systèmes d'aide et de protection. Dès lors chaque année, les ministres de la Culture de nombreux pays, dont la France et le Canada qui sont les moteurs de ce groupe informel, se réunissent pour discuter de ces questions. Lors de la réunion de Santorin en 2000, les ministres du RIPC *« ont convenu qu'un instrument international sur la diversité culturelle était un point de convergence mondial visant à promouvoir la diversité en matière d'expression et d'identité culturelles »*[497]. Par ailleurs, en 2002, après que l'UNESCO a adopté une déclaration sur la diversité culturelle en 2001, les ministres réunis au

---

[496] L'Afrique du Sud, le Canada, la Croatie, la France, la Grèce, le Mexique, le Sénégal, la Suède et la Suisse forment son comité directeur et élabore sa stratégie.
[497] Cité sur www.incp-ripc.org, consulté le 06/11/2005.

sein du RIPC estiment que « *l'ébauche de l'instrument présentée* [au RIPC] *constitue une base appropriée pour appuyer l'élaboration d'un accord exécutoire destiné à la protection et à la promotion de la diversité culturelle et que l'UNESCO est l'institution internationale appropriée pour accueillir et mettre en œuvre l'instrument* »[498]. Ainsi, au niveau institutionnel le plus élevé, c'est-à-dire celui des ministres de la Culture, un travail de mise en réseau, d'harmonisation des positions et « d'enrôlement » est accompli afin de gagner le plus grand nombre d'Etats à la mise sur l'agenda de l'UNESCO d'une convention visant à instituer un « instrument » nouveau de protection de la diversité culturelle. En outre, en marge de la réunion d'Ottawa en 1998, la Conférence canadienne des arts (CCA) associée au Comité mixte des professionnels du monde artistique et littéraire de la Suède (KLYS), avait organisé une conférence parallèle pour les organisations non gouvernementales. Ces dernières décident de fonder le Réseau international pour la diversité culturelle (RIDC), réseau mondial d'artistes et de groupes culturels. En novembre 2001, le RIDC envoie un représentant à la conférence ministérielle de l'OMC à Doha au Qatar pour surveiller les négociations commerciales en cours. Dès lors, le RIDC se réunit parallèlement à chaque réunion du RIPC, relaie ses décisions au sein du monde culturel et entretient des liens avec les mouvements altermondialistes. Adoptée à l'unanimité le 2 novembre 2001, la Déclaration universelle de l'UNESCO sur la diversité culturelle a constitué une avancée majeure dans la reconnaissance par la communauté internationale de l'importance de la préservation et de la promotion de la diversité culturelle. Ce texte énonce des principes et engage l'UNESCO et ses Etats membres à lui donner un prolongement : l'UNESCO se voit ainsi confier la responsabilité de « *poursuivre son action normative* [...] *dans les domaines liés à la présente Déclaration qui relèvent de sa compétence* » (article 12.c de la Déclaration) ; les Etats membres doivent pour leur part faire avancer « *la réflexion concernant l'opportunité d'un instrument juridique international sur la diversité culturelle* » (point 1 du plan d'action annexé à la Déclaration)[499]. Par ailleurs, la question de la diversité culturelle est discutée dans d'autres arènes de négociations internationales. Par exemple, lors du sommet du développement durable de Johannesburg, en septembre 2002, le Président de la République française a réaffirmé le caractère exceptionnel des biens et services culturels, qui ne sont pas des marchandises comme les autres, et présenté la culture comme « *le quatrième pilier du développement durable, aux côtés de l'économie, de l'environnement et de la préoccupation sociale* »[500]. Il s'est

---

[498] *Ibid.*
[499] Cité pp. 6-7 de la Déclaration universelle de l'UNESCO sur la diversité culturelle, *cf.* http://unesdoc.unesco.org/images/0012/001271/127160m.pdf, consulté le 10/11/2005.
[500] Intervention de M. Jacques Chirac, Président de la République, à l'occasion du sommet mondial du développement durable à Johannesburg, le 3 septembre 2002, consulté le 10/11/2005, *cf.* http://www.sommetjohannesburg.org/pays/frame-france.html.

prononcé en faveur de « *l'adoption par la communauté internationale d'une convention mondiale sur la diversité culturelle* » qui « *donnerait force de loi internationale aux principes de la Déclaration que vient d'adopter l'UNESCO* ». Enfin, les différents sommets de la francophonie sont autant d'occasions de fédérer ces Etats autour d'une approche commune en vue des discussions sur la Convention à l'UNESCO. De plus, un autre réseau de professionnels de la culture s'est également constitué en parallèle à la suite d'une première réunion en 2001 à Montréal afin d'organiser des rencontres internationales[501]. La Coalition Française pour la Diversité Culturelle est au cœur de la création de ce deuxième réseau de professionnels, dont l'objectif est précisément d'accompagner le processus d'adoption d'une convention sur la diversité culturelle à l'UNESCO et d'organiser des actions de *lobbying* auprès des gouvernements de chacun des Etats où les coalitions sont présentes, mais aussi auprès de la Commission européenne et des institutions internationales. La Coalition Française pour la Diversité Culturelle, créée en 1997 contre l'AMI sous le nom de Comité de vigilance pour la diversité culturelle, rassemble les organisations professionnelles de la culture. Lors de leur première réunion en septembre 2001 à Montréal, ces organisations rappellent que « *le libre jeu des forces du marché ne peut garantir que la culture joue pleinement son rôle et que l'objectif de diversité culturelle soit atteint, au sein de chaque société et à l'échelle mondiale, et ce encore moins à l'heure de la mondialisation [...]* »[502].

La Coalition Française fait partie du Comité International de Liaison des Coalitions pour la Diversité Culturelle (CIL) dont elle assure le secrétariat aux côtés de la Coalition Canadienne. Ce Comité International a été créé en mars 2003 et Pascal Rogard, devenu président de la SACD après avoir représenté les intérêts du cinéma français pendant plus de vingt ans, en assure la présidence. Enfin, un projet de convention internationale sur la diversité culturelle circule entre l'UNESCO, le RIPC, le RIDC et les coalitions nationales pour la diversité. L'interpénétration et les participations croisées entre les réseaux sont importantes, même si les coalitions pour la diversité culturelle sont avant tout conçues sur des bases nationales dans le but de peser sur les décisions des gouvernements nationaux alors que le RIDC développe son action directement auprès des institutions internationales. Cependant le mouvement des coalitions prend de l'ampleur à chaque réunion annuelle au cours desquelles est analysé et amendé le projet de convention qui doit être soumis à l'UNESCO en octobre 2005. Ainsi, un Comité Européen des Coalitions d'Europe est constitué en janvier 2005 pour faire entendre leur voix auprès des autorités européennes. La Commission a en effet été mandatée par les vingt-cinq Etats membres pour négocier la convention à l'UNESCO au nom d'une position commune

---

[501] Les Premières rencontres internationales des associations professionnelles du milieu de la Culture ont lieu à Montréal, Canada, du 10 au 13 septembre 2001. Depuis 2003, une rencontre est organisée chaque année.
[502] *Cf.* www.coalitionfrancaise.org, consulté le 06/11/2005.

européenne. Réunis pour la première fois à Bruxelles les 19 et 20 avril 2005, les Coalitions européennes pour la diversité culturelle rencontrent le commissaire européen Jan Figel en charge de l'Education, de la Formation, de la Culture et du Multilinguisme, Nikoalaos Sifunakis, président de la Commission de la culture et de l'éducation du Parlement européen et Peter Mandelson commissaire en charge du commerce. De plus, du 9 au 11 mai 2005, les dirigeants de 170 organisations culturelles représentant 60 pays se réunissent à Madrid, pour débattre sur la création d'un instrument juridique de promotion de la diversité culturelle. La déclaration adoptée à Madrid montre à quel point l'expertise acquise par les organisations professionnelles est grande. En effet, le communiqué final rassemble une série d'amendements ou de remarques qui soulignent la capacité de ces organisations de discuter les aspects juridiques les plus techniques sur un pied d'égalité avec les fonctionnaires internationaux chargés de les élaborer. Le communiqué final met en avant la nécessité de « *s'assurer de donner à la convention un véritable statut en droit international [...] avec l'objectif de garantir que les principes suivants soient respectés : la non subordination de la convention UNESCO aux accords de commerce ; Le statut de la convention comme l'instrument de référence sur les questions de culture [...] ; un engagement par les Etats parties de faire preuve de cohérence en souscrivant à l'obligation de soutenir les principes et objectifs de la convention, notamment en s'abstenant de prendre des engagements qui seraient contraires à ses principes et objectifs, lorsqu'ils sont impliqués dans d'autres négociations internationales* »[503].

Ainsi, l'année 2005 est marquée par la multiplication des interventions de la Coalition : interpellations des autorités politiques nationales et européennes, rencontres et discussions avec ces autorités, organisation de manifestations et de conférences de presse, c'est-à-dire avant que ne commence en octobre 2005, la 33ème session à l'UNESCO chargée d'adopter la convention sur la diversité culturelle. Après la mobilisation du GATT et la décision de ne pas inclure le cinéma et l'audiovisuel dans l'accord de libéralisation des échanges, le principe de l'exception culturelle est perçu comme un moyen de protéger les industries culturelles européennes, et singulièrement françaises, contre les Etats-Unis. Il lui est donc reproché d'être davantage une politique industrielle qu'une politique culturelle. Par exemple, l'Etat en France a défendu, un temps, la fusion entre *Hachette* et *Vivendi Universal Publishing*, au nom de l'exception culturelle, afin de créer un « champion national » capable de résister aux majors américaines de la distribution. Or cette prise de position, si elle procède d'une logique industrielle, n'a que très peu à voir avec les objectifs proclamés de diversité. L'image positive de l'exception culturelle, acquise à l'étranger après les négociations du GATT risquait d'être mise à mal par ce type de décisions.

---

[503] *Cf.* www.coalitionfrancaise.org, consulté le 06/11/2005.

Dès lors, afin de parvenir à faire de la diversité culturelle un enjeu mondial, il fallait adapter le discours et le concept de l'exception culturelle pour tenir compte de réalités différentes entre les pays du Nord et les pays du Sud. Dans ces derniers, la défense de la diversité culturelle doit être entendue prioritairement comme la possibilité de soutenir la production qui n'existe pas ou très peu. *A contrario* en Europe, par exemple, la question est moins celle de la production, relativement abondante et diversifiée, que de la distribution, qui, constitue un véritable goulet d'étranglement de la diversité. A cet égard, *Europa Cinemas*, dont l'objectif est d'encourager la diffusion des films en Europe, constitue l'archétype des actions européennes favorables à la diversité culturelle. Dès lors, ce n'est qu'en tenant compte des spécificités de la production culturelle dans les pays du Sud et en adoptant des dispositions spécifiques à leur développement culturel que la France a pu susciter l'adhésion de la quasi-totalité des pays. La « Convention sur la protection et la promotion de la diversité des expressions culturelles » a pu finalement être adoptée le 20 octobre 2005 à Paris. Sur 154 pays représentés, 148 ont voté pour, 2 contre (les Etats-Unis et Israël) et quatre se sont abstenus (Australie, Nicaragua, Honduras, Liberia). Les Etats-Unis, qui ne bénéficient pas d'un droit de veto, sont privés de tout recours, hormis la signature d'accords bilatéraux avant l'entrée en vigueur de la Convention. Cependant, comme les Américains, les Britanniques, les Japonais et les Australiens ont souligné les ambiguïtés du texte, qui pourrait entrer en conflit avec d'autres dispositions internationales. Pourtant, l'article 20 est supposé garantir à la Convention le même niveau juridique que les traités bilatéraux et le cadre de l'Organisation mondiale du commerce (OMC)[504]. En conséquence, pour la France et le Canada, la Convention constitue un instrument juridique supranational opposable aux règles de l'OMC. Mais le texte est suffisamment flou pour donner lieu à des interprétations variées. Conformément aux attentes des autorités françaises et des groupes de professionnels de la culture, la Convention précise notamment que *« les activités, biens et services culturels [...] ne doivent pas être traités comme ayant exclusivement une valeur commerciale »* et autorise les pays à prendre *« les mesures qu'ils jugent appropriées »* pour protéger leur patrimoine culturel.

La Convention est entrée en vigueur le 18 mars 2007 soit trois mois après que le seuil des 30 ratifications a été atteint. La première Conférence des Parties s'est réunie du 18 au 20 juin 2007 et a élu les membres du Comité intergouvernemental. La France et le Canada ont été élus, tout comme 17 autres membres du RIPC sur 24 membres élus, ce qui montre le poids du réseau des coalitions pour la diversité culturelle dans les processus de ratification de cette Convention et dans sa mise en œuvre. A l'été 2007, près de 60 pays l'avaient déjà ratifiée, chiffre qui peut sembler modeste, mais qui correspond à plus de

---

[504] Pour le texte de la convention, voir www.unesco.org, consulté le 12/11/2005.

50 % de la population mondiale. En outre, il faut souligner la rapidité avec laquelle les pays ont ratifié la Convention, ce qui est rare pour une institution comme l'Unesco. Avec cet instrument juridique, les Etats ont le droit d'établir ou de maintenir des systèmes de protection à l'égard de leurs espaces culturels. Par exemple, les autorités françaises pourront maintenir les quotas sur les chaînes de télévision, les mécanismes de soutien sélectif et automatique ainsi que les différentes subventions en toute sécurité juridique. La France estime ainsi avoir préservé le principe de l'exception culturelle, avoir contribué à sa reconnaissance internationale tout en lui assurant, enfin, un fondement juridique. La première réunion du Comité intergouvernemental en décembre 2007 à Ottawa marque ainsi le premier jalon du processus de mise en œuvre effective. La période actuelle est cependant problématique dans la mesure où les Etats cherchent à orienter la Convention dans un sens qui leur soit favorable, ce qui est relativement facile en raison du caractère vague du texte. En somme, les pays en voie de développement veulent que l'on mette en place le fonds pour la diversité culturelle au plus vite (et les autorités françaises approuvent cette orientation) mais certains entendent également obtenir des concessions en termes d'accès au marché, ce qui risque de dévoyer complètement l'esprit de la Convention. Désormais, la position française consiste à défendre l'application de l'article 21 enjoignant le Comité intergouvernemental à promouvoir la Convention dans d'autres enceintes. Cependant, l'influence de la Convention sur d'autres instances internationales, notamment l'OMC sera d'ordre symbolique, voire politique mais non juridique dans la mesure où l'organe de règlement des différends (ORD) de l'OMC ne statue que sur le droit de l'OMC.

Enfin, il convient de noter que la révision de la directive « Télévision sans frontières », désormais dénommée directive SMA (services de media audiovisuels) a été adoptée définitivement en septembre 2007 par le Parlement européen. Les autorités et les professionnels français ont défendu avec succès les points suivants : l'extension du champ d'application de la directive aux services non linéaires, c'est-à-dire les services à la demande, comme la vidéo à la demande (VOD) par exemple ; l'extension de la promotion de la diversité culturelle à ces secteurs non linéaires, non pas par des quotas, qui ne sont pas appropriés pour des services à la demande, mais par une exigence de promotion des programmes européens indépendants (cette mesure se trouve dans l'article 3.h du nouveau texte). Cet article énumère les mesures que les Etats peuvent mettre en place pour favoriser la diversité culturelle : une meilleure visibilité des films dans les catalogues en ligne ou une certaine limitation des coupures publicitaires dans les œuvres cinématographiques par exemple. Sur ce point, la plupart des pays européens voulaient assouplir les règles et finalement, le texte prévoit le passage d'une coupure toutes les 45 minutes à une coupure toutes les 30 minutes, la France conservant le droit à une réglementation plus stricte. Par ailleurs, des dispositions ont été introduites sur le placement de produits qui est en principe interdit, mais est toléré en pratique. Enfin, les articles 4 et 5 qui instauraient les quotas dans la directive d'origine n'ont pas été modifiés et non pas même fait l'objet de débats, ce qui montre le consensus qui entoure maintenant cette question.

Conclusion : L'exception qui confirme la règle

Depuis le début des années 1990, l'émergence et le développement d'une politique européenne du cinéma, même partielle et budgétairement limitée, soulignent la montée en puissance des institutions européennes qui occupent désormais une place significative dans la régulation des espaces culturels. Depuis lors, on assiste à l'institutionnalisation d'une politique européenne du cinéma et de l'audiovisuel dont la genèse et la mise en œuvre sont fortement marquées par la mobilisation des professionnels européens, et des français en particulier, en 1993. Au terme de la phase de mobilisation et d'adoption de la clause d'exception culturelle, tout se passe comme si les différents acteurs de l'espace cinématographique se conformaient à une forme routinisée de relations et d'expression de leurs positions respectives. En effet, à défaut d'être parvenu à un consensus pérenne entre les Etats membres et la Commission, le groupe d'acteurs favorables à l'exception culturelle se trouve contraint de rejouer sans cesse la scène initiale face aux tentatives répétées, tant de la Commission que de différentes instances internationales, de libéraliser le cinéma et l'audiovisuel. Ainsi se mettent en place des instruments de veille, comme l'institutionnalisation de représentations permanentes de professionnels à Bruxelles afin de répondre au mieux aux procédures récurrentes d'examens des systèmes d'aide et de subvention engagées par la Commission. Par ailleurs, la relation d'interaction entre l'Etat et les professionnels français du cinéma se trouve modifiée par le processus d'européanisation. Les professionnels, s'ils demeurent fortement ancrés au niveau national et continuent de privilégier leur relation à l'Etat, ont cependant « européanisé » leurs actions et leurs modes de représentation. Ils agissent à un niveau ou à un autre selon le type de problème ou la « phase de traitement » du problème considéré. Les professionnels du cinéma français ne sont donc pas captifs de l'espace national de représentation des intérêts, mais sont à même d'intervenir au sein de plusieurs espaces, c'est-à-dire de se saisir des opportunités politiques offertes par les institutions européennes, tout en voyant leurs modes d'action transformés, européanisés par cette relation. Par ailleurs, le « moment » de l'exception culturelle a permis le rapprochement en Europe des modes d'action publique en faveur de l'activité cinématographique. En effet, la décennie 1990 est marquée par la mise en place en Allemagne ou en Grande-Bretagne, de structures administratives et de modes de financement originaux, comme l'utilisation de l'argent de la loterie en Grande-Bretagne, qui permettent la définition d'une véritable politique cinématographique. De plus, les instruments, quotas et subventions publiques, existant dans d'autres pays, comme l'Espagne ou l'Italie, sont consolidés. Il semble ainsi que l'on soit parvenu à un stade de normalisation, sans consensus, de la politique européenne du cinéma et de l'audiovisuel, dans le cadre d'un processus global d'apprentissage.

La notion d'apprentissage a été développée afin d'accorder une valeur explicative plus grande, dans l'analyse du changement d'une politique, à l'adaptation des acteurs à leur environnement[505]. L'action publique se transforme en partie grâce à des mécanismes cognitifs d'apprentissage. Plus précisément, cette notion permet de réintroduire « *la question du savoir et de l'usage de l'information dans la conduite des programmes gouvernementaux. Ainsi, par exemple, le changement de politique publique n'est plus simplement dû à des rapports de force entre les acteurs, mais peut également résulter de l'introduction de nouvelles informations, de la perception d'actions passées (réussies ou ratées), de nouvelles idées ou de changements dans l'environnement de la politique publique* »[506]. En ce sens, on peut dire que l'expérience, riche et diversifiée, acquise par les professionnels du cinéma au cours des différentes mobilisations des années 1990 ont permis à ce groupe de parvenir à un certain niveau « d'expertise » dans la défense de la thématique de l'exception culturelle. Les nombreuses « *actions passées (réussies ou ratées)* », jouent dès lors le rôle de répertoire d'actions, à éviter, à améliorer ou à reproduire, dans lequel les acteurs peuvent puiser tout ou partie des modalités des actions présentes à construire. Par exemple, au niveau européen, l'évolution des programmes *MEDIA* montre la façon dont les comportements des fonctionnaires ainsi que ceux des professionnels s'adaptent à la configuration de l'espace cinématographique européen, tout en influençant le comportement des autres acteurs et l'équilibre de la configuration. Au niveau national en France, les moments forts que constituent notamment les mobilisations contre l'AMI, la transposition de la directive « Télévision sans frontières » ou les négociations avec *Canal Plus* et les pouvoirs publics sont l'occasion pour les professionnels du cinéma de réaffirmer leur capacité d'influence et d'action, et d'utiliser leur capital symbolique pour maintenir leurs positions et les principes fondamentaux du référentiel d'exception culturelle. Cependant, l'espace cinématographique demeure un espace artistique et économique fragile, en transformation permanente sous l'effet des innovations technologiques, des changements économiques et politiques, et des évolutions de la demande des spectateurs. Sa structuration et sa dynamique résultent en partie de la coexistence de formes éloignées de conception et de production de films, entre cinéma d'auteur et nouveaux films de studio. Ainsi, loin d'être figé, le référentiel d'exception culturelle continue d'être discuté et d'informer les pratiques des acteurs, leurs « manières de faire » et de penser l'activité cinématographique.

---

[505] [Heclo H., 1974] ; [Hall P. A., 1993 : 275-298].
[506] [Maillard (de) J., dans Boussaguet L., Jacquot S., Ravinet P., 2004 : 58-59].

Conclusion générale / Vers la diversité culturelle

Les différents chapitres de ce livre mettent en évidence un certain nombre de faits, d'interactions et de processus, tant en ce qui concerne l'institutionnalisation des politiques du cinéma, les transformations de l'espace social correspondant que les mobilisations en faveur de l'exception culturelle.

En premier lieu, l'ouvrage montre que le cinéma, dans les premières décennies de son existence, souffre d'un déficit de légitimité par rapport aux autres arts, notamment la littérature et le théâtre. Considéré comme un divertissement populaire issu des spectacles forains, il est soumis à un régime de censure particulièrement sévère de la part de l'Etat, qui le tient en suspicion tout en s'intéressant à son potentiel de propagande. Le référentiel dominant de l'époque est un « référentiel de métiers » : la profession cinématographique est organisée selon une logique artisanale où l'excellence et la maîtrise techniques l'emportent sur la créativité. En ce sens, le cinéma peut être considéré comme une activité sociale collective ou un art collectif duquel ne parvient pas à émerger la figure de l'auteur. Sur le plan institutionnel, la régulation économique et sociale de cet espace est principalement organisée par les syndicats patronaux et syndicaux selon des principes corporatistes, sous la tutelle bienveillante et lointaine de l'Etat. A cet égard, la création du CNC en 1946 et la mise en place du mécanisme de soutien automatique en 1948 participent de cette régulation corporatiste.

Aussi, les transformations des années 1950-1960 signent-elles la fin d'un système, celui du cinéma des studios et du référentiel de métiers. En effet, la double révolution, esthétique et politique qui survient avec l'arrivée de la Nouvelle Vague, l'avènement de la Vème République et la création du ministère des Affaires culturelles transforme la configuration d'acteurs au sein de l'espace cinématographique. En moins d'une décennie, la Nouvelle Vague parvient à promouvoir une nouvelle économie du cinéma et impose une révolution technique et esthétique. Le cinéma parvient enfin à être reconnu comme un art à part entière et le réalisateur n'est plus un technicien parmi d'autres mais le véritable auteur du film. Le ministère des Affaires culturelles, dirigé par André Malraux mène alors une politique des auteurs, favorisant la création, notamment à travers les aides sélectives destinées à promouvoir les films d'art. Les transformations qui interviennent alors s'apparentent à des « changements de troisième ordre » selon le mot de Peter Hall[507], c'est-à-dire à une modification radicale et simultanée, tant du niveau des instruments, des instruments eux-

---

[507] [Hall P., 1989].

mêmes que des objectifs de la politique du cinéma L'ouverture de la « fenêtre d'opportunité politique »[508] que constitue l'avènement de la Vème République, rend possible un changement profond de l'action publique considérée comme légitime en matière cinématographique et désormais fondée sur les valeurs de création artistique, de « sacralisation » de la figure de l'artiste et de démocratisation de la culture. Ainsi, les deux premiers chapitres de ce travail ont mis en évidence les deux phases de l'institutionnalisation des politiques du cinéma et la création des principaux instruments de politique publique, qui, jusqu'à aujourd'hui, structurent la régulation de cet espace. En effet, le corporatisme d'Etat, incarné par le CNC, ainsi que la valorisation de la création et du cinéma comme art ont perduré. Par ailleurs, dès 1947, les instances internationales, en particulier le GATT, reconnaissent au cinéma un statut dérogatoire : il échappe aux règles communes de libéralisation des biens et des services au nom de sa spécificité. De plus, les discussions bilatérales entre les Etats-Unis et ses partenaires commerciaux au sujet des quotas de films américains suscitent, dès cette époque, une vive polémique, tout particulièrement en France. Les discours, les mobilisations et les prises de position politiques contre « l'impérialisme culturel américain » préfigurent étonnamment ceux qui ont lieu quarante-cinq ans plus tard lors de l'action collective en faveur de l'exception culturelle.

Notre travail s'est également attaché à montrer les transformations profondes qui affectent à la fois les espaces cinématographiques et audiovisuels français ainsi que les modes d'action publique au cours des années 1970 et 1980. En matière de télévision, le monopole d'Etat fait place à la concurrence entre un service public et des chaînes privées. La rupture engendrée par la libéralisation rapide de l'audiovisuel français est ainsi caractéristique du passage de la régulation étatique d'un espace social à une régulation par le marché, c'est-à-dire d'un processus « d'ajustement » par rapport aux autres espaces déjà régulés selon les critères du marché. Le cinéma est alors directement menacé par la diffusion de films à la télévision et doit, dans le même temps, se plier à un certain nombre de règles pour pouvoir vendre les films aux chaînes de télévision. Le cinéma devient alors dépendant financièrement de la télévision, comme en témoigne sa relation très particulière avec le groupe *Canal Plus*, devenu le premier financier du cinéma. Cette relation est cependant ambiguë dans la mesure où elle permet en même temps à la production de se maintenir et de se développer à un moment où, partout en Europe, la chute de la fréquentation en salles conduit à une restriction sans précédent des productions nationales et de leur présence sur les écrans. Enfin, avec le développement d'internet et des technologies numériques, les pressions se font plus fortes en faveur d'une dissolution des politiques du cinéma au sein

---

[508] [Kingdon J. W., 1984].

d'un vaste ensemble audiovisuel dont le cinéma ne serait plus que le produit d'appel.

Au-delà de la production des films et de la régulation de l'activité cinématographique, ces transformations concernent aussi la définition de l'action publique dans le domaine cinématographique. En effet, la relance du processus de construction européenne après la signature de l'Acte unique en 1985 provoque un déplacement des jeux d'acteurs ainsi qu'un repositionnement de l'action des pouvoirs publics nationaux. Les enjeux de l'audiovisuel incitent les institutions européennes, la Commission européenne comme le Conseil de l'Europe, à agir de manière concurrente en vue de l'édiction d'une réglementation européenne. Le rôle d'entrepreneur politique de la Commission est particulièrement mis en avant dans les tentatives de déréglementation des législations nationales en faveur du cinéma et de l'audiovisuel. N'ayant pu parvenir au début des années 1960, à créer un marché commun du cinéma, la Commission s'appuie sur les transformations de l'audiovisuel pour promouvoir une libéralisation globale du monde de l'image et des médias électroniques, ce qui modifie la définition même de politique européenne. Les positions relatives des groupes de communication et des instances politiques nationales et européennes se trouvent modifiées par les mutations technologiques, mais utilisent aussi ces changements et les discours qu'ils suscitent comme autant d'opportunités pour justifier leurs initiatives stratégiques et politiques. Dès lors, au niveau national, les modes d'agir traditionnels de l'Etat sont remis en question, et avec eux, les relations historiques entre le cinéma et les pouvoirs publics.

Ainsi au milieu des années 1980, ces relations semblent distendues et le référentiel cinématographique, issu du volontarisme politique des années 1960, voué à un ajustement sur les critères classiques du référentiel de marché. Cependant, les négociations du GATT, qui proposent la libéralisation du commerce des films au niveau international cristallisent à la fois les peurs et les revendications des professionnels du cinéma qui trouvent, dans la réaffirmation des valeurs identitaires, culturelles, linguistiques et nationales (voire anti-américaines) françaises, un écho qui s'étend bien au-delà du monde de la culture, suscitant un large consensus, aussi bien dans l'opinion publique que parmi les responsables politiques. Par cette « *traduction* » de problèmes particuliers en questions d'intérêt général, la mobilisation des professionnels du cinéma a permis l'adoption de la clause d'exception culturelle, qui prend une valeur symbolique très forte, bien plus large que ce qu'elle représente juridiquement, puisqu'elle n'est, finalement, qu'un « accord pour une absence d'accord » de libéralisation.

Finalement, l'exception culturelle apparaît comme une mise en cohérence, et une mise en sens, *a posteriori*, de la politique cinématographique française telle qu'elle est menée depuis les années 1930 en France autour de l'assertion selon laquelle « le cinéma n'est pas une marchandise comme les autres » et justifie donc un traitement dérogatoire. Affirmant ainsi la possibilité et la nécessité d'une dérogation à la règle du marché, elle se trouve en porte à faux à l'égard des modes de régulation de la plupart des espaces de production, mais aussi à l'égard des transformations de l'action publique en Europe. En ce sens, la politique d'exception culturelle fondée à la fois sur l'existence de quotas télévisuels de diffusion de films et sur la possibilité de subventionner les activités cinématographiques est sans cesse menacée de démantèlement depuis le milieu des années 1980, tant par les instances de négociations internationales telles que l'OMC ou l'OCDE que par les institutions européennes, en particulier certaines directions de la Commission. Cependant, fort de leur expérience dans la représentation de leurs intérêts et du capital symbolique accumulé, les professionnels du cinéma sont parvenus à tisser un vaste réseau international et un système d'alliances avec différents acteurs culturels ou politiques qui militent en faveur d'une alternative à la mondialisation de la culture sous sa variante libérale. La mise sur l'agenda politique international et finalement l'adoption par l'UNESCO d'une convention sur la diversité culturelle témoignent de la capacité d'organisation politique et d'« enrôlement » des professionnels du cinéma et préfigure, peut-être, l'amendement à la marge du référentiel global et l'acceptation d'alternatives possibles aux règles du marché comme mode de régulation. Si certains acteurs favorables à la libéralisation des politiques du cinéma mettent en cause l'intervention de l'Etat, ces développements montrent que l'espace cinématographique ne peut pas ne pas reposer sur la régulation conjointe des forces du marché et de l'intervention publique. Sans cela, il risque constamment de tomber soit dans la culture officielle et de privilégier arbitrairement tel ou tel type d'expression artistique, soit dans une culture standardisée qui, pour échapper aux risque de la création, auraient tendance à limiter celle-ci aux lieux communs les mieux admis ou à contraindre la demande, c'est-à-dire les goûts du public, par des méthodes de *marketing* culturel de plus en plus agressives.

Au terme de cette réflexion, on peut ainsi estimer que l'exception culturelle est à l'articulation des questions de l'Etat et de la Nation, du marché et de sa régulation, de la création artistique et de ses rapports aux pouvoirs, économiques et politiques. L'étude de cette thématique est ainsi apparue particulièrement intéressante pour ce qu'elle nous apprend de l'évolution générale de l'action publique. Elle apporte en effet des éléments de connaissance sur la mondialisation, dans ses aspects culturels, politiques et économiques. Elle éclaire également la trajectoire française au sein de la mondialisation, trajectoire d'un pays qui s'interroge sur son « modèle socio-économique », mais qui conserve la prétention d'interpréter le monde et de délivrer un message universel. Elle est à la fois le produit d'une « exception française » et de la spécificité des industries culturelles.

L'alliance d'un grand nombre d'acteurs français et européens, au cœur de laquelle on trouve la relation ancienne et privilégiée entre les professionnels français du cinéma et l'Etat a permis qu'un simple principe, celui de l'exception culturelle, devienne un instrument juridique européen et, aujourd'hui, un instrument juridique international. En ce sens, le moment de l'exception culturelle peut être considéré comme un moment pionnier dans l'histoire des transformations de l'action publique dans le cadre de la mondialisation. Il peut en effet constituer un modèle, une voie, ou une référence pour d'autres espaces de politique publique, confrontés à des questions de définition et de régulation proches ou semblables à celles de l'espace cinématographique. On voit ainsi comment l'évolution au sein d'un espace national de politique publique, d'une relation socialement et économiquement restreinte, peut contribuer à modifier, dans la durée, à la fois la politique européenne et l'agenda politique international. Ainsi, un référentiel « sectoriel », pour le moins localisé à l'espace français serait capable d'influencer la définition et l'évolution de normes internationales, c'est-à-dire, finalement, le référentiel global d'action publique. Cela peut contribuer à accréditer l'idée que le référentiel global n'est pas une donnée immuable, mais qu'il peut abriter en son sein des normes alternatives, susceptibles d'induire un mouvement de *path-shifting*, c'est-à-dire des transformations, des amendements, peut-être initialement marginaux, mais susceptibles à moyen terme de créer de nouveaux sentiers d'évolution des politiques publiques. A cet égard, l'évolution vers la diversité culturelle, puisque aujourd'hui, l'expression d'exception culturelle a quasiment disparu du vocabulaire des acteurs des politiques du cinéma, traduit un double mouvement : la fin de l'exception culturelle, en tant que processus de mobilisation et tentative, quelque peu improvisée, de proposer une alternative, et le début d'une nouvelle étape des politiques culturelles, celle de la diversité culturelle. C'est la raison pour laquelle nous avons parlé de « moment de l'exception culturelle », pour signifier le caractère particulier et circonscrit de cette politique qui semble aujourd'hui prendre une autre voie, celle notamment d'une régulation internationale des échanges culturels et notamment des biens culturels. En effet, la Convention signée à l'UNESCO en octobre 2005 autoriserait le maintien des systèmes d'aide et les réglementations existantes, notamment la politique d'exception culturelle « à la française ». Mais elle permettrait surtout d'aller plus loin dans une logique de mondialisation respectueuse des cultures du monde, en contribuant d'une part, à créer ou à renforcer les infrastructures de création et de diffusion culturelles des pays en développement et d'autre part, à faciliter l'accès des œuvres et des artistes de ces pays au reste du monde, en particulier au marché européen. En ce sens, la question culturelle rejoint la thématique du développement et de l'aide au développement qui peine à trouver autre chose qu'une forme d'assistance résiduelle dans le cadre d'un référentiel global de marché excluant ou marginalisant de fait un grand nombre de pays.

La Convention sur la diversité culturelle constitue ainsi un nouvel instrument de politique publique qu'il pourrait être utile d'étudier au sein d'un questionnement plus général sur l'internationalisation des normes et la transposition ou traduction de normes nationales ou locales (propres à un espace circonscrit de politiques publiques) en normes internationales. Ainsi, le passage à la diversité culturelle, comme le soulignent ses adversaires, nostalgiques de l'exception et de ses accents révolutionnaires et héroïques, signifie bien la disparition de l'exception culturelle. Elle ne traduit pas pour autant un recul par rapport au processus de normalisation et de marchandisation de la culture que peut véhiculer la mondialisation. Elle traduit l'insertion de l'exception culturelle dans une politique plus vaste, plus globale qui laisse aux Etats le soin de définir leurs politiques nationales dans un cadre protégé, tout en ayant pour but l'ouverture aux échanges et aux autres cultures nationales. On peut dire que la traduction des intérêts de certains acteurs des politiques du cinéma en intérêt plus général, engagée en France au cours des années 1980, s'exprime aujourd'hui au niveau mondial où, pour paraphraser Clausewitz, il est question de « poursuivre la politique d'exception culturelle par d'autres moyens ». C'est ainsi une réponse originale de certains espaces sociaux, en France bien sûr mais aussi dans de nombreux pays tels que le Canada ou la Corée du Sud, au processus de mondialisation.

Bibliographie sélective

(Cette bibliographie rassemble les ouvrages et articles cités dans ce livre autour de trois thèmes : sciences sociales et théorie politique ; culture et politiques culturelles ; cinéma, audiovisuel et politiques du cinéma)

Sciences sociales et théorie politique

Ouvrages et thèses

ARON R., *Histoire de l'épuration*, Paris, Fayard, 1975.

BALME R., CHABANET D., WRIGHT V., (dir.), *L'action collective en Europe*, Presses de Sciences Po, 2001.

BLOCH M., *Apologie pour l'histoire ou Métier d'historien* (manuscrit datant de 1941-1943), Paris, Armand Colin, coll. « U Prisme Histoire », 1974.

BOLTANSKI L., CHIAPELLO E., *Le nouvel esprit du capitalisme*, Paris, Gallimard, 1999.

BOURDIEU P., *La distinction, Critique sociale du jugement*, Paris, Minuit, 1979.

BOURDIEU P., *Raisons pratiques*, Paris, Seuil, 1994.

BOUSSAGUET L., JACQUOT S., RAVINET P. (dir.), *Dictionnaire des politiques publiques*, Paris, Presses de Sciences Po, coll. « Références », 2004.

CALLON M., LATOUR B. (dir.), *La science telle qu'elle se fait,* Paris, La Découverte, 1991.

CASANOVA J-C., LEVY-LEBOYER M., *Entre l'Etat et le marché : l'économie française des années 1880 à nos jours*, Paris, Gallimard, 1991.

DELOYE Y., VOUTAT B., *Faire de la science politique,* Paris, Belin, coll « socio-histoires », 2002.

DEZALAY Y., GARTH B. G., *Global Prescriptions, The Production, Exportation, and Importation of a new Legal Orthodoxy*, Ann Arbor, University of Michigan Press, 2002.

DIXON K., *Les évangélistes du marché*, Paris, Raisons d'Agir, 1998.

DOBRY M., *Sociologie des crises politiques : la dynamique des mobilisations multisectorielles*, Paris, Presses de Sciences Po, 1986.

DRAKE H., *Jacques Delors en Europe : histoire et sociologie d'un leadership improbable*, Strasbourg, PUS, coll. « Sociologie politique européenne », 2002.

DURKHEIM E., *De la division du travail social*, Paris, PUF, 1986, (1ère Ed. 1893).

ELIAS N, *Qu'est-ce que la sociologie ?*, Paris, Agora, 1991 (1ère Ed. 1970).

FAURE A., POLLET G., WARIN P., (dir.), *La construction du sens dans les politiques publiques*, Paris, L'Harmattan, 1995.

FAVRE P., LEGAVRE J-B. (dir.), *Enseigner la science politique*, Paris, L'Harmattan, 1998.

FEATHERSTONE K., RADAELLI C. M. (dir.), *The Politics of Europeanization*, Oxford, Oxford University Press, 2003.

FOUCAULT M., *Dits et écrits*, tome I, Paris, Gallimard, 1994.

GRAWITZ M., LECA J. (dir.), *Traité de science politique*, Paris, PUF, 1985.

HALL P., *The Political Power of Economic Ideas*, Princeton, Princeton University Press, 1989.

HASSENTEUFEL P., *Les médecins face à l'Etat. Une comparaison européenne*, Paris, Presses de Sciences Po, 1997.

HECLO H., *Modern Social Politics in Britain and Sweden. From Relief to Income Maintenance*, New Haven, Yale University Press, 1974.

JOANA J., SMITH A., *Les commissaires européens, technocrates, diplomates ou politiques ?*, Paris, Presses de Sciences Po, 2002.

JOBERT B., *Le tournant néo-libéral en Europe*, Paris, L'Harmattan, 1994.

JOBERT B., MULLER P., *L'Etat en action,* Paris, PUF, 1987.

JONES C. O., *An introduction to the study of public policy*, Belmont, Duxbury Press, 1970.

KASSIM H., PETERS G., WRIGHT V. (dir.), *The National Co-ordination of EU Policy: The Domestic Level*, Oxford, Oxford University Press, 2000.

KINGDON J.W., *Agendas, Alternatives and Public Policies*, Boston, Little Brown, 1984.

KOHLER-KOCH B., EISING R. (dir.), *The Transformation of Governance in the European Union*, London, Roultledge, coll. « *Routledge-ECPR studies in European political science* », 1999.

LABORIER P. (dir.), *Historicités de l'action publique*, Paris, CURAPP, 2003.

LACROIX B., LAGROYE J. (dir.), *Le président de la République. Usages et genèses d'une institution*, Paris, Presses de la FNSP, 1992.

LAGROYE J., *Sociologie politique*, Paris, Dalloz-FNSP, 1991.

LASCOUMES P., *L'éco-pouvoir : environnements et politiques*, Paris, La Découverte, coll. « Textes à l'appui. Série Ecologie et société », 1994.

LEQUESNE C., SUREL Y. (dir.), *L'intégration européenne : entre émergence institutionnelle et recomposition de l'Etat*, Paris, Presses de Sciences Po, 2004.

MARCH J.G., *Décisions et organisations*, Paris, Les Editions d'Organisation, 1991.

MENY Y., *La France et L'Europe d'ici 2010*, Commissariat général du plan, Paris, La Documentation française, 1993.

MENY Y., THOENIG J-C., *Politiques publiques*, Paris, PUF, 1989.

MULLER P., *Les politiques publiques*, Paris, PUF, coll. « Que sais-je ? », 1990.

NAY O., *La région, une institution. La représentation, le pouvoir et la règle dans l'espace régional*, Paris, L'Harmattan, coll. Logiques politiques, 1997.

NORTH, D. C., *Institutions, Institutional Change and Economic Performance*, Cambridge, Cambridge University Press, coll. « Political economy of institutions and decisions », 1990.

PADIOLEAU J-G., *L'Etat au concret*, Paris, PUF, 1982.

PAPADOPOULOS Y., *Complexité sociale et politiques publiques*, Paris, Montchrestien, coll. « Clefs-Politique », 1995.

PASSERON J-C., *Le raisonnement sociologique, L'espace non-popperien du raisonnement naturel*, Paris, Nathan, 1991.

POLANYI K., *La grande transformation, aux origines économiques et politiques de notre temps*, Paris, Gallimard, 1983.

POLLET G., WARIN P. (dir.), *La construction du sens dans les politiques publiques*, Paris, L'Harmattan, 1995.

POLO J-F., *La Commission européenne : un espace de compromis. Le cas de la politique audiovisuelle européenne*, thèse de science politique, sous la direction d'Olivier Dabène, Université d'Aix-en-Provence, 2000.

RAINELLI M., *Le commerce international*, Paris, La Découverte, 2003.

RISSE T., GREEN COWLES M., CAPORASO J., *Transforming Europe*, Ithaca, Cornell University Press, 2001.

SCHARPF F., *Gouverner l'Europe*, Paris, Presses de Sciences Po, 2000.

SCHMIDT V., *From state to market ?: the transformation of French business and government*, Cambridge, Cambridge University Press, 1996.

SUREL Y., *L'Etat et le livre, les politiques publiques du livre en France (1957-1993)*, Paris, L'Harmattan, 1997.

VEBLEN T., *La théorie de la classe de loisirs*, Paris, Gallimard, coll. « tel », 1978 (1ère Ed. 1899),

WALKER J., *Mobilizing interest groups in America. Patrons, Professions and social movements*, Ann Arbor, University of Michigan press, 1991.

Articles et communications

BOURDIEU P., « Esprit d'Etat. Genèse et structure du champ bureaucratique », *ARSS*, n° 96-97, mars 1993.

BUTON F., « La socio-histoire du politique comme pratique scientifique : un inventaire », communication à l'atelier socio-histoire, VIIème Congrès de l'Association Française de Science Politique, Lille, 18-21 septembre 2002.

DEZALAY Y., GARTH B. G. (dir.), « Le *"Washington consensus"* : contribution à une sociologie de l'hégémonie du néolibéralisme », *Actes de la Recherche en Sciences Sociales,* n° 121-122, mars 1998, pp. 3-22.

DOBRY. M., « Février 1934 et la découverte de l'allergie de la société française à la « "révolution fasciste" », *Revue française de sociologie*, n° 30, 1989, pp. 511-533.

DOLOWITZ D., DAVID M., « Learning from Abroad: The Role of Policy Transfer in Contemporary Policy-Making », *Governance*, n° 13, vol. 1, 2000, pp 5-24.

DOLOWITZ D., DAVID M., « Who Learns What From Whom ? A Review of the Policy Transfer Literature », *Political Studies*, vol. 44, 1996, pp. 343-357.

GRAZIANO L., « Le pluralisme. Une analyse conceptuelle et comparative », *Revue française de science politique*, Paris, avril 1996, pp. 195-223.

HALL P. A., « Policy Paradigms, Social Learning, and the State: The Case of Economic Policymaking in Britain », *Comparative Politics*, vol. 25, n° 3, 1993, pp. 275-298.

HALL P. A., TAYLOR R. C.R., « La science politique et les trois néo-institutionnalismes », *Revue française de science politique*, vol. 47, n° 3-4, juin/août 1997, pp. 469-496.

HALL P., « The movement from Keynesianism to monetarism : Institutional analysis and British economic policy in the 1970's » dans STEINMO S., THELEN K., LONGSTRETH F. (dir.), *Structuring Politics. Historical Institutionnalism in Comparative Politics*, Cambridge, Cambridge University Press, 1992, pp. 90-113.

HALL P., « The Role of Interests, Institutions and Ideas in the Comparative Political Economy of the Industrialized Nations », dans LICHBACH M., ZUCKERMAN A., (dir.), *Comparative Politics, Rationality, Culture and Structure*, Cambridge, Cambridge University Press, 1997, pp. 174-207.

HART M., « A multilatéral Agreement on Investment : Why now », dans SAUVE P., SCHWANEN D. (eds.), *Investment Rules in the Global Economy : Enhancing Access to Markets*, Toronto, C.D. Howe Institute, 1996, pp. 46-72.

HASSENTEUFEL P., « *L'européanisation par la libéralisation ? Les réformes des systèmes de protection maladie dans l'Union européenne* », communication au VIIème Congrès de l'AFSP, Lille, du 18 au 21 septembre 2002.

HASSENTEUFEL P., « Les groupes d'intérêt dans l'action publique, L'Etat en interaction », *Pouvoirs*, n° 74, (9), 1995, pp. 155-167.

HASSENTEUFEL P., SMITH A., « Essoufflement ou second souffle ? L'analyse des politiques publiques "à la française" », *Revue française de science politique*, vol. 52, n° 1, février 2002, pp. 53-73.

HASSENTEUFEL P., SUREL Y., « Des politiques publiques comme les autres ? Construction de l'objet et outils d'analyse des politiques européennes », *Politique européenne*, n° 1, avril 2000, pp. 8-24.

LADRECH R., « Europeanization of Domestic Politics and Institutions: the Case of France », *Journal of Common Market Studies*, vol. 32, n° 1, 1994, pp. 69-88.

LAGROYE J. « La légitimation », dans LECA J., GRAWITZ M., *Traité de Science politique*, Paris, PUF, 1984, tome I, pp. 397-398.

LASCOUMES P., « Rendre gouvernable : de la 'traduction' au 'transcodage'. L'analyse des processus de changement dans les réseaux d'action publique », dans CURAPP, *La gouvernabilité*, Paris, Presses universitaires de France, 1996, pp. 332 et suivantes.

LASCOUMES P., « Gouverner par les instruments. Ou comment s'instrumente l'action publique ? », dans LAGROYE J. (dir.), *La politisation*, Paris, Belin, coll. « Socio-histoires », 2003, pp. 387-401.

LECA J., « La 'gouvernance' de la France sous la Cinquième République. Une perspective de sociologie comparative », dans ARCY (d') F., ROUBAN L., *De la Vème République à l'Europe. Hommage à Jean-Louis Quermonne*, Paris, Presses de Sciences Po, 1996, pp. 329-365.

LE GALES P., « Régulation, gouvernance et territoire », dans COMMAILLE J. et JOBERT B. (dir.), *La régulation politique*, Paris, LGDJ, 1998.

LEQUESNE C., « Union européenne et coordination gouvernementale », dans ARCY (d') F., ROUBAN L. (dir.) *De la Vème République à l'Europe, Hommage à J.L. Quermonne*, Paris, Presse de la Fondation Nationale des Sciences Politiques, 1996.

MAC GOWAN L. et CINI M., « Discretion and politization in EU competition policy: the case of merger control », *Governance*, 12 (2), 1999, pp. 175-200.

MAILLARD (de) J., « Apprentissage », dans BOUSSAGUET L., JACQUOT S., RAVINET P. (dir.), *Dictionnaire des politiques publiques*, Paris, Presses de Sciences Po, coll. « Références », 2004, pp. 57-64.

MAGNETTE P., « La restructuration de l'Etat dans l'Union européenne: éléments pour un cadre analytique », *Revue Internationale de Politique Comparée,* vol. 4, n° 3, décembre 1997.

MAZEY S., « Interest Groups and the EC Policy-making Process » dans MAZEY S., RICHARDSON J., *Lobbying ln the European Community*, Oxford, Oxford University Press, 1993.

MULLER P. « L'analyse cognitive des politiques publiques : vers une sociologie politique de l'action publique », *Revue française de science politique*, vol. 50, n° 2, avril 2000, pp. 189-208.

MULLER P., « Référentiel », dans BOUSSAGUET L., JACQUOT S., RAVINET P. (dir.), *Dictionnaire des politiques publiques*, Paris, Presses de Sciences Po, coll. « Références », 2004, pp. 370-376.

MULLER P., « Un espace européen des politiques publiques », dans MENY Y., MULLER P., QUERMONNE J-L. (dir.), *Politiques publiques en Europe*, Paris, L'Harmattan, 1995, pp. 11-24.

MULLER P., SUREL Y., « Crises de politiques et régulations cognitives : l'exemple des politiques du livre », *Pôle Sud*, n° 4, mai 1996.

NOIRIEL G., OFFERLE M., *Qu'est-ce que la socio-histoire ? Présentation de la collection*, Paris Belin, 1999. OFFERLE M., « Haires et errances disciplinaires » dans DELOYE Y. et VOUTAT B., *Faire de la science politique*, Paris, Belin, 2002, pp. 255-264.

OFFERLE. M., « De l'histoire en science politique. L'histoire des politistes », dans FAVRE P., LEGAVRE J-B (dir.), *Enseigner la science politique*, Paris, L'Harmattan, 1998.

PALIER B., « Gouverner le changement des politiques de protection sociale », dans FAVRE P., HAYWARD J., SCHEMEIL Y. (dir.), *Etre gouverné. Etudes en l'honneur de Jean Leca*, Paris, Presses de Sciences Po, 2003, pp. 163-177.

PALIER B., SUREL Y., « Les "trois I" et l'analyse de l'Etat en action », *Revue française de science politique*, vol. 55, n° 1, février 2005, pp. 7-32.

PAYRE R., POLLET G., « Analyse des politiques publiques et sciences historiques : quel(s) tournant(s) socio-historiques(s) ? », *Revue française de science politique*, vol. 55, n° 1, février 2005, pp. 133-144.

PIERSON P., « Path Dependence, Increasing Returns, and the Study of Politics », *American Political Science Review*, vol. 94, n° 2, juin 2000, pp. 251-267.

PIERSON P., « When Effects become Cause. Policy Feedback and Political Change », *World Politics*, vol. 45, n° 4, juillet 1993, pp. 595-628.

RADAELLI C. M., « Européanisation », dans BOUSSAGUET L., JACQUOT S., RAVINET P. (dir.), *Dictionnaire des politiques publiques*, Paris, Presses de Sciences Po, coll. « Références », 2004, pp. 191-200.

SALISBURY R., « *Interest advocacy and interest representation* », rapport préparé pour la conférence de la Fondation Feltrinelli sur « Pluralisme et démocratie », Cortona, Italie, Mai 1990.

SCHMIDT V. A., « Loosening the ties that bind: the impact of european integration on French government and its relationship to business », *Journal of Common Market Studies,* vol. 34, n° 2, juin 1996, pp. 223-254.

SUREL Y., « Idées, intérêts et institutions dans l'analyse des politiques publiques », *Pouvoirs*, n° 87, 1998, p. 161-178.

SUREL Y., « L'intégration européenne vue par l'approche cognitive des politiques publiques », *Cahiers européens de Sciences Po*, n° 2, 2000.

Publications institutionnelles

OCDE

OCDE, « Vers des règles multilatérales sur l'investissement », Document OCDE, 1996.

OCDE, *Accord multilatéral sur l'investissement*, Rapport conjoint du CMIT et du CIME, Mai 1995.

OCDE, *"Statement on a Potential OECD Broader Investment Instrument, Business and Industry Advisory Council"*, 3 décembre 1992.

OCDE, Document. DAFFE / MAIIMN, 1998.

AUTRES

ERT, *European Industry: A Partner for the Developing World Foreign Direct Investment as a Tool for Economic Development and Cooperation, Suggestions for Future Improvement*, 1993.

DE ANNE J., *IDE: Strengthening the Policy Regime*, Institute for International Economics, 1994.

Culture et Politiques culturelles

Ouvrages et thèses

ALCAUD D., *La politique culturelle italienne : étude sociologique et historique de l'invention d'une politique publique (1861-2002)*, thèse de science politique, sous la direction de Marc Lazar, IEP de Paris, 2003.

BARTHES R., *Le bruissement de la langue*, Paris, Seuil, 1984.

BECKER H. S., *Les mondes de l'art,* Paris, Flammarion, 1988.

BOURDIEU P., *Les règles de l'art, genèse et structure du champ littéraire,* Paris, Seuil, 1992.

DUBOIS V., *La politique culturelle, genèse d'une catégorie d'intervention publique*, Paris, Belin, coll. « Socio-histoires », 1999.

FARCHY J., *La fin de l'exception culturelle ?,* Paris, CNRS Editions, 1999.

FOULON C-L. (dir.), *André Malraux et le rayonnement culturel de la France*, Bruxelles, Complexe, 2004.

KUISEL R., *Le miroir américain, 50 ans de regard français sur l'Amérique*, Paris, JC Lattès, 1996.

LABORIER P.*, Culture et édification nationale en Allemagne : genèse des politiques de la culture ?*, thèse de science politique, sous la direction de Jean Leca, IEP de Paris, 1996.

LACOUTURE J., *Malraux, une vie dans le siècle*, Paris, Seuil, 1973.

SARTRE J-P., *Qu'est-ce que la littérature ?* dans *Situations, II,* Paris, Gallimard, 1951 (1ère Ed. *Les temps modernes*, 1947).

SAVATIER R., *Le Droit des Arts et des Lettres, Les travaux des muses dans la balance de la justice*, Paris, LGDJ, 1953.

URFALINO P., *L'invention de la politique culturelle*, Comité d'Histoire du ministère de la Culture, Paris, La Documentation Française, 1996.

Articles et communications

BERGSTERN F. C., GRAHAM E. M., « Needed New International Rules for Foreign Direct Investment », *International Trade Journal*, n° 7, 1992, pp. 15-44.

BOURDIEU P., « Contre la destruction d'une civilisation », *Contre-feux, propos pour servir à la résistance contre l'invasion néo-libérale*, Liber-Raisons d'agir, 1998.

DEPETRIS F., « Exception culturelle », dans LEFEBURE P., HAUDEGAND N., *Dictionnaire des questions politiques*, Paris, Editions de l'Atelier, 2000, pp. 88-92.

KOBRIN S-J., « The MAI and the Clash of Globalizations », *Foreign Policy*, n° 112, 1998, pp. 97-109.

URFALINO P., « Les politiques culturelles : mécénat caché et académies invisibles », *L'Année sociologique*, n° 39, 1989, pp. 81-109.

VILBOIS J., « Historique », *RIDA, (Revue internationale du droit d'auteur)*, n° XIX, avril 1958, numéro spécial consacré à la loi du 11 mars 1957.

Rapports et publications institutionnelles

ETATS GENERAUX DE LA CULTURE, *La culture et le GATT*, « position de la CEE sur le GATT », brochure, 1993.

ETATS GENERAUX DE LA CULTURE, *Déclaration des droits de la culture*, brochure, 1987.

Cinéma, audiovisuel et politiques du cinéma

Ouvrages et thèses

BAECQUE (de) A., *La cinéphilie, invention d'un regard, histoire d'une culture 1944-1968*, Paris, Fayard, 2003.

BAECQUE (de) A., *La Nouvelle vague, portrait d'une jeunesse*, Paris, Flammarion, 1998.

BAECQUE (de) A., *Les Cahiers du cinéma, Histoire d'une revue*, volume 1 : *A l'assaut du cinéma*, volume 2 : *Des années 1960 aux années 1980*, Paris, Cahiers du cinéma, 1991.

BARROT O., *L'Ecran Français, 1943-1953*, Paris, Editeurs français réunis, 1979.

BAZIN A., *Qu'est-ce que le cinéma ?* Paris, Editions du Cerf, 1958.

BONNELL R., *La Vingt-cinquième image : une économie de l'audiovisuel*, Paris, Gallimard, 2ème Ed., 1996.

BONNELL R., *Le cinéma exploité*, Paris, Seuil, 1978.

BRAUNBERGER P., *Producteur : Cinémamémoire*, propos recueillis par Jacques Gerber, Centre Georges Pompidou/CNC, Paris, 1987.

BRAY F., *La télévision haute définition, Naissance et mort d'un Grand projet européen*, Paris, L'Harmattan, coll. « logiques politiques », 2000.

BREDIN J-D., *Les nouvelles télévisions hertziennes,* rapport au Premier ministre, Paris, La Documentation française, 1985.

CLADEL G., FEIGELSON K., GEVAUDAN J-M, LANDAIS C., SAUVAGET D. (dir.), *Le cinéma dans la cité*, Paris, Editions du Félin, 2001.

COURTADE F., *Les malédictions du cinéma français*, Paris, Editions Alain Moreau, 1978.

CRETON L. (dir.), *Le cinéma à l'épreuve du système télévisuel*, Paris, CNRS Editions, 2002.

CRETON L., *Economie et cinéma, perspectives stratégiques*, Paris, Nathan, coll. « fac. Cinéma », 1994.

CRETON L., *Histoire économique du cinéma français, Production et financement 1940-1959*, Paris, CNRS Editions, 2004.

DARRE Y., *Auteur et techniciens, division du travail dans le cinéma français après la Nouvelle Vague,* mémoire de diplôme de l'EHESS, sous la direction de Pierre Bourdieu, Paris, EHESS, 1982.

DARRE Y., *Histoire sociale du cinéma français*, Paris, La Découverte, 2000.

DEPETRIS F., *L'état et le cinéma en France, le moment de l'exception culturelle*, thèse de science politique, sous la direction de Pierre Muller, IEP de Paris, 2006.

DROUOT G., *Le nouveau droit de l'audiovisuel : la loi du 30 septembre 1986 relative à la liberté de communication,* Paris, Sirey, 1988.

DYSON K., HUMPHREYS P., NEGRINE R., SIMON J.P., *Broadcasting and new media policies in Western Europe. A comparative study of technological change and public policy*, London, Routledge, 1988.

EPSTEIN J., *Ecrits sur le cinéma*, Paris, Seghers, 1974, tome 2.

ESQUENAZI J-P., *Politiques des auteurs et théories du cinéma*, Paris, L'Harmattan, coll. « Champs visuels », 2002.

FARCHY J., *Le cinéma déchaîné : mutation d'une industrie*, Paris, Presses du CNRS, 1992.

FRODON J-M., *L'âge moderne du cinéma français, De la Nouvelle Vague à nos jours,* Paris, Flammarion, 1995.

FRODON J-M., *La projection nationale : cinéma et nation*, Paris, Odile Jacob, 1998.

GARCON F., *De Blum à Pétain, cinéma et société française (1936-1944)*, Paris, Editions du cerf, coll. « 7ème art », 1984.

JEANCOLAS J-P., MEUSY J-J., PINEL V., *L'auteur du film, description d'un combat*, Arles, Institut Lumière/Actes Sud, 1996.

LEFEBVRE P., *Havas et l'audiovisuel, 1920-1986*, Paris, L'Harmattan, coll. « Communication et civilisation », 1998.

LEGLISE P., *Histoire de la politique du cinéma français, tome 1 : le cinéma et la Troisième République*, Paris, L'Herminier, (2 tomes), 1970.

LIANDRAT-GUIGNES S., LEUTRAT J-L., *Penser le cinéma*, Paris, Klincksieck études, 2001.

LUNVEN R., VEDEL T., *La télévision de demain*, Paris, Armand Colin, 1993.

MARY P., *Un nouvel ordre artistique. La « politique des auteurs ». La Nouvelle Vague et l'invention de la politique des auteurs*, thèse pour le doctorat en sociologie, sous la direction de Louis Pinto, EHESS, 2002.

MERCILLON H., *ORTF : l'agonie du monopole*, Paris, Centre d'économie de l'information/Université de Paris Panthéon-Sorbonne, Plon, 1974.

NEVEU E., *Une société de communication ?* Paris, Montchrestien, coll. « Clefs-Politique », 1994.

OLIVESI S., *Histoire politique de la télévision*, Paris, L'Harmattan, 1998.

PREDAL R., *50 ans de cinéma français*, Paris, Nathan Université, 1996.

ROHMER E., *Le goût de la beauté*, Paris, Cahiers du cinéma, 1984.

SADOUL G., *Histoire générale du cinéma*, Paris, Denoël, 1947-1975.

VALTER G., *Le régime de l'organisation professionnelle de la cinématographie, du corporatisme au régime administratif*, Paris, LGDJ, 1969.

Articles et communications

ASTRUC A., « Naissance d'une nouvelle avant-garde : la caméra stylo », *L'Ecran Français*, n° 144, 30 mars 1948.

BAECQUE (de) A., « Peut-on apprendre à voir ? », *Cahiers du Cinéma* n° hors-série : *La nouvelle vague, la légende en question*, décembre 1998.

BAER J-M., « L'exception, une règle en quête de contenu », *En temps réel*, Cahier n° 11, octobre 2003.

BATZ J-C., « Contribution à une politique commune de la cinématographie dans le cadre du marché commun », *Colloque sur les voies et moyens d'une politique commune de la cinématographie dans le Marché Commun*, Institut de Sociologie de l'Université Libre de Bruxelles, du 24 au 26 avril 1968.

CINEMA 64, « spécial 10 ans de cinéma français », *Cinéma 64,* n° 88, juillet-août 1964, pp. 6-42.

DARRE Y., « Les créateurs dans la division du travail : le cas du cinéma d'auteur », dans Moulin R, (dir.), *Sociologie de l'art*, Paris, La Documentation française, 1986, pp. 213-222.

DEGAND C., « Le cinéma dans le Marché Commun . De quoi s'agit-il exactement ? Petit catéchisme du Marché Commun européen du cinéma », dans *Le Film Français*, n° spécial 727-728, 1958.

DELWIT P., GOBIN C., « Etude du cheminement de la directive « Télévision sans frontières » : synthèse des prises de positions des institutions communautaires » dans VANDERSANDEN G. (dir.), *L'espace audiovisuel européen*, Bruxelles, Editions de l'Université de Bruxelles, coll. « Etudes européennes », 1991, pp. 55-74.

FRANCESCHINI L., « Quelle régulation pour la convergence ? », *L'audiovisuel, communication et société*, n°°5, mars 1999, pp. 111-123.

GARCON F., « Les noces manquées du cinéma et de la télévision française : l'affaire du Testament du Docteur Cordelier 1959-1961 », dans Creton L. (dir.), *Le cinéma à l'épreuve de la télévision*, Paris, CNRS Editions, 2002, pp. 119-135.

HEINICH N., « Godard, créateur de statut » dans DELAVAUD G., ESQUENAZI J-P., GRANGE M-F., *Godard et le métier d'artiste* (actes du colloque de Cerisy), Paris, L'Harmattan, 2001.

MATTELART A., et PALMER M., « La formation de l'espace publicitaire européen », *Réseaux,* n° 42, juillet-août 1990.

MERLEAU-PONTY M., « Cinéma et psychologie », *L'Écran Français*, n° 17, 1945.

MUSSO P., « Audiovisuel et télécommunications en Europe : quelles recompositions? », *Quaderni,* n° 19, 1993.

POLITIX, « Politiques du cinéma : expertise culturelle et qualité cinématographique», *Politix* n° 61, 2003.

ROHMER E., « Redécouvrir l'Amérique », *Cahiers du cinéma,* n° 54, numéro spécial « Situation du cinéma américain », 1955.

SENNEVILLE (de) G., « La salle de cinéma et l'évolution de la ville », dans CLADEL G., FEIGELSON K., GEVAUDAN J-M, LANDAIS C., SAUVAGET D. (dir.), *Le cinéma dans la cité*, Paris, Editions du Félin, 2001.

SINGER C., « Les contradictions de l'épuration du cinéma français (1944-1948) », *Raison présente,* n° 137, 2001, pp. 3-37.

TRUFFAUT F., « Une certaine tendance du cinéma français », *Cahiers du cinéma,* n° 31, 1954, pp. 15-29.

Rapports, publications institutionnelles

COMMISSION EUROPEENNE

COMMISSION DES COMMUNAUTES EUROPEENNES, *Livre vert sur la convergence des secteurs des télécommunications, des médias et des technologies de l'Information, et les implications pour la réglementation.* COM (97) 623 final, Bruxelles, décembre 1997.

COMMISSION DES COMMUNAUTES EUROPEENNES, *Résultats du Livre Vert sur la Convergence des secteurs des télécommunications, des médias et des technologies de l'information*, COM (1999)108, Bruxelles, juin 1999

COMMISSION DES COMMUNAUTES EUROPEENNES, « L'action communautaire dans le secteur culturel », *Bulletin des Communautés européennes*, supplément 6-77, 27 p.

COMMISSION DES COMMUNAUTES EUROPEENNES, *La politique audiovisuelle de la Communauté. Proposition de directive du Conseil concernant l'activité de radiodiffusion. Communication de la Commission transmise au Conseil le 30 avril 1986. Supplément établi sur la base du document COM (86) 146 final.*

COMMISSION DES COMMUNAUTES EUROPEENNES, *Livre vert sur l'établissement du marché commun de la radiodiffusion, notamment par satellite et par câble*, 8227/84, COM (84) 300 Final, mai 1984.

COMMISSION DES COMMUNAUTES EUROPEENNES, *L'audiovisuel dans le grand marché européen*, Documentation européenne, Luxembourg, Office des Publications Européennes des Communautés Européennes, juin 1988.

COMMISSION DES COMMUNAUTES EUROPEENNES, *Rapport sur l'Europe et la société de l'information planétaire*, Luxembourg, Office des publications officielles des Communautés européennes, 1994.

CONSEIL DE L'EUROPE

CONSEIL DE L'EUROPE, *Recommandation 862 sur le cinéma et l'Etat*, adoptée par l'Assemblé parlementaire le 11 mai 1979.

CONSEIL DE L'EUROPE, *Recommandation R(86)3 sur la promotion de la production audiovisuelle en Europe*, adoptée le 14 février 1986 par le Comité des Ministres.

CONSEIL DE L'EUROPE, *Recommandation R(87)7 sur la distribution des films en Europe*, adoptée le 20 mars 1987 par le Comité des Ministres.

CONSEIL DE L'EUROPE, *Résolution 887 relative à l'Année européenne du cinéma et de la télévision*, adoptée par l'Assemblée parlementaire le 8 octobre 1987.

CONSEIL DE L'EUROPE, *Résolution (88)15 instituant un fonds européen de soutien à la coproduction et à la diffusion des œuvres de création cinématographiques et audiovisuelles :* « *Eurimages* », adoptée par le Comité des Ministres, le 26 octobre 1988.

CONSEIL DE L'EUROPE, *Résolution (92)70 portant sur la création de l'Observatoire européen de l'audiovisuel*, adoptée par le Comité des Ministres, le 15 décembre 1992.

CONSEIL DE L'EUROPE, *Activités du Conseil de l'Europe dans le domaine des médias*, DH-MM (91) 3, Conseil de l'Europe, Strasbourg, 1991.

PARLEMENT EUROPEEN

PARLEMENT EUROPEEN, « Résolution relative à la radiodiffusion et la télévision dans la Communauté européenne » (dite résolution Hahn), adoptée le 12 mars 1982, *Journal officiel des Communautés européennes,* N° C 87/110 du 5 avril 1982.

PARLEMENT EUROPEEN, *Rapport sur la radiodiffusion et la télévision dans la Communauté européenne* (dit Rapport Hahn), Document de séance 1981-1982, document 1-1013/81 du 23 février 1982.

PARLEMENT EUROPEEN, « Résolution du Parlement européen sur la politique d'information de la Communauté européenne, de la Commission des Communautés européennes et du Parlement européen » (dite Résolution Schall) du 16 janvier 1981, *Journal officiel des Communautés européennes*, C28/74, février 1981.

CJCE

CJCE, *Arrêt Sacchi du 30 avril 1974*, aff. 155/73 Recueil 1974.

CJCE, *Arrêt Debauve du 18 mars 1980*, aff. 53/79, Recueil 1980.

RAPPORTS

AGENCE POUR LE DEVELOPPEMENT REGIONAL DU CINEMA, *Eléments d'évolution du parc des salles de cinéma et de la diffusion du film en Europe*, 1994, p. 5.

ASSOCIATION DES JURISTES EUROPEENS, « Colloque international de droit cinématographique des 13, 14 et 15 décembre 1962, *Actes du colloque*, Paris, Mars 1963, document diffusé par le CNC.

ASSOCIATION OF COMMERCIAL TELEVISION, *Plateforme*, brochure publiée par l'ACT, octobre 1992.

BLUM R.., *Rapport d'information sur les forces et les faiblesses du cinéma français sur le marché international,* Rapport n° 3197, Assemblée Nationale, 26 juin 2001.

BREDIN J-D., *Rapport de la Mission de réflexions et de propositions sur le cinéma*, Rapport remis à M. le Ministre de la Culture, Paris, 3 Novembre 1981.

CONSEIL D'ETAT, *Internet et les réseaux numériques*, La Documentation française, 1998.

COURT J-F., *Le Cinéma français face à son avenir, rapport au ministre de la Culture et de la communication,* Paris, La Documentation Française, 1988.

DELON F., *Les multiplexes,* rapport remis à Mme Trautmann, ministre de la Culture et de la Communication, 2000.

HAUTE AUTORITE, « Avis de la Haute Autorité sur le projet de cahier des charges relatif à une concession de service public transmis par le gouvernement le 28 janvier 1986 », Annexe 87, *Quatrième rapport de la Haute Autorité de la Communication Audiovisuelle,* septembre 85 / juillet 86.

LALUMIERE C., LANDAU J-P., *Rapport sur l'Accord Multilatéral sur l'Investissement (AMI),* septembre 1998.

MARMION Y., *L'administration du cinéma et de l'audiovisuel, perspectives pour le CNC*, rapport remis à M. François Léotard, ministre de la Culture, 1987.

MOINOT P., *Pour une réforme de l'audiovisuel, Rapport au premier Ministre de la Commission de réflexion et d'orientation*, Paris, La Documentation française, 1981.

VOOGD J. (rapporteur), *Le cinéma et l'Etat*, Rapport de la Commission de la Culture et de l'éducation, Conseil de l'Europe, JEB 3/79, Strasbourg, 1979.

Presse spécialisée

Revues et journaux consultés principalement à la Bibliothèque du Film pour la période 1944-1966 (Occupation, création du CNC, Nouvelle Vague) : *L'avant-Scène Cinéma* ; *L'Ecran Français* ; *La Cinématographie française* ; *Le Bulletin du CNC* ; *Le Film* ; *Les Cahiers du Cinéma*.

Table des matières

INTRODUCTION 7

I] Le cinéma, objet d'études des sciences sociales 8

II] Une perspective de recherche ouverte pour analyser les relations entre l'Etat et le cinéma 12

    A] L'apport de l'analyse socio-historique à l'étude de l'institutionnalisation des politiques du cinéma 13

    B] Saisir la dynamique des relations entre l'Etat et le cinéma : les outils de l'analyse cognitive des politiques publiques 14

    C] L'européanisation des politiques du cinéma 21

III] Les axes de l'analyse des politiques du cinéma 26

CHAPITRE 1 / LÉGITIMATION DU CINÉMA ET INSTITUTIONNALISATION DE LA POLITIQUE DES AUTEURS 29

Introduction 29

I] Du spectacle forain au statut de septième art : la révolution symbolique de la Nouvelle Vague 29

    A] L'Etat et l'encadrement d'un spectacle forain 30

    B] L'affirmation d'un « référentiel de métier » dans le cinéma 32

        1) La sonorisation des films et l'émergence du système des studios 32

        2) Le développement de la cinéphilie 36

        3) Le rôle majeur des Cahiers du cinéma 39

    B] La Nouvelle Vague ou l'affirmation du cinéma « d'auteur » 41

        1) La fin de l'équipe technicienne comme pivot de la réalisation 42

        2) La reconnaissance du réalisateur comme auteur 45

        3) La reconnaissance par les techniciens du statut d'auteur de films 49

II] L'invention de la politique culturelle et l'institutionnalisation de la politique des auteurs 51

    A] La création du ministère des affaires culturelles : révolution politique, révolution symbolique 51

        1) La Vème République et la création du ministère des Affaires culturelles 51

        2) André Malraux et le ministère des Affaires culturelles 55

        3) L'affirmation du ministère des Affaires culturelles vis-à-vis des autres ministères 57

    B] L'avènement de la logique culturelle d'Etat contre la logique industrielle professionnelle 60

1) Création du CNC et mise en œuvre du soutien automatique 60

2) La création de l'avance sur recettes (1958-1960) et la politique des auteurs 64

3) La reconnaissance par la loi de l'auteur de films 67

Conclusion : Révolution esthétique et innovation politique 71

CHAPITRE 2 / LA LIBÉRALISATION DE L'AUDIOVISUEL : LE CINÉMA ET LA MONTÉE EN PUISSANCE DE LA TÉLÉVISION 77

Introduction 77

I] Crise du cinéma et remise en cause du rôle de l'Etat 78

A] Les difficultés économiques de l'industrie du cinéma 78

1) Manifestations et analyses de la crise de l'industrie cinématographique 78

2) La construction d'un discours de crise 80

B] La remise en cause de la régulation étatique de l'audiovisuel : l'abolition du monopole 86

1) L'alternance politique de 1981 : entre promesses électorales et logiques de pouvoir 86

2) La loi du 29 juillet 1982 et la liberté de communication 92

II] Politique de l'audiovisuel et référentiel de marché 93

A] L'avènement d'une régulation par le marché : la création de nouvelles chaînes au nom de la liberté d'entreprendre 93

1) Du projet de chaîne culturelle à Canal Plus : évolution de la pensée de la gauche au pouvoir en matière d'audiovisuel 93

2) L'achèvement du processus de conversion de l'audiovisuel aux règles du marché : la création d'un secteur privé de l'audiovisuel 98

3) Alternance gouvernementale, continuité politique : la loi du 30 septembre 1986 et la privatisation de TF1 99

B] L'ajustement problématique des politiques du cinéma au référentiel global de marché 101

1) La réinterprétation de la « crise du cinéma français » : de la mise en cause de l'Etat à celle des structures de marché 101

2) La construction sociale d'un problème : la télévision responsable de la crise de la fréquentation ? 107

3) Le cinéma sous la dépendance de la télévision 109

4) Politiques du cinéma et référentiel de marché 114

Conclusion : d'une dépendance l'autre 122

CHAPITRE 3 / RÉFÉRENTIEL DE MARCHÉ ET COMMUNAUTARISATION DES POLITIQUES DU CINÉMA 125

Introduction 125

I] La CEE et la communautarisation du cinéma : l'échec d'un projet de marché commun du cinéma 126

    A] La politique de concurrence de la CEE et le cinéma 126

        1) Les objectifs poursuivis par la Commission 126

        2) L'avancée des travaux de la Commission 127

    B] La réaction des autorités françaises et des professionnels face au projet européen 128

        1) Rendre compatible le système français et le marché commun ? 128

        2) La recherche de nouvelles alliances face à l'activisme de la Commission 132

II] Le contournement de « l'obstacle culturel » : mise sur l'agenda européen de la question audiovisuelle 138

    A] La lutte entre le Conseil de l'Europe et la Communauté européenne pour la définition d'une politique culturelle européenne 138

        1) L'action entreprise par le Conseil de l'Europe 138

        2) Vers une action communautaire dans le domaine culturel : la légitimité contestée de la Commission européenne 142

    B] L'affirmation de la Commission européenne comme entrepreneur politique 147

        1) L'échec du règlement contentieux de la question des systèmes nationaux de soutien au cinéma 147

        2) La montée en puissance de l'action communautaire 151

        3) La Commission, acteur ou acteurs? Fragmentation administrative et partage des compétences entre directions 155

        4) Le livre vert de 1984 et les enjeux commerciaux du marché unique des images 163

Conclusion : l'Europe, l'Etat et le marché 165

CHAPITRE 4 / NAISSANCE ET CRISTALLISATION DU RÉFÉRENTIEL DE L'EXCEPTION CULTURELLE 169

Introduction 169

I] L'adoption de la directive « Télévision sans frontières »: représentations des intérêts et mobilisations des professionnels 170

    A] La directive « TSF », facteur d'ajustement des référentiels des espaces audiovisuel et cinématographique européens 170

        1) La position relative des acteurs en présence 170

        2) Européaniser le système français d'aide au cinéma 174

    B] La directive « TSF », un compromis politique 179

        1) Un processus sous contrainte 180

        2) La mobilisation des professionnels face à l'Europe 185

3) L'échec de la mobilisation et la reformulation du problème 192

II] Les négociations du GATT et l'adoption de la clause d'exception culturelle 198

A] Les enjeux et le contexte des négociations du GATT 198

1) Les enjeux des négociations du GATT 198

2) La place de l'audiovisuel dans les négociations du GATT......................................200

B] L'adoption de la clause d'exception culturelle : achèvement du processus de traduction 203

1) Première phase de la mobilisation des professionnels : l'échec du sommet de Tokyo ...203

2) De la spécificité culturelle à l'exception culturelle : le succès de la deuxième phase de la mobilisation 211

Conclusion... 222

CHAPITRE 5 / LA MISE À L'ÉPREUVE DU RÉFÉRENTIEL D'EXCEPTION CULTURELLE EN EUROPE 223

Introduction 223

I] La politique européenne du cinéma et l'européanisation des politiques nationales 224

A] La constitution d'un programme d'action communautaire : l'influence du « modèle » français ? 224

1) Le programme MEDIA 224

2) Le programme Eurimages 227

B] La poursuite de la stratégie de la Commission en faveur d'une libéralisation des espaces cinématographiques en Europe...228

1) Le Livre vert sur la convergence technologique..228

2) L'instrumentalisation par la Commission des résultats de la consultation 230

3) La Commission européenne et les aides d'Etat 232

II] L'AMI : remise en cause de l'exception culturelle et nouvelles mobilisations des professionnels... 236

A] La mise sur l'agenda politique de l'AMI : transferts de politiques publiques du niveau international au niveau national...236

1) La notion de transfert de politique publique..236

2) Le rôle de la communauté épistémique favorable à la libéralisation dans la mise sur l'agenda politique de l'AMI 238

3) Le projet d'AMI : un moyen pour les négociateurs américains de contourner l'exception culturelle ?...242

4) Le contenu du projet de l'AMI et ses conséquences sur les espaces cinématographiques nationaux 244

B] La mise sur l'agenda politique français de la question de l'AMI 246

1) Le manque de transparence des négociations de l'AMI 246

    2) La médiatisation de l'AMI : effet d'apprentissage et efficacité de la mobilisation des professionnels..249

    3) Le rapport Lalumière et la remise en cause du rôle de l'Etat dans les négociations internationales 251

C] La division du milieu professionnel et le bouleversement attendu de l'espace cinématographique français...253

    1) Vers un changement de mode de régulation ? La scission du milieu cinématographique et le possible retrait de l'Etat...253

    2) Les bouleversements technologiques au sein de l'espace cinématographique 256

III] L'impossible mise sur l'agenda international de la déréglementation du cinéma et de l'audiovisuel 261

A] De Seattle à Doha : échec à la libéralisation de l'audiovisuel 261

B] De « l'exception » à la « diversité culturelle » 262

    1) L'impossible « fin de l'exception culturelle » ? 262

    2) La défense du cinéma français entre mouvement altermondialiste et diplomatie française 264

Conclusion : L'exception qui confirme la règle 271

CONCLUSION GÉNÉRALE / VERS LA DIVERSITÉ CULTURELLE...................... 273

BIBLIOGRAPHIE SÉLECTIVE 279

TABLE DES MATIÈRES 293

L'HARMATTAN, ITALIA
Via Degli Artisti 15 ; 10124 Torino

L'HARMATTAN HONGRIE
Könyvesbolt ; Kossuth L. u. 14-16
1053 Budapest

L'HARMATTAN BURKINA FASO
Rue 15.167 Route du Pô Patte d'oie
12 BP 226
Ouagadougou 12
(00226) 50 37 54 36

ESPACE L'HARMATTAN KINSHASA
Faculté des Sciences Sociales,
Politiques et Administratives
BP243, KIN XI ; Université de Kinshasa

L'HARMATTAN GUINEE
Almamya Rue KA 028
En face du restaurant le cèdre
OKB agency BP 3470 Conakry
(00224) 60 20 85 08
harmattanguinee@yahoo.fr

L'HARMATTAN COTE D'IVOIRE
M. Etien N'dah Ahmon
Résidence Karl / cité des arts
Abidjan-Cocody 03 BP 1588 Abidjan 03
(00225) 05 77 87 31

L'HARMATTAN MAURITANIE
Espace El Kettab du livre francophone
N° 472 avenue Palais des Congrès
BP 316 Nouakchott
(00222) 63 25 980

L'HARMATTAN CAMEROUN
BP 11486
Yaoundé
(00237) 458 67 00
(00237) 976 61 66
harmattancam@yahoo.fr

619648 - Septembre 2015
Achevé d'imprimer par